LEBEN AM SEE

LEBEN AM SEE

Das Jahrbuch des Bodenseekreises

BAND X

1992/1993

HERAUSGEGEBEN VOM BODENSEEKREIS
UND DER STADT FRIEDRICHSHAFEN

VERLAG SENN TETTNANG

LEBEN AM SEE

BAND X
1992/1993

HERAUSGEBER	Landrat Siegfried Tann Oberbürgermeister Dr. Bernd Wiedmann
REDAKTIONSLEITUNG	Dr. Brigitte Ritter-Kuhn
REDAKTIONSTEAM	Petra Sachs-Gleich M.A. – Geschichte Jenny Mannheims M.A. – Gegenwart Ost Eva Moser M.A. – Kunst Oswald Burger – Literatur Dieter Bucher – Kreischronik
BEIRAT	Dr. Albert Bamler, Claudius Beck, Friedrich Beran, Erika Dillmann, Klaus Gräber, Udo Haupt, Kurt Heinzelmann, Joachim Kruschwitz, Dorothee Kuczkay, Mathias Pikelj, Dr. Manfred Pütz, Egon Stoll, Dr. Georg Wieland
GESTALTUNG	Dr. Brigitte Ritter-Kuhn in Zusammenarbeit mit Hermann Hauser und Artur Duller, Verlag Senn
UMSCHLAG	70 Mitarbeiterinnen und Mitarbeiter im Bild
UMSCHLAGENTWURF	Ursula Wentzlaff-Eggebert
SATZ + DRUCK	Druck + Verlag Lorenz Senn, Tettnang
FARB-REPROS	Walcker Repro, Isny
BUCHBINDUNG	Moser, Weingarten
ISBN-NR.	3-88812-510-3

SPONSOREN

Baumann Anton,
  Langenargen

Bergpracht Milchwerk,
  Tettnang

Bezirkssparkasse,
  Überlingen

Bodenseewerk Gerätetechnik,
  Überlingen

Bodenseewerk Perkin Elmer,
  Überlingen

Dornier,
  Friedrichshafen

Feinwerktechnik Schleicher & Co.

Ifm-electronic GmbH,
  Essen

Kreissparkasse Friedrichshafen

Landesbausparkasse Württemberg,
  Stuttgart

Motoren- und Turbinen-Union,
  Friedrichshafen

Sparkasse Konstanz

Sparkasse Salem-Heiligenberg

Steurer GmbH & Co. KG,
  Friedrichshafen

Technische Werke Friedrichshafen GmbH

Vöhringer Dieter,
  Oberteuringen

Wagner,
  Markdorf

Winterhalter Gastronom,
  Meckenbeuren

Zahnradfabrik Friedrichshafen

Zwisler GmbH & Co. KG,
  Tettnang

Zeppelin Metallwerke GmbH,
  Friedrichshafen

Liebe Leserinnen und Leser,

bei einem Jahrbuch mit Anspruch auf Lebendigkeit, Aktualität, Unterhaltungswert, Vielfalt in den
Themen von gestern, heute und sogar morgen – bei
einem solchen Jahrbuch sollte man eines Tages
auch mit einem neuen, überraschenden Erschei-
nungsbild rechnen dürfen. Mehr noch, die Einlö-
sung der Kontinuität der erwähnten inhaltlichen
Ziele erfordert eigentlich äußere Veränderungen.

In den letzten Jahren haben wir diesen Wandel
in der Herausarbeitung von Schwerpunktthemen
und deren ganzheitlicher Betrachtungsweise erlebt.
Geschichte, Gegenwartserleben, Kultur, Kunst und
Literatur versuchten, in beziehungsreichem Wechsel ein Bild in den Themenfeldern Bodensee und
Umwelt (Band VII), Tourismus und Verkehr (Band
VIII) und Landwirtschaft (Band IX) zu entwerfen.
Gewandelt hat sich in dieser Zeit auch die Redak-
tionsarbeit: Erika Dillmann leistete Aufbauarbeit in
Pioniermanier und gab „Leben am See" das erste
Profil. In seinen letzten Bänden wird das Jahrbuch
von einem Redaktionsteam unter hauptverantwort-
licher Leitung erarbeitet, und ein jährlich zusam-
mentretender Beirat verankert die Intention auf
breiter Basis.

Heute nun, in diesem Jubiläumsband „Zehn
Jahre Leben am See", halten wir ein Buch in Händen, das vor allem äußerlich ein neues, anderes ist.
Und wir hoffen damit unseren Stammlesern und
-leserinnen eine gelungene Überraschung zu präsentieren und auch neue Leserkreise zu gewinnen.

Schlagen wir also auf.

Das Schwerpunktthema Frauen im Gegenwarts-
teil wird von der Literatur, der Geschichte, der
Kunst aufgegriffen und in all diesen Disziplinen
in einer dem ganzen Themenansatz eigenen Art

dargestellt. Es geht um biografische und autobiografische Skizzen, um individuelle Lebens- und Erlebenswelten. Über viele Seiten hinweg tragen die klaren Schwarz-Weiß-Bilder von Franzis von Stechow zur eher nachdenklichen Stimmung in diesem Buchteil bei.

Mit der Wirtschaft wird das Buchleben zugleich auch technischer und abenteuerlicher ausgerichtet. Amundsen am Nordpol, Satelliten von Dornier, Museum für Analysengeräte, so fängt es an.

Die Natur wird aber auch ganz sachte und zunächst unspektakulärer erlebt: Beobachtungen zur Kolbenente, verborgene Mineralienschätze in den Alpen, und wieder Ansteckendes über Seeberge.

Die Geschichte greift diesmal die Entstehung unseres Bundeslandes und den Abzug der Franzosen auf und schafft mit dieser Aktualität den Übergang zur Euregio Bodensee, die wieder in unser Bewußtsein drängt.

Daß Euregio vor allem viel mit Kultur zu tun hat, das kommt im Gespräch mit Stefan Waggershausen zum Tragen. Mit Bildern und Bauten als Ausdruck vergangenen und heutigen Gestaltungswillens klingt Band X aus.

Wir freuen uns, Ihnen dieses schöne und interessante Buch als Jahreslektüre in die Hand geben zu können, danken den Sponsoren und allen etwa 100 Mitwirkenden: dem Redaktionsteam unter Leitung von Frau Dr. Ritter-Kuhn, den Autoren, den Fotografen, dem Beirat und den Beteiligten im Verlag und beim Druck.

Siegfried Tann   Dr. Bernd Wiedmann
Landrat   Oberbürgermeister

LIEBER EIN MANN?

ERIKA DILLMANN

Ich hatte den Hörer längst aufgelegt, aber dieses verzweifelte Bekenntnis, mit dem meine Gesprächspartnerin den Bericht über ihre Lage beendete, wollte nicht verstummen: „Wenn ich es mir aussuchen könnte, nie wieder möchte ich eine Frau sein; alles wird auf die Frauen abgeladen, alles!" Andererseits, das wußte ich, war sie eigentlich recht glücklich verheiratet, wenn man unter Glück jene Augenblicke der gänzlichen Übereinstimmung mit sich selbst und dem Dasein versteht, die einen noch über die drückendsten Spannungen in einer Partnerschaft hinwegtragen. „Du wirst es auch noch erfahren", hatte meine Mutter mir einmal gesagt – zu einer Zeit, als ich noch nicht imstande war, es zu begreifen –, „was es heißt, einen Mann zu lieben!" Es war ihre Antwort auf meine Frage, wieso sie denn all die Lasten auf sich nahm, die ihr von der Familie und von der Sorge für den Vater, der nicht gesund war, aufgebürdet wurden. Ich kann sie nicht mehr fragen, aber ich bin sicher, diese Antwort war ein Ja zu ihrem Dasein als Frau. Und auch ich sage ja!

Wenn man, wie ich, zusammen mit einem großen Bruder in ländlicher Umgebung aufwächst, ist eine gewisse Gleichartigkeit der Erziehung wohl nichts Besonderes. Ich hatte zwar Puppen und liebte sie, auch zeigen Kinderfotos, daß meine Mutter mir gern große Schleifen ins Haar band. Deutlicher sind mir aber die Lederhosen in Erinnerung, die, mein Bruder und ich, trugen, wenn wir uns im Sommer draußen herumtrieben, Baumhäuser im Wäldchen bauten oder „Räuber und Schandi" spielten. Vielleicht hängt es damit zusammen, daß ich in der Schule wenig Mädchenfreundschaften schloß, daß es in der „Blase" bei den Eisenbahnfahrten ins Gymnasium – die hauptsächlich bezweckte, mit den Schaffnern und den erwachsenen Fahrgästen Schabernack zu treiben – zwischen Buben und Mädchen keinen Unterschied gab, so wenig wie gegen Ende der Schulzeit, als ich als einzige von den Mädchen in der Klasse mit zum Skifahren ging; die Buben trugen mir – Liftè gab's noch nicht – die Bretter auf den Gipfel, wofür ich mich mit einer Übersetzung oder dergleichen revanchierte. Gleich danach bestimmte die Weltgeschichte die Rollenverteilung, die Schulkameraden mußten in den Krieg, wir anderen mußten sehen, wie wir durchkamen.

Ich wüßte nicht, was mich in jenen Jahren zu der Frage hätte veranlassen können, ob ich nicht lieber ein Mann gewesen wäre, aber im Grunde habe ich darüber wohl nie nachgedacht. Daß sich im Beruf gelegentlich Schwierigkeiten daraus ergeben, daß einem jemand den Rang streitig macht, das trifft Frauen und Männer in gleicher Weise, und wenn das heute so oft als ein typisches Berufsproblem der Frauen dargestellt wird, dann ist das zu einem guten Teil dem Lärm zuzurechnen, den die allgegenwärtigen Medien machen. Leider ist eben nur eine schlechte Nachricht eine Nachricht, und Harmonie liefert keine Schlagzeilen.

Natürlich bin ich gelegentlich an Grenzen gestoßen, die aber meist von althergebrachten Auffassungen gezogen wurden. Ich erinnere mich da an meine erste Begegnung mit dem späteren Wirtschaftsminister Martin Herzog, der damals gerade Landrat des Bodenseekreises geworden war und reihum die Städte und Gemeinden besuchte. Bei einem Empfang im Tettnanger Rathaus stand man, wie üblich, mit dem Glas in der Hand herum, und der Gast wollte mir etwas Freundliches sagen, als er bemerkte, wie wichtig Frauen im Gemeinderat seien, es gebe ja so viele soziale Aufgaben. Ich reagierte prompt und vielleicht auch etwas schroff; ich sagte, ich dächte nicht daran, mich auf ein Gebiet festlegen zu lassen, ich sei für alle Sparten der Kommunalpolitik gewählt, wie ja auch das Soziale alle Stadträte angehe, nicht nur die Frauen. Überrascht schaute der Landrat mich an, aber als er sich verabschiedete, sagte er, ich hätte ihn überzeugt, er sehe das jetzt auch ein wenig anders.

Die kleine Geschichte steht auch für die Erfahrung, daß Frauen es in der Öffentlichkeit in vieler Richtung leichter haben. Das ist eines der Geheimnisse des uralten Spiels, das heute, wie ich meine, zu Unrecht auf die pure Machtfrage verkürzt wird. Die geheime Anziehungskraft, die Frauen, weil sie anders sind, auf Männer ausüben, ist ein Bonus, und die männliche Bereitschaft zur Ritterlichkeit muß nicht beim Türen-Öffnen und In-den-Mantel-Helfen enden. Mein Leben lang werde ich dem Kollegen David Sapper beim Südwestfunk in Tübingen dankbar sein, der mir richtiges Sprechen beibrachte, nachdem mich der Studioleiter wegen der unerträglichen Art meines Vortrags kurzerhand an die Luft gesetzt hatte.

Mein Glück, einen Garten zu besitzen, bedeutet Umgang mit der Natur, sehr oft und durch alle Tages- und Jahreszeiten. Man lernt dabei Gesetzmäßigkeiten begreifen, man gewinnt Einblick in das sensible Zusammenspiel ganz unterschiedlicher Kräfte, auf dem das Wunder des Lebens beruht. Und weil wir selbst unlösbar in die Natur eingebunden sind, weiß ich nicht, warum wir uns heute derart bemühen, aus dem Miteinander von Mann und Frau unbedingt ein Gegeneinander zu machen. Wenn wir erkennen, daß die Strukturen unserer heutigen Welt zu sehr aus maskulinem Denken erwachsen sind, bringt es wenig Hoffnung, ins gegenteilige Extrem zu verfallen. Vor kurzem habe ich die Aufforderung zum Eintritt in eine Fraueninitiative in den Papierkorb geworfen, nachdem ich gelesen hatte, man freue sich darauf, mich als „Mitgliedin" zu begrüßen. Von solchen Sprachspielchen verspreche ich mir nichts, weil sie nur mangelndes Selbstbewußtsein zum Ausdruck bringen.

Die Natur, aus der wir uns nun einmal nicht emanzipieren können, hat die Frauen, ihren Aufgaben entsprechend, mit Fähigkeiten ausgestattet, die hinter denen der Männer nicht zurückstehen; eher ist das Gegenteil der Fall, und daß wir anders sind, sollten wir nicht durch Anpassung an männliche Verhaltensweisen verwischen. Als ich Anfang der 60er Jahre in der damals noch sehr kleinen Friedrichshafener Messe begann, die Pressearbeit aufzubauen, saß ich an einem Platz, wie er nur ganz selten von einer Frau eingenommen wurde. Und erst recht war ich mitten in einer Männerdomäne, als ich später dort den Europäischen Kongreß für Textverarbeitung zu organisieren hatte. Obwohl ich, was das Fachwissen betraf, am Anfang ziemlich ahnungslos war, gelang es spielend, ein Team von ersten Fachleuten – lauter Männer! – zu einer äußerst effektiven Arbeitsgruppe zusammenzuführen; man muß eben auf den eigenen „Durchblick" vertrauen, dann gehört nur noch ein bißchen Fingerspitzengefühl dazu, und alles läuft wie am Schnürchen.

Als einigermaßen erfolgreiche berufstätige Frau ist einem heute allgemeine Anerkennung sicher. Wenn aber, wovon ich überzeugt bin, der Sinn unseres Lebens auch in dem liegt, was wir für andere und im weitesten Sinn für die Allgemeinheit tun, dann ist schwer zu begreifen, daß Hausfrauen und Mütter in der beruflichen Werteskala so weit unten eingestuft werden; und gerade von Frauen. In den vier Wänden zu Hause werden Schicksale entschieden, der Umgang mit Heranwachsenden und ihren Freuden und Sorgen ist eine mindestens so anspruchsvolle Aufgabe wie die Bedienung eines Computers. Ein bißchen kann ich das beurteilen, denn seit Jahrzehnten gehen Kinder und junge Leute bei mir ein und aus und lassen mich an dem teilnehmen, was sie bewegt. Fast habe ich also eine große Familie, wenn ich auch weiß, daß zum wirklichen Hausfrauendasein zwangsläufig ein gerütteltes Maß an ermüdendem Trott gehört, und daß Kochen länger dauert als Essen. Aber gibt es ein Betätigungsfeld ohne Trott, ohne ermüdende Routine? Ich glaube, dieses Spiel von Licht und Schatten, von Last und Lust gehört zur Wirklichkeit des Lebens. Was übrigens das Kochen betrifft, so ist es trotz allem eine ebenso intelligente wie fantasievolle Tätigkeit. Aber das haben ja längst auch die Männer entdeckt.

Wie sich unsere Gesellschaft in den letzten 200 Jahren entwickelt hat, ist für vieles, was das Wesen der Frauen ausmacht, kein Platz mehr. Erst in jüngster Zeit gibt es für die große Vielfalt weiblicher Begabungen die entsprechenden Einsatzmöglichkeiten. Ich würde mich darüber noch mehr freuen, käme nicht etwas Wesentliches immer noch zu kurz: Das scheinbar so unzeitgemäße, rationalem Denken im Wege stehende Gefühl, die Fähigkeit, nicht nur mit dem Kopf auf andere einzugehen. Diese Sensibilität im Umgang mit anderen Menschen kann einem gerade bei der journalistischen Arbeit beglückende Erlebnisse schenken. Viele Beiträge von Leuten, die nicht gewohnt waren zu schreiben, kamen für „Leben am See" nur dadurch zustande, daß wir sie gemeinsam angingen, und zwar so, daß es nie mein Text wurde, sondern immer der des Autors oder der Autorin blieb. Man kann sich als Frau auch verwirklichen, wenn man dabei im Hintergrund bleibt. Das gilt nicht nur im Beruf, es ist auch eines der großen Geheimnisse in der „höheren Mathematik" der Liebe, in der wir nun einmal von Natur aus zu Hause sind.

Von Zeit zu Zeit – eigentlich immer dann, wenn es auf einer Bahnreise in Ulm nicht gleich weitergeht – besuche ich im gotischen Münster die zwölf Sibyllen, die Jörg Syrlin d.Ä. dort in der zweiten Hälfte des 15. Jahrhunderts für das Chorgestühl geschnitzt hat. Es sind lebensgroße Büsten mit klugen, nachdenklichen Gesichtern voll Kraft und Anmut. Wenn es auch nicht wirklich Porträts sind, so hat der Meister doch gewiß individuelle Züge von Frauen seiner Zeit in diese Bilder eingebracht. Die Sibyllen, vor 500 Jahren geschaffen für ein Heiligtum, zu dem sich Frauen heute nur mühsam Zutritt verschaffen können, stehen zugleich für eine unendlich viel ältere Menschheitserinnerung. Wie andere frühe Kulturvölker in ähnlicher Weise, kannten die Griechen wohl mehr als tausend Jahre vor unserer Zeitrechnung die Sibyllen als weise Seherinnen. In schwer zu entschlüsselnden „sibyllinischen" Worten taten sie den Zeitgenossen Wahrheit und Schicksal kund. Man verstand die Frauen als Bewahrerinnen des Lebendigen in einem ganz umfassenden Sinn.

Darum ist die Botschaft, die Syrlins Figuren im Chor des Ulmer Münsters uns überbringen, gar nicht sibyllinisch, sondern einfach und schön: Wir sind Frauen, sagen sie, seid es auch, seid es ganz!

LEBENSLINIEN

BEGEGNUNGEN MIT FRAUEN VON HEUTE

VERONIKA KUBINA

NINA KLAR

„Nomen est omen", sagen die Lateiner, „der Name ist Ausdruck des Wesens."
Mögen wir heute über solch alte Weisheit lächeln, auf Nina Klar trifft sie zu. Klar ist
ihr schönes, lebendiges Gesicht, klar sind ihre ausdrucksvollen Augen; klar ist ihre
Stimme, die sich, mitten aus dem Gespräch heraus, leicht wie Vogelsang auf-
schwingt, um eine ihrer Lieblingsarien anklingen zu lassen; klar auch ist ihr Lebenskonzept, in dem sie, wie viele moderne Frauen, Beruf und Familie in Einklang zu
bringen sucht.

Wir treffen uns in dem Atelier ihrer Schwiegermutter. „Dies ist ein Rahmen, in
dem ich mich rundum wohl fühle", hatte sie mir am Telefon anvertraut. Ich kann es
nachempfinden, als ich ihr in dem lichtdurchfluteten, lebendigen, ohne Schnörkel
und Firnis gestalteten Raum gegenübersitze. „Hier kann ich frei atmen und aufrecht
stehen...", sagt Nina Klar.

So gibt es also Räume, wo sie das nicht kann. Die Schule war so ein Ort für sie:
„Wie ein Gefängnis", erzählt sie; „immer habe ich gefragt: warum? Warum soll ich
all diese lebensfremden Daten in meinen Kopf stopfen, werde ich gezwungen, meinen Körper zu verleugnen, zählt mein Persönlich-Eigenes, zählen meine Phantasie,
meine Lust an Bewegung und tänzerisch-spielerischer Selbstdarstellung so wenig?"
Schon heute graut ihr davor, das noch nicht zweijährige Söhnchen dem gleichen
Schicksal ausliefern zu müssen.

Zu ihrem Glück und zum Glück all derer, die sich heute an Nina Klars leichtem,
lyrischem Sopran freuen, öffneten sich die „Gefängnistüren" weit, als sie ihre Ausbildung begann. Mit der Stimmbildung, die sie als einen ganzheitlichen Vorgang beschreibt, fing ihre Befreiung an. Im Gesangsunterricht, bei Silvia Gähwiller etwa,
beim Studium am Züricher Konservatorium, an der Musikhochschule und Opern-
schule in Freiburg oder während ihrer Londoner Auslandssemester unter Ilse Wolf,
Neil Mackie u.a. begegnen ihr Lehrer/innen, die ihr helfen, zu ihrer Mitte, ihrer ganz
persönlichen Stimme zu finden. Es war ein schwieriger Weg zur eigenen Aus-
drucksgestalt. Aber sie ist daran gereift und weiß nun, was sie will.

Freilich mußte sie sich auch auseinandersetzen mit Pädagog/innen, die ihre Macht
dazu mißbrauchten, Wege vorzuzeichnen, die nicht die ihr angemessenen waren:
„Eine Sängerinnenkarriere und ein Kind sind unvereinbar", belehrt eine wohlmei-
nende(?) Pädagogin die schwangere Nina, „lassen Sie es abtreiben..." Aber für Nina
Klar gibt es keinen Zweifel: ihr Leben hat zwei Schwerpunkte, die Musik und ihre

Familie, zu der seit 16 Monaten Sohn Nicholas gehört; ihn will sie „auf keinen Fall in fremde Hände geben", und seien die Angebote noch so verlockend.

Unter verständnisvoller Begleitung und in harter Auseinandersetzung hat Nina Klar zu ihrem eigenen Stil gefunden; sie kennt ihre Grenzen recht gut und weiß um ihre Stärke. Rollen, die sie vor Jahren einmal auszufüllen meinte, die Gräfin aus Mozarts Zauberflöte z.B. oder Frau Fluth (aus den „Lustigen Weibern von Windsor"), hat sie inzwischen aus ihrem Repertoire gestrichen.

Pamina dagegen oder Zerlina aus der Zauberflöte, die Gretel aus Humperdincks Hänsel u. Gretel oder auch die Maria aus der West Side Story, in solchen Rollen lebt sie auf. Dafür würde sie gerne einen Stückvertrag unterzeichnen. Im Unterschied zum festen Engagement gäbe dieser ihr die Freiheit, ihre doppelte Verpflichtung als Sängerin und Mutter wahrzunehmen.

Traumrollen gibt es nicht mehr für sie, „das ist vorbei." Eine ihr angemessene Rolle von innen heraus zu füllen, mit ihrer ureigenen Stimme, das ist ihr Traum. „Singen ist wie Meditation", meint sie, „wie im Kloster...", da muß eine ganz bei sich sein, um alles geben zu können. Ich traue ihr zu, daß sie ihr Publikum mitreißt, gesammelt, kraftvoll und zugleich hochsensibel, wie sie auf mich wirkt.

Aber für eine junge Frau, der die Lebensbegleitung ihres Kindes – (das Wort Erziehung meidet Nina Klar) – ebenso wichtig ist wie ihr Beruf, ist es sehr schwer, Aufträge zu erhalten; um so mehr, als sie sich bislang selbst managt. Zermürbend ist die Suche nach geeigneten Projekten, eine Geduldsprobe, bis sie vorgelassen wird „bei Hofe", d.h. bis sie einem Dirigenten vorsingen darf; enttäuschend, oft nicht mehr zu erhalten als vage Versprechungen, wie: „In ein oder zwei Jahren komme ich auf Sie zurück..." Sängerinnen ihrer Stimmlage, – leichter, lyrischer Sopran –, gibt es „wie Sand am Meer."

Trotz dieser Hürden ist Nina Klar nicht bereit, beliebig Kompromisse zu schließen. „Vielleicht bin ich zu streng mit mir", meinte sie, aber das Niveau des Ensembles, mit dem ich musiziere, sollte meinen gestalterischen und stimmlichen Fähigkeiten ebenbürtig sein; darunter tue ich es nicht. Das ist für sie eine Sache der Selbstachtung und des Respektes vor der Komposition.

Auch wenn also die berufliche Situation nicht rosig ist, ist Nina Klar glücklich. Sie wirkt wie eine Frau, die aus ihrer Mitte lebt. Zum gegenwärtigen Zeitpunkt hat sie so etwas wie ein sensibles Gleichgewicht gefunden. Nach Zeiten tiefer Ängste, als Mutter ihrem Beruf entfremdet zu werden, fühlt sie sich heute in Harmonie mit sich selbst. „Trotz Kind" erntet sie die Früchte konsequenter Arbeit. Aber sie weiß, daß dies kein Dauerzustand ist und ihre Ängste nicht ein für allemal gebannt. Sie ist froh, auf die Unterstützung ihres Mannes, ihrer weiteren Familie und Freund/innen zählen zu können, wenn in ihrer Abwesenheit Sohn Nicholas liebevolle Betreuung braucht.

Ihre Träume für eine Karriere sind vergleichsweise bescheiden: Stückverträge, die ihr intensive Probewochen im Wechsel mit häuslichen Zeiten gewähren; dazu die Möglichkeit, Gesang zu unterrichten, um jungen Menschen den Weg zur eigenen Begabung zu weisen, das wäre für sie ideal.

Ist Applaus wichtig für sie? „Oh ja", lächelt sie, „ich brauche den Beifall; aber nicht so sehr, um mich äußerlich bestätigen zu lassen, sondern als ein Zeichen, daß ich auf dem richtigen Weg bin. Das Schönste für mich wäre, in Lindau zu singen, schwärmt sie, „der See und die Musik, das gehört irgendwie zusammen..." Doch gilt für sie anscheinend das Wort vom „Propheten, der nichts in seinem Vaterland" gilt. Mehrfach hat sie angeboten, in ihrer Heimatgemeinde zu singen, ganz ohne Honorar, oder auch in Kressbronn, ohne Erfolg. „Die Leute wollen das lieber selber machen", hat ihr eine Chorleiterin verraten.

Selbstkritisch hat sie sich schon oft gefragt, ob denn ihre Musik nicht eine völlig nutzlose und überflüssige Kunst sei, auf die Menschen von heute mit ihren drängenden Problemen wie Hunger, Vereinsamung und Sinnleere gut verzichten könnten? Aber ohne Musik kann und will sie nicht leben; und sie hält sich an die Antwort, die ihr unter dem Singen selbst, in einem Konzert gegeben wird, wenn sie erfährt, wie Menschen aus ihrer Lethargie erwachen, Begeisterung und Befreiung empfinden und – wenigstens für einen Moment – so etwas wie Lebenswert aufblitzt.

„Musik führt zu Gott, ohne viel Gerede; sie ist wie Gottesdienst", sagt sie einfach. Sie spricht damit eine uralte Wahrheit gelassen aus: Musik ist das religiöse Urwort schlechthin. Wir haben es nur vergessen und mißbrauchen sie zu kommerziellen Zwecken oder zur Selbstüberhöhung.

Während ich Nina Klar zuhöre, fällt mir eine alte Indianermythe ein, die dichterisch ausdrückt, was die junge Sängerin mir in ihrer Person erschlossen hat; dieser Mythos erzählt vom Anfang der Schöpfung und der Begründung menschlicher Freude: Der Erd-Gott bittet den Wind-Gott, zum Haus der Sonne zu fliegen und die Musikant/innen herabzuholen; dieser ,eilte durch die grenzenlose Trauer, durcheilte die schweigende Erde' bis dahin, 'wo alle Melodien im Licht wohnen... Sanft, damit er die zarten Melodien nicht verletze', nahm er sie mit sich zur Erde, und 'die Erde erhob ihr Antlitz und lachte ... so lernte alles zu singen

    der erwachende Tag,

    der träumende Mann,

    die wartende Mutter,

    das fließende Wasser und die Vögel in der Luft.

    Seit damals ist das Leben voll Musik.'

Ich würde Nina Klar gerne einmal singen hören, vielleicht in einer der schönen, alten Kirchen am See...

ILSABÉ ZUCKER

„Ich bin Hausfrau und Mutter", antwortete Ilsabé Zucker auf meine Frage, wie sie sich selber beruflich einordnen würde; „...und bis zu meinem 28. Lebensjahr war ich Bäuerin."

Ein liebenswürdiges Understatement, zweifellos, gemessen am gängigen Vorurteil gegenüber einer „Nur-Hausfrau"; denn, wie sich herausstellt, übt Ilsabé Zucker vielfältige, verantwortungsvolle Tätigkeiten aus, die ihre Kreise weit über den engen Rahmen von Familie und Dorfgemeinschaft hinaus ziehen. Ausgebildet als Hauswirtschaftsmeisterin, Gärtnerin (sie lernte u.a. bei Planten u. Bloomen) und Lehrerin führt sie heute die Buchhaltung von zwei Arztpraxen, erteilt Unterricht an der Landbauschule und ist an einem Vormittag als Kontaktperson und Beraterin in der GLS-Bank tätig. (Diese gemeinnützige Bank „Gemeinschaft für Leihen und Schenken" arbeitet nicht für Profit, sondern bietet experimentierfreudigen Gruppen, u.a. in der Landwirtschaft, einen finanziellen Schutzraum an.) An den Nachmittagen ist Ilsabé Zucker zu Hause, wo ihr vor allem die musikalische Förderung ihrer 12- und 13jährigen Töchter am Herzen liegt.

Mit diesen nüchternen Daten ist aber nur andeutungsweise umschrieben, was das Leben von Ilsabé Zucker heute ausfüllt: Aufgewachsen auf einem 140 ha großen Erbhof in der Lüneburger Heide – ihr Vater, ein Pionier in der biologisch-dynamischen Landwirtschaft –, begegnete sie schon früh jenen Antinomien in der Gesellschaft, denen sie heute, zusammen mit Gleichgesinnten, tatkräftig und intelligent entgegenzuwirken sucht.

Sie erfährt am eigenen Leib den Zusammenbruch überlebter sozialer Gefüge, die Auflösung von Strukturen, die sich auf „Herren" und „Knechte" stützte. Fragen, wie die nach dem Verhältnis von Lohn und Arbeitsaufwand, ideellem Einsatz und Wirtschaftlichkeit, Verantwortungsträger und Weisungsgebundenem stellen sich ihr als Bäuerin gleicherweise wie als Arztfrau. Überzeugt von der Überlebenswichtigkeit land- und naturverbundener Berufe wird sie hellsichtig für die wachsende Entfremdung zwischen Stadt und Land. War sie bis zum 28. Lebensjahr eingebunden in einen lebendigen sozialen Großorganismus, so erlebt sie sich als „Privat"-Frau und Mutter eines Sohnes wie „rausgeflogen aus der Gesellschaft." Sie entdeckt, daß ihre Isolierung kein Einzelschicksal darstellt, sondern typisch ist für viele Frauen, deren Talente zwangsweise „vergraben" sind, ein ungehobener Schatz für die Gesellschaft und Ursache mancherlei Verkümmerungen und Fehlentwicklungen bei den betroffenen Frauen.

Ihre persönlichen Erfahrungen führen Ilsabé Zucker zu geschärfter Wahrnehmung gesellschaftlicher Probleme und verwandeln sich zum Impuls, den Herausforderungen unserer Zeit mutig zu begegnen: nicht im Schrei nach „Vater Staat", der wie eine große nährende Mutter alle versorgt – und unfrei macht! – , sondern durch das Wecken von Eigeninitiative und Eigenverantwortung auf breiter Basis.

Begegnungen mit Menschen wie Dr. Nikolaus Remer, bei dem sie drei Jahre lang Menschenbildung lernte, mit seiner Tochter Dr. Gabriele Gerretsen-Remer, einer Ärztin, durch die sie zur La Leche Liga kam, mit Wilhelm Ernst Barkhoff, dem Mitbegründer der GLS-Bank und nicht zuletzt mit ihrem Mann haben ihr dabei Richtung gewiesen. Heute sind es vor allem drei Bereiche, in denen sie ihre Ideen verwirklichen möchte: im sozialen, im therapeutisch-erzieherischen und im landwirtschaftlichen.

Aus der Einsicht in die schier unlösbare Aporie von Individualisierung und Vermassung sucht sie nach neuen Modellen sozialen Lebens, die dem Drang des Menschen nach Individuation gleicherweise gerecht wird wie seiner Sehnsucht nach gelungener Kommunikation. Besonders am Herzen liegt ihr dabei die gesamtgesellschaftliche Verantwortung für die Landwirtschaft, der behutsame Umgang mit der Erde sowie der spezifische Beitrag von Frauen zur Erneuerungsbewegung.

Die Zunahme von Krankheiten mit geistig-seelischer Ursache und ihr Einblick in die gravierenden Mängel üblicher Krankenversorgung regen sie zu einer Vielzahl therapeutisch-pädagogischer Unternehmungen an, von der Unterweisung stillender Mütter bis zur Sterbebegleitung im eigenen Haus. Ihre Vision geht dahin, ihre Familie zu öffnen für etwa fünf „Patienten", Bedürftige aller Art, denen sie im eigenen Haus qualifizierte ärztliche Versorgung und Lebenshilfe anbieten kann.

In der Kunst, insbesondere in der Musik, sieht Ilsabé Zucker, die selber Flöte spielt, ein Lebenselixier, das allen Veränderungsprozessen jene heiter-spielerische Kraft verleiht, die sie benötigen, um von innen nach außen wirksam zu werden.

Ein Rahmen, innerhalb dessen sie ihre Ideale konkret werden läßt, bildet der „Mercurialis-Verein für Therapie, Kunst und soziales Leben". Er umfaßt eine Gemeinschaft von derzeit 15–20 Personen (Ärzte, Krankenschwestern, Arzthelferinnen, Lehrer/innen, Künstlern/innen, Bauern...); sie bilden ein Gesprächsforum für gleichberechtigte und gleichgesinnte, suchende Menschen. Stillen, Kleinkindererziehung, Impfkurse, Umgang mit Krankheit, Sterbebegleitung..., dies sind nur einige Themen, die anstehen.

Auf der wirtschaftlichen Ebene versucht Ilsabé Zucker, in Gemeinschaft mit anderen, neue Umgangsformen mit Geld zu finden: Derjenige, der weniger verdient, aber wertvolle Arbeit leistet, soll wirtschaftlich nicht schlechter gestellt sein als ein gut verdienender Unternehmer. Sie und ihre Familie hat mit 25 anderen Familien und Einzelpersonen folgendes Experiment begonnen: Die Einkommen und Gehälter aller Beteiligten fließen in einen gemeinsamen Pool, aus dem jeder nimmt, was er braucht. Das bedeutet ein tägliches, mühevolles Austaxieren von Bedürfnissen, ein ständiges Suchen und Fragen nach den gemeinsamen Zielen und ihrer Realisation; oft zeitraubende Diskussionen um Gewichtungen und Prävalenzen; ihr „christliches Anliegen" wird damit bis in den wirtschaftlichen Bereich ausgedehnt und erprobt. Es ist ein Experiment ohne Erfolgsgarantie, aber beflügelt von der Freude, Zeichen zu setzen und dem Mut zum Risiko . „Bitte, stellen Sie es ja nicht als etwas Besonderes, Großartiges dar", mahnt sie mich, „... wir pendeln ständig um den Nullpunkt möglichen Scheiterns." Aber – oh Wunder, die Gemeinschaft besteht immerhin schon acht Jahre.

Wer nun meint, so viel soziales Engagement könne nur in Gestalt von fanatischer Weltverbesserungshektik und moralinsaurem Caritas-Streß Form gewinnen, sieht sich bei Ilsabé Zucker enttäuscht: Ihre gepflegte Erscheinung verbreitet Stille, wirkt ungemein gesammelt und in einem positiven Sinne: einfach. Sie hört aufmerksam zu und wählt die Worte mit Bedacht, findet eine treffende Sprache. Ihre Person scheint wie in leise Trauer gehüllt; sie wirkt wie eine Frau, die vielerlei Leiden wachen Herzens wahrgenommen und sich zu eigen gemacht hat; dennoch strahlt sie Gelassenheit, Harmonie und Wärme aus; alles in allem eine „authentische" Persönlichkeit.

Die Kraft, aus der heraus sie ihr Leben gestaltet und die Mitte, von der her sie experimentiert, findet sie im Erbe der Anthroposophie. Von Kindheit an ist sie mit jener Geisteshaltung vertraut, der sie sich bis heute verpflichtet weiß; deren Ideale sind, sehr pauschal gesagt, ganzheitliche, d.h. Leib, Seele, Geist und Welt umfassende Lebensvollzüge, gespeist aus dem Bewußtsein, den „Gottesfunken" in sich verwirklichen zu sollen. Das bedeutet in der Erziehung: in Liebe herauslocken, wachsen lassen und behutsam wahren, was im Menschen angelegt ist. Im eigenen Leben bedeutet es: tiefe Einsicht gewinnen in den eigenen Wachstumsprozeß, Suche nach Transzendenz aus dem Bewußtsein eigener Irrtümer und Schwäche, aber auch einer unzerstörbaren Kraft zum Guten.

„Vielleicht ist es das, was heute am dringlichsten gefragt ist", meint sie nachdenklich und bemüht, den eigenen Beitrag nicht über Gebühr herauszustellen, „sich mit in die Retorte begeben, am Umschmelzungsprozeß teilhaben."

SUSE SORMS

Mein erster Eindruck, als ich den Hofkomplex von Gut Rengoldshausen betrete, ist: „Wie einladend, da würde ich gerne einmal ein Wochenende verbringen." – Später höre ich von Suse Sorms, daß es manchen Vorüberfahrenden ähnlich ergeht. Sie bleiben spontan für ein oder zwei Nächte, schlafen im Stroh oder unter freiem Himmel.

Ein großer, offener Hofplatz, ohne Eingangstor oder Mauer, – die alte wurde vor einigen Jahren abgerissen und nicht erneuert –, an drei Seiten von Wohnräumen und Wirtschaftsgebäuden umgeben, hohe alte Bäume, Blumeninseln, landwirtschaftliches Gerät, Kinderspielzeug, zwei kompakte Fahrräder, eilig an die Wand gelehnt.

Das Wohnhaus von Suse Sorms und ihrer Familie ist leicht auszumachen: „Das, wo es nicht ganz so ordentlich aussieht", so ihr telefonischer Fingerzeig. Eine junge Frau in Shorts und ärmellosem T-Shirt sitzt an einem Gartentisch, einen Aktenordner vor sich. Auf den ersten Blick könnte man sie für die große Schwester der spielenden Kinder halten, doch kann ich mich schon bald nach der freundlichen Begrüßung davon überzeugen, daß die „große Schwester" trotz ihrer Jugend eine reife, umsichtige Frau ist, die ihre Augen überall hat und zu jeder Zeit helfend einspringen kann.

Gut Rengoldshausen ist ein gemeinnütziger Verein, in dem Besitzer, Pächter und Angestellte sowie zwei weitere Höfe der Umgebung zu einer Interessengemeinschaft verbunden sind. Suse Sorms, ausgebildet als ländliche Hauswirtschaftsmeisterin, lebt seit sieben Jahren hier mit ihrem Mann und – inzwischen – drei Kindern. „Wir leben und arbeiten hier, als wäre es unser Eigentum; aber das ist es nicht, wir sind Pächter und Angestellte; das hat große Vorzüge." Auf mein erstaunt-fragendes Gesicht hin erklärt sie: „Sehen Sie: Besitz bindet so sehr, die Kinder fühlen sich verpflichtet...; so können wir uns ganz unseren Idealen widmen." Eine bemerkenswerte Einstellung, denke ich, nicht zum letztenmal an diesem Nachmittag.

Der Hof, 46 ha groß, steht in einer langen Tradition alternativen Landbaus: Seit 1932 wird hier, durch Initiative der Besitzerfamilie Hahn, biologisch-dynamisch gewirtschaftet. Durch einen möglichst vielseitigen Anbau bzw. das Erzeugen landwirtschaftlicher Produkte wird ein gesunder Betriebsorganismus geschaffen: Milch (als Vorzugsmilch schon auf dem Hof abgepackt), Getreide, Gemüse und Obst werden erwirtschaftet und an zwei Nachmittagen auch ab Hof verkauft. Eine Gärtnerei, die selbständig arbeitet, ist angeschlossen. Ein sorgfältig-ausgeklügeltes Anbausystem, in 13jähriger Fruchtfolge, macht die Pflanzen weniger anfällig, so daß auf chemischen Pflanzenschutz ganz verzichtet werden kann; auch Kunstdünger wird nicht verwendet. Diese Art von Bewirtschaftung erfordert nicht nur ein hohes Maß an Kenntnissen ökologischer Zusammenhänge, sie setzt auch voraus, daß Suse Sorms und ihre Mitarbeiter/innen viel Geduld aufbringen und die Bereitschaft, Fehlschläge hinzunehmen. Immer wieder gibt es Ausfälle durch Schädlinge und Krankheiten, die die Gemeinschaft empfindlich treffen, auch wenn der Schaden nicht ganz so schwer wiegt wie in einem Betrieb mit Monokultur. Mit einer Macher-Mentalität ist hier wenig auszurichten. Im Gespräch mit der jungen Meisterin fällt mir dies als erstes auf: sie scheint in einer Wechselbeziehung zu den Lebewesen ihrer Umgebung zu stehen, auf sie zu „hören" und die eigenen Abhängigkeiten anzunehmen.

Als sie mit der 9. Klasse der Waldorfschule von Stuttgart, ihrer Heimatstadt, ihr Praktikum auf Gut Rengoldshausen absolviert, hat sie es sich nicht träumen lassen, hier einmal Wurzeln zu schlagen. Bäuerin zu werden, hatte sie, die Tochter einer Lehrerin und eines Sozialarbeiters, nie vor. Eine offene Familie allerdings pflegten schon die Eltern; der Vater brachte beispielsweise des öfteren Strafentlassene mit heim, in einer siebenköpfigen Familie für die berufstätige Mutter nicht gerade eine Entlastung. Nach dem Abitur begann Suse Sorms eine Goldschmiedelehre. Sie fühlte sich aber, auch durch die Beziehung zu ihrem Freund und jetzigen Mann, mehr und mehr zu ländlicher Arbeit hingezogen, und als sie das Berufsziel, ländliche Hauswirtschaftsmeisterin, entdeckt, bricht sie die Goldschmiedelehre ab. Konsequent verfolgt sie die anspruchsvolle und vielseitige Ausbildung, lernt, anstatt künstlerische Entwürfe für Schmuck zu kreieren, backen, putzen, kochen, waschen, Gartenbau, den Umgang mit Kleinvieh, Käsezubereitung etc.... Ob es ihr nicht manchmal leid tue, den künstlerischen Weg verlassen zu haben, frage ich. „Nein", lacht sie, „jeden Tag schaffe ich hier so etwas wie ein Gesamtkunstwerk in Haus und Garten, Familie und Gemeinschaft."

Nach einem Lehr- und Wanderjahr in Brasilien, wo sie sich – zusammen mit ihrem Mann – am Aufbau eines biologisch-dynamischen Betriebes, insbesondere einer Käserei und Schule beteiligt, und nach einem halben Jahr Landwirtschaftsschule, führt eine Reihe von Zufällen sie nach Rengoldshausen.

Der Anfang war nicht leicht, sie fühlte sich oft bedroht vom „Chaos": keine Arbeit zu Ende führen zu können, ohne daß etwas dazwischen kommt, an zehn Orten zugleich zu sein und trotzdem den Überblick zu behalten, wollte gelernt sein. Heute sagt sie mit Überzeugung: „Natürlich ist Ordnung wichtig, ohne sie gibt es kein effektives Arbeiten; im Konfliktfall aber hat Lebendigkeit, Phantasie und Großzügigkeit den Vorrang." Mit dieser Einstellung kann sie inzwischen gut leben; sie muß es auch, will sie ihre eigene Vision, so etwas wie die Mitte, die Mutter der Gemeinschaft zu sein, verwirklichen. „Das Übliche, ich meine: Putzen, Waschen, Kochen (für 8–14 Personen oder auch mehr), das geht so nebenher. Natürlich erfordert es viel Zeit und ich bin froh, seit kurzem eine Haushaltshilfe zu haben, aber wesentlich ist etwas anderes: ich möchte so etwas wie das leib-seelisch-geistige Zentrum sein, ein Ort, an dem alles sich sammelt und von dem alles ausstrahlt." Glückliche Lehrlinge, die bei einer solchen Meisterin ausgebildet werden; derzeit ist es eine in der Hauswirtschaft, drei in der Landwirtschaft bei Herrn Sorms. Sie alle kommen aus der Stadt, haben Abitur und lassen sich vom Idealismus der jungen Meisterin anstecken. Sie lernen von Anfang an das „Prinzip Verantwortung", sei es im Hinblick auf die Zeiteinteilung, sei es bei den anfallenden Arbeiten, wie Erstellen eines Futterplanes, Einrichten einer Jauchegrube... Alle Fähigkeiten werden nach Möglichkeit mobilisiert, lernen durch Sehen und Mitmachen lautet die Devise. Das Arbeitsklima ist offensichtlich gut; gemeinsame Feste und Feiern durchbrechen die strenge Arbeitsdisziplin. An Lehrlingsanwärter/innen ist kein Mangel, die Werbung geschieht allein durch Weitersagen.

Suse Sorms investiert viel an Energie und Phantasie in diese Aufgabe; sie hält sie für genauso wichtig wie Kindererziehung, „... ich selber lerne dabei auch Wichtiges, z.B. meine eigenen Grenzen zu sehen und zu akzeptieren." Diese Grenzen aber scheint sie sehr weit ausdehnen zu können; denn neben „dem Üblichen", wozu noch einmal wöchentlich Brotbacken für 40 Leute und, nicht zu vergessen, die Fürsorge für die Kinder und zahlreiche, auch ausländische, Gäste kommt, findet sie noch die Energie, vier Abende in der Woche für Fortbildung, gemeinsame Lektüre, die Christengemeinschaft etc. zu reservieren; sie interessiert sich für Astronomie und nimmt dankbar die Angebote wahr, die die Freie-Landbauschule-Bodensee organisiert. Viel Zeit für persönliche Dinge bleibt ihr nicht, aber eine strenge Trennung von Arbeits- und Privatbereich möchte sie auch nicht vornehmen; ihr Leben in der Gemeinschaft ist glücklich und ausgefüllt. In diesem Jahr hat sie sich aber zum erstenmal drei Wochen Urlaub gegönnt: „Man muß sich auch nicht für unentbehrlich halten."

Eine erstaunliche Kraft steckt in dieser jungen Frau, die sich ohne Scheu zu ihren religiösen Wurzeln bekennt. Bewußt pflegt sie ein sehr offenes Lebenskonzept. Sie ist auf der Suche nach einem Ziel, hat es nicht einfach schon gefunden. „Ich denke, ich bin unterwegs zur Anthroposophie", meint sie. Diese übt eine große Faszination auf sie aus, ihre ganzheitliche Sicht des Menschen und ihre Vorstellung kosmischer Verbundenheit aller Lebewesen kommt ihr sehr entgegen. „Unterwegssein", dies scheint mir eine treffende Charakterisierung ihrer Persönlichkeit zu sein: Sich nicht festklammern an Besitz, nicht aus starren Dogmen leben, so wird sie allem Lebendigen, das auf sie zählt, am ehesten gerecht.

„Mein wichtigster Aufgabenbereich", so betont sie, „sind die Menschen hier; ich möchte erspüren, was andere wollen, nicht theoretisch belehren, sondern Vorbild sein." Sie fühlt sich zuständig für die Dimension des „Zwischen", für den „guten Geist" der Gemeinschaft, was nicht gleichbedeutend ist mit Alles-Können, Perfektion; im Gegenteil, eine solche Einstellung erfordert die ständige Bereitschaft, die eigenen Unzulänglichkeiten zu akzeptieren und sich zu wandeln; auch darin also: unterwegs...

Doch ihre Träume reichen weiter als Gut Rengoldshausen; was sie, eingebunden in ihre Gemeinschaft und von ihr getragen und bestärkt, tut, möchte sie in gewisser Weise als Modell verstehen zur Veränderung der Gesellschaft nach innen und außen: Ein einfaches, persongerechtes Leben, im behutsamen Wahren der Rechte aller anderen Geschöpfe, wie es im Rahmen der Weltverantwortung angemessen ist. Sie wünscht sich, daß möglichst viele die Freiheit nutzen, die eine Demokratie persönlicher Lebensgestaltung läßt. Aber auch da theoretisiert sie nicht, sie denkt pragmatisch und versucht, einen neuen, verantwortlichen Weg zu gehen, jeden Tag, Schritt für Schritt.

Im Fortgehen entdecke ich an der Mauer einen Feigenbaum mit reichem Fruchtansatz, unmittelbar daneben einen Fleck dunkelblauer Kornblumen; südliche und nördliche Vegetation geschwisterlich beieinander. Ein Sinn-Bild?

GRÄFIN SONJA BERNADOTTE

Sie empfängt mich mit kühler Freundlichkeit in ihrem großzügigen Büro im ehemaligen Schloß des Deutschritter-Ordens. Ein weiter Blick über den See tut sich auf. Zwei wundervolle Blumenarrangements holen den Mainaufrühling herein. Die wohlgeordnete Vielfalt von Zetteln, Plänen, Papieren auf dem weit ausladenden Schreibtisch erscheint wie ein Spiegel der nüchtern-pragmatischen Zielstrebigkeit seiner Herrin.

Seit 1981 leitet Gräfin Sonja an der Seite ihres Gatten, Graf Lennart Bernadotte, als Geschäftsführerin das Fremdenverkehrsunternehmen Blumeninsel Mainau. Mit 450 Beschäftigten ein mittleres Unternehmen, das für die Ausbildung von Lehrlingen in vielen Bereichen zuständig ist, erfordert es die konzentrierte Aufmerksamkeit und unermüdliche Energie einer Managerin.

Seit drei Jahren hat Gräfin Sonja die Nachfolge des Grafen in allen wichtigen Ehrenämtern angetreten; gleichwohl fühlt sie sich nicht als „im Schatten" dieses großen Mannes stehend. „Als Frau", meint sie lachend, „werde ich zum Glück nicht an seinem Maß gemessen; im übrigen verstehe ich meine Tätigkeit nur als Interimslösung..." – Ein beachtliches „Interim"! – Als Repräsentantin in zahlreichen überregionalen Gremien, beispielsweise als Präsidentin der Deutschen Gartenbau Gesellschaft oder des Kuratorium für die Tagung der Nobelpreisträger in Lindau, ist sie so etwas wie die Integrationsfigur eines weitausstrahlenden Kulturorganismus geworden, mit eigenwilligem Profil und dem Ehrgeiz, sich der ihr zugewachsenen hohen Verantwortung würdig zu erweisen.

Wer ist diese Frau, die so selbstbewußt und kompetent auftritt und doch so auffallend selten „ich" sagt? Eine märchenhaft anmutende Karriere hat sie an diesen Platz geführt: Geboren in Litzelstetten bei Konstanz, aufgewachsen in einfachen Verhältnissen, hat sie die Sorge der Eltern um das Existenzminimum in schwerer Nachkriegszeit miterlebt. Nach Abschluß der Handelsschule arbeitet sie aushilfsweise als Telefonistin auf der Mainau, wechselt nach kurzer Zeit in die dortige Buchhaltung und gewinnt dabei erste Einblicke in das aufstrebende Unternehmen. Ein Praktikum an der Bundesanstalt für Naturschutz und Landschaftspflege in Bad Godesberg öffnet ihr die Augen für die „umwelt"-pflegerischen Probleme unserer Zeit. Sprachstudien in England, Frankreich und Schweden und ein wachsendes Engagement für die Belange der Blumeninsel ebnen ihr den Weg zur Chef-Assistentin des Grafen (1969); drei Jahre später wird sie seine Frau und designierte Nachfolgerin.

Eine Geschichte wie im Märchen, aber wie im Märchen gelangt eine nicht ohne Mutproben und harte Auseinandersetzungen ans Ziel; doch davon spricht Gräfin Sonja nicht. Nicht von den Wunden und Verletzungen, die ihr auf ihrem ungewöhnlichen Weg zugefügt wurden, nicht von dem Panzer, den sie anlegen mußte, um an der Seite des Grafen bestehen zu können. Kleine Andeutungen oder auch Auslassungen im Gespräch lassen mich hellhörig werden. Sie gibt sich ganz als Frau der Öffentlichkeit, nüchtern und gefühlsdiszipliniert. Nur gelegentlich moduliert ihre sachliche Stimme zu einem weicheren Klang, dann etwa, wenn sie von „der wunderbaren und erfüllenden Zusammenarbeit mit dem Grafen" spricht; oder auch zu schärferem Ton, wenn sie hervorhebt, daß „frau" als Gräfin weder reich werden noch ein bequemes Leben führen könne. Wie oft wohl und gegen welche Gegner muß sie sich verteidigen?

Sie hat sich ganz den Zielen der Graf Lennart Bernadotte-Stiftung verschrieben, in die das Unternehmen Blumeninsel Mainau GmbH seit 1974 eingebracht ist. Diese verfolgt ein weitgespanntes Programm: u.a. die „Förderung internationaler Gesinnung und der Wissenschaften"; „Förderung der Landespflege" auf der Basis der „Grünen Charta von der Mainau" (April 1961); „Förderung wissenschaftlicher Arbeiten auf den Gebieten der Raumordnung und des Umweltschutzes"... Dennoch bleibt ihr genügend Spielraum, mit Tatkraft und Freude eigene Ideen einzubringen.

Von Urzeiten her sind Gärten Symbole schöpferischen Gestaltwandels, Wiederholung von Schöpfung im kleinen Maßstab, Spiegel ersehnter Harmonie von Natur und Kultur. Auch wenn die Gräfin große Worte vermeidet, ist es doch ihr erklärtes Ziel, den Menschen, die ihr Bodenseeparadies besuchen – 200.000 pro Jahr –, etwas von der Kraft eines solchen Symbols zu vermitteln: Fülle, Schönheit, Sinn. „Sie sollen nicht leer nach Hause gehen, sondern erfüllt", sagt sie und bringt es auf die etwas spröde Formel: „Gärtnern um des Menschen und um der Natur willen."

Besonders am Herzen liegt ihr die Erziehung der Jugend zu größerer Sensibilität gegenüber der Natur und Einübung eines schöpfungsgerechten Verhaltens. Die Einrichtung „Grünes Klassenzimmer", in der Lehrer/innen mit ihren Schüler/innen unter Anleitung gärtnern und experimentieren können, ist nur eine unter zahlreichen Veranstaltungen dieser Zielsetzung.

Als Gründungsmitglied der Kinderhilfsorganisation PLAN International, Deutschland e.V. beschränkt sie ihr pädagogisches Engagement nicht auf die Region: Die Vereinigung unterstützt bedürftige Kinder in den Ländern der Dritten Welt und leistet Hilfe zur Selbsthilfe.

Einen guten Teil ihrer Energien investiert die Gräfin auch in die Pflege eines guten Arbeitsklimas unter den Mitarbeitern. Sie weiß, daß ohne deren persönlichen Einsatz die beste „Charta" unerfüllt bleibt. Derzeit arbeitet sie daran, die Kommunikation zwischen den verschiedenen Ebenen effektiver zu gestalten: eine frühmorgendliche Wanderung z.B. mit gemeinsamem Frühstück für die Abteilungsleiter/innen fördert die Motivation.

Als Mutter von fünf Kindern spricht sie ohne Sentimentalität von den Schwierigkeiten einer berufstätigen Frau. Der gelegentliche Vorwurf ihrer Kinder, „keine Zeit" zu haben, trifft sie empfindlich; wer aber wie sie in einem so weiten Horizont lebt, ist gezwungen, Kompromisse zu schließen und Abstriche am kleinen Familienglück zu machen. Selbständigkeit und Eigenverantwortung, Kreativität und Mut zur Innovation, das sind Eigenschaften, die sie an der jungen Generation schätzt und bewußt fördert. Diana, die Jüngste, träumt von einem Märchengarten; Gräfin Sonja verspricht, mit ihr zu reisen und nach Modellen Ausschau zu halten; die Entscheidung über das Projekt wird aber, wie bei allen „erwachsenen" Projekten, nach den bewährten vier Kriterien gefällt, ob sie finanziell, personell, technisch und ökologisch vertretbar sind. Keines ihrer Kinder ist zur Nachfolge vor-be(ver-)-urteilt; jedes hat freie Berufswahl: „Man wird sehen..."

Und wann findet Gräfin Sonja Zeit für sich und ihre persönlichen Interessen? Sie lächelt ein wenig wehmütig: „Vielleicht später einmal." Seit kurzem gönnt sie sich einen freien Tag pro Woche, ein Glücksfall, wenn er wirklich frei bleibt. Um Abstand zu gewinnen, sucht sie gelegentlich die Stille des Arboretum, ihres Lieblings-platzes auf. Unter den ehrwürdigen Baumriesen findet sie ihr Gleichgewicht, ohne Überheblichkeit und ohne falsche Demut. Mehr an Eigenraum gönnt sie sich nicht. Einstweilen ist „das Eigene" identisch mit der Mainau; „aber es macht Freude."

SCHWESTER ADELHEID SCHWEICKART

Ostermorgen, 6 Uhr in der Frühe in Beersheba, Israel. In einem Hotelgarten feiern wir die Osterliturgie. Sr. Adelheid stimmt den Auferstehungshymnus („Exsultet...") an und – bricht in Tränen aus; betretenes Schweigen, wir sind ratlos. Jeden einzel-nen Tag unserer Israelreise war sie froh und gelöst gewesen, hatte jeden Spaß mitge-macht und sich in der Gruppe offensichtlich wohl gefühlt und nun dieser Tränen-strom. Als ich sie später frage, ob sie Heimweh habe, gesteht sie: „Ja, nach unserem Gottesdienst im Kloster."

Es gibt Erfahrungen, die sind nicht vermittelbar. Sr. Adelheids „Heimweh" nach ihrem Gottesdienst ist eine davon. Es zeugt von einer tiefen Bindung, die der an ei-nen geliebten Menschen gleicht, aber eben nicht „von dieser Welt" ist. Fromme Ge-wohnheit, geboren aus Weltferne und Lebensangst? Oder Ausdruck einer Verwurze-lung in anderen Dimensionen?

Für Sr. Adelheid, derzeit Priorin im Dominikanerinnenkloster Zoffingen in Kon-stanz, möchte ich eher das letztere annehmen. Fromme Gewohnheiten, verstanden als leere Hülse ohne Kern, sind ihr ein Greuel. Und weltfern ist sie gewiß nicht: 40 Jahre Jugendarbeit, mehr als 30 Jahre Schulunterricht sowie verschiedene pasto-rale Dienste haben dafür gesorgt, daß sie nicht im Elfenbeinturm eines weltlosen Glaubens angesiedelt ist. Mit wachen Sinnen und lebhaftem Geist nimmt sie das Ge-schehen jenseits der Klostermauern realistisch wahr, nur ist sie eben dort nicht zu Hause.

Wer durch die unauffällige Klosterpforte in der Brückengasse den Kreuzgang be-tritt, fühlt sich in eine andere Welt versetzt: draußen der hektische Lärm einer leb-haften Universitätsstadt, hier drinnen wohltuende Stille. Ich nehme mir ein wenig Zeit, unter den lichten Arkaden zu verweilen, im Geviert um den blumenge-schmückten Brunnen, und spüre, wie alles Laute, alles Getriebensein von mir ab-fällt; ich fühle mich angerührt vom Geist dieser Stätte, an der seit mehr als 700 Jah-ren Schweigen gepflegt und das Lob Gottes gesungen wird.

Der Kreuzgang ist, neben der Kapelle und dem verwunschenen Garten („wo ich nachts oft die Sterne betrachte...") Sr. Adelheids Lieblingsplatz. „Hier", sagt sie, „spüre ich sehr intensiv und in wachsendem Maße die gebündelte Sehnsucht aller gläubigen Generationen vor mir. Es ist wie ein Kraftfeld, das mich umgibt und durchdringt."

Im Jahre 1257 gegründet, überstand das Kloster alle Kriegs- und Krisenzeiten, einschließlich der Säkularisation, die für zahlreiche andere Ordensgemeinschaften das Ende bedeutete. Geistesgegenwärtig eröffneten die Schwestern 1775 eine „Nor-malschule für Mädchen". Seitdem liegt die Hauptaufgabe des Konvents in der Erzie-hung der weiblichen Jugend. Heute unterrichten noch sechs Schwestern an der

Grund-, Haupt- und Realschule, die seit 1811 unter staatlicher Aufsicht steht. Das Gehalt der Schwestern ist ein wichtiger Beitrag zum Unterhalt der Gemeinschaft, die derzeit aus 30 Schwestern besteht (Durchschnittsalter 65). Kindergarten, Gemeinde-, und Jugendarbeit sind weitere Schwerpunkte, die die Dominikanerinnen setzen, um den Wahlspruch ihres Ordens: „contemplari et contemplata aliis tradere", „aus der Meditation leben und anderen die Früchte der Meditation weitergeben", mit Leben zu erfüllen.

Was bewegt eine junge, hübsche und lebensvolle junge Frau, die seit vier Jahren ihren Beruf als Lehrerin mit Begeisterung ausübt, dazu, ins Kloster zu gehen? „Berufung", antwortet Sr. Adelheid und ist sich wohl bewußt, daß sich hinter diesem abgenutzten Wort ein Geheimnis verbirgt; ein Labyrinth von Suchen, Fragen, Irrewerden, Ringen und Hoffnung erproben. 1934 in einem der verrufenen Viertel von Frankfurt geboren, prägen die Not der Kriegsjahre, Arbeitslosigkeit und Krankheit des Vaters und das tapfere Durchhalten der Mutter ihre frühe Kindheit. „Mit 5 Mark in der Woche mußte meine Mutter die fünfköpfige Familie durchbringen", erinnert sie sich. Von daher gesehen bedeutete die fünf Jahre während Evakuierung aufs Land ein Glück. Dort, bei der Schwester der Mutter, wird ihre Liebe zur Natur geweckt, bis heute ein wesentlicher Zug an Sr. Adelsheids Persönlichkeit. In diesem Milieu auch wurde ihre religiöse Prägung gefestigt: „Jeden Tag besuchte ich den Gottesdienst, die Andacht oder die Christenlehre." Was andere mit Sicherheit der Kirche entfremdet hätte, für sie ist es Wurzelgrund einer glücklichen Kindheit.

Mit 14 leitete sie bereits Jugendgruppen und holte dabei viel Versäumtes nach: Singen, Spielen und die Freude gemeinsamer Unternehmungen. Bis heute hält sie Kontakt zu ehemaligen Gruppenmitgliedern.

Schlüsselerlebnis für ihren weiteren Weg war eine Missionsausstellung in Frankfurt, die sie stark berührte, so daß sie „wußte ... da möchte ich mitmachen". Aber dieses „Wissen" führte sie durchaus nicht gradlinig zur Klosterpforte. In den Jahren ihrer Ausbildung zur Volks- und Realschullehrerin nahm das breitgefächerte Lernangebot sie völlig gefangen. Im ersten Semester belegte sie gleich 40 Stunden, getrieben von einem unersättlichen Hunger nach Wissen. Die intensive Freundschaft mit einem jungen Mann ließ sie zumindest ahnen, was sie aufgeben müßte, wollte sie ihrer Berufung treu bleiben.

1963, mit 28 Jahren, tritt sie dann als Kandidatin im Kloster Zoffingen ein und alle Widerstände, die sie erlebt: das starre Reglement des Konvents, die – damals noch – minutiös verplante Zeit, die Isolierung von Familie und Freund/innen, die mangelnde Achtung der Privatsphäre, erfahrbar in strenger Briefzensur, können sie in ihrem Entschluß nicht wankend machen, auch wenn sie dies alles als sehr belastend empfindet. Wenn ihr einmal in einer Zeit auch tiefer körperlicher Erschöpfung nach „Weglaufen" zumute ist, begleitet sie das Wort aus Röm. 8,38ff. „Nichts kann uns scheiden von der Liebe Christi..." wie ein tröstliches Licht im Dunkel. 1971 legt sie die ewigen Gelübde ab und bereut es bis heute nicht. Von einem bestimmten Punkt an, so erfährt sie, wächst ihre innere Freiheit in der Auseinandersetzung mit den äußeren Beschränkungen. Die Entscheidung für Gott, nach reiflicher Prüfung und aus der Personmitte heraus gefällt, gibt ihr, so scheint es, andere Kriterien an die Hand. In einer zarten Festigkeit kommt dieser Geist der Freiheit bei ihr zum Ausdruck. Trauer über ungelebte Möglichkeiten sind ihr fremd. Sie fühlt sich ganz und gar ausgefüllt durch das Leben in der Gemeinschaft, die sie sich allerdings vollkommener vorstellen kann.

Seit sie vor zwei Jahren mit großer Mehrheit im Konvent zur Priorin gewählt wurde, obwohl sie unter den Mitschwestern als unbequeme Person gilt, sucht sie Schritt für Schritt dem Ideal des Hl. Dominikus durch vorsichtige Reformen näherzukommen: „Eine Gemeinschaft des Lebens, Lobens und Betens, wie die Urgemeinde, in evangelischer Freiheit und Freude", das ist eine ihrer Visionen. Freilich ist sie nicht die Frau, die Umsturz oder Revolte auf ihre Fahnen geschrieben hat. Sie sucht den sanften Weg der kleinen Schritte, den behutsamen Wandel überlebter Formen, sorgsam bedacht auf das, was den Mitschwestern zumutbar und „bekömmlich" ist. Eingebunden in eine Tradition, die Frauenspiritualität nicht anders als unter der Regie von Männern kennt, berührt sie der Aufbruch feministischer Theologinnen wenig. Meine rebellischen Reden zu diesem Thema hört sie freundlich und aufmerksam an, sieht aber keinen Grund, auf diese Linie einzuschwenken. Sie gesteht allerdings, daß ihr im Augenblick auch einfach die Zeit fehlt, die große Linie reflektierend zu hinterfragen; tausenderlei Banalitäten des Klosterlebens fordern ihre ganze Energie: sie muß mit Handwerkern verhandeln, sich um Finanzprobleme kümmern, den Nachlaß einer Schwester ordnen, Tagungen gestalten, Ratsuchende betreuen... dazu der Schulunterricht und Einkehrtage für Jugendliche, die sie sich nicht nehmen läßt.

Mit großer Besorgnis erfüllt sie die rückläufige Entwicklung beim Ordensnachwuchs. Zwar gibt sie nicht einfach dem Zeitgeist schuld am mangelnden Interesse Jugendlicher, doch registriert sie deren radikal anderes Freiheitsverständnis, ihre Bindungsscheu und mangelnde religiöse Verwurzelungen hellsichtig; sie spürt das Auseinanderdriften der zwei Welten, ohne ein Rezept zur Abhilfe parat zu haben. Freilich ist sie nicht so betriebsblind, den neuen Geist der Knechtschaft, der sich in der katholischen Kirche ausbreitet, nicht auch als schwere Belastung zu empfinden.

„Es gibt Zeiten", meint sie, „da kommt es vielleicht einfach darauf an, das Begonnene in Treue weiterzutun." Sie ist überzeugt davon, daß ihr Auftrag für die Welt, zu lehren, zu loben und tröstlich Sinn zu stiften, auch in der traditionsgebundenen Form ihres Ordens einen unverzichtbaren Platz in der Gesellschaft hat. Es ist ihr ein Trost, zu wissen, daß ihre Mitschwestern im Laufe der Geschichte noch ganz andere Bewährungsproben bestanden haben: „1549 waren es nur noch sechs, die hier aushielten", erinnert sie, „und dann kamen wieder fruchtbare Jahre..."

„DAS GANZE LEBEN DURCH
WAREN WIR IMMER AUF DEM WEG"

EINE SPÄTAUSSIEDLERIN IST AM ZIEL ANGELANGT

ROTRAUT BINDER

Als Elsa M. am 16. Januar 1992 im Friedrichshafener Übergangswohnheim für
Aussiedler ihren 70. Geburtstag feierte, da war ihr größter Wunsch noch nicht erfüllt:
Immer noch bangte sie darum, daß ihr Sohn mit seiner Familie nicht mehr aus der
ehemaligen Sowjetunion nach Deutschland ausreisen dürfe und sie so für immer von
ihm getrennt bliebe. Gerade einen Monat später ist diese Sorge gegenstandslos geworden: Die Familie ist zusammengeführt, die befürchtete Unterbringung der Nach-
gezogenen in den neuen Bundesländern hat die beherzte Frau mit der ihr eigenen
Zähigkeit und Überzeugungskraft verhindert. Vorläufig sind die „jungen Leute" in
Kressbronn einquartiert – nahe genug, um sich regelmäßig zu treffen, Hilfe bei den
unzähligen notwendigen Formalitäten leisten zu können und wieder an eine gemeinsame Zukunft zu glauben.

Es sieht so aus, als sei Elsa M. nun endlich am Ende eines unsäglich langen und
beschwerlichen Weges angelangt, den nachzuzeichnen ein eigenes Buch wert wäre.
„Das ganze Leben durch waren wir immer auf dem Weg", so hat sie mir einmal ihr
Schicksal und das ihrer Eltern und Kinder umrissen. In vielen Gesprächen hat mir
die einfache Frau, die „nur wenige Klassen hatte", aber voller Lebensweisheit und
mit klarem Verstand ihr schweres Los gemeistert hat, Eindrücke von einem nicht
allzu populären Kapitel der Geschichte gegeben.

Wann die ersten ihrer deutschen Vorfahren nach Osten zogen, kann sie nicht sagen. Sie selber wurde 1922 in der Ukraine im Bezirk Shitomir geboren, in einem
deutschen Dorf mit deutscher Schule. Die Eltern hatten etwas Land, zwei Kühe und
ein Pferd. Nach 1929, so erinnert sie sich, wurden alle Menschen aufgefordert, in
die Kolchosen zu gehen. Wer das nicht tat, mußte immense Steuern bezahlen – so
auch Elsa M.s Eltern, die bald Kuh und Wagen verkauften. Die Acht- oder Neun-
jährige mußte mit Viehhüten Geld verdienen, um die Steuern aufzubringen. „Zu jener Zeit wurde gesagt: Wenn einer in die Kolchose geht, dann hat er sich dem Teufel übergeben", beschreibt sie die damalige Stimmungslage. Schließlich (1933) wurden die Deutschen in die Kolchosen gezwungen und enteignet. In der Folge gab es
eine große Hungersnot.

Nicht lange danach, noch 1933 oder 1934, wurden die Deutschen aus dem gesamten Bezirk nach Kasachstan vertrieben. Man brachte die Familien auf ein Stück
Land, wo lediglich ein Brunnen gegraben war. Außerdem erhielten je zwei Familien
einen Firstbalken, zwei Fenster und zwei Türen. Sie schufen sich damit Erdbuden,
in denen sie etliche Jahre wohnten. Der Ort, an dem sie angesiedelt wurden, war
eine Kolonie für Verbannte.

Als die Bestimmungen lockerer wurden, zogen die Deutschen wieder in die

Ukraine und ließen sich im Bezirk Dnepropetrowsk nieder, wo sie drei deutsche Dörfer aufbauten. Sie gründeten eine vorbildliche Kolchose, in der Elsa M. „Traktorist" lernte. 19jährig heiratete sie einen Deutschstämmigen.

Der Vater hatte inzwischen begonnen, ein festes Haus zu bauen, als 1941 der Krieg in der Sowjetunion ausbrach. Männer und Frauen aus dem Dorf wurden in die „Trudarmee" (Arbeitsarmee) eingezogen; die kleinen Kinder ließ man bei den alten Frauen. Auch Elsa M.s beide Schwestern waren in der „Trudarmee", wo sie Schützengräben bauen mußten. Sie selber half als Traktoristin weiter bei der Kornernte.

Die deutsche Front kam näher. Traktoren und Mähdrescher mußten auf sowjetische Anordnung hin zerstört werden. Den Familien wurde angekündigt, sie würden nach Sibirien gebracht, damit die deutsche Wehrmacht sie nicht zu fassen bekäme. Mitten in der Nacht wurden Elsa M. und ihre Eltern von russischen Soldaten auf Pferdewagen aufgeladen, mußten alles stehen und liegen lassen und wurden zum Bahnhof transportiert, wo alle Deutschen aus dem gesamten Gebiet zusammengetrieben worden waren. Deutsche Soldaten umstellten die Menschenmenge und nahmen sie noch in derselben Nacht zu Gefangenen, um sie vor den Russen zu schützen. Ein fürchterliches Bombardement eröffneten die russischen Soldaten auf die deutschen Siedler, verwüsteten Gehöfte und Siedlungen und hinterließen vergiftete Brunnen. Die Familie konnte sich vor den Russen retten.

Unter Bomben brachte Elsa M. 1942 ihr erstes Kind Rudolf zur Welt. Mit Hilfe der deutschen Wehrmacht, die für ihren Schutz und teilweise auch ihre Verpflegung sorgte, blieben die Deutschstämmigen noch bis September 1943 auf ihrem Land. Dann hatten die deutschen Soldaten Befehl, alle, die dazu bereit waren, nach Deutschland mitzunehmen. Auf dem Pferdewagen, mit einem notdürftigen Dach über dem Kopf, zogen sie im Treck, häufig von russischen Partisanen bedroht, neun Monate lang bis in den Warthegau.

Elsa M. war während dieser Zeit wieder schwanger und gebar gleich nach ihrer Ankunft im Lager Kaiserhof, am 4.Mai 1944, in Samther ihren zweiten Sohn. Noch im Krankenhaus wurde ihr und der ganzen Familie Blut entnommen, um „saubere deutsche Abstammung" nachzuweisen. Dies war zugleich Voraussetzung für ihre Einbürgerung als „Reichsdeutsche". Mit der entsprechenden Urkunde wurden die Familien bald per Zug nach Württemberg weitergeschickt, wo sie zunächst im Lager Sießen von den Klosterschwestern begrüßt wurden. Beide Kinder, den zweijährigen Rudi und den zwei Monate alten Ernst, nahmen die Nonnen in Empfang, um sie zu versorgen. Elsa M. sollte nach zwei Stunden in ein Nebengebäude des Klosters kommen, um den Säugling zu stillen. Sie würde dann dort auch das größere Kind vorfinden.

Das Entsetzen, das sie befiel, als sie den Kindern wieder gegenübertrat, steht der Frau noch heute im Gesicht geschrieben, wenn sie davon erzählt: Beide hatten sich so verändert, daß die Mutter sie nur mit Mühe wiedererkannte. Sie fieberten; das Kleine war zu schwach zum Trinken, hatte einen geschwollenen Hals und stöhnte. Weil ihr die Nerven versagten, wurde Elsa M. mit Spritzen ruhiggestellt, und nach zwei Tagen ohne Bewußtsein eröffnete ihr ein Arzt umschweifig, was ihr angesichts ihrer hochgebundenen Brüste bereits klar geworden war: Ihr zweites Kind war tot – wie der Arzt erklärte, war es bei einer notwendig gewordenen Operation gestorben.

Es erhielt eine evangelische Beerdigung in Sießen, an der die gesamte Familie teilnehmen durfte.

Unfaßbar ist es für Elsa M. bis heute, daß sie zwei gesunde Kinder in die Obhut der Nonnen gab – mit diesem schrecklichen Ausgang. Dieses Erlebnis hat dann auch sehr stark die weitere Fürsorge für das ihr verbliebene erste Kind geprägt. Sie und ihr Mann durften mit dem kleinen Rudi noch vier weitere Wochen in Sießen bleiben, bis das Kind wieder gesund war. Dann wurden sie in die Gegend von Waiblingen weitertransportiert, wo sie auf dem Land zusammen mit Polen und Italienern wie Zwangsarbeiter beschäftigt wurden. Die Arbeit wurde nicht entlohnt. Außer der Kleidung, die sie schon während der neunmonatigen Flucht auf dem Leibe getragen hatten, gab es auch jetzt kein neues Stück dazu. Elsa M. ging bei Nacht am Fluß waschen.

Daß die Mutter ihr kleines Kind auf dem Feld dabeihatte, war ihren Arbeitgebern ein Dorn im Auge: Es bestand doch die Möglichkeit, daß ein Teil ihrer Arbeitskraft dadurch beeinträchtigt würde. Bald erschienen Abgesandte des Arbeitsamtes, die sie aufforderten, ihr Kind ins Kinderheim zu geben. Als sie sich weigerte, folgte die Drohung, ihr Mann werde von ihr weggebracht. Dann möge man sie selber und ihr Kind doch gleich erschießen, erklärte sie den Männern. „Ich habe doch nichts weiter gehabt als dieses eine Kind."

Nachdem die Aufforderungen immer massiver wurden, ergriff Elsa M. eines Tages die Initiative: Sie verließ mit dem Kind ihre Arbeit und erbettelte auf dem Wege zum Bahnhof das Geld für eine Fahrkarte nach Waiblingen, um das Kind zu ihren Eltern zu bringen. Sie entschloß sich dann aber dazu, zunächst aufs Arbeitsamt zu gehen und dort um eine Stelle in der Fabrik zu bitten, bei der die Eltern beschäftigt waren. Harsch wurde sie abgewiesen.

Zerlumpt wie sie war, mit dem weinenden, hungrigen Kind auf dem Arm, fiel sie auf der Straße zwei Frauen auf, die sie befragten und nach ihrer Erzählung in die örtliche SS-Zentrale schickten, um dort das an ihr begangene Unrecht vorzutragen. Zitternd und voller Angst, weil sie ohne Erlaubnis von ihrer Arbeitsstelle weggegangen war, betrat sie das Gebäude, wo sie gleich darauf ohnmächtig umsank. Später dann trug sie ihre Situation vor – mit dem Ergebnis, daß ihr nach Ablauf von zwei Stunden der Firmenchef der Fabrik, in der die Eltern arbeiteten, persönlich eine Stelle zusagte und sie einen Brief für die Bäuerin ausgehändigt bekam, bei der sie bis dahin ohne Bezahlung beschäftigt gewesen war. Sie sollte sich noch abmelden und dann mit ihrem Mann nach Waiblingen kommen.

Das Schreiben der SS löste bei der Arbeitgeberin große Betroffenheit aus: Sie wurde angewiesen, das Ehepaar ordnungsgemäß zu entlohnen und dann ziehenzulassen. Inständig und unter Tränen bat sie die beiden, doch noch so lange zu bleiben, bis die Rübenernte eingebracht und das Feld für die Wintersaat bestellt sei – eine Bitte, der sich die Eheleute M. nicht verschließen konnten. Sie sahen die Notwendigkeit ein. Zwei weitere Monate blieben sie deshalb auf dem Land, um dann, beschenkt mit Bettzeug und Kleidung, Quartier und Arbeit in Waiblingen aufzunehmen. Dort blieben sie etwa ein halbes Jahr bis zum Kriegsende.

Die amerikanische Besatzung in Württemberg forderte nach einigem Hin und Her – einem Abkommen der Alliierten folgend – die „heimgeführten" Menschen auf, sich zur Rückführung in ihre Herkunftsländer bereitzuerklären. Angeblich hatte die

sowjetische Regierung zugesichert, die Deutschen könnten wieder in ihre Heimat-
dörfer zurückkehren. Schweren Herzens entschloß sich die gesamte Familie dazu.
Nach viermonatiger Internierung in einem Lager in Berlin, wo sie täglich von den
Sowjets verhört wurden, hatten sie sich im Herbst 1945 einem Transport anzuschlie-
ßen, noch im Glauben und in der Hoffnung, sie kämen in ihr Dorf in Kasachstan.

Fünf Züge waren es, die Rußlanddeutsche von der Elbe nach Osten führten –
nicht an ihre ehemaligen Siedlungen, sondern ins tiefe Sibirien, wo im Oktober bereits Winter herrschte.

> „Nach Sibirien, da muß ich jetzt reisen,
> muß verlassen die blühende Welt,
> schwer beladen mit sklavischen Eisen.
> Dort erwartet mich Hunger und Kält'.
> Oh, Sibirien, du eiskalte Zone,
> oh, Sibirien, du eiskaltes Meer,
> wo kein Funken der Menschheit hier wohnet,
> wo das Auge keine Hoffnung sieht mehr."

Elsa M. hat mir sehr dringlich ans Herz gelegt, dieses Lied (das noch mehr Strophen hat) in ihre Biographie aufzunehmen – es könne mehr ausdrücken, meint sie,
als viele Schilderungen. Es bedeutet ihr viel – es muß für die Deutschen in ihrem
grausamen Exil und in ihrer bitteren Not ein einziger gemeinsamer Stoßseufzer gewesen sein.

Ungeziefer, Hunger und körperliche Schwerstarbeit forderten im Wald von
Ossor-Petrowsk (etwa 80km von Nowosibirsk entfernt) zahllose Menschenleben.
Auch Elsa M.s Vater und eine ihrer Schwestern verhungerten. Sie selbst mußte im
hüfthohen Schnee Bäume fällen und diese dann entasten.

Ihr drittes Kind, Waldemar, kam im November 1946 zur Welt. Es hatte die „englische Krankheit" (Rachitis) und starb mit zwei Jahren. Die Mutter hatte angesichts
des Elends um sie herum um den Tod dieses kranken Kindes geradezu gebetet. Danach – auch der Ehemann hatte bereits Hungerödeme – bat sie den Lagerkomman-
danten um die Erlaubnis, in den nahegelegenen Dörfern, die von Strafgefangenen
aus der Zeit der Oktoberrevolution besiedelt waren (Kulaken, Geistliche, politisch
Verfolgte), um Nahrung betteln zu dürfen. Da dies seine Kompetenzen überstieg,
willigte er erst ein, als ihm seine Frau vorhielt, er alleine habe alle diese Menschenleben vor Gott zu verantworten.

Mit der Mutter und dem kleinen Rudi zog Elsa M. los und fragte nach Arbeit. Da
die Bewohner der Dörfer alle ganztags in den Kolchosen arbeiteten, war eine zuver-
lässige Frau für Hausarbeiten willkommen. So versorgte sie einer „Agronomin" eine
Woche lang den Haushalt und den Garten und erhielt dafür ungeheure Schätze, die
sie noch im einzelnen aufzählen kann: einen Sack Kartoffeln, 20 Gläser Hafergrütze,
20 Gläser Hirsegrütze, einen Laib Brot, eine Schüssel voll Fett und etwas Salz. Sie
wurden mit all dem an den Bahnhof gefahren und brachten dennoch ganz wenig davon nach Hause: Bei ihrer Ankunft mit einem Zug, der Holz transportierte, entrissen
ihnen wartende hungrige Menschen die Lebensmittel – Hunger hat seine eigenen
grausamen Gesetze. Immerhin konnte Elsa M. mit dem, was sie noch retten konnte,
ihren Mann vor dem Tod bewahren.

„Wie das Vieh", so roh und rücksichtslos seien die Menschen unter diesen unmenschlichen Bedingungen geworden, erzählt sie. So habe ihr auch eine andere Frau den Mann weggenommen, noch bevor 1948 ihre Tochter Erika geboren wurde. Krank vor Kummer und körperlicher Erschöpfung hat sie sich bald darauf endgültig von ihm getrennt.

Als die Möglichkeit bestand, aus dem Wald in die Kolchose zu gehen, war Elsa M. 1950 die erste, die sich dazu freiwillig meldete. Als „Kälberwirtin" hatte sie dort 35 Kälber zu versorgen und bis zu einem halben Jahr aufzuziehen. Arbeitsbeginn war bei Sonnenaufgang, gearbeitet wurde bis Sonnenuntergang. Die beiden Kinder mußte sie unbeaufsichtigt den ganzen Tag über alleine lassen. Rudi habe bald gelernt, zu kochen, erzählt sie. Die unendlich schwere Last hat die alleinstehende Frau oft herausgeschrien und ihren Gott angefleht, er möge ihr doch helfen, sie zu tragen. Ihr starker christlicher Glaube gab ihr dabei die größte Unterstützung.

Stolz berichtet sie, in den neun Jahren, die sie ohne einen Ruhetag als Kälberwächterin gearbeitet habe, sei ihr kein einziges Kalb krank geworden oder gestorben. Sie habe die erste Medaille für gute Arbeitsleistung im Dorf bekommen. Und sogar ein kleines Häuschen konnte sie sich erwirtschaften!

„Mich hat Gott doch wohl sehr geliebt!", lautet ihre Erklärung dafür, daß sie dies alles und obendrein noch eine sehr schwere Magenoperation überstanden hat.

Als nach neun Jahren in der sibirischen Kolchose der Sohn die einzig dort mögliche vierklassige Ausbildung durchlaufen hatte, sah sich Elsa M. nach einer weiteren Fortbildung für ihn um. Ein Antrag bei der Kolchosenverwaltung wurde abgelehnt, und auch ein Schreiben nach Moskau brachte nicht die Erlaubnis, daß Rudolf außerhalb der Kolchose eine Ausbildung erhielt. Ein Brief der Halbschwester, die in Kasachstan lebte und von Sibirienheimkehrern Elsas Anschrift erfahren hatte, zeigte ihr einen Ausweg auf: Sie verließ ihr Häuschen und zog Anfang 1960 zur Halbschwester. Rudolf lernte Maurer, und Erika absolvierte acht Klassen, um dann Krankenschwester zu werden.

In dieser Zeit hörten sie dann erstmals, es gebe in Moskau einen Mann, der Leuten behilflich sei, die nach Deutschland ausreisen wollten. Von dem kargen Lohn, der durch besondere Steuern für den Wiederaufbau nach dem Krieg weiter gekürzt wurde, sparte man unter den Deutschen für diese Menschen auch noch etwas ab und schickte es nach Moskau – allerdings, ohne je noch einmal Antwort von dem ominösen Vermittler oder den Ausreisewilligen zu erhalten.

Als Putzfrau in einer Schule und im Bahnhof, als Köchin in einem Krankenhaus und in einer Kaserne verdiente sich Elsa M. nun ihren Lebensunterhalt weiter und baute ein zweites Häuschen. Aber auch dieses verließ sie wieder, als ihre Tochter heiratete und nach Stawropol zog. Und wiederum schuf sie sich in den 13 Jahren dort eine eigene Existenz: Sie kaufte sich ein Häuschen, und dazu gab es dort auch noch eine Banja (Sauna), von der sie heute noch träumt, und einen Garten, in dem sie Kartoffeln, Zwiebeln und Knoblauch in solchen Mengen pflanzte, daß sie sogar einiges davon verkaufen konnte.

1990 verließ Elsa M. auch dieses Stück Heimat, das sie sich geschaffen hatte, und reiste mit der Tochter und deren insgesamt achtköpfiger Familie nach Deutschland aus. Seit dem Mai 1990 lebt sie in den Übergangswohnheimen in Friedrichshafen an der Müllerstraße bzw. am Flurweg – mit wechselnder Zimmerbelegung, zunächst zusammen mit fünf Familienangehörigen, mittlerweile mit einer fremden alleinstehenden Frau zusammen – stets aber beengt und ohne konkrete Aussicht auf eine eigene Wohnung. „Jetzt sitz ich hier wie ein Vogel auf dem Ast", beschreibt sie ihre Lage und meint wohl damit, daß sie weitgehend sorglos leben kann und dankbar und zufrieden ist – vor allem, nachdem sie nun auch den Sohn und dessen Familie in Sicherheit und nahe weiß.

Die Nachrichten aus der ehemaligen Sowjetunion verfolgt sie mit wachem, kritischem Interesse an ihrem großen Fernsehapparat, der das winzige Zimmer schier erdrückt. Ihr Alter bedeutet für sie beileibe noch keinen Ruhestand: Sie betreut tagsüber den vierjährigen Urenkel, während seine Eltern bei der Arbeit sind, und auch sonst macht sie sich neben den vielen notwendigen Behördengängen allerlei zu schaffen. Das Angebot, in unserem Reihenhausgärtchen ihr eigenes Gemüse anzupflanzen, hat sie mit Freude angenommen. Natürlich müssen wir auch teilhaben am Ertrag – anders tut sie es nicht! Am liebsten würde sie nun auch noch den Rasen komplett umgraben, um in optimaler Ausnutzung Kartoffeln zu pflanzen. Nun, vorläufig sprießen erst die Zwiebeln und der Dill (auch zwischen den Blumen). Aber demnächst wird sie dem Rasen doch noch einen Streifen abringen, um Gurken und Erbsen zu pflanzen. Das sei doch keine Arbeit, wehrt sie ab. „Wenn man sich gar nicht dreht, wird man ganz kaputt!"

EIN OBSZÖNES THEMA

PORTRÄT ZWEIER WEITGEREISTER WISSENSCHAFTLERINNEN DER UNIVERSITÄT KONSTANZ

HEIDE-MARIE REINDL-SCHEUERING

„Haben Sie schon gegessen?" fragt die chinesische Professorin, als ihr die frisch an der Jiao Tong-Universität von Schanghai eingetroffene deutsche Lektorin auf dem Campus über den Weg läuft. „Nein, noch nicht." „Nun, dann möchte ich Sie nicht aufhalten." Verwirrt und enttäuscht sieht die Deutsche der eilig entschwindenden Chinesin nach. Eigentlich hatte Susanne Günthner gehofft, durch ihr Nein bei einem gemeinsamen Essen erste Kontakte in ihrem neuen Gastland knüpfen zu können. Heute, nach insgesamt fast vier Jahren Erfahrung im Großen Reich der Mitte und einer Doktorarbeit, die sich mit interkulturellen Mißverständnissen zwischen Deutschen und Chinesen befaßt, lacht sie herzlich über dieses Erlebnis. Denn längst weiß sie, daß ein „Ja" ihr damals die erwünschte Einladung zum Gespräch beschert hätte: Niemand in China würde so unhöflich sein, einen hungrigen Menschen aufzuhalten.

„Helga, Sie sehen aus wie eine Studentin", sagt die georgische Dekanin der Fremdsprachen-Hochschule von Tiflis, der Hauptstadt des damals noch zur Sowjetunion gehörenden Georgiens. „Danke, ich gehe auch immer viel spazieren", antworte Helga Kotthoff, ebenfalls vom Deutschen Akademischen Austauschdienst (DAAD) als Lektorin entsandt und erfreut über das vermeintliche Kompliment. Doch auch sie hat sich in den Fußangeln fremder Konventionen verheddert: Eine Hochschuldozentin in der Sowjetunion hat – das gebietet die Seriosität und die Geschlechterrolle – keine Hosen zu tragen. Den Tadel zu verpacken und wenn möglich, noch mit einem hübschen Bändchen zu verschnüren, das gebietet wiederum der landesübliche Höflichkeitsstil.

Die beiden Sprachwissenschaftlerinnen von der Konstanzer Universität, Dr. Susanne Günthner (34) und Dr. Helga Kotthoff (39), sind spannende Interviewpartnerinnen: Die vielen Jahre, die sie wechselweise in den USA, in China, in der ehemaligen Sowjetunion, in Vietnam verbracht haben, und ihre eigene Biographie lassen ein buntes Kaleidoskop zur Situation der Frauen – hier wie dort – entstehen. Beide haben in Konstanz promoviert und sind damit in akademische Höhen vorgestoßen, die vielen ihrer ehemaligen Kommilitoninnen unerreichbar bleiben. Von 349 Doktoranden waren seit 1989 – laut Statistik – nur 88 weiblich, das sind 25 Prozent. Bei den im gleichen Zeitraum abgeschlossenen Habilitationen – der Voraussetzung für eine Professur – ist die Luft für Frauen offensichtlich noch viel, viel dünner: Von 25 Habilitanden waren drei weiblich, das sind 12 Prozent.

Was gab den Anstoß für das Durchhaltevermögen? Kam die Förderung aus dem Elternhaus? „Nein, überhaupt nicht", sagt Helga Kotthoff: „Meine Eltern sind katholisch, konservativ, mit einem Frauenbild, wonach allenfalls ein Studium an einer PH zur Grundschullehrerin ganz nett gewesen wäre. Aber ich wollte an die Universität, und mein Slawistikstudium war zusätzlicher Protest. So etwas wurde doch damals noch mit einer Neigung zum Kommunismus identifiziert. Mein Vater fand ein Hochschulstudium sinnlos, absolut sinnlos, für Frauen im allgemeinen und für mich besonders. Aber ich war immer schon sehr aktiv: Vier Jahre lang als Schulsprecherin im katholischen Mädchengymnasium in Westfalen, und an meiner ersten Universität in Tübingen saß ich vom ersten Semester an im Studentenparlament. Karriereplanung aber galt eigentlich eher als verpönt, das war sozusagen ein Tabuthema unter Frauen."

„Das stimmt." Susanne Günthner nickt bekräftigend: „Eine gute Ausbildung zu machen war für viele Frauen zu Beginn unseres Studiums schon sehr wichtig, aber um Himmels willen keine Ambitionen zeigen! Und bitte auch die Attitüde: Wenn ich etwas erreiche, dann ist das Zufall oder Glück!" Ihr fröhliches Lachen ist ansteckend. Ihre Energie, ihr Selbstbewußtsein wurzeln weniger im Protest, ihr wurde das Rückgrat von den Frauen ihrer Familie gestärkt. „Ich war ein uneheliches Kind, meine Mutter und meine Großmutter arbeiteten im großelterlichen Betrieb im Schwarzwald. Ich hatte nicht diese Vaterfigur wie meine Freundinnen, die ich bei ihnen immer als wahnsinnig bremsend empfunden habe. Diese Väter waren autoritäre Männer, die alles zu verbieten schienen. Mir wurde jedenfalls nie etwas verboten. Ab vierzehn durfte ich mit meinem damaligen malaysischen Freund durch ganz Europa reisen – daher auch mein Interesse für Asien – mit achtzehn habe ich ihn in Malaysia für längere Zeit besucht. Alle Frauen in meiner Familie waren berufstätig, und ich habe sehr früh mit-

Heide-Marie Reindl-Scheuering

gekriegt, daß „Nur-Hausfrau" zu sein in meiner Familie etwas Bemitleidenswertes war. Außerdem habe ich meine Lehrerinnen in der Schule sehr bewundert, also wollte ich Lehrerin werden und studierte Anglistik und Germanistik. Doch nach dem Examen gab es – wie bei Helga – keine Referendarstellen, statt dessen Angebote für Auslandsaufenthalte."

Und die Förderung von Frauen an der Universität? Ein leidiges Thema, nicht nur in Konstanz. Obwohl fast die Hälfte der Studierenden an der Bodensee-Universität weiblichen Geschlechts ist, sind die Frauen mit nur drei Prozent im Lehrkörper der Hochschule repräsentiert. Das heißt in Zahlen: Zwischen 190 Professoren verlieren sich fünf Professorinnen. „Fehlende Identifikationsfiguren für Studentinnen" heißt in diesem Zusammenhang ein vielgebrauchtes Schlagwort. Hat es damit etwas auf sich? „Aber ganz sicher", sagt Helga Kotthoff: „Im Studium habe ich lange nicht an eine Promotion gedacht. Ich glaube, der Hauptgrund war wirklich, daß ich fast überhaupt keine Frauen kannte, die in der Wissenschaft aktiv waren. Das änderte sich später, als 1980 Prof. Senta Trömel-Plötz aus den USA nach Konstanz kam und

Dr. Luise Pusch ihre spannenden Seminare zu geschlechtsspezifischer Sprache abzuhalten begann." Trömel-Plötz und Pusch – die beiden magischen Namen –, die bundesweit die deutsche feministische Linguistik begründeten und mit ihren Arbeiten über frauendiskriminierenden Sprachgebrach so viel Furore machten, daß letztlich im Deutschen Bundestag Ministerin Rita Süssmuth vor Fernsehkameras ein flammendes Plädoyer für eine beiden Geschlechtern angemessenere Sprache hielt. Sie sind beide nicht mehr an der Universität Konstanz, man hatte keine Verwendung für sie. Pusch, von Kollegen als „begnadete Grammatikerin" apostrophiert, verlor – wie Trömel-Plötz – ihre Reputation, als sie sich dem geschlechtsspezifischen Thema zuwandte. Beider Seminare waren zwar immer überfüllt, aber „begnadet" wollte sie plötzlich keiner mehr nennen.

Susanne Günthner und Helga Kotthoff wurden dennoch infiziert. Ihre Magisterarbeiten beschäftigten sich mit feministischer Sprachkritik am Beispiel dreier Frauenbücher (Günthner) beziehungsweise mit dem Bild der Frau in sowjetischen Novellen (Kotthoff). Und in ihren Dissertationen spielte die Betrachtung unterschiedlicher weiblicher und männlicher Gesprächsstile ebenfalls eine Rolle. Die beiden Wissenschaftlerinnen bieten auch in jedem Semester Veranstaltungen zu diesem Themenkomplex an, der nach wie vor für überfüllte Seminarräume sorgt. Zusammen haben sie inzwischen zwei Bücher herausgegeben: „Die Geschlechter im Gespräch" und „Von fremden Stimmen"; von Helga Kotthoff stammt „Das Gelächter der Geschlechter".

Das Engagement für Frauenthemen ist nach wie vor nicht ungefährlich. „Man macht es sich damit sehr schwer. Es ist absolut kein Thema, mit dem einem an der Universität Tür und Tor offenstehen", resümiert Helga Kotthoff ihre Erfahrungen. In Konstanz wurde vor zwei Jahren von Privatleuten eine Stiftungsinitiative gegründet, die versuchen will, Forschungsgelder hauptsächlich aus der Industrie locker zu machen. Den Projektbereich Frauenforschung (daneben gibt es noch die Bereiche Ökologie und Verständlichkeit der Wissenschaft) leitet Helga Kotthoff ehrenamtlich. Dafür hat sie im Frühsommer 1992 eine öffentliche Veranstaltungsreihe mit Vorträgen von Frauen aus unterschiedlichen Fachgebieten und Berufssparten organisiert. „Wir würden gerne einen Preis für Arbeiten aus dem Gebiet der sogenannten Gender-Studies (Geschlechterstudien) ausschreiben, Promotionsstipendien vergeben und Forschungsprojekte für Frauen fördern, die nicht unbedingt an der Universität laufen müssen. Frauenforschung hat es in allen Bereichen immer noch schwer. Professoren, die ein solches Projekt betreuen, sind kaum zu finden. Privat äußern sie Zustimmung, meinen aber, sich auf dem Gebiet nicht genug auszukennen. Andererseits betreuen sie andere Projekte, bei denen sie sich auch nicht auskennen, und dann liegt der Verdacht doch sehr nahe, daß sie befürchten, von ihren Kollegen als „Feministen" verspottet zu werden." Susanne Günthner ergänzt: „Sobald man ein „Frauenthema" angibt, kommt ein Kichern. Du hast immer das Gefühl, du machst etwas Obszönes. Ja, es scheint tatsächlich ein obszönes Thema zu sein."

Nichtsdestoweniger ist es ein weitgefächertes, spannendes Thema. Bei all ihren Auslandsaufenthalten, ob im Universitätsaustausch oder als Lektorinnen des Deutschen Akademischen Austauschdienstes (DAAD), gingen ihnen die Lebensbedingungen von Frauen immer wieder unter die Haut. Manches erschien ihnen beneidenswert, anderes erschreckte sie zutiefst.

„Ich bin noch ganz begeistert von Vietnam", sagt Susanne Günthner, die erst zwei Tage vor unserem Gespräch von ihrem fast dreimonatigen Aufenthalt dort zurückgekommen ist. Im Auftrag des DAAD hat sie in Hanoi und in Ho Chi Minh-Stadt (vormals Saigon) den Unterrichtsablauf für die Germanistikausbildung entwickelt. „Begeistert von der Landschaft und von den Menschen. Die Universität hat mir ein Auto mit Fahrer zur Verfügung gestellt, und in meiner freien Zeit bin ich viel herumgefahren. Ich wollte wissen, wie die Menschen den Krieg erlebt haben und war überrascht, wie wenig Aggressionen sie gegen die westliche Welt haben, obwohl man ihnen entsetzliche Dinge angetan hat.

Ich habe riesige Napalm-Gebiete gesehen, wo nach großen Aufforstungsaktionen jetzt ganz niedrige Pflanzen wachsen. Besonders im Süden leben sehr viele Kriegsveteranen, die nur noch ein halbes Gesicht oder ein Bein oder einen Arm haben und betteln. Außerdem kriegst du mit, daß dauernd noch Minen explodieren und Kinder daran sterben, weil die Amerikaner nicht alles entfernt haben. Es gibt eine unglaubliche Armut aufgrund des Wirtschaftsembargos, vor allem Medikamente fehlen. Durch die vielen chemischen Waffen im Krieg leiden viele Menschen an Hautkrankheiten oder Leukämie. Aber sie geben die Hoffnung nicht auf. Ich habe sehr viele Gespräche mit vietnamesischen Frauen geführt. Die Frauen verwalten prinzipiell das Geld in der Familie. Männer und Frauen begründen das gleichermaßen: die Verwaltung des Geldes sei so kompliziert, das könnten nur Frauen. Noch heute soll die Frau in Nordvietnam zwei Jahre älter als ihr Mann sein, das sei einfach besser. In Südvietnam, wo der Einfluß des Westens stärker ist, ändert sich das allerdings."

„Das ist eine Erfahrung, die ich auch gemacht habe", hakt Helga Kotthoff ein. „Überall, wo der Einfluß des Westens neu ist, wo er gerade anfängt sich auszubreiten, wirkt er sich relativ negativ auf die Frauenrolle aus. Das ist auch im Bereich der ehemaligen Sowjetunion zu beobachten. Seit einiger Zeit strömt unheimlich viel Pornographie aus dem Westen ins Land. Der Schwarzhandel blüht und Video boomt. In Tiflis hat jede Straße inzwischen eine Videothek, und die jungen georgischen Männer scheinen sich mit den einschlägigen Filmen ausgiebig zu beschäftigen. Früher hatte ich abends auf den Straßen nie Angst und fand den Umgangsstil sehr angenehm, inzwischen hat er sich nicht nur meiner Ansicht nach vergröbert. Berufstätigkeit für Frauen ist eigentlich selbstverständlich, auch in prestigereichen Positionen wie der Leitung eines Physikinstitutes. Aber die jungen Frauen haben plötzlich andere Interessen. Sie fangen an, sich stundenlang zu schminken, westlichen Kleidungsstil zu imitieren und hohe Stöckelabsätze zu tragen. Burda-Modehefte finden auf dem Schwarzmarkt reißenden Absatz."

„Vielleicht verständlich als eine Art Gegenzug zum Sozialismus", sagt Susanne Günthner. „Ich habe das in China genauso erlebt und in Maßen jetzt auch in Vietnam. Per Dekret war ja die Gleichberechtigung der Frau inklusive gleicher Ausbildungschancen eingeführt worden, Männer und Frauen müssen arbeiten und sich die Hausarbeit teilen. Jetzt wird gegen den Sozialismus opponiert, und natürlich auch auf diesen Gebieten. In Vietnam findet man zum Beispiel zur Zeit kaum mehr Frauen, die hohe politische Funktionen einnehmen wollen. Sie kehren im Moment zurück zum Weibchen- und Hausfrauenideal. Und dabei haben sie so viele Dinge, um die wir sie glühend beneiden: Jede Hochschule muß eine Vizedirektorin haben, ebenso selbstverständlich eine Frauenbeauftragte, Dekaninnen sind keine Seltenheit.

In China gibt es in jedem Ort einen von der Regierung eingesetzten Frauenverband, der auf allen Ebenen und in allen Institutionen arbeitet. Ich habe mit den Verbandsfrauen Diskussions- und Informationsveranstaltungen zu all den Themen gemacht, die dort relevant sind, wie die Ein-Kind-Familie oder das Töten von kleinen Mädchen. Über letzteres wird von den Frauen im Verband sehr offen gesprochen. Natürlich verurteilen sie es. Sie gehen überall aufs Land – denn diese Praktiken kommen in der Stadt sehr viel weniger vor –, um Aufklärungsstunden und Theaterstücke zum Thema zu organisieren. Es ist ein schwieriges und vielschichtiges Problem: Einerseits besteht die Regierung auf der Ein-Kind-Familie, andererseits ist in der Vorstellung der Chinesen der Mann immer noch sehr viel mehr wert als die Frau. Überdies verläßt eine Tochter bei der Hochzeit ihr Elternhaus und zieht zur Familie des Mannes. Das heißt, wenn du nur ein Kind hast und das ist eine Tochter, dann hast du im Alter niemanden. Deine Tochter muß die Eltern ihres Mannes pflegen. Im Rahmen dieser Sozialstrukturen ist es – das klingt furchtbar – verständlich, warum Eltern ein neugeborenes Mädchen oft töten. Sie sind einfach auf Gedeih und Verderb darauf angewiesen, im Alter von ihrem Kind miternährt zu werden."

Helga Kotthoff

Aber Schrecken und Komik liegen wie so oft dicht beieinander. Und bei der Auflistung, was der chinesische Frauenverband noch zu seinen Aufgaben zählt, kommt nach der Beklommenheit Schmunzeln auf: Ein Problem für Akademikerinnen in China ist es, einen Mann zu finden. Spätestens zwischen 25 und 30 Jahren jedoch muß eine Frau verheiratet sein, unverheiratet wird sie ab diesem Alter erbarmungslos sozial ausgegrenzt. Die Männer wiederum wollen auf keinen Fall eine ihnen intellektuell überlegene Frau. Und da organisiert der Frauenverband – ganz systemkonform und nicht sehr emanzipiert – Veranstaltungen zum Kennenlernen passender Männer. Hat die Frau drei Männer hintereinander abgelehnt, gilt sie als hoffnungsloser und nicht vermittelbarer Fall. „Aber das Problem haben

Susanne Günthner

wir ja auch", lacht Susanne Günthner, „als qualifizierte Frau hier einen Mann zu finden."

Damit wären wir wieder aus Nah- und Fernost zurückgekehrt an die Ufer des Bodensees. Wie sieht es aus mit dem Privatleben zweier hochintelligenter und entgegen aller gängigen Stammtischvorurteile keineswegs blaustrümpfig herber, sondern ausgesprochen attraktiver Frauen, die optisch zwischen ihren Studentinnen kaum weniger jung wirken? Sie haben ja – ziemlich typisch für Frauen an deutschen Universitäten – nicht die Direttissima für den Aufstieg zum Hochschul-Olymp gewählt, sondern sind zeitlich und geographisch sehr viel gewundenere Wege gegangen. Ihre Auslandsaufenthalte möchten beide dennoch nicht missen. Außer einem sehr intensiven Kennenlernen von Land und Leuten und daraus resultierenden herzlichen Freundschaften, haben sie immer auch die Gelegenheit genutzt, Forschungsdaten zu sammeln und darüber zu arbeiten, doch nach männlichen zielorientierten Karrierekriterien haben sie natürlich Zeit „verloren". „Aber das ist bei Frauen eigentlich prinzipiell so", formuliert Susanne Günthner für sich und ihre Kollegin: „Sie brauchen länger, promovieren später, habilitieren sich später. Zum einen, weil sie oft nicht so eingleisig studieren wie die Männer, nebenher etwas anderes arbeiten, nicht so leicht in diese strenge Universitätslaufbahn mit den begehrten Assistentenstellen hineinkommen, ungewöhnlichere Lebensläufe haben. Und weil das alles mit wesentlich mehr Aufwand verbunden ist, sind Helga und ich sicher insofern keine Ausnahmen, als wir beide nicht verheiratet sind und beide keine Kinder haben."

Sie haben feste Lebenspartner, deren Toleranzbreite bezüglich zeitlich sehr langer Trennungen über Tausende von Kilometern hinweg immer wieder beträchtlich in Anspruch genommen wurde. Aber Kinder sind ein eigenes Kapitel. Eines, an dem auch die kinder- und mütterfeindlichen Strukturen in unserem Land einen ganz zentralen Anteil haben. „Ich hatte einmal eine Phase, wo ich gern Kinder gehabt hätte", sagt Helga Kotthoff, „aber zu dem Zeitpunkt waren meine Lebensumstände einfach nicht entsprechend, und jetzt kann ich es mir nicht mehr vorstellen. Es gibt sicher Frauen, die Beruf und Kind unter einen Hut bringen, aber die leben meist mit viel Streß und Schuldgefühlen, sind weniger flexibel und weniger mobil. Und Frauen, die auf ihren Beruf verzichten, machen auf mich im Alter zwischen vierzig und fünfzig eigentlich einen relativ traurigen Eindruck – als ob sie das Gefühl hätten, mit leeren Händen dazustehen."

Susanne Günthners Formulierungen klingen ähnlich. „In den letzten ein, zwei Jahren kam bei mir schon der Wunsch nach einem Kind, und ich glaube, wenn mein Partner bereit wäre, etwa 60 Prozent der Kinderbetreuung zu übernehmen, dann hätte ich gern ein Kind. Aber das ist ein frommer Wunsch, und ich habe in letzter Zeit oft eine ziemliche Wut auf unseren Staat, daß Frauen da so alleingelassen werden, wenn sie Beruf und Familie kombinieren wollen. Von allen Ländern, die ich kenne – sozialistische und kapitalistische –, bietet die Bundesrepublik wirklich die miserabelsten Bedingungen." Die miserablen Bedingungen finden sich auch direkt vor der Haustür: Die Konstanzer Universität mit insgesamt über 10.000 Studierenden und einer erklecklichen Anzahl von Angestellten bringt in ihrem hauseigenen Kindergarten 18 Kinder, in der Krippe elf Kleinkinder unter. Das ist der berühmte Tropfen auf den heißen Stein, der tatsächliche Bedarf liegt laut Umfrage wesentlich höher. Zusätzliche Erschwernis: Die Kinder müssen in der Mittagszeit für eineinviertel Stunden aus dem eine Busstation entfernten Kindergarten abgeholt und selbst verköstigt werden, was in der lauten, überfüllten Mensa regelmäßig in Streß ausartet. Vorstöße des Frauenrates und der Frauenbeauftragten der Universität im Hinblick auf eine Verbesserung der Situation werden immer wieder mit dem Hinweis auf mangelnde Geldmittel abgeschmettert.

Und der weitere Lebensplan, den heutige AbiturientInnen oft so verblüffend exakt im Kopf haben, wie sieht er für die beiden Linguistinnen aus? „Ich würde gerne an der Hochschule bleiben", sagt Helga Kotthoff. „Ich arbeite an meiner Habilitation mit sehr engagierter Unterstützung von Frau Prof. Ruth Wodak aus Wien über „Asymmetrie in Gesprächen" (das heißt: Ungleichgewichte im Gesprächsverhalten, die aus Unterschieden im Rang oder Geschlecht der Sprechenden resultieren). Damit habe ich dann die formale Voraussetzung, um mich auf Professuren zu bewerben, und genau das werde ich dann auch tun. Sollte das nicht klappen, kann ich ins Ausland gehen – was allerdings große berufliche Schwierigkeiten für den Mann, mit dem ich zusammenlebe, bedeuten würde."

Susanne Günthner, die gerade für zunächst zwei Jahre in ein Forschungsprojekt der Konstanzer soziologischen Fakultät eingebunden wurde, kann nötigenfalls immer wieder auf ihre China-Erfahrungen und ihre chinesischen und vietnamesischen Sprachkenntnisse zurückgreifen. Ihre wissenschaftliche Arbeit über die vielfachen Mißverständnisse, denen Deutsche und Chinesen im Gespräch miteinander erliegen, ist in dieser soziolinguistischen Form relativ einzigartig. Die Industrie ist deshalb bis zu jenem 4. Juni 1989, dem Tag des entsetzlichen Tienanmen-Massakers auf dem „Platz des Himmlischen Friedens" in Peking an Trainingsseminaren für ihre Manager sehr interessiert gewesen und wird es auch in naher Zukunft wieder sein. Susanne Günthner möchte die Zeit der Projektarbeit ebenfalls für ihre Habilitation nutzen. „Ich unterrichte wahnsinnig gern, und die Hochschule ist natürlich ein wunderbares Forum dafür. Außerdem macht mir Forschung unheimlich viel Spaß. Aber das Problem, daß man durch das Hausberufungsverbot danach nicht an der Konstanzer Universität bleiben kann, wird auch auf mich und meinen Partner, der hier fest verankert ist, zukommen. Ich denke, irgendwann muß man sich entweder mit einer Art loser Wochenendbeziehung oder sogar mit einer Trennung arrangieren. Dieser artistische Spagat zwischen Beruf und Privatleben wird leider in der Hauptsache immer noch fast ausschließlich von den Frauen verlangt."

Um keinen falschen Eindruck aufkommen zu lassen: In dem über zwei Tage verteilten Gespräch, das insgesamt sechs Stunden Tonbandprotokolle füllt, wurden zwar viele Kritikpunkte an den staatlichen Verhältnissen, an den universitären Strukturen, an den Denkmustern in – meist männlichen – Köpfen angesprochen, aber ohne jene vielgeschmähte Larmoyanz, die man Frauen so gerne unterstellt. Aufgrund ihrer Ausbildung, ihrer Erfahrungen im In- und Ausland ist den beiden Wissenschaftlerinnen große Kompetenz und Selbstsicherheit zugewachsen, die ihnen gestattet, die Mißstände, wenn auch mit Groll, so doch von den Fakten her sehr sachlich zu benennen. Darüber hinaus verfügen sie über mitreißenden Enthusiasmus, ansteckende Fröhlichkeit und Witz und eine große Portion Optimismus und Energie, die sich auch auf ihre StudentInnen überträgt. Bleibt zu wünschen, daß ihnen gelingt, was sie sich vorgenommen haben, und daß sie der verschwindend kleinen Zahl deutscher Universitätsprofessorinnen zwei weitere hinzufügen.

REINE FRAUENSACHE

AUS DEM LEBEN DER VORARLBERGER FRAUENBEAUFTRAGTEN

CORDULA VON AMMON

Hinter der Bürotüre Nummer 524 wartet eine Menge Leben auf den Besucher. Vitalität liegt in der Luft. Dem Wochenprojekt „Frau und Gesundheit" wird gleich vor Ort Genüge getan: aus einem hochmodernen Raumluftbefeuchter dampft wohltuend nachempfundene Gebirgsluft. Ein herzlicher Willkommensgruß lädt zum Bleiben ein. Der synthetische Teppichboden elektrisiert Haare und Pullover. Beim ersten Händedruck knistert es.

Sie ist attraktiv, sieht fast knabenhaft aus in ihren schwarzen Jeans, in denen ein schwarzer Rollkragenpullover steckt. Eine sonnengelbe Jacke – Kimonostil – hängt über ihrem Schreibtischstuhl. Den scheint sie selten zu benutzen. Sie steht und telefoniert oder läuft und holt Anschauungsmaterial, oder sie sitzt mit einem Gast an dem kleinen quadratischen Tisch im Vordergrund.

Sie ist 41 Jahre alt und seit sechseinhalb Jahren Frauenbeauftragte des Landes Vorarlberg. Genauer gesagt ist sie es erst seit dreieinhalb Jahren. Drei – eher unliebsame – Jahre lang hatte sie nämlich zusätzlich das Familienreferat zu betreuen. Frau und Familie – das gehört für Brigitte Bitschnau-Canal nicht selbstverständlich und unabdingbar zusammen. Was sie im Sommer 1988 auch deutlich zu verstehen gab: eine Familienwoche stellte sie kühn unter das Motto „Familie – Keim oder Zelle?". Das machte Furore. Und der erfreuliche Effekt einer nachrollenden, hausinternen Protestwelle war die offizielle Abtrennung des Familienreferats. Seit 1.März 1989 widmet sich Brigitte Bitschnau-Canal also ausschließlich der Frauenpolitik – ideologie- und parteiübergreifend. Das möchte sie betont wissen.

Im Zwiegespräch nimmt sie kein Blatt vor den Mund, erzählt munter und offen, sprudelt Biographisches leicht und unbefangen heraus. Ihr Leben ist ein Meisterstück. So scheint es. Meisterhaft dargestellt. Wer unerwähnt bleibt in ihrem Lebensbericht, den findet sie vielleicht nicht so wichtig; oder vielleicht macht er ihr auch Kummer. Es ist angenehm, ihren lebendigen Erzählungen zuzuhören. Fragen stellen erübrigt sich da fast. So scheint es wenigstens.

Es gibt viele weibliche Vorbilder in Brigittes Ahnenreihe. Da ist zunächst die Großmutter väterlicherseits, die in Krisenzeiten nicht verzweifelte, sondern zupackte und nach dem 1.Weltkrieg eine verfallene Ziegelei kaufte. Sie brachte das Unternehmen auf Vordermann und übergab es so den Söhnen. Einer von ihnen war der Vater von Brigitte. Gemeinsam mit ihrer Mutter, „ohne die sicher nur ein Teil möglich gewesen wäre", führte er die Geschäfte weiter. Die Großmutter mütterlicherseits war auch Geschäftsfrau. Sie besaß einen Lebensmittelladen, versorgte Vater und Bruder mit. „Die Frauen meiner Vergangenheit waren voller Initiative."

So mancher „Stehsatz" aus jenen Zeiten hat sich tief in Brigittes Gedächtnis

eingegraben. „Du mußt alles können, entweder, um es selber zu machen oder um es zu delegieren", lehrte die Großmutter. Und die Enkelin nahm sich's zu Herzen. Heute kümmert sie sich, gemeinsam mit ihren drei Schwestern, um das elterliche Baugeschäft. Und wo die Familie alleine nicht zurechtkommt, da werden Fachleute zu Rate gezogen. Ob es um eine „Neuordnung der Beziehungen untereinander" geht, die nach dem Tod des Vaters (1987) – zusammen mit einem Psychologen und einem Pädagogen – gefunden werden mußte. Oder ob allmonatlich ein Unternehmensfachmann „von außen" ins Ziegelwerk kommt, Rückmeldung macht und vor drohender „Betriebsblindheit" schützen hilft. Das Baugeschäft – Brigitte beteiligt sich an der lang- und mittelfristigen Planung – ist ihr zweites Standbein. Sie führt es ins Feld, wenn es ums Aushandeln von Arbeitsbedingungen geht. Und sie profitiert heute von den in der Privatwirtschaft üblichen knallharten Verhandlungserfahrungen. Kluge Entscheidungen und beherztes Handeln säumen den Lebensweg der charmanten Frauenreferentin. Und die Freude und Fähigkeit, im Team zu arbeiten. Sie verbündet sich gerne. Heute wie damals. Mit ihren drei jüngeren Schwestern – sie ist die Erstgeborene – war sie „sehr stark verschwestert." Sie taten sich zusammen „als Opposition" gegen die sehr enge Beziehung der Eltern. Die waren viel unterwegs, auf Reisen. Kindermädchen und Haushaltshilfen besorgten den Alltag.

Als Brigitte zehn Jahre alt war, knobelten die Kinder einen kleinen Vertrag aus und versprachen sich garantierte gegenseitige Hilfe in Notlagen. Das Bündnis hält bis heute an.

Die Zehnjährige geht nach Innsbruck aufs Mädcheninternat zu den Urselinen. Sie findet einen neuen Zusammenhalt. Wehrt sich gemeinsam mit „internen" Schulkameradinnen gegen Ungerechtigkeiten von Seiten der Internatsleitung. Ihre Delegation als Klassen- und Schülersprecherin weiß sie gut einzusetzen. Immer wieder hilft ihr dabei ein altbewährter Elternsatz: „Sag immer, was du denkst, aber sag es in einem anständigen Ton." Die Mutter selbst gab damals eine imponierende Kostprobe ihrer Weisheit, als sie – zusammen mit Brigitte – auf der Anklagebank im Schuldirektorat saß: ein verruchtes Buch habe ihre Tochter gelesen und sich dabei erwischen lassen. Was denn die Mutter wohl zu solch unzüchtigem Verhalten meine? Nichts weiter, als daß sie dieses ihr bis dato unbekannte Buch – „Mit den Augen einer Frau" – zu Hause lesen und sich hernach dazu äußern wolle. Und daß sie es grundsätzlich schon in Ordnung fände, wenn ihre Tochter mit Interesse und Neugierde Literatur verfolge. Die Loyalität siegte. Denunziantentum und Intrigen blieben auf der Strecke.

Brigitte Bitschnau-Canal geht nie in die hausinterne Kantine. Sie meidet „Orte des Tratsches". Der Anfang im Landeshaus war schwer genug. Wohl hatte sie die volle Unterstützung des damaligen Landesrats. Doch die skeptischen Kollegen und Kolleginnen anerkannten ihr Referat nicht als ein eigenständiges, degradierten sie zur Sachbearbeiterin. Abgeschobene Akten stapelten sich auf ihrem Schreibtisch. Und eines Morgens machte sie sich auf den Weg, durchwanderte die weiten Flure des Landeshauses und rückverteilte alle Schriftstücke an die zuständigen Stellen.

„Prompter Liebesentzug" war die Antwort. Nun hieß es „durchhalten und aushalten", Verbündete suchen und Intriganten ignorieren. In mühseliger „Sisyphusarbeit" übte sie ganz unterschiedlichen und individuellen Umgang mit abweisenden Kollegen. „Einer mußte auch einmal vor die Türe gehen." Heute reiht sie ihn unter die Feministen ein.

Brigitte Bitschnau-Canal denkt nicht nur grenzüberschreitend. Sie tut es auch. „Hierarchien machen mir keinen Eindruck." Vorgegebene Einschränkungen akzeptiert sie nicht. Beamtenargumente schrecken sie nicht. Das verblüffte Gegenüber schickt sie auf den Weg, nach Möglichkeiten zu suchen, Grenzen da, wo sie unsinnig werden, zu sprengen. Und sie setzt sich durch. Gelder für unabhängige Frauenprojekte werden ihr genauso wenig verweigert wie die Finanzierung eigener Fortbildungskurse.

Sie hat zwei Söhne, 21 Jahre und 17 Jahre alt. Günther studiert Politikwissenschaft und Geschichte, Dieter Christoph geht noch aufs Gymnasium. Die junge Brigitte verzichtete damals, nach der Schule, auf ein Geschichts- und Psychologiestudium, machte eine kaufmännische Ausbildung. Fürs Geschäft daheim.

Mit 18 Jahren heiratete sie und ging „endgültig" nach Bregenz. Weg aus Imst in Tirol, ihrem Heimatort, wo jeder wußte, wer sie ist. Wo so etwas wie gesellschaftliche Benachteiligung kein Thema für sie war. Doch „heraußen in Bregenz" mußte sie schmerzhaft erfahren, was es bedeutet, anonym zu sein, nichts mehr zu zählen. Ihr alter Kampfesgeist erwachte aufs neue. Sie schloß sich dem „Bregenzer Frauenstammtisch" an. Man lud Referentinnen ein, die über spezielle Frauenthemen sprachen. Knüpfte Kontakte zu anderen Frauengruppen in ganz Vorarlberg und erarbeitete Konzepte und „Visionen" zu einer durchschlagenden Frauenpolitik.

Wieder fand sie Verbündete, die ihr schließlich zurieten, sich doch um die freigewordene Stelle der Familien- und Frauenbeauftragten zu bewerben. Sie lachte – man kann sich's richtig vorstellen –, verwarf die Idee, malte sich's im nächsten Moment in Gedanken aus. Schließlich wagte sie's, ohne irgendwelche Erwartungen, vielleicht ohne nötigen Ernst, mit einem Höchstmaß an Forderungen. Und gewann.

Da sitzt sie nun. Voller Leben und Ideen. Offenherzig und ganz sie selbst. „Ich habe nie öffentlich gesagt, was ich nicht auch privat vertreten hätte." Man glaubt es ihr unbesehen. Und läßt ungestellte Fragen ungestellt.

FRAUEN PLANEN IHRE LEBENSRÄUME

BERUF UND FAMILIE ZU VEREINEN
ERFORDERT EINE NEUE INFRASTRUKTUR FÜR FRAUEN.

CHRISTINE GRÜGER UND SIMONE NOTNAGEL

„Zu Anfang saß ich alleine da", erzählt Paula Voigt, Vorstandsvorsitzende des „Spatzennest" in Tettnang. „Allmählich kamen ein paar Frauen dazu, und mittlerweile finden sich wöchentlich 20 Frauen und etwa 30 Kinder ein. Da wird es dann schon wieder eng in der kleinen Wohnung."

Das „Spatzennest" entstand 1991 aus dem ursprünglich einmal im Monat stattfindenden Mutter-und-Kind-Modell der Alleinerziehenden im Tettnanger Stadel. Aus der Eigeninitiative einiger Mütter kamen immer mehr Eltern mit ihren Kindern zu den Zusammenkünften. Aus diesem Grund wurden die Treffen auf zwei Tage pro Woche verteilt, zu denen sich dienstags alle zusammensetzen konnten und donnerstags jeweils nur die Alleinerziehenden. Kurz danach entstand der Mittwochstreff, zu dem jeder seine Kinder für zwei Stunden zur Betreuung abgeben konnte.

Aufgrund der großen Resonanz, insbesondere der Kinderbetreuungsmöglichkeiten (monatlicher Unkostenbeitrag für die wöchentliche Betreuung: 10,– DM), wurden eigene Räume gesucht. Und obwohl die Stadt Tettnang drängende Probleme mit der Wohnungsnot und den Asylanten hatte, konnte eine kleine Wohnung mit drei Zimmern (ca. 60 qm) mietfrei zur Verfügung gestellt werden. Die Wohnung wurde im November 1991 „eingeweiht". Die Renovierung und der laufende Betrieb (Nebenkosten) wird aus Spenden, Mitgliedsbeiträgen des gleichnamigen, gemeinnützigen Vereins und den Betreuungsbeiträgen erbracht. Der Verein hat mittlerweile 60 Mitglieder, die mit einem Jahresbeitrag von 20,– DM die Finanzierung des „Spatzennestes" es tragen. Die wöchentliche Kinderbetreuung wird von einer Erzieherin erbracht, deren Gehalt vom Landratsamt gezahlt wird.

Mittlerweile weist das „Spatzennest" einen vollen Veranstaltungskalender auf: Neben der Kinderbetreuung können dort konfessionelle oder privat initiierte Mutter-Kind- bzw. Spielgruppen die Räumlichkeiten nutzen. Den größten Anklang finden jedoch die offenen Treffs, die einmal pro Woche stattfinden und zu denen Mütter und Kinder zum allgemeinen Ideen- und Erfahrungsaustausch kommen. Dann werden beispielsweise Ideen für Fasnacht oder Kindergeburtstag besprochen oder ein Referent zu einer bestimmten Thematik eingeladen. Die Themen werden von den Frauen des offenen Treffs selbst bestimmt.

Derzeit hat das „Spatzennest" ein breites Beratungsangebot: Die Erziehungsberatungsstelle des Jugendamtes bietet kostenlos ihre Hilfe an, eine Kinderpsychologin sowie ein Arzt der Stiftung Liebenau übernehmen die ärztliche Beratung. Das Aufgabenspektrum des „Spatzennestes" ist breit angelegt und entwirft damit ein Bild von den Bedürfnissen junger Familien, Müttern und Kindern, die zumindest noch nicht ausreichend von der kommunalen Fürsorge berücksichtigt werden.

- Treffpunkt für Eltern und Kinder
- Treffpunkt für Alleinerziehende und Kinder
- Kontaktstelle für neuzugezogene Familien
- Möglichkeiten zur Begegnung für Frauen
- Entlastung durch Kinderbetreuung
- Private Kinderbetreuung
- Vermittlung verschiedenster Beratungs- und Hilfsangebote
- Vermittlung zur Selbsthilfe
- Unterstützung in schwierigen Lebenssituationen, z.B. Trennung
- Hilfe zur gemeinsamen Überwindung von Schwierigkeiten
- Hilfe beim Wiedereinstieg ins Berufsleben
- Pflegestellenvermittlung (Tagesmütter)

In der Lebensplanung von Mädchen und Frauen stehen heute Berufstätigkeit und Familienarbeit zunehmend gleichrangig nebeneinander. Diese inzwischen grundlegende Doppelorientierung der Frauen auf Familie und Beruf und die damit in Zusammenhang stehende „Vereinbarkeitsdebatte" gibt es bereits seit vielen Jahren –, sie ist aber noch lange nicht zu Ende geführt. Denn hat sich eine Frau für Familie bzw. Kinder entschieden, verhalten sich Institutionen, politische Träger und kommunale Planungsträger in vielen Bereichen noch immer so, als prägte die „Normalfamilie" mit geldverdienendem Vater, nicht erwerbstätiger Hausfrau und Mutter nebst eigenen Kindern nach wie vor und überwiegend das Bild der familialen Lebensformen in unserer Gesellschaft.

Dem ist aber bei weitem nicht so. Auch die „Familie" als Lebensform und soziale Institution hat sich in den letzten Jahren tiefgreifend gewandelt, wie die Zahlen der Alleinerziehenden, Ehescheidungen und der nichtehelichen Lebensgemeinschaften zeigen.

Während der Staat im Bildungssystem die Chancengleichheit der Frauen unterstützte, läßt er sie nun im Familiensystem im Stich. Den Frauen bleibt es überlassen, die traditionelle Rollenverteilung zu übernehmen oder individuell zu versuchen, Beruf und Familie gleichzeitig zu leben und miteinander zu vereinbaren. Dabei wird ihnen von seiten des Staates wenig Hilfe im Hinblick auf die Betreuungsmöglichkeiten für Kinder aller Altersstufen gegeben.

Haushalt und Kindererziehung bleiben also auch unter dem Vorzeichen der Doppelorientierung der Frauen weiterhin die Aufgabe von Frauen und Müttern. Besonders krass erleben dieses Problem die „neuen" Mütter, die bisher in Ausbildung und Beruf versucht haben, die Gleichstellung mit ihren männlichen Kommilitonen und Kollegen zu realisieren. Die plötzliche Angebundenheit an den Haushalt und an das Kind führt jedoch häufig zu starker Isolation der Frauen. Die alltäglichen Kontakte und abendlichen Treffen mit den Arbeits-, Vereinskollegen oder Freundinnen werden durch einen oberflächlichen Plausch beim Bäcker oder dem Nachbarn ersetzt. Die jungen Mütter fühlen sich durch den bestimmenden Rhythmus des Kindes vom „gesellschaftlichen" Leben abgeschnitten. Zudem ist mit der Gründung einer Familie häufig auch noch ein Ortswechsel verbunden.

Privatisierungs- und Isolationstendenzen für Frauen im Wohnquartier sind allgemein erkennbar.

Die Situation der Frauen am Bodensee ist zusätzlich durch folgende Umstände gekennzeichnet:

1. Mangelnde Kontaktmöglichkeiten

   In den Neubaugebieten oder in den kleinen Ortschaften der Bodenseeregion fehlt es zumeist an Gelegenheiten, bei denen junge Mütter mit Kindern Anschluß finden. Oft ist nicht einmal ein Kinderspielplatz als Treffpunkt vorhanden. Die einzigen Orte der Begegnung sind dann z.B. die Straße, Spazierwege, ggf. das Kinderplanschbecken im Freibad oder einfach nur der Supermarkt.

2. Berührungsängste

   Für alteingesessene Familien und zugezogene Familien bestehen zumeist wenig Anknüpfungsmöglichkeiten. Der Heimat- oder Narrenverein entspricht nicht den Interessen mancher Stadtbewohner. Lediglich der Sportverein bietet hier erste Gelegenheit zur Kontaktaufnahme. Hinzu kommt, daß Sprache und Mentalität der einheimischen Bevölkerung für viele zugezogenen Familien zunächst fremd sind. Die Einheimischen ihrerseits sehen in der Regel keine Veranlassung, von sich aus die Zugezogenen zu integrieren.

3. Mangelnde Infrastruktur

   Der ländliche Raum zwingt aufgrund mangelnder Versorgung mit bestimmten Einkaufsmöglichkeiten und schlechter Verbindungen des öffentlichen Nahverkehrs zu erhöhter Mobilität bzw. schränkt den Aktionsradius der Frauen, denen kein Auto zur Verfügung steht, erheblich ein.

Entscheidend für das individuelle Erleben dieser Rahmenbedingungen aber sind die jeweils sehr unterschiedlichen Lebensumstände:

1. Einheimische Frauen sind eingebunden in ein intaktes soziales Netz, d.h. Freunde und Familie leben im Dorf bzw. in unmittelbarer Umgebung.

2. Für junge zugereiste, berufstätige Frauen bestand das bisherige soziale Netz aus Arbeitskollegen bzw. Bekannten aus der Nachbarschaft oder dem Verein. Die Mutterschaft verändert den Bekanntenkreis aufgrund von Arbeitsrhythmus, Interessenslage, Räumlichkeit und Angebundenheit durch das Kind.

3. Für Frauen mit Kleinkindern unter drei Jahren ergeben sich gelegentlich Kontakte aus der unmittelbaren Nachbarschaft bzw. zu anderen Müttern z.B. vom Spielplatz.

4. Frauen mit Kindern über drei Jahren finden durch den Kindergarten schnell Kontakte, insbesondere im eigenen Wohnquartier (Aufbau von Nachbarschaftshilfe).

Bei allen jungen Müttern bleibt die ständige Diskussion um die Möglichkeiten, Haushalt, Kinder, Beruf und Freiräume für persönlichste Interessen zu vereinen; es bleibt die Notwendigkeit, ständig aus eigenem Antrieb Informationen und Kontakte sowie Hilfestellungen suchen zu müssen, und es bleibt letztendlich die Abhängigkeit von Auto und Telefon.

Aus dieser allgemeinen Unzufriedenheit heraus schließen sich zunehmend Frauen und junge Mütter in ihren Wohnorten zusammen, um selbst Lebensräume entsprechend ihrer Lebensplanung zu organisieren. So war das Tettnanger „Spatzennest"

Vorbild für eine Gruppe junger Mütter aus der Gemeinde Salem. Der Weg von der Idee zur Realisierung des Familienforums war jedoch nicht einfach. Ein Erlaß der baden-württembergischen Landesregierung, alle diesbezüglichen freien Initiativen zu unterstützen, war sicher ebenso hilfreich wie die Tatsache, daß sich allmählich ein Bewußtsein für die schwierige Lage der „isolierten" Mütter herausbildet. So leistete das Landratsamt tatkräftig finanziellen und organisatorischen Beistand, aber auch der Bürgermeister hatte und hat ein offenes Ohr für die Anliegen des Familienforums (Raumfrage, Finanzen). Die Raumfrage konnte mit Hilfe der engagierten und für Frauenfragen jederzeit aufgeschlossenen Frau Dekanin Fuchs der evangelischen Gemeinde Salem gelöst werden. Sie stellte spontan „ihr Haus", d.h. die Räume des Gemeindehauses zur Verfügung. Vorerst für ein Jahr ist das Familienforum Salem nun zu Gast im evangelischen Gemeindehaus.

Daß diese Räumlichkeiten nur eine Zwischenlösung sein können, ergibt sich schon aus der Zielsetzung des Familienforums. Um eine kontinuierliche Kontakt- und Begegnungsstätte für Mütter und Familien zu schaffen, sind eigene Räume notwendig. „Durchhalten" ist der Ratschlag von Frau Voigt, „das Ziel vor Augen nicht verlieren, auch wenn es Rückschläge gibt oder die Resonanz schwächer werden sollte."

Die Aufgabe des Familienforums, nämlich in der Öffentlichkeit auf die Bedürfnisse und Erwartungen junger Familien und Alleinerziehender in der Gemeinde aufmerksam zu machen, ist daher nicht hoch genug einzuschätzen. Räume für Frauen und Kinder sollten endlich zumindest gleichrangig neben Park- und Sportplätzen in der Planung der Kommunen berücksichtigt werden. Der Bedarf besteht. Frauen- oder Müttercafé, Mütterzentrum oder Familientreff – egal wie die Bezeichnung lautet, dahinter verbergen sich keine extremen Frauengruppen wie „Emanzen" oder „Kaffeeklatschdamen", sondern die realen Bedürfnisse der jungen Mütter in der Region.

Literatur:

Familienforum Salem: Die Raupe 1/1992.

Leimbeck, B.: Isolierte Mütter, in: Eltern 4/1992, S.113 ff.

Leyrer, K.: Rabenmutter – na und?, Hamburg, 1989.

Müller, H.U.: Seidenspinner, G.: Weibliche Lebensentwürfe und Stadtplanung, in: Bundesforschungsanstalt für Landeskunde und Raumordnung (Hrsg.): Frauen und räumliche Forschung, Heft 8/9 1990, S.441 ff.

IM RÜCKSPIEGEL

DOROTHEE KUCZKAY

In der Schule hätte mich eine solche Themenstellung zu gelinder Raserei gebracht. Autobiographisches? Von mir? Da war doch nichts Besonderes. Nichts, was
nicht andere auch, noch dazu besser, gemacht haben.

Wenn ich mich besinne, gewahre ich im Rückspiegel eine frohe, behütete Kindheit. Frühe Einstimmung in Mitverantwortung. Zuhause und in Internatsjahren
wurde sie mir verpflichtend vorgelebt. Überdies gab's ein buntes Kaleidoskop von
Freuden, Pannen, Träumen und Enttäuschungen.

Die autobiographische Sequenz, um die es hier gehen soll, umfaßt ein Vierteljahrhundert meines Lebens. Jugendliche Flausen waren bereits aus dem Kopf. Erste berufliche Erfahrungen gewonnen. Mitte der fünfziger Jahre war der jähe Verlust beider Eltern Anlaß, nach Überlingen zurückzufinden. Nach Wegstrecken internationaler Arbeit, der Öffentlichkeitsarbeit draußen, galt es nun, meinem Mann, dem
Flüchtling, Verbundenheit mit dem Land am See zu vermitteln. Dem Sohn alle Ge-
borgenheit zu geben, die Kinder brauchen. Selbst für mich war der See, die alte
Stadt, das Zuhause ein sonderbarer Magnet. Grund für absoluten Kurswechsel, der
die Karriereleiter vergessen ließ.

Auslandskorrespondentin hatte ich einst werden wollen. Die Ausbildung und berufliche Einsätze waren dementsprechend angelegt. Studienaufenthalte in Frankreich, England-Erfahrung, Kulturarbeit für die Franzosen, das Amerika-Haus München, dessen Public-Relations-Arbeit ich für eine Weile zu verantworten hatte. Der
besorgte Chefredakteur wollte vor mein angestrebtes Zeitungsvolontariat eine Einführung in Politische Wissenschaften gesetzt wissen. Nur zu rasch kreuzte sie sich
mit internationalen und damals faszinierenden Konferenzerfahrungen durch die
Chance der Mitarbeit am UNESCO-Institut der Jugend.

Dennoch und gerade deshalb schien alles gut eingefädelt. Bis die Ehe neue Prio-
ritäten setzte. Letztlich erzwangen familiäre Verpflichtungen den Rückzug nach
Überlingen. Umkehr zur Basis. Sich erneut einfügen in das Raster der ehemals
Freien Reichsstadt, die gerade dabei war, sich zu spreizen und zu dehnen. Mehr Gewerbe und Industrie anzulocken. Ihre Vorzüge den verehrten Gästen darzubieten,
die als Touristen und Kurgäste in immer größerer Zahl die Stadt am See besuchten.
Draußen hatte ich Aus- und Einblicke gewonnen. Heimgekehrt hielt ich mit meiner
Meinung nicht lange hinter dem Berg. Bald waren meine Kommentare in der Zeitung zu lesen. Es machte Freude, Land, Leute, Ereignisse und Zusammenhänge
schreibend zu begleiten und der Phantasie im Feuilleton Raum zu gönnen.

Geprägt von manchem der Gründerväter, die in der Weimarer Republik
Geschichte machten, in der Nachkriegszeit Verfassung und politische Grundmuster

ausloteten, ließen diese Lehren und fortdauernden Kontakte mich nicht ruhen, auch im Abseits nach dem idealen Gemeinwesen zu suchen. Eines Tages standen Parteifreunde ins Haus. Die Liberalen, für die mein Vater schon Mandate ausübte. Nun hielt der Ortsvorsitzende dafür, daß ich politische Theorie mit der Praxis vertauschen sollte.

Dem ersten Ansinnen habe ich getrotzt. Eine Wahlperiode später dem Drängen nachgegeben. Durfte ich wirklich nur meckern? Hatte ich nicht früh gelernt, mich der Verantwortung zu stellen? Die Möglichkeit, gewählt zu werden, erachtete ich gering. Ohne jeden Wahlkampf wurde ich auf Anhieb gewählt. Noch immer war ich überzeugt, man müsse die Dinge nur beim Namen nennen, um sie zu verändern. Kleinere Kindergartengruppen sofort! Morgen einen Kinderhort! Kanäle, Stromkabel, Gasleitungen etc., das gehörte selbstredend auf einmal verlegt!

Im gotischen Rathaussaal, umgeben von der Konfiguration der Stände des alten Reiches, veranschaulicht durch die Statuetten von Jakob Russ, in dem Raum, in dem Überlingen einst Gericht hielt, Kaiser empfing, wurde ich klein und zag. Wirklich, was hatte ich als wohl dritte Stadträtin im Verlauf der Stadtgeschichte im Kreis der ehrbaren Ratsherren zu suchen? Damals genoß die Gleichberechtigung im Rathaus noch kein Selbstverständnis. Eine Geschäftsfrau, der CDU zugehörig, hatte die erste Frauenstimme am Ratstisch erhoben. Die zweite, ein engagiertes SPD-Mitglied, war so christlich-sozial durchtränkt, wie sich das für eine rechte Überlingerin gehörte. Ich wußte, daß die Ratsherrenriege mich als die „große Unbekannte" beargwöhnte. Hatte ich liberalen Aussatz am Leibe? Zwar flogen längst keine Tintenfässer mehr über den Ratstisch. Doch noch immer, so hieß es, ging es zuweilen laut her.

Nichts dergleichen überschattete den Anfang. Friedlich schimmerten – damals – Adventskerzen auf dem Oval des Ratstisches. Es wurde vereidigt. Mit der Beratung des Haushaltsplans ging man zum Alltag über. Zahlen und Fakten schwirrten mir um den Kopf. Das Ringen um hehre politische Theorie war fern. Dafür hatte ich das kommunale Einmaleins und bis zum allerletzten Tag in den verschiedensten Sparten dazuzulernen. Nach Sitzungsende nahm mich die SPD-Kollegin wohlmeinend beiseite: „I de erschte Zeit moscht nind sage. Nu lose!" Allzu lang hielt ich mich wohl nicht an den Rat der mir lieb gewordenen Frau. Bei sozialen Fragen, Kindergärten, Schulen, kulturellen Veranstaltungen, dem Fremdenverkehr gewann ich bald Durchblick. Doch jede Sitzung war Schulung und Einführung in kommunale Zusammenhänge. Hier Stadt, dort Spital. Wer kann oder muß was finanzieren? Wo sind Zuschüsse zu erwarten? Die Illusion, Telefonkabel, Gasrohre, Kanäle könnten zeitgleich vergraben werden, legte ich, wie manche andere, bald ad acta. Es galt zu unterscheiden, daß Maßnahmen aus verschiedenen Töpfen, aus durchaus nicht abgestimmten Haushaltsplänen finanziert werden. Gefordert, kritisiert hatte dies schon mancher vor mir. Nichts und niemand hatte mich auf so niederschmetternde Erkenntnisse vorbereitet. Was nützte alles Anregen, Befürworten, Ablehnen, wenn die „force majeur" selten auf der Strecke blieb oder sich in immer neuen Schlupfwinkeln verbarg?

Ich mußte erkennen, daß manche Belanglosigkeit, mancher Nebenkriegsschauplatz genau so viel Aufmerksamkeit erfordert, wie spektakuläre, strittige, schlagzeilenträchtige Fragen. Aus jeder Sitzung nahm man Abstimmungsniederlagen mit nach Hause. Trotz allen Demokratieverständnisses mußte dies entsprechend dem

inneren Engagement verkraftet werden. Es gab schlaflose Nächte. Probleme ließen nicht los. In Gedanken wurde weiter argumentiert, zu überzeugen versucht ... Die Freuden, daß ein Antrag angenommen wurde, währten kurz. Oft mußte die insgeheime Feststellung genügen, daß Ideen, vor Zeiten eingebracht, endlich Allgemeingut geworden waren. Schnelle Siege sind höchst selten.

Es braucht Zeit, bis man sich als die Zacke des Zahnrads begreift, daß man nur gemeinsam mit den anderen die Dinge voranbringt. Ohne Mehrheitsentscheidung läuft nichts. Um sie muß bei jedem einzelnen Punkt gerungen werden. Auch zurückstecken will gelernt sein. Das Eingehen auf das bessere Argument. Wo es Not tut auf den Kompromiß, wenn er nicht faul ist. Dabei war es gut, Mitstreiter zu haben, auf die menschlich Verlaß war. Die sich mit Loyalität und Engagement zur Sache bekannten. Das Häuflein der Liberalen war es gewohnt, Mehrheiten zusammen mit anderen zu suchen. Auf Verbündete zu achten, denn Gegner schafft man sich nur zu leicht.

Der Rückspiegel verdeutlicht, daß politische Theorie und Wissenschaft für die Tätigkeit als Gemeinderätin oder später auch als Kreisrätin wenig nutzten. Dagegen waren die kulturellen Aspekte vorangegangener Arbeit für Gemeinderats- und Ausschußtätigkeit weit dienlicher. Gesunder Menschenverstand, common sense, er reicht meist aus.

Der weite Bereich des Kur- und Fremdenverkehrs, der städtischen Kulturarbeit für Theater, Konzerte, Ausstellungen, für ein breit gefächertes Veranstaltungsprogramm und Aufgabengebiet wurde für über 24 Jahre glücklicher Schwerpunkt meiner Amtszeit. Hier konnten sich Interessen und Erfahrungen mit dem Amte verknüpfen. Gewiß, es war aufregend, teilzuhaben an Planung und Bau des Schulzentrums, des Krankenhauses und der Altersheimerweiterung. Die Stadtbildpflege, die Förderung öffentlichen Grüns und die Belange des Denkmalschutzes waren mir immer wichtig. Aufmerksam verfolgte ich die Planung, Erschließung, letztendlich die Fertigstellung großer Neubaugebiete. Es tat gut, hier und da korrigierend und dort anregend intervenieren zu können. Der Einsatz für Kinder, kranke und alte Menschen verlohnt jedwede Mühe. Hinter solchen Einsätzen steht kein Fragezeichen des Bedauerns. Höchstens nachhallender Groll, daß für so manches nicht mehr Zeit und Kraft aufgewandt werden konnte. Mit Freude denke ich an die Einfädelung und die zustandegekommenen Partnerschaften mit Chantilly, Frankreich, und Bad Schandau an der Elbe, die mich beide sehr berührten.

Im Grunde waren Verkehrsangelegenheiten nie meine Sache. Doch das steigende Verkehrsaufkommen hat mich so sensibilisiert, daß ich nicht anders konnte, als mich für das langwierige Ringen für den sinnvollen Ausbau der B 31 einzusetzen, mich gegen den Autobahnbau im seenahen Land zu verwahren, mich engagiert für Verkehrsberuhigung stark zu machen und die nachfolgenden Krebsgänge anzuprangern. Waren diese Einsätze vergeudete Zeit und Kraft? Nach dem freiwilligen Ende einer langen Amtszeit schmerzt Unerledigtes noch immer!

Der Rückspiegel zeigt unscharfe Bilder. Nicht Groll, doch Trauer überschattet zuweilen den Blick. Wie oft vergebliches Mühen. Kapitulation vor so manchem Schwergewicht der Sachzwänge. Schmerz, wenn Planungsabsicht und bebaute Wirklichkeit weit auseinander klaffen. Geltendes Baurecht, der Zeitgeist, die Finanzen erzwingen immer wieder die Korrektur der ursprünglichen Vorstellung. Liegt es an der Schnellebigkeit der wechselnden Kriterien, der dynamischen Unruhe der Entwicklung? Das rasche Wachstum fordert Tribut. Im Antlitz der Stadt und der Landschaft. In der Belastung derer, die unabhängig vom Standpunkt die Wandlung mit zu vertreten haben.

Ohnmacht drängt sich auf. Am Ratstisch wurde auf dem Altar der Parteiraison zu viel geopfert. Zu früh wurden Meinungen festgezurrt. Weder Sachverhalte noch Argumente vermochten sie ins Wanken zu bringen. Oft wurde man zudem im Rat nicht müde, die jeweils besten Kräfte des anderen zu unterminieren.

War ich schon bei der häuslichen Arbeit am Ende aller Rationalisierungskünste angelangt, um wie viel lieber hätte ich mehr Zeit, verstärktes Engagement für die mir anvertraute Kulturarbeit verwandt. Für die Selbstdarstellung Überlingens in den Medien, für Ausstellungen, Theateraufführungen, Meisterkonzerte, Lesungen im Museumssaal, Gastspiele im Kursaal. Für Überlingens Rang als kulturelles Zentrum am westlichen See-Ende. Das war es doch, was mich innerlich am meisten forderte, was ich am liebsten förderte!

Gottlob, bei unserer Ausschußarbeit war keine Streitkultur vonnöten. Programmgestaltung war für alle anregender Ansporn. Die Umsetzung, die Aufnahme durchs Publikum war stets zu ergründen. Die neue Uferpromenade hatte Überlingen starke Anziehungskraft beschert. Besonders bei Tagestouristen. Wir suchten den länger weilenden Gast. Mit neuen Sanatoriumsbauten gewannen wir wieder mehr Kurgäste. Mit vielfältigen Angeboten, dem Ausbau der Infrastruktur des Kurortes vermochte man gewiß nicht allen Ansprüchen Rechnung zu tragen. Doch eine gewisse Vielfalt zu erreichen. Zum Behagen von Bürgern und Gästen. Auch zur Integration der Neubürger, die in florierender Industrie und Gewerbetrieben Arbeit fanden.

Gehört nicht zu jedem Lebensabschnitt ein Waterloo? Als Mitverantwortliche für kulturelle Veranstaltungen und Fremdenverkehr setzte mir der durch einen Bürgerentscheid verworfene Kursaalbau vielleicht mehr zu als anderen Befürwortern. Wohl weil ich die wachsende Konkurrenz, den Schwund der Besucherzahlen bei Veranstaltungen spürte. Weil ich durch längeres Hinauszögern die Verteuerung und viel, viel mehr fürchtete. Über ein Dutzend Jahre hatten wir im Rat die unendliche Geschichte des umstrittenen, geplanten, fast genehmigten, wieder verworfenen, erneut geplanten und wieder gescheiterten Kursaalbau als Banner anerkannter Notwendigkeit gemeinsam vor uns hergetragen. – Die Quadratur des Kreises: ein neuer Kursaal unter Verwendung des denkmalgeschützten alten Kursaals am alten Platz, sie ist nun, endlich, im Bau. Möge sie gelingen!

Während meiner Amtszeit hat Überlingen zu meinem Verdruß schon den Status als Kreisstadt verloren. Durch die Gemeindereform kamen hingegen unsere schmucken Nachbardörfer zu uns. Jeder dieser Verträge war nicht nur Verwaltungsakt, am Ende gekrönt mit Feierlichkeit und Tremolo. Sie haben die Gemüter bewegt. Auch meines. Mit der Einfügung Überlingens in neue Verwaltungsstrukturen, dem Zusammenleben mit den Teilorten und der neuen Kreisstadt Friedrichshafen standen die Innen- und Außenbeziehungen, die wirtschaftlichen und kulturellen der einst Freien Reichsstadt, erneut auf dem Prüfstand. – Überdies gab es unterdessen Bürgerentscheide zum Autobahnbau, später zum Kursaal, die die Grundfesten der Stadt in Erschütterung brachten. Viele Ereignisse, die den Bürger bewegten und von den gewählten Vertretern sensible und standfeste Mitverantwortung forderten. Die Stadt mußte sich erneut behaupten. Sie durfte ihr Selbstwertgefühl nicht verlieren.

Im Rückspiegel verwischen sich die Bilder. Noch vieles könnte gedeutet und kommentiert werden.

Nur Schlagworte stehen für Stadtentwicklung. Für eine dynamische, prosperierende, wachstumsorientierte Periode. Am See haben wir uns aus der bundesdeutschen Entwicklung nicht ausgeklinkt. Die Attraktivität der Landschaft hat uns ein Zusätzliches beschert. Das Kaleidoskop schüttet eine Fülle von Bildern und Ereignissen zutage. Da stehen städtische und spitälische Bauten, vom Kindergarten über Schulen bis zum Alters- und Pflegeheim. Sie vergegenwärtigen schmucke Dörfer, spitälische Rebhänge, Gärten, Parks, Bereiche der Stadtsanierung, Straßen und Kanalbauten. Sie lassen die Erinnerung an Meisterkonzerte und Literaturpreisverleihungen aufleben, Rückschauen auf eine Fülle von Ausstellungen und Veranstaltungen. Aus manchem der städtischen und spitälischen Verwaltungsbereiche und Einrichtungen drängen sich Menschen ins Bild, bei denen man Aufgaben und Anliegen in guter Obhut wußte. Mit denen zusammenzuarbeiten Freude war. Die Zeitspanne wurde beeinflußt durch unterschiedliche Bürgermeisterpersönlichkeiten, durch Experten auch, die den Rat bisweilen in Neuland führten. Vieles wäre anzumerken. Alles hat stets den ganzen Mann, die ganze Frau gefordert. Nicht nur am Ratstisch wurde debattiert und abgestimmt. Das Bürgergespräch gehörte dazu. Das Recherchieren, Hinterfragen, Informieren. Das sich Abstimmen mit der Partei. Meinungsbildung ist ein Prozeß. Erst danach können die Zahnräder wieder ineinander greifen. Nur so können Anträge aus plausiblen Gründen abgelehnt, sinnvoll weiter verfolgt und letztlich gelöst werden.

Im Rückspiegel verschwimmen die Bilder. Ist es schlechtes Gewissen, das manches vernebelt? Wurde die Familie zu oft beunruhigt und belastet? Habe ich ihr und Freunden zu viel Aufmerksamkeit entzogen? Wurde zu Hause nicht manches beiseite gelegt, um mehr Vorbereitungszeit für eine Sitzung zu haben? Die Brücke zwischen der Partei und der Fraktion galt es zu pflegen. Als Fraktionssprecherin der Liberalen hieß es zuerst den gemeinsamen Standort eruieren und ihn später zu vermitteln. Wirklich, wie oft hätte man noch mehr Hintergrundinformation gebraucht! Dazu gesellte sich der Zwiespalt über die Teilnahme an nötigen und unnötigen Anlässen. Vor allem bei solchen, wo nur aus „repräsentativen" Gründen das Dabeisein gefordert war. Es gab Sitzungen, so wichtig, daß man mich aus den Ferien zurückrief. Weit schlimmer, wenn „Pflicht" mich vom Krankenbett der Nächsten wegzwang. Oft waren Zerreißproben vor die Vereinbarkeit verschiedener Aufgaben gestellt.

Merkwürdig, insgesamt reflektiert der Rückspiegel keine verlorene Zeit. Die Gemeinderatstätigkeit ließ Einblicke und Zusammenhänge erkennen, die ich sonst nicht gewonnen hätte. Aus allen Erfahrungen, den guten und anderen, aus dem Überblick über das Mosaik, aus dem das Gemeinwesen Stadt geformt ist, habe ich gelernt. Das möchte ich nicht missen. Vielleicht konnte ich manches einbringen, erreichen, verhindern. Andere mögen dies beurteilen. Ich hoffe, und letztlich ist dies der Anlaß darüber zu schreiben, daß sich immer mehr Frauen bereit finden, eine Spanne ihres Lebens der Gemeinde zu dienen. Auf Dienst an der Gemeinde liegt die Betonung. Nur zur Selbstverwirklichung taugt der Prozeß des Gestaltens der Bürgerwelt schlecht. Wenn es wahr ist, daß Frauen nicht unbedingt Frauen wählen, so haben sich die später hinzugekommenen Frauen im Rat entsprechend dem Standpunkt und der politischen Orientierung oft gegenseitig unterstützt. Weil bei ihnen Sachlich- und nicht Parteilichkeit im Vordergrund stand. Weil sie sich mehr um Lösungen als ums Rechthaben bemühten. Bisweilen konnten sie das Klima entschärfen. Sie wiesen notorische Streithähne in die Schranken. Sie brachten anders geartete Sachkenntnis und ein erweitertes Problembewußtsein ein. Vorbehaltlos und oft über die Klüfte der Parteiraison hinweg setzten sie sich für den Bürger ein. Von Stadtvätern zu sprechen ist Usus. Von Stadtmüttern zu reden, wäre grotesk. Und dennoch nehmen Frauen auf eine intensivere Weise Anteil am Geschick der Stadt. Manche läßt es nicht los, auch nicht nach beendetem Mandat. Bei den ausgeschiedenen Überlinger Stadträtinnen war dies bislang gemeinsam. Liegt es daran, daß Frauen sensibler sind? Oder daran, daß ihnen das Wohl und Wehe der Stadt und ihrer Bewohner mehr zu Herzen geht? Wie dem auch sei. Mir scheint, dies ist – trotz allem – kein Fehler.

WIRKLICHER ALS WIRKLICH

FRANZIS VON STECHOW UND IHRE PORTRÄTFOTOGRAFIE

AMELIE SCHENK

Franzis von Stechow lernte von ihrem Vater, dem bekannten Lichtbildner Prof. Pan Walther, in Münster das Handwerk; die Meisterprüfung machte sie 1978, dazu kam 1979 das Diplom für Design von der Fachhochschule Dortmund. Ende der 60er Jahre kam sie an den Bodensee und eröffnete in Konstanz ein Fotografiestudio, mit dem sie sich auch über die Region hinausgehend einen Namen gemacht hat. Sie war Mitglied der Jury des Deutschen Jugendfotopreises, machte zahlreiche Ausstellungen im In- und Ausland und veröffentlichte ihre Fotografien in Büchern und Zeitschriften. Auftragsarbeiten in Farbe und Schwarzweiß macht sie für Werbung und Industrie; sie ist spezialisiert auf Porträt- und Reprofotografie. 1992 wurde sie in die Deutsche Gesellschaft für Fotografie berufen.

Auf den ersten Blick wirken Franzis von Stechows Bilder keineswegs aufregend. Werbestrategie, Effekthascherei scheint nicht gefragt. Der vom Bilderrausch bereits Erstickte wendet sich gelangweilt ab. Wer noch Ruhe hat, braucht sie in der Tat. Franzis von Stechows Kompositionen sind schlicht, wirtschaftlich geht sie mit ihren Mitteln um – höchst bewußt und konzentriert. Sie verfolgt eine klare Linie: Da wird nichts gesehen, was nicht da ist, nichts beschönigt, nichts überinterpretiert. Sie zeigt uns nur das, was ist. Dem Zufall wird ebensowenig Chance gegeben wie raffinierten Techniken. Eher: Der Zufall wird in Ruhe abgewartet, dann der Technik eine Chance gegeben. Franzis weiß, was sie will: sich selbst umsetzen anhand des Objekts. Aber das geschieht im wesentlichen nicht durch Komposition, Dramaturgie, Ausschnitt, Motiv, die sicherlich auch ihre Stärke sind, sondern durch ihren Mut, das Objekt sich selbst entwickeln zu lassen und den richtigen Augenblick abzuwarten. Nehmen wir als Beispiel ihre Rumänienfotos von 1965. Wenn da ein bärtiger siebenbürgischer Greis auf Papier gebracht wird, scheint er unwirklich, und zwar nicht wegen Reminiszenzen aus dem vorigen Jahrhundert, sondern, weil er auf dem Foto zu leben scheint. Flüchtigkeit wäre bei Franzis Stechows Bildern Gift, denn das sind keine Wegwerfbilder für den Einmalgebrauch. Sie bildet Wirklichkeiten ab, so wirklich, daß man manchmal gar nicht mehr weiß – ich denke an ihre Neuseelandserie oder die Italien- und Spanienzyklen – , ob ein Bergabhang nun ein Bergabhang oder ein Wasserfall ist. Die alltägliche Wirklichkeit wird wieder zu etwas Geheimnisvollem.

SCHLAG AUF SCHLAG

– ETWAS ÜBER MARIA BEIG –

EINE REDE, GEHALTEN ANLÄSSLICH DER ÜBERREICHUNG
DER EHRENMEDAILLE DER STADT FRIEDRICHSHAFEN AN MARIA BEIG
AM 5.2.1992 IM GRAF-ZEPPELIN-HAUS IN FRIEDRICHSHAFEN

PETER HAMM

Gerade vor einer Woche haben sie in einem Dorf zwischen Ravensburg und Tettnang einen jungen Mann beerdigt, einen meiner Mitarbeiter am Münchner Rundfunk. Todesursache: Aids. Josef W. war der einzige Sohn eines hiesigen Bauern, hatte deshalb auf höhere Schule und Universität zunächst verzichten und den Hof übernehmen müssen. Später, als er seine Eltern endlich davon überzeugt hatte, daß er für den Beruf des Bauern nicht tauge, erkämpfte er auf dem zweiten Bildungsweg doch noch Abitur und Studium, um dann endlich beim Rundfunk mit sensiblen Reportagen und Essays seiner Liebe zu Literatur und Literaten frönen zu können.

Erst vier Tage vor seinem Tode soll er es über sich gebracht haben, der Mutter zu erzählen, an welcher Krankheit er sterben werde.

Warum ich Ihnen das hier erzähle? Weil ich jedesmal, wenn ich Josef W. traf, und erst recht, als ich jetzt von seinem frühen Tod erfuhr, an Maria Beig denken mußte. Weil ich ganz unwillkürlich ein Schicksal wie das des Josef W. dem Zuständigkeitsbereich von Maria Beig zuschlug. Mehr noch: weil ich diese ganze Gegend hier – eine Gegend, in der ich immerhin bis zu meinem 22. Lebensjahr mehr oder weniger daheim war – für mich schon lange nicht mehr anders als „Maria-BeigLand" nenne, so wie analog Gerhard Köpf die Gegend, in der er und ich jetzt leben, also die Gegend um den Starnberger See herum, „Oskar-Maria-Grafschaft" genannt hat.

Was Oskar Maria Graf für diesen Teil Oberbayerns geleistet hat, das hat Maria Beig für den hiesigen Teil Oberschwabens geleistet. Bevor ich Maria Beigs Bücher kannte, wußte ich gewissermaßen gar nicht, wo ich war, wenn ich hier war. Wenn es je so etwas wie ein Pfingstwunder für mich gab, dann dieses, daß dank Maria Beigs Büchern diese Gegend zwischen Biberach und Bodensee plötzlich in tausend Zungen zu mir zu sprechen begann, in Bauernzungen. Es gab eine Zeit, da wollte ich von dieser schönen Gegend und erst recht von hiesigen Bauern überhaupt nichts wissen, und das war genau jene Zeit, in der ich so leicht Gelegenheit gehabt hätte, einiges über sie zu erfahren. Denn wenn in Wurzach, wo im Salvatorkolleg als Patres verkleidete Bauernsöhne meine Erziehung mehr behinderten als beförderten, endlich Ferien waren und ich zu den Großeltern nach Weingarten ins Forstamt fahren durfte, dann hieß es dort bald, es sei nun Zeit, wieder einmal den Vater zu besuchen, der nach seiner Entlassung aus der Kriegsgefangenschaft zunächst in Tettnang und später in der Nähe von Wangen seine Tierarzt-Praxis hatte.

Der Vater mußte mich aber, da er allein lebte, mitnehmen zu den Höfen, in die er gerufen wurde. Fast jedesmal weigerte ich mich, diese Höfe mit ihm zu betreten, und blieb lieber in seinem alten VW draußen hocken. Insgeheim hatte ich Angst,

Angst nicht nur vor Hofhunden, Kühen, Fliegen oder Güllengruben, sondern vor allem vor den Bauern selbst, auch wenn mitleidige Bäuerinnen den Halbwüchsigen im VW öfter mit Vesperangeboten ins Haus zu locken versuchten. Die Gesichter der Bauern schienen mir so verschlossen und so fremd wie ihre Sprache, die ich kaum verstand und wohl auch nicht verstehen wollte.

Alles, was sich als „ursprünglich" bezeichnen ließ und womöglich noch als „ursprünglich" gerühmt wurde, war mir damals tief suspekt, so suspekt wie der Begriff „Heimat", den die Nazis gerade noch so total diskreditiert hatten. Ich wollte überall sein, nur nicht in der Heimat. Und die Menschen, die mich interessierten und bewegten, stammten alle aus ganz anderen Weltgegenden – und vor allem stammten sie alle aus den Büchern, die ich verschlang, die meine Hauptnahrung waren. Aber hätte es damals schon die Bücher von Maria Beig gegeben, ich weiß nicht, ob sie dann wirklich mehr vermocht hätten als der Vater; ich hätte sie vermutlich erst gar nicht gelesen oder gerade nur einmal angelesen. Ich war für die bäuerlichen Bewohner des Maria-Beig-Landes einfach noch nicht reif.

Erst mußte ich ziemlich viel hinter mich bringen, darunter auch die hiesige Gegend, damit Maria Beig bei mir jenes Pfingstwunder bewirken konnte, für das ich mich heute bei ihr bedanken darf. Maria Beig hat geschafft, was der Vater nicht schaffte, sie hat mich endlich aus dem alten VW heraus und in die Höfe hineingeholt, die ich früher immer nur mißtrauisch von außen gemustert hatte. Maria Beig hat geschafft, was bisher auch kein Jeremias Gotthelf bei mir schaffte, sie hat Bauern in meiner Lesewelt, die ja meine eigentliche Lebenswelt ist, so selbstverständlich und fest beheimatet, wie dort bisher nur ein paar Bürger- und Kleinbürgersöhne beheimatet waren – als da sind der Eichendorffsche Taugenichts, der Kellersche Grüne Heinrich, der Idiot Dostojewskijs oder Robert Walsers Zögling Jakob von Gunten, der so wenig von Adel ist wie sein Verfasser.

Maria Beig hat geschafft, daß sich meine Angst vor den Bauern in eine Angst um die Bauern verwandelt hat. Durch Maria Beigs Bücher habe ich begriffen, daß es bäuerliches Unglück mit jeder anderen Art von sozusagen kulturell legitimiertem Bürger- oder Adels-Unglück aufnehmen kann – ja daß es sogar in dem Maße vielleicht noch schwerer wiegt, in dem es alltäglicher ist. Gerade weil individuelles Unglück bei den Bauern weit weniger zählt als bei dem auf die Ausbildung alles Individuellen so stolzen Bürgertum, wirkt bäuerliches Unglück noch herzzerreißender. Nichts hat mir Bauern so nahegebracht und nichts hat mir Maria Beig so nahegebracht als die Art und Weise, in der diese Autorin sich zum Resonanzboden für dieses bäuerliche Unglück gemacht hat.

Ich kann mir lebhaft vorstellen, wie Martin Walser, dieser unermüdliche Anwalt alles Hiesigen, vor Staunen die Augen übergingen, als er zum ersten Mal ein zwar handschriftliches, aber in großen Druckbuchstaben geschriebenes Manuskript von Maria Beig in die Hände bekam (übrigens durch die Vermittlung einer anderen literarischen Schutzpatronin dieser Gegend, durch Katharina Adler). Die großen Druckbuchstaben, signalisierten sie nicht schon die Absage an einen Personalstil, waren sie nicht schon Ausdruck dessen, was Martin Walser dann Maria Beigs „Chronikstil" nennen sollte? Wie sehr ihn dieser in Bann schlug, erfährt man in Martin Walsers geradezu ergriffenem Nachwort zu „Rabenkrächzen", dem ersten Buch von Maria Beig. Und so charakterisiert Walser dort diesen „Chronikstil":

Dieses Buch „besteht nur aus Namen und Mitteilungen. Eine Tat nach der anderen. Keine Schilderung, fast kein Erzählen. Nur ein Sagen. Die Autorin ist allen Personen gleich nah. Nach Homers Art. Aber sie stammt überhaupt nicht aus der Literatur. Aber sie ist auch nicht naiv. Ihre Figuren bekommen nur das an Aussehen, was eine Rolle spielt. Meistens ist es eine Verunstaltung... Nichts auf der Welt scheint zwei Sätze wert zu sein. Aber einen Satz ist alles wert. Nichts ist so gering, daß es nicht gesagt werden kann. Aber so gesagt, ist es nicht mehr gering. Geschichtsschreibung aus einer Zeit, in der man nur aufschrieb, was man selber erfahren hat. Chronikstil also. Man war selber dabei oder hat es von einem, der selber dabei war. Gleichmut ist die größte Tugend dieser Autorin. Gleichmütig sagt sie das Größte und das Kleinste, das Entsetzlichste und das Lieblichste her. Der Entsetzliche überwiegt... Alle Geschichten, die sie hersagt, zeigen nur, daß sie Geschichte sind. Privates gibt es nicht. Der bürgerliche Roman hat für diese Sagerin noch nicht begonnen." So weit Martin Walser, den ich deshalb hier so ausführlich zitiert habe, weil er auf unnachahmliche Art das zusammengefaßt hat, was Maria Beigs Bedeutung ausmacht, ihre Bedeutung als Chronistin dieser Gegend, aber doch auch ihre Bedeutung für die Literatur.

Wenn etwas die Literatur dieses Jahrhunderts und gerade die als bedeutend deklarierte kennzeichnet, dann ist das doch ihr immer mehr Zerfließendes, ihr Ausuferndes, ihr Haltloses, ich möchte sogar sagen, ihr Gegenstandsloses, ihr Abstraktes. Analog zu Begriffen wie gegenständliche und ungegenständliche oder abstrakte Malerei könnte man durchaus auch von gegenständlicher oder ungegenständlicher Literatur sprechen, wobei das Gegenständliche in der Literatur dieses Jahrhunderts kaum mehr Chancen hatte als in der Malerei, was freilich weit weniger ins Auge fällt, da eben jedes einzelne Wort immer noch Gegenständliches suggeriert. Daß die Literatur, zumal der moderne Roman, immer abstrakter wurde, das hat natürlich auch damit zu tun, daß sie fast ausschließlich in der Stadt angesiedelt ist, wo – laut Robert Musil – „das berüchtigte Abstraktwerden des Lebens" beginnt.

Maria Beigs Bücher führen zwar auch gelegentlich in die Stadt, und wie beklemmend erkennt man gerade dann die Richtigkeit von Musils Wort – ich denke nur an ihren Roman „Minder oder zwei Schwestern" und die dort enthaltene Beschreibung der Münchner Hochhauswelt mit ihrer Anonymität, in der die in ihrer Heimat und auch sonst nirgends mehr willkommene Bauerntochter Mechthilde schließlich verlorengeht, und dieses Verlorengehen, dieses Sterben von den Nachbarn wochenlang noch nicht einmal bemerkt wird! Doch zumeist registriert Maria Beig bäuerliches Unglück innerhalb der ländlichen Grenzen, – und da gibt es für sie weder ausschmückendes Ornament noch Abstraktion, sondern jeweils nur das nackt Gegenständliche, das Konkrete, das sie so lakonisch wie stoisch erinnert und aufsagt. Jeder Satz ein Faktum, jeder Satz ein Schlag.

Schlag auf Schlag, so habe ich diese Rede auf Maria Beig denn auch überschrieben. Maria Beig hat offenbar überhaupt keine oder aber unermeßlich große Distanz zu ihren Personen – und das hat zur Folge, daß sie diese nur durch sich selbst sprechen läßt, genauer: daß sie diese nur durch ihre Handlungen sprechen läßt –, ohne diese Handlungen zu kommentieren. Es war Walter Benjamin, der in den zwanziger Jahren in seinem Essay „Der Erzähler" über die Unterschiede zwischen dem Erzähler und dem Romancier nachdachte und dabei zu dem Schluß kam, daß der Erzähler, der sich vorzugsweise im seßhaften Ackerbauern oder aber im handeltreibenden Seemann verkörpere, nur das erzähle, was er aus der Erfahrung – der eigenen oder der berichteten – wisse, während die Geburtskammer des Romans das Individuum in seiner Einsamkeit sei, das sich sozusagen nur noch subjektiv äußern könne. Auch Walter Benjamin sah den Erzähler vor allem als Chronisten, den er wiederum vom Historiker abgrenzte: Der nämlich sei gehalten, die erzählten Vorfälle auf die eine oder andere Art zu erklären, der erzählende Chronist aber erkläre niemals etwas, sondern begnüge sich damit, die erzählten Vorfälle als „Musterstücke des Weltlaufs herzuzeigen."

Maria Beig erfüllt alle von Benjamin aufgestellten Erzählerkriterien: Diese Autorin erklärt nichts, sie gestattet sich keine Urteile, sie moralisiert nicht und psychologisiert nicht, sie dämonisiert auch nicht und erst recht verklärt sie nicht, sie glaubt nicht und sie meint nicht, sondern sie weiß und erinnert und erzählt nur das Gewußte. Die eigentliche Muse des Erzählers, so Walter Benjamin, sei die Erinnerung. Aber, die Frage erhebt sich, woher weiß Maria Beig alles das, was sie erzählt? Das eigentliche Wunder ihrer Bücher ist zunächst doch die schier unfaßbare Fülle des Erinnerten, die sie auf knappstem Raum vor uns ausbreitet. Woher weiß diese Frau das alles, diese Frage drängt sich jedem Maria-Beig-Leser sozusagen pausenlos auf. Wenn er dann noch erfährt, daß Maria Beig offenbar kein Tagebuch geführt hat, bevor sie als Siebenundfünfzigjährige zu schreiben begann, also keine Vorarbeiten geleistet hat, jedenfalls keine schriftlichen, dann bleibt ihm nur noch das Sichwundern über dieses Wunder.

Freilich muß das ganze Leben dieser Maria Beig stets schon kontinuierliche Vorarbeit auf ihr endliches Schreiben gewesen sein, das ahnen wir jetzt, seit wir diese Bücher haben und damit die Erinnerung an so unendlich viel, was wir nicht nur vergessen, sondern ohne Maria Beig tatsächlich sogar nie besessen oder gewußt hätten. „Stell dir vor, Maria Beig gäb' es nicht, oder sie hätte nicht geschrieben! Dann wäre das alles sang- und klanglos untergegangen." In diesen dankbaren Stoßseufzer Martin Walsers kann vielleicht nur derjenige voll einstimmen, dessen Erinnerung so eingeengt ist, wie das etwa bei mir der Fall ist, eingeengt auf gerade vier oder fünf Personen um die eigene Person herum – und auch diese vier, fünf Personen arg undeutlich: von der Mutter, gar ihrer Herkunft, ein paar Gerüchte, vom Vater ein paar Anekdoten aus seiner Kinderzeit, Verwandte so gut wie keine. Wie undeutlich man sich doch selbst wird, so auf sich selbst reduziert! Und wie unerlaubt wichtig man sich gleichzeitig selbst nehmen muß, wenn so wenig andere da sind, die man wichtig nehmen könnte.

Natürlich hat sich auch Maria Beig wichtig genommen. Jeder Akt des Schreibens, des Erinnerns, ist auch ein Akt des Sich-selbst-wichtig-Nehmens. Aber indem Maria Beig sich wichtig nahm, nahm sie gleichzeitig die Vielen wichtig, die im Monumentalgebäude ihrer Erinnerung ein festes Zuhause fanden und die ohne diese Erinnerung mit ihrem Unglück spurlos untergegangen wären. Jetzt aber haben sie einen festen Platz unter uns, jetzt haben sie und ihr Unglück sich in reines Leserglück verwandelt. Dieses Leserglück resultiert auch aus der Genugtuung darüber, daß so viel Unglück nicht ganz und gar umsonst gewesen sein kann, wenn ihm jemand wie Maria Beig mit ihren Büchern Denkmäler errichtet hat, die jetzt keiner mehr umstoßen kann.

Ich glaube übrigens, daß nur eine Frau, genauer: eine Bauerntochter in die bedeutende Rolle hineinwachsen konnte, die Maria Beig jetzt für mich und so viele Leser spielt – selbst im hintersten Berlin-Kreuzberg kursieren in den WGs Maria-Beig-Bücher! Erst mußte man wohl einmal selbst so wenig gegolten haben, wie Mädchen auf den Höfen hier bis vor kurzem noch galten, um eine Sensibilität in sich auszubilden, die nicht nur der eigenen Person zugute kam, sondern auch all den andern als „minder" Erachteten, eine Sensibilität, die bei Maria Beig zur Solidarität wurde mit den auf jede denkbare Weise geschundenen Frauen, den deshalb hart, böse oder verrückt gewordenen Frauen, den von Männern betrogenen oder um die Männer betrogenen ledigen Frauen, die Maria Beig so großartig „Hochzeitslose" nennt (und denen sie ein ganzes Buch gewidmet hat), Solidarität auch mit den überflüssig gewordenen Alten und den ungeliebten Kindern, den vielen Sterbenden und den vielen Selbstmördern, mit den Bettlern und Knechten und den zugeteilten Zwangsarbeitern, etwa jenem jungen Polen, der in Maria Beigs erstem Roman „Rabenkrächzen" von der Bauerntochter Sophie geliebt – und deshalb gehängt wird, während Sophie zwar mit dem Leben davonkommt, aber öffentlich geschoren wird und von jedem im Dorf angespuckt werden darf; der sie bei seinen Nazi-Gesinnungsgenossen denunzierte, wird von seinem empörten Bruder halb totgeschlagen und dann zum Frontdienst gezwungen, wo er ebenso fällt wie sein Bruder – und noch vier Brüder dazu ...

Sie sehen, unwillkürlich komme ich ins Erzählen, ins Nacherzählen, ein ganzes dickes Heft habe ich mit Hinweisen auf solche Maria-Beig-Szenen gefüllt, die ich Ihnen hier unbedingt nacherzählen und in Erinnerung rufen wollte, und habe dann doch einsehen müssen, daß man Maria Beigs Geschichten nicht wirklich nacherzählen kann, weil jede Nacherzählung sofort so vergröbernd wirkt und weil die Nacherzählungen bezeichnenderweise mehr Wörter benötigen, als Maria Beigs ursprünglich Erzähltes selbst, das mit wenigen Worten Glück und Unglück von ganzen Generationen festzuhalten vermag, kurz: weil man selbst nie so lapidar sein kann wie sie und noch weniger so gleichmütig wie sie; ins Nacherzählen fließt unwillkürlich die Empörung mit ein über das von Maria Beig Mitgeteilte, ins Nacherzählen fließt unwillkürlich die Rührung mit ein. Maria Beigs Erzähltes aber wirkt in dem Maße stärker und schockartiger, in dem diese Erzählerin sich kühn der Empörung wie der Rührung enthält und nur mitteilt, indem sie nach Bertolt Brechts Motto „Gib allem, was du fühlst, die kleinste Größe!" verfährt.

Rührt solche Kühnheit vor allem aus bäuerlicher Sprachscham? Oder aus bäuerlichem Materialismus, für den nur Wert oder Unwert einer Sache entscheidet und Idealismus allenfalls etwas für den Herrn Pfarrer ist oder für die Töchter, die ins Kloster müssen? Daß alles seinen Preis hat, jeder Acker, jedes Stück Vieh und auch jeder Mensch, das scheint ja das Grundgesetz dieser bäuerlichen Welt, in die uns Maria Beig hineinblicken läßt. Und entsprechend herrscht in dieser Welt ein ständiges Taxieren, das die Hauptquelle allen Unglücks ist, die Quelle von Neid, Mißgunst, Habgier, Geiz, Stolz und dem, was Maria Beig „Stabbrechen" nennt, also das Heruntersetzen des anderen. Geld gilt schließlich als Substanz des Lebens, wird als Beglaubigung für richtiges Leben aufgefaßt – und wehe dem, der sich damit nicht abfinden kann und das tautologische bäuerliche Leitmotiv „Es ist eben wie es ist" nicht mit anstimmt, sondern zu sagen wagt: es soll aber anders sein! Der wird, wenn er nicht sehr stark ist, verstoßen oder wird verrückt oder geht sonstwie verloren.

Wie viele solcher Verlorenen und Verstoßenen bevölkern doch die Bücher Maria Beigs! Und viele von ihnen sind einfach nur deshalb Verlorene, weil sie auf den Höfen zu Hause Überzählige und also Überflüssige sind. Ich denke zuerst und vor allem an den jungen Großbauernsohn Lorenz aus dem Roman „Kuckucksruf", den das Gefühl seiner Überflüssigkeit in die Wirtshäuser treibt und zum Alkoholiker macht; Susi, die Kellnerin, die ihm schöntut, wendet sich von ihm ab, als sie merkt, daß er weder den väterlichen Hof bekommen wird noch ein Vermögen, und von diesem Hof schließen ihn seine eigenen Geschwister trotz Eiseskälte aus, als er an seinem 23. Geburtstag betrunken dort auftaucht; im Stall wärmt er sich an seiner Lieblingskuh, bevor er draußen über einen steinhart gefrorenen Mistbrocken stolpert und so unglücklich mit der Schläfe aufschlägt, daß er bewußtlos wird und schließlich erfriert. – Oder ich denke an die nicht nur von Vätern und Brüdern, sondern sogar von den eigenen Müttern mißachteten und abgeschobenen Töchter – „sogar Mütter gönnten nur Söhnen sowie dem Sach Wohlergehen", heißt es einmal im Roman „Hochzeitslose" –, Abgeschobene wie die Helene (aus eben diesem Roman), die erst als Kindsmagd und Arbeitssklavin von ihren Brüdern mißbraucht und dann in eine Knechtkammer über der Schnapsbrennerei verbannt wird, zu der nur eine sehr steile und dazuhin defekte Holztreppe hochführt: Dreimal bricht sich Helene dort die Knochen, beim dritten Mal wird die Gestürzte nicht entdeckt und erfriert – wie der junge Lorenz. Keiner weint ihr nach.

Was mich angesichts so vieler grausamer Begebnisse immer wieder verwundert und überrascht hat, war die Entdeckung, wie wenig offenbar die Religion, die hierzulande doch so unangefochten scheint, derartige Grausamkeiten zu verhindern oder auch nur zu lindern vermochte. Oft hat man den Eindruck, daß die verschiedenen Formen der Frömmigkeit nur zu dem einen einzigen Zweck antrainiert wurden, um Ja sagen zu können zum allgegenwärtigen Unrecht und Unglück. Wenn etwa die Fränze aus dem Roman „Rabenkränzchen", weil sie einen anderen Bräutigam nicht mehr bekommt, „Braut Christi" wird und ins Kloster geht, dann denkt sie sich: „Einzige Möglichkeit – beste Lösung!" Diese Formel, die im „Rabenkränzchen" gleich mehrmals vorkommt, scheint in dieser bäuerlichen Welt die Zauberformel, die Lebensmaxime schlechthin: wenn man schon keine Wahl hat, so soll es doch die beste gewesen sein.

Erstaunlich bleibt für mich auch, wie viel Heidnisches oder Abergläubisches sich hinter der katholischen Frömmigkeitsfassade dieser Bauern noch gehalten hat; ich denke nur an die Großmutter Ottilie aus dem Romam „Kuckucksruf", der es ganz natürlich erscheint, daß ihre Schwiegertochter nach der Geburt des Kindes Beth stirbt, hat sie doch die Schwangere einmal in einem großen Brand erblickt, und der es ebenso natürlich erscheint, daß die kleine Beth mit einem züngelnden roten Mal auf dem Rücken geboren wird.

Religion, so scheint es, ist vorzugsweise nötig als Rituallieferant: Taufe, Kommunion, Hochzeit und Beerdigung und die damit verbundenen Riten dienen einer Kommunikation, die sonst allenfalls im Wirtshaus – und dort nur unter Männern und Gleichgestellten – stattfindet, während in der Kirche und bei Beerdigungen alle zugelassen sind. Der Friedhof scheint überhaupt der wichtigste soziale Raum, entsprechend viele Beerdigungen gibt es in den Büchern von Maria Beig; schon ihr erstes, „Rabenkrächzen", beginnt ja mit einer Beerdigung, von der her die ganze Handlung aufgerollt wird. Im übrigen gibt es sehr verschiedene Formen der Beerdigung: „schöne Beerdigungen" und häßliche, heitere sogar – und dann die Beerdigungen ohne Tote, wenn nämlich die Söhne als Kanonenfutter des Vaterlands fern der Heimat gefallen sind. Zum Unglück, das in den Höfen selbst gedieh, gab es ja noch das Unglück, das zwei Weltkriege über diese Menschen gebracht haben.

Geweint wird bei den bäuerlichen Beerdigungen ziemlich wenig; schon bei der Beerdigung der Mutter jener sieben Schwestern und sieben Brüder, mit der der Roman „Rabenkrächzen" beginnt, weint auffallenderweise nur ein Enkelkind aus der Stadt laut. Ohne Tränen, das heißt gewißt nicht: ohne große Emotionen. Doch von diesen erfahren wir bei Maria Beig eben immer nur soviel, wie sich gewissermaßen als ihr materielles Fazit festhalten läßt. Wo eine andere Autorin als Maria Beig vermutlich geschrieben hätte: In der Stunde, in der ihr in Rußland gefallener Sohn Josef beerdigt wurde, brach der Mutter das Herz, da teilt Maria Beig nur dies mit: „In dieser Stunde brach die Mutter mit dem Dritten Reich." Wenn man zuvor erfahren hat, daß diese Mutter sich bisher durch nichts beirren ließ in ihrer Hingabe an dieses Dritte Reich, dann gewinnt dieses lapidare Fazit weit mehr die Dimension des wahrhaft Tragischen, als es jede Gefühlsschilderung vermocht hätte.

Ich habe seinerzeit, als Maria Beig als sechzigjährige Debütantin auf den Plan trat, ihr erstes Buch im „Spiegel" besprochen und dabei seine Autorin als „Heimatschriftstellerin" ausgerufen. Doch obwohl ich diesen Begriff ausdrücklich in Anführungszeichen und damit in Gegensatz setzte zu dem, was üblicherweise so zu ihm assoziiert wird, blieb dann bei vielen doch nur die Heimatschriftstellerin ohne Anführungszeichen hängen. Weswegen ich hier die Gelegenheit ergreife, um Maria Beig mit allem Nachdruck in Schutz zu nehmen vor jener Art anbiedernder und volkstümelnder Scheuklappenliteratur, die alle diese Verstoßenen, Verlorenen und Unglücklichen, die Maria Beigs Bücher bevölkern, nicht kennt noch kennen will, sondern statt dessen den eigenen Stamm und die Scholle preist und die bäuerliche Welt zur „heilen Welt" oder zum „einfachen Leben" umfälscht. Das Volk ist nicht tümlich, hat Bertolt Brecht gesagt, und genau das unterscheidet Maria Beig von jeder verlogenen Heimatliteratur: weder ist das Volk bei ihr tümlich, noch ist sie tümlich. Ernst Wiechert, der Autor des Romans „Das einfache Leben", meinte einmal, daß „die Erde alle Wunden heile"; aber auch wenn er, der im Dritten Reich persönlich Tapfere, das sicher nicht zynisch meinte, so hat es doch den Beigeschmack von Zynismus und ist jedenfalls tief unwahr. Die Erde heilt gar nichts. Und zudem ist sie bei Maria Beig ebenso vom Verschwinden bedroht wie jene vom Verschwinden bedroht sind, die diese Erde einmal bepflanzten und hegten und von ihr ernährt wurden. Die Anziehungskraft, die diese Erde noch ausübt, kann denn auch alles andere als erfreulich sein, so etwa für die in die Hochhauswüste der Großstadt verschlagene Bauerntochter Mechthilde, von der es in Maria Beigs Roman „Minder" heißt: „,Jetzt hast du es wie im Himmel', hatte Sonja nach dem Umzug gesagt. Mechthilde war nun dem Himmel näher, im achten Stockwerk. Wenn sie aus dem Wohnzimmerfenster schaute, sah sie nur ihn. Ging sie aber auf den Balkon, dann konnte sie auch die Erde sehen. Es war aber eine häßliche Erde, die sich ihrem Blick bot: Häuser, Häuser – Fenster, Fenster. Nirgends auch nur ein Mensch in dieser Wüste! ...Wenn sie sich auf dem Balkon niedersetzte, sah sie wieder nur Himmel und Betongeländer. An dem Geländer mußte sie sich oft festklammern, denn die Erde lockte. An manchen Tagen war das Gefühl, sie werde angesaugt und nach unten gezogen, übermächtig. Dann floh sie in die Wohnung zurück, aber auch dort drohte ihr die Tiefe. Selbst im Bett spürte sie es. Bisher hatte Mathilde immer nah der Erde gelebt. Im Winter mied sie den Balkon fast ganz."

Ich habe jetzt in den letzten Wochen alle Bücher von Maria Beig wieder gelesen, – und wenn Sie mich fragen würden, welches von ihnen mich am meisten bewegt habe, so könnte ich nur die Antwort geben: jeweils das, das ich gerade las. Das könnte ich so von den Büchern der Anna Seghers oder der Marieluise Fleißer, so sehr ich diese Autorinnen bewundere, nicht sagen – und das hat wiederum damit zu tun, daß diese Schriftstellerinnen viel mehr auf den literarischen Einfall und die adäquate ästhetische Form angewiesen waren als die Chronistin, die „Sagerin" Maria Beig, der sozusagen nichts mißlingen kann, weil es ihr gar nicht in erster Linie um künstlerisches Gelingen geht, sondern um ein Gerechtwerden. „Sie stammt überhaupt nicht aus der Literatur", hat Martin Walser gesagt. Woher stammt sie? Eben aus dem Maria-Beig-Land, das in ihr eine Gerechte gefunden hat. Dem Land Gerechtigkeit widerfahren zu lassen, das heißt, eine Spur von ihm zu hinterlassen. Weil Maria Beig weit mehr als eine Spur hinterlassen hat, vertraue ich ihr unwillkürlich ein Leben und Sterben wie das des Josef W. an – zur Aufbewahrung. Nichts, denke ich, ist verloren, solange wir jemanden wie Maria Beig haben.

Eine Stadt – lassen Sie mich das noch sagen zuletzt –, eine Stadt ehrt auch sich selbst, indem sie eine Maria Beig ehrt. Der Reichtum, den Maria Beig diesem Gemeinwesen und seiner Umgebung zugeführt hat, ist schon deshalb um etliches wertvoller als jeder andere, weil er nicht mehr versiegen kann. Es liegt jetzt an jedem Einzelnen, sich an diesem Maria-Beig-Schatz gehörig zu bereichern.

Maria Beig, geboren 1920 bei Tettnang, Ausbildung zur Hauswirtschaftslehrerin, im Schuldienst von 1941-1978, lebt in Friedrichshafen.
Bücher:
Rabenkrächzen. Eine Chronik aus Oberschwaben. Roman. 1992.
Hochzeitslose. Roman. 1983.
Hermine – Ein Tierleben. Erzählungen. 1985.
Urgroßelternzeit. Erzählungen. 1985.
Minder. Oder zwei Schwestern. Roman. 1986.
Kuckucksruf. Roman.1988.
Die Törichten. Roman. 1990.
(alle bei Thorbecke, Sigmaringen)
Alemannischer Literaturpreis 1990.
Ehrenmedaille des Landes Baden-Württemberg 1990.
Ehrenmedaille der Stadt Friedrichshafen 1992.

LETZTE WARNUNG

HELEN MEIER

Im allgemeinen, sagte er, fahren Frauen vorsichtiger, als Angestellte sind Frauen bequemer, doch fühlen Sie sich nicht als Angestellte, Sie werden viel freie Zeit haben, der Park, einige Räume des Hauses stehen Ihnen zur Verfügung, keine Hunde, sagte er, ertragen Sie es, allein zu sein?, im allgemeinen können Frauen schlecht allein sein. Etwas warnte Ilse vor diesem Mann, sie wußte nicht was, schob es beiseite, nahm die Stelle an, sie brauchte Geld und zwar sofort. Sie stellte ihr kleines Auto in die Remise, umgebaut zu einer Garage, vergaß es. Er besaß einen Rolls-Royce, ein paarmal ging sie um den Wagen herum, bis sie es glaubte, Pschscht, sagte er bei der ersten Ausfahrt, sie versuchte ihr Zittern zu verbergen, gab zu wenig, dann zu viel Gas, jagte auf die Kuppe der Straße wie eine Rakete, aber dann erlaubte er ihr Übungsfahrten.

Die Pappeln am Seeufer biegen sich wie riesige Reisbesen mit harfenartigen unirdischen Tönen, schütteln die Wolken, werfen sie über die Landschaft aus, eine Landschaft, mild, groß, flachgewellt und schmal unter dem Himmel, eine dünne wunderbar langsame Schaukel über dem Spiegel des Wassers, fahren Sie sachte und fahren Sie schnell, und beide Male glauben Sie stille zu stehn, die Welt ist es, die am Gleiten ist, die Sonne erhebt sich für Sie, erlischt für Sie, und dazwischen ist eine Stille, wie Sie sie noch nie gehört, eine Unbewegtheit und ein Ewiges, nach dem Sie süchtig werden, sagte er, und sie wunderte sich, was für ein Mann war das?

Nach zwei Tagen mußte sie ihn in die Stadt chauffieren, über eine schwach befahrene Landstraße, dann über eine Brücke, die sie wie eine Gondel aufnahm und hinausschob, über drei Kreuzungen auf einen reservierten Parkplatz, er verließ wortlos den Fond, verschwand in einem der Gebäude, und sie hatte auf ihn zu warten. Hatte er sie angestellt, seinen Besitz zu bewachen? Einmal machte sie eine kleine Vergnügungsfahrt, im allgemeinen sind Frauen zuverlässig, er stand auf dem Parkplatz, stach mit gestrecktem Finger auf sie los, muß ich Sie entlassen? Sie machte einen kleinen Spaziergang, kam zurück, der Wagen war fort, sie mußte ein Taxi nehmen, in ihrem Zimmer lag ein Zettel: Letzte Warnung! Die Sklaverei bestand darin, daß sie in Unkenntnis über die Dauer seines Wegbleibens gelassen wurde. Das hohe Gehalt, das er ihr zahlte, entschädigte sie, die Warterei hingegen ödete sie an. Und was konnte sie abends, an Vormittagen tun? Sie wanderte nicht, was sollte sie mit den Pfaden durch den Park, den hübschen Wegen dem See entlang, durch Rebberge, durch Obsthaine, Wäldchen, durch schmucke Dörfer mit spitzen Kirchtürmen, Schlössern und Bootshäfen, an dicken Blumengärten, an schwellenden Hotels vorbei? Jede Autobahn war ihr angenehmer als ein Heckenschlängelpfad um plätschernde Wellen. Sie war keine Spielerin, sonst wäre sie nachts ins Casino gefahren.

Mit ihrer Knatterbüchse, Georgeo genannt, fuhr sie ziellos herum, spürte keinerlei Vergnügen, nur das Gefühl vermißte sie, das ihr sein Wagen gab.

Das Autotelefon summte, seine Stimme, bringen Sie mir bitte die Akten an die Stadthausgasse drei, zweiter Stock. Neugier überkam sie, sie öffnete den Verschluß des Aktenkoffers, er war leer. Sie stieg das mit altem Täfer ausgeschlagene Treppenhaus hoch, die Kugeln des gedrechselten Geländers glänzten, die gitterverzierten, etwas verstaubten Fenster ließen ein schräges Licht herein, von einer deckenhohen Standuhr silberte die Stunde. Sie klopfte an der ersten Türe, trat an die nächste, die übernächste, legte das Ohr an den Fries, glaubte einen ruckenden Stuhl zu hören, drückte die Klinke. In der Mitte des Raumes stand ein großer Schreibtisch, die Tischfläche schimmerte seiden, schräg dahinter stand ein kleiner Holztisch, auch er glänzte matt poliert. Hinter dem Schreibtisch saß er, die Arme aufgestützt, das Kinn auf den übereinandergelegten Händen, unbewegt, und am Holztisch saß eine komische Frau mittleren Alters, die Sekretärin, nahm sie an, mit tüchtiggrimmigem Gesicht, ihre frisierten Haare waren mit Spray vergittert, die Hände auf ihr dunkelblaues Kleid gelegt, starrte die Frau vor sich hin. Sie schritt über das Parkett auf ihn zu, legte den Koffer vor ihn hin, er nickte wortlos, sie faßte den Raum nochmals in ihren Blick, in zwei Wänden waren große vorhanglose Fenster eingelassen. Die Türe rutschte hinter ihr ins Schloß, sie stand im Flur, wieder umfing sie die bodenlose Stille, durch das Ticken der Standuhr bekam diese ein golden filigranfeines Netz. Diese Stille, die machte sie noch verrückt, in seinem Landhaus, in seinem Park kein Laut, die ganze Nacht lautlos auf dem Meeresgrund, und jetzt hier auch noch, kein einziges Papier auf den Tischen, keine Büromaschinen, nichts außer wenigen Möbeln, spiegelndes Parkett, Fenster, die in den Nebel gingen. Die Frage kam wieder, womit verdiente dieser Kerl sein Geld, das vornehme Landhaus am See, der endlose alte Park darum herum, durch ein fernes schmiedeisernes Tor abgeschirmt, das war Reichtum, nicht schnell erworbener, solider generationenlanger Reichtum.

Ilse ißt mit der Köchin, einer rechtschaffenen Frau, die morgens mit vollen Taschen kommt, abends geht, im Nebenraum der Küche, sie reden nicht miteinander, dreimal die Woche ißt eine Frau mit, die putzt und wäscht, sie reden belangloses Zeug, nicht das, was Ilse hören möchte. Auf ihr Fragen verziehen die beiden die Lippen, runzeln die Nasen, schütteln die Köpfe. Sie wissen nichts über ihn, der allein im Speisesaal ißt, einem Raum in irgendeinem Stil der Franzosen, gebaut für gastfreundliche Anlässe, mit Spiegeln, Gemälden, eleganten Sesseln und einem Teppich mit rosanen Seidenflamingos. Ja, ja, sagt die Köchin, vieles hat der Teufel auf die Welt gesät. Ich hätte nichts dagegen, diesem Teufel zu begegnen, sagt Ilse.

Sie reinigt den Rolls, untersucht jede Ritze, glänzt das Polster, klopft am Mahagoni, sie versteht etwas von Autos, untersucht den Motor, kriecht unter das Fahrgestell, jeden Zentimeter tastet sie ab, kein Geheimfach, nichts. Sie macht sich im Haus auf die Suche, diese vielen Zimmer, rasch erfaßt sind sie, alle haben Blick auf den See, außer Stühlen aller Arten, Sofas, Kanapees, Divanen, Betten, sind sie leer, die Badezimmer alle unberührt.

Ausnahmsweise mußte sie ihn nachts ausfahren, er besuchte ein Theater, gehen Sie, sagte er, trinken Sie irgendwo einen Kaffee, sie wäre auch gerne in dieses hohe Haus gegangen, in dem kunstvoll von Liebe geredet wird. Er kam zum Wagen zurück, schwankte, sie half ihm auf den Sitz, Ihnen muß übel sein, sagte sie leise, er gab keine Antwort. Aussteigend taumelte er, stürzte beinahe, schwer auf sie gestützt gingen sie zusammen in seine Räume. Es ist gut, flüsterte er, wenn ich Sie brauche, klingelt Ihr Telefon. Sie vermochte rasch einen Blick in die Folge der Zimmer zu werfen, überall Bücher, ein Flügel, Cellos, an die Wände gelehnt, Geigenkästen, Futterale von Klarinetten und Hörnern auf einem Tisch, erwartete er Musiker eines Orchesters? Das war auch etwas, worüber sie sich wunderte, nie bekam er Besuch. Hatte er den Anfall gespielt, um ihr eine neue Magdschaft aufzubürden? Aus Furcht, ihn nicht zu hören, getraute sie sich in jener Nacht nicht mehr aus ihrem Zimmer. Television, Radio, auch Bücher gab es in ihm, sie las nie lange, auch Fernsehen langweilte sie, alles, was sie wollte, war, mit seinem Auto zu fahren. Sie hörte vom Plattenspieler Mahalia Jackson, immer wieder die gleichen Spirituals, erinnerte sich ihrer einstigen Tanzlust.

Sie begann mit ihrem Georgeo im Park herzumzustottern. Das ist kein Fahrzeug und ein Geräusch ist das auch nicht, sagte er, dieser niederträchtige gemeine Lärm, ich verbiete Ihnen, meine Stille zu schänden. Der Moment, Ihnen zu kündigen, wollte es ihr entfahren, sie verschluckte es, sie sah, daß seine Hand unter sein Jackett fuhr, er die Augen schloß, in diesem Augenblick, als sie seine weiße schmale Hand sah, das langsame Schließen seiner Augenlider, sein unmerkliches Schwanken, sein, sein, ihr fehlten die Worte, geschah etwas in ihr, sie wußte nicht was, durchsichtig wurde er, schön. Dabei ist er es gar nicht, ein Albino ist er, die Köchin hat ihr dieses Wort gesagt, einer ohne Farbstoff, seine Augen rötlich, seine Haut, seine Haare grauslich weiß.

Er schwankt, sie stützt ihn, nun sitzen sie einander gegenüber, bevor, so sagt er, der baumelnde Birnennachmittag in den Abend gleitet, die Sonne ein rotschmachtender fürchterlicher Mond hinter den dunstverhüllten Pappeln untergeht, der Horizont eine dunkle Grenze zwischen Wassern wird. Warum tun Sie nichts, sagt sie. Wozu, sagt er, alles ist schon getan. Und die Frauen?, sagt sie. Er hebt die Hand, schließt die Lider, fahle Rosenblätter, läßt die Hand sinken, sein Kopf sinkt nach hinten an die Lehne seines Stuhls, vorbei, sagt er. Seine große schmale Gestalt wankt ein wenig, er geht zum Rollstuhl, setzt sich hinein, Ilse stößt ihn langsam durch die Räume, herrlichgelegen über diesem See, der alle Tage eine andere Wolkenkrone, ein anderes Nebelgesicht hat. Bald wellig wie Frauenhaar, bald seidenglatt wie die Haut einer Melone, bald grünkeck wie Buchenblätter, blau aus allen Farbtöpfen, wir hören nicht auf, uns Fabeln zu erzählen, sagt er. Warum tun Sie nichts?, fragt sie wieder. Zerstört nicht der, der etwas tut?, fragt er zurück. Und die Mittel, die Ihnen dieses Nichtstun erlauben? Die feine Berührung durch die Augen, die keine Aneignung, eine Art von Anbetung ist, eine Askese der Liebe, auf mehr hat ein Mensch im allgemeinen kein Anrecht, sagt er, blickt auf den See, endlos ist das verlieblichte Grau. Sehen Sie die Nixen dort draußen?, er lacht. Das ist keine Antwort, sagt Ilse. Letzte Warnung, er lächelt wie ein Freund, es gibt keine Antwort.

Sie mag mit Sicherheit seine Untätigkeit nicht, er mag mit Wahrscheinlichkeit ihr Aussehen nicht. Zwischen den beiden ist etwas, was stärker ist als Liebe. Ist es die Nähe zum Vergehen? Sie leidet an Herzjagen, ein Neuröschen, das wir vorerst verschweigen, meinte ihr Arzt, und er leidet an Blutunterdruck, davon er nicht schweigt. Mir schwindelt, seufzte er, mein Haus versinkt im Schlamm, der See dreht sich langsam zum Himmel, seine Wassermassen schwanken, sind wie Quecksilber, wenn es birst, werde ich in alle Winde veratomisiert. Sie rollt ihn hinaus zu seinem Wagen, er steigt in das Polster um, sie muß ihn in sein Büro in die Stadt bringen. Aus Versehen stieß sie an seine Sekretärin, die rutschte vom Stuhl, war aus bemaltem Gips. Sie wird diesen Verrückten verlassen, sonst verliert sie bald den Verstand.

Eines Spätabends rauschte sie mit ihm in den Park, es regnete wild, die Bäume bogen sich im Sturm, und sie meinte, der See erhebe sich, eine dräuendglatte Betonwand wüchse hoch, prassle, auseinanderberstend, über das Haus, klein wie aus Pappe.

Sie ließ der Köchin keine Ruhe, unwirsch wird die, im Dorf wird gemunkelt, etwas mit Erdöl, schon sein Vater, lassen Sie mich, Geld scheißt Geld. Ilse wundert sich über nichts mehr, sie kann nicht weggehen. Ist es der See, der sie hält? Oder seine weiße Hand, die fein ist, feiner als der Dunst, der gegen Mittag sich auflöst und, wie er sagt, das Wasser zu einem der letzten Wunder macht?

Helen Meier, geb. 1929 in Mels, St. Galler Oberland. Lehrerseminar Rorschach. Verschiedene Lehrstellen. Auslandsaufenthalte. 1987 Rücktritt vom Schuldienst.
1984: Trochenwiese. Geschichten.
1985: Das einzige Objekt in Farbe. Erzählungen.
1987: Das Haus am See. Geschichten.
1989: Lebenleben. Roman.
März 1992: Nachtbuch. Geschichten.
Alle bei Ammann, Zürich.
1984: Ernst Willner-Stipendium, Klagenfurt.
1985: Rauriser Literaturpreis (Land Salzburg).
1985: Preis der Schweizerischen Schillerstiftung.

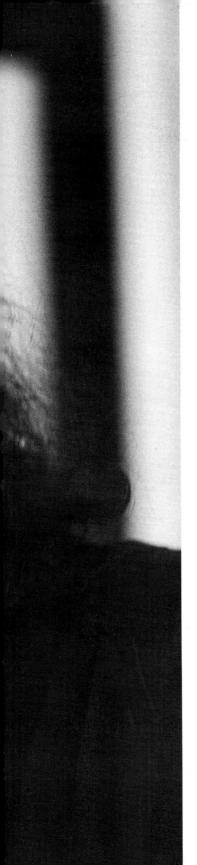

LIEBER HINAUFSCHAUEN ZUM BERG ALS HINABSCHAUEN INS TAL

MONIKA HELFER

Wenn sie ihre Rucksäcke packen und herumlärmen, sich in Grüppchen teilen, schwer, mittel leicht, in dem Mittleren sammelt sich die Menge, das Leichte ist mit Müden besetzt, in dem Schweren ist unter sieben Männern nur eine Frau, dann liege ich in einem Bett des Alpengasthofs, die Wärmeflasche auf dem Bauch und höre, während ich mich noch mehr einrolle, auf die Geräusche der Aufbrechenden. Fritz kommt auf einen Abschiedskuß. Komisch sieht er aus in den Kniehosen. Ich dazu in einem Dirndl und fertig zum Umzug. Es gibt ja Leute, die im Älplerischen ganz normal wirken, bei mir sähe das nach Verkleidung aus. Ich lasse mich überreden und stehe dann in meinem himmelblauen Schlafanzug vor der Abordnung: Richtung Berg.

Fritz bringt mir sowieso ein Edelweiß mit. Die Frau in dem schweren Grüppchen ist eine Lehrerin, gut durchtrainiert, mit Sonnenschutzcreme auf der Nase. Ich wiederhole das x-temal, das ist nichts für mich, ich für meinen Teil liebe den Fuß des Berges und den will ich mausallein erreichen und mich auf ihn werfen. Er ist übersät mit Himmelschlüsseln und Buschwindröschen. Ich denke an dich, Fritz, wenn ich daliege. Wie ist das schön, dieser riesige Kegel, und ich raffe mich auf, gehe Schritte rückwärts, bis ich die schneebedeckte Spitze sehe. Nachspeise mit Zuckerguß, bestehend aus Gras, Erde, Steinen und Feuer, nein keine Hölle dahinter. Wieviel Farben hat die Natur. Ich warte bis in den Herbst, bis das Heidekraut in Flammen aufgeht. Was ist, wenn sich die trockenen Zweige aneinanderreiben und sich entzünden? Ameisen gibt es da auch. Himmel, ich liege an der Haustür eines Ameisenhaufens.

Eine Frau unter sieben Männern auf einer Bergspitze. Sie haben den gemeinsamen Blick ins Tal. Diese verdammten Ameisen kriechen in meinem Ärmel herum. Ich will kein Edelweiß. Bring mir lieber auf halbem Weg ein Silbermäntelchen mit. Die Frau mit der Sonnenschutzcreme auf der Nase meint, man sei da oben dem Himmel näher. Ist man dem Himmel näher und deshalb auch dem Gott, weil der ja im Himmel wohnt, kann man ihn eher um etwas bitten. Das dachte ich als Kind. Stand also auf einen Sand-haufen und sagte meine Wünsche auf. Bitte eine Sprechpuppe. Bitte eine Schnürl-samthose. Nur wußte ich damals nicht, wie ich den Gott, der mich erhören würde, weil er mich liebte, und mich darum beschenkte, wußte also beim besten Willen nicht, wie ich ihn aus meinem Herz heraus lieben könnte, wenn ich ihn nur vom Hörensagen kannte. Und dabei war sogar mein Herz sein Eigentum. Die sind da oben dem Himmel näher. Nie habe ich eine Sprechpuppe und eine Schnürlsamthose gehabt. Wenn die da oben den gemeinsamen Blick haben, sind sie sich nahe. Eine Frau ist nahe bei sieben Männern und Fritz ist der Schönste. Verdammte Ameisen, kriechen mir bis zum Hals. Du hast das Haus der Ameise zerstört. Sei fleißig wie die Ameise, und dein Weg geht steil nach oben. Steht eine Frau auf einen Mann, schmiert sie sich keine Sonnenschutzcreme auf die Nase. Mein Leben besteht doch tatsächlich aus Äußerlichkeiten. Und wie's da drin aussieht, geht niemand was an. Beeil dich Zeit, und Heidekraut brenne.

Ich streite mit Fritz über den Berg wie über eine Rivalin. Er glaubt doch wirklich, daß mir die Natur nichts bedeutet. Sollte ich mein Zueinander neu überdenken, nichts weiß der Fritz von mir.

Überhaupt nichts weiß der Fritz. Glaubt immer noch, Dollfuß sei am Blinddarm gestorben. Muß ja nicht sein, daß die Augen von den Berglern konservativ sind. Gibt auch Anarchisten unter ihnen. Ich verstehe nichts vom Anarchismus, nichts vom Berg, lieg nur am Himmelschlüsselfuß im hellblauen Pyjama und hab ein Ameisenhaus zerstört. Besteht also kein Grund, mich ernst zu nehmen.

Die da oben sind heruntergestiegen, ich hab sie an mir vorbeigehen sehen, in den Augen der Lehrerin war ein Glanz und in Fritzens auch. Abgenommen hat sie ihn mir. Zwei fangen an zu brennen und es gibt ein Feuer. Braucht keine reibenden Äste dazu und keinen Archimedes. Keine Flaschenscherben wie Brennglas in der Sonne.

Ohne Mann, ohne Berg, und das Heidekraut entzündet sich nicht, weil schon der Abend ist.

Verwandle mich deshalb in eine holländische Tulpenknolle, weigere mich aber, für den Versand bestimmt zu sein. Blühe wunderschön auf und fahre viel Rad in der Ebene und bald gesellt sich eine zweite Knolle zu mir, die nicht von der üblen Sorte ist. Das Leben hat seinen Zweck. Basta.

Monika Helfer, geboren 1947 in Au/Bregenzerwald, ist aufgewachsen in Bregenz und auf der Tschengla. Seit 1981 ist sie mit Michael Köhlmeier verheiratet; sie haben vier Kinder und teilen sich Hausarbeit und Schriftstellerei in Hohenems in Vorarlberg.

Bücher: Eigentlich bin ich im Schnee geboren (Prosasammlung), 1977; Die wilden Kinder, Roman, 1984; Mulo. Eine Sage, 1986; Ich lieb Dich überhaupt nicht mehr, Roman, 1989; Der Neffe, Erzählung, 1991; außerdem Hörspiele, Drehbücher und Beiträge in Zeitschriften.

Österreichisches Staatsstipendium für Literatur 1975 und 1980. Franz-Michael-Felder-Medaille 1985 (aus Protest gegen das Verhalten des Franz-Michael-Felder Vereins im Fall Natalie Beer zurückgegeben – der Verein hatte sich nicht von nazistischen und antisemiti-schen Äußerungen Natalie Beers distanziert).

GESANG

JOHANNA WALSER

Es war Abend, wenn die Mutter sich ans Klavier setzte. Bis ins Feinste verästelten sich die Regungen der Musik in den Bewegungen der Mutter. Esther und ihre Schwester Anna saßen auf dem Sofa am Fenster und hörten der Mutter zu. Im Sommer war das Fenster geöffnet, der warme Wind ließ den Vorhang schweben, flutete her wie eine Verheißung und trug den Duft der Glyzinien, der Blumen und Sträucher aus dem Garten ins Zimmer; Esther war es, als weihe er dadurch das Zimmer. Überall könnten jetzt Engel sein, dachte Esther; sich deren Anwesenheit vorzustellen riß Esther so hin, daß es für sie unwichtig war, ob sie sich das alles bloß einbildete oder nicht. Vögel flochten ihre Melodien, die wie aus der Kehle quellendes Glück klangen, ins Klavierspiel der Mutter.

Im Winter schloß der Abend die Fenster zu mit schwarzer Nacht, wie man die Tür des Zimmers schließt, in dem das Kind schlafen soll; schneestill war es, wenn die Mutter zu spielen anfing, gelbe Blätter läuteten nicht mehr im Wind. Nachdem die Mutter einige ihrer Lieblingsstücke gespielt hatte, von denen Esther Schumanns Karneval und eine Mozartsonate besonders mochte, holte sie Schumanns Kinderszenen hervor, und Esther und Anna baten sie immer wieder, ihre Lieblingsstücke zu wiederholen. Bis die Mutter das Volksliederbuch aus dem Stapel von Noten heraussuchte. Esther und Anna tänzelten aufgeregt neben der am Klavier sitzenden Mutter, räusperten sich, um ihre Stimmen vorzubereiten. Jetzt kam ihr Einsatz. Sie kannten die Volkslieder aus dem Buch fast alle auswendig – es waren für Kinder gesammelte Volkslieder –, jede der beiden Schwestern durfte ihre Lieblingsstücke auswählen. Viele Lieblingslieder hatte Esther in diesem Buch mit dem dunkelroten Deckel, auf den Kinder gemalt waren, die im Kreis tanzten. „Will ich in mein Gärtlein gehn" hieß eines von Esthers Lieblingsliedern, und Esther bat die Mutter jedes Mal darum, daß sie alle Strophen singen durften. Zu jedem Lied waren in diesem Buch Bilder gemalt, in die Esther jedes Mal eine Zeitlang versank. Das Bild, in dem ein kleines Mädchen, in einem hellblauen Kleid wie Esther eines hatte, überall in seinem eigenen Haus und Garten, dem armen buckligen Männlein begegnet, gefiel Esther besonders gut. Dem buckligen Männlein scheint viel zu mißlingen, in der Küche des Mädchens findet das Mädchen das bucklige Männlein, wo es den Topf des Mädchens zerbrochen hat. An allem scheint es dem buckligen Männlein zu fehlen. Das kleine Mädchen überrascht das bucklige Männlein in der Küche, wie es das Müslein des Mädchens schon halb aufgegessen hat, überrascht es auf dem Dachboden, wie es das Holz des Mädchens schon halb gestohlen hat. Ein anderes Mal schnappt das bucklige Männlein im Keller dem Mädchen den Weinkrug weg. Als das Mädchen hinkniet, um zu beten, steht das bucklige Männlein plötzlich da und

möchte reden. Manchmal ist das bucklige Männlein auch ganz rätselhaft. Setzt das Mädchen sich ans Spinnrad, verhindert das bucklige Männlein, daß dieses sich dreht. Im Schlafzimmer des Mädchens fängt das bucklige Männlein plötzlich an zu lachen, als das Mädchen das Bett machen will. Die Melodie des Lieds drückte auch die Wehmut, das Mitleid, die Traurigkeit und das Vergeblichkeitsgefühl aus, die das Mädchen überkommen, wenn es überraschend Zeugin wird, wie dem kleinen buckligen Männlein etwas mißrät, oder wie das bucklige Männlein ihm immer wieder etwas wegnehmen möchte. Das Angerührtsein durch die rätselhafte bedürftige Gestalt des buckligen Männleins suchte sich im Lied Ton. Am Schluß bittet das Mädchen alle Kinder, für das bucklige Männlein mitzubeten, als könne ihm niemand helfen außer Gott.

Immer wieder besangen sie die verschiedenen Jahreszeiten. Es war schön, Abend für Abend die bekannten Lieder zu singen, die bekannten Bilder anzuschauen. Wenn Esther sich später an damals erinnerte, fiel ihr ein, wie wichtig es für sie gewesen war, das Bekannte zu wiederholen, zu ihm zurückzukommen, es wiederzufinden. In einem Lied wurde erzählt, daß die Engel das Kind nachts, wenn es schläft, in den Himmel trügen. Das schien Esther durchaus möglich zu sein, und sie liebte es, sich vorzustellen, sie sei nachts, wenn sie schlafe, im Himmel, begleitet von Engeln. Sie konnte wirklich nicht sagen, wo sie war, wenn sie schlief. Manchmal hatte sie allerdings Träume, in denen Mörder sie verfolgten, immer näher kamen, während sie sich vergeblich bemühte, von der Stelle zu kommen.

Wann die Mutter aufgehört hatte, abends mit ihnen zu singen, wußte Esther nicht mehr, aber begonnen hatte sie damit, lange bevor Esther in die Schule kam.

Noch lieber als im Kinderchor des Musiklehrers sang sie in der Kirche. Das hohe, rundbogige alte Kirchengewölbe, die Bilder und Figuren, die brennenden Kerzen, die Orgelmusik und die alten Kirchenlieder ließen ein inneres Leben in ihr hohe Wellen schlagen. Und dieses Meer an Stimmen in der Kirche, in das ihre eigene Stimme einfloß. Helle Freude vereinte alle Stimmen und den Schmerz der alten Kirchenlieder, „Hilf, Maria hilf". Einmal in der Kirche erlebte Esther das Merkwürdige, daß ihr ihre eigene Stimme vorkam wie etwas Fremdes, irritierend Schönes, das ihr in diesem Augenblick, in dem sie sang, eigentlich erst geschenkt werde, von dem sie vorher nichts gewußt hatte. Nie vorher hatte ihre Stimme so hell vibriert. Vor ihrer eigenen Stimme hatte sie seitdem eine Art Ehrfurcht. Diese fremde Stimme konnte Esther nicht willkürlich hervorbringen, sondern sie lieh sich Esther manchmal, unberechenbar, unvorhersehbar, am häufigsten allerdings in der Kirche.

Manchmal kam ihr vor, zu Schönes wage man sich nicht vorzustellen, vielleicht aus Angst, in der Vorstellung gefangen zu bleiben, vielleicht weil man fürchtete, man verwöhne sich. Zu Schönes blendet, dachte sie. So wie man sich als Gläubige fürchten konnte, sich Gott vorzustellen. Nur ganz selten beschwor Esther ein Bild von überwältigender Schönheit, dessen Wirkung sie fast fürchtete.

Andere Vorstellungen waren für Esther gerade in ihrer Unvorstellbarkeit, Nicht-Entschleierbarkeit so schön, daß sie fürchtete, sie zu entweihen, zu verderben durch jegliche Konkretisierung. Manchmal habe ich ein religiöses Gefühl, dachte Esther, schau, wie ein Augenblick Segel bekommt ins Unaussprechbare.

Ich möchte einmal, dachte Esther, in einen Schutzpark kommen, irgendwohin, wo alle miteinander umgehen würden, als liebten sie einander. Alle würden dort einander lieben oder würden spielen, daß sie einander liebten, und plötzlich wäre es nicht mehr nur Spiel, sondern auch Ernst. Spiel und Ernst könnte niemand mehr trennen, jemand hätte sie hinter dem Rücken vertauscht, Ernst und Spiel verflössen ineinander wie Farben in einem Aquarell. Jeder Gruß, jeder Blick, jedes Lächeln, jedes Gespräch wäre ein Gesang, an dem alle teilnähmen, jede Stimme gälte gleich viel. Aber niemand wäre zudringlich, frei würden sie einander begegnen. Jeden Augenblick, dachte sie, könnte diese Zeit beginnen. Nie würde sie aufhören, diesen Menschenfrühling zu erwarten, glaubte sie, und war froh darüber. In dieser Erwartung würde sie immer brennen. Noch in ihrem Todesaugenblick würde sie vielleicht glauben, es sei möglich, daß sie doch noch irgendwo diesen Frühling erleben werde, an einem Ort, den sie noch nicht kenne, und sie würde glauben, daß andere Menschen nach ihr diese schönere Zeit noch erleben würden, die sie selbst nicht mehr erreichen habe können. Dann würde sie unbesiegt sterben. Hätten die Menschen diese bessere Zeit erreicht, dann würde etwas von ihr wieder aufleben, denn sie selbst war auch der Wunsch nach dieser Zeit. Esther stellte sich vor, daß am Ende ein Gott doch noch alle auffange, daß Gott am Ende bei allen sei.

Viel zu früh machte sie sich auf den Weg und wartete vor dem Zimmer in der Musikhochschule, in dem sie den Professor treffen sollte. Während sie wartete, fiel ihr ein, daß der Vater immer zu ihr gesagt hatte: „Du gehst überallhin viel zu früh. Dafür mußt du dann stundenlang auf deine Termine warten. So wirst du dein Leben vor allem als Wartende verbringen." Der Vater hatte recht. Die Furcht, zu spät zu kommen, lag tief in ihr, das war immer so gewesen. Endlich öffnete sich die Tür. Freundlich lächelnd bat ein älterer Herr, der Gesangsprofessor, sie hinein. Esther zitterte, sie spürte, wie die Notenblätter, die sie in der Hand hielt, leise gegen ihre Knie flatterten, wie die Wellen ihres Zitterns. „Das ist vielleicht ein Wetter heute", sagte der Professor und sah zum Fenster, gegen das der Regen so laut tropfte, daß Esther sich plötzlich an das Klopfen ihres früheren ungarischen Zimmernachbarn erinnert fühlte, mit dem dieser gegen ihr Singen protestiert hatte, und mit dem er es, wenn Esther nicht aus dem Zimmer neben ihm ausgezogen wäre, vielleicht vernichtet hätte. Esther schien es, der Professor wolle mit seiner Bemerkung über das Wetter einen natürlichen und entspannten Umgangston zwischen ihnen einführen, dafür war sie ihm dankbar. Die Gesichtszüge des Professors waren weich, sein Blick wirkte offen und hell; der Ton, in dem er sprach, klang warm und es lag in ihm eine Art Überschwenglichkeit. Schon wünschte sich Esther, daß der Professor ihr Lehrer werden würde. Von ihrem eigenen Studium kannte sie einige Professoren, die vor allem Professoren waren, wenn sie einem begegneten. Wenn Esther mit ihnen umging, glaubte sie nicht mehr, eine Person vor sich zu haben, sondern ein Amt. Ihre Gesten und ihre Art zu reden hatten etwas seltsam Starres oder waren von der Art eines Vorgesetzten, so daß Esther sich bei ihnen fühlte, als habe sie sich in eine ungeheure Fremde verirrt, in der sie ihre eigene Sprache und Lebendigkeit verlor. Jetzt setzte sich der Musikprofessor ans Klavier und sagte, Esther solle so laut wie möglich die Tonfolgen singen, die er spiele. Darauf war Esther am wenigsten gefaßt, aber sie sang, was er hören wollte. Als er in den Bereich der Töne kam, die ihr, weil sie so hoch waren, schwerfielen, klangen ihre Töne gequält, und weil sie so laut wie möglich sang, glich ihre Stimme dem Geräusch, das eine Wespe macht, die vergeblich gegen die Fensterscheiben anfliegt und den Weg ins Freie einfach nicht findet. Es war Esther peinlich, solche Töne zu produzieren. Gott sei Dank durfte sie dann noch ein Schubertlied singen: „An die Musik" wählte sie. Musik und Text rissen sie mit sich fort. Fremd und schön hörte sie eine Stimme, die aus ihr kam, vibrieren, hohe Töne strahlten hell auf, die wunderbare fremde Stimme, die ihr eigentlich gar nicht gehörte, das von ihr unabhängige Wesen, war ihr für Minuten wiedergegeben. Nachdem Esther das Lied gesungen hatte, sagte der Professor: „Ich glaube, das genügt." Esther war starr vor Gespanntheit. „Sie haben eine schöne Stimme", sagte er lächelnd, „wie ein Chorknabe." Esther lächelte auch. „Nur glaube ich nicht, daß Sie mit Ihrer Stimme einen Raum erfüllen könnten, wie eine Sängerin das muß. Aber singen Sie unbedingt weiter. Sicher tun Sie das doch, oder?" „Ja, bestimmt", sagte Esther und versuchte zu lächeln, als sei nicht gerade etwas sehr Schönes vor ihren Augen zerschellt. Dann sagte der Professor noch, er glaube auch, Esther habe noch eine andere Art sich auszudrücken als durch das Singen. „Vielen Dank", sagte Esther, verabschiedete sich und ging.

Esther fand wieder einen Kirchenchor, diesmal einen ganz kleinen und unberühmten. An Ostern sangen sie Teile aus Händels Messias. Die vielen Stimmen wehten im Wind einer Musik, die auch Esthers Stimme hob und mitwehen ließ. Direkt hinter Esther im Chor sang die Verkäuferin aus der Metzgerei mit ihrer starken schönen Stimme, die Esthers Stimme mit sich riß. In der Reihe vor Esther konnte die kranke Frau ihren Mund kaum mehr bewegen, man hörte auch nicht, ob sie überhaupt noch sang, jeder im Chor wußte, sie litt an Multipler Sklerose und konnte sich immer weniger bewegen, sie ging nur noch trippelnd, sie konnte kaum mehr sprechen, ihre Lähmungen waren schon fortgeschritten, manchmal stand ihr Schweiß auf dem Gesicht, so daß Esther glaubte, sie habe große Schmerzen. Sie war erst vierzig und schon fast aus dem Leben gerissen. Aber auf dem Gesicht der kranken Frau lag ein Gesang, während der Chor sang, der Esther ebenso schön vorkam wie jeder wirkliche Gesang. So hatte es auch jedes Mal aus dem Gesicht der kranken Frau gesungen, wenn ihr Mann, ein Opernsänger, am Abend gekommen war, immer fröhlich, um sie von den Chorporben abzuholen. Während Esther zuhörte, wie die Solo-Sopranistin sang: „Ich weiß, daß mein Erlöser lebet", befand sich Esther in dieser Stimme, als sei sie es, die singe. Sie schwebte in der Himmelshöhe dieser Stimme. Der Erlöser, an den ich glaube, dachte Esther, wäre der, der mich lieben würde, wie ich ihn lieben würde. Ihre Liebe zu ihm würde er behutsam in seine Hände nehmen und bei sich bergen. Die kranke Frau vor ihr würde er heilen, der Gesang im Gesicht der Kranken flösse wieder über in deren Stimme. Esther stellte sich vor, wie das wäre, während die Sopranistin sang und Esther mit ihr für Augenblicke verschmolz.

Johanna Walser, 1957 in Ulm geboren, studierte Germanistik und Philosophie und lebt als freie Schriftstellerin in Nußdorf am Bodensee. Sie eröffnete 1982 den Prosaband „Vor dem Leben stehend" und 1986 die Erzählung „Die Unterwerfung". Der vorliegende Text ist ein Ausschnitt aus der längsten Erzählung mit dem Titel „Gesang" des neuen Buches von Johanna Walser „Wetterleuchten." Erzählungen, 1991. (Alle Bücher bei S. Fischer, Frankfurt).
Johanna Walser wurde mit dem Berlin-Stipendium, dem Luise-Rinser-Preis und Westermann's Phoenix-Preis ausgezeichnet.

WAAGRECHT –
SENKRECHT

MARIA MENZ

ZAUBRISCH

der Kerzenrauch
in seinem schmalsteilen Stieg
seinem spielend sich breitenden Schleier:
toll tanzende Seel' –
verwehende Feier ...

Nur der unendliche Geist
konnte begründen
den Nachlaß der Flamme,
die wir entzünden:
bleich,
aber reich über allen Vergleich!

CYCLAME AUF DEM SIMS

Die Weiße in ihrer Frische und Fülle,
ihrer heiligen Stille
köstlich vor allen.

Neben ihr
zwei Menschen in scharfem Gespräch
über einen Dritten.

Hat's die Blume erlitten?
Ich sah sie beben
und fallen – –

SCHAU

Diese himmlische Iris des Knaben,
der da plaudert und spielt!
Blauer, abgründig lauterer,
durchsichtiger See – –

Kern, Schoß und Weg ...
Die Unschuld,
wie lang bleibt sie heil?

HEISS GELADEN

vollschwingend, greifend
sich regen können,
das ist Fülle zu nennen.

Der Arme, Kleine
im Mußverzicht
erschöpft sich nicht.

Höher als beides das,
anderes Maß
ist hin durch alle natürlichen Grade
leben mit und von Gott
im Adel der Gnade.

DIE FÜGUNG

Er kam überraschend und streng gefaßt.
Flüchtiger Gast.
Genug, mir im notvollen Ringen
das Wunder der Lösung zu bringen.
Er hat nichts gewußt.
Er hat nur geistgelenkt kommen gemußt.

HINNEHMEN

In der Sicherheit der Lebensmitte
selbstverständlich jede Funktion.
Sehr viel später dann
in der wohlbewußten Neige
ein Verwundern alle Tage
und ein Dank:
    ich *darf*, indem ich kann.

BEFREMDEN

Wo hast du, Birne, dein Arom gelassen?
„Ich habe müssen Gas und Säure fassen,
davon bin ich so matt.
Schon lange kränkt die Wurz sich, meine Mutter,
an diesem ungemäßen Futter,
das die brutale Welt bereitet hat."

JEANNE D'ARC IM FILM

Vorüber Verhör und Rechtfertigung.
Stirn gegen Stirn. Lang.
Gesagt:
Ich habe nichts Böses getan.
Fest, rein, ohne Pathos.
Ein Engel – ein Mensch ohne Arg.

Als sie, feines ovales Mädchengesicht,
jungrank schlicht männlich gekleidet –
Nachlaß ihrer heldischen Mission –
sie, die Verklagte
das Bußhemd empfängt,
barfuß über drei Brettstaffeln willig
den Scheiterhaufen besteigt,
aufrecht, stumm,
mit geschlossenen Lidern
am Pfahl sich umbinden läßt
mit grober Kette,

noch ist sie sicher ihrer selbst
in feiner Würde aus Unschuld.
In aller Ergebung groß,
frei tief im Innern

erfährt sie den weißen Qualm,
den barmherzigen,
der sie wegnimmt
vor dem rasenden Feuer,

während zwischen andern, ja Schauspiel,
der Herr vom Gericht, ältlich,
der gewissenhafte, doktrinäre
starren Gesichts, im Ausdruck kleinen Formats
den Vollzug seines Urteils schaut
bis zum Ende.

Kahl, verkohlt
ragt das Steilholz, der Rest – –

SCHAUERVOLL

die Herrlichkeit und das Abgründige
der Schöpfung:
nur eine Spur
des unnennbaren Ur ...

OBELISK IM WEITEN FELD

„Ehe Abraham ward,
BIN ICH",
bekannte Er sich
einfach – erhaben.
Er Gott.

Nicht not,
kritisch zu graben ...
Das eine hochragende Wort
schickt die Zweifel fort.

Maria Menz, geboren 1903 in Oberessendorf/Oberschwaben, Krankenschwester von 1925 bis 1942, lebt in Oberessendorf.
Lyrische Veröffentlichungen seit 1968:
1981 erschien die dreibändige Gesamtausgabe der Gedichte: „Gedichte". Band 1: Gott Schale Schwelle; Band 2: Mensch Welt Natur; Band 3: Oberlendische Vers. 1989 erschien „Gedanken. Gedichte". (Alle bei Thorbecke, Sigmaringen)
1982: Johann-Peter-Hebel-Preis, 1982: Meersburger Drostepreis, 1983: Päpstliche Auszeichnung „Pro ecclesia et pontifice", 1988: Bundesverdienstpreis.

AUF LIEBE UND TOD

EIN NACHMITTAG IM CAFEHAUS MIT DER ÖSTERREICHISCHEN SCHRIFTSTELLERIN INGRID PUGANIGG

FRANZ HOBEN

Sie ist eine außergewöhnliche Frau. Sie ist sich sicher. Sie ist ängstlich, sie ist wach. Natürlich, unscheinbar und gegensätzlich wie wir alle. Es scheint, als sei ihr das Leben bewußter als allen anderen. Sie schreibt Sätze, die Sprachkonzentrate des Alltags sind. Sie arbeitet mit Wörtern und fügt sie zu artifiziellen Gebilden zusammen, die aufregend, verstörend, eindringlich sind.

Ingrid Puganigg, Jahrgang 1947, treffe ich im Frankfurter Café Laumer. Eine Verabredung in Bregenz kam nicht zustande. „Sie können doch auch nächstes Jahr über mich schreiben." In der Metropole wohnt Ingrid Puganigg seit ein paar Jahren mit ihrem zweiten Mann, die fast erwachsenen Mädchen Esther und Ruth leben beim Vater in Vorarlberg. Dies ist insgeheim immer noch ihre erste Adresse und so etwas wie ein Zufluchtsort, auch wenn sie beteuert, daß es kein großer Unterschied sei, in der Bankenstadt zu wohnen. „Es ist sehr ländlich hier" (in Frankfurt-Niederrad, bei der Galopprennbahn), „viel ländlicher als in Bregenz." Dennoch spürt man ihr Heimweh nach der Landschaft zwischen Bregenz und St.Gallen, wo sie sich immer noch häufig aufhält. „Meine österreichische Staatsbürgerschaft würde ich niemals aufgeben", sagt sie.

Im Grenzland, im Dörfchen Höchst, dort wo der Rhein wie eine Infusionskanüle in den Bodensee eindringt, hat sie mehr als 20 Jahre gelebt. Aufgewachsen ist sie in Kärnten mit Violinspiel und dem Wunsch, Komponistin zu werden, „die erste weibliche Komponistin Österreichs." Ihre Ausbildung: Drogistenlehre, Werbetexterin, Abitur auf dem zweiten Bildungsweg. Mit 18 Jahren heiratet sie, – „mein Vater mußte unterschreiben" –, und zieht aus dem Elternhaus aus. „Ich habe noch nie alleine gelebt."

„Die Wörter haben mich verletzt, obwohl ich nie damit gespielt habe", heißt es in einem Gedicht ihrer ersten Buchveröffentlichung, des einzigen Lyrikbandes: „Es ist die Brombeerzeit die dunkle", den die 31jährige veröffentlichte. Lyrisch sind auch ihre Prosatexte bis zu dem vor kurzem erschienenen Buch „Hochzeit. Ein Fall". Sie wirkt scheu, fiebrig wegen einer Grippe. „Nach Hause kann ich Sie gar nicht mitnehmen, weil wir keinen Platz haben. Wir leben in einer Einzimmer-Wohnung." Das Café Laumer in der Nähe des Suhrkamp-Hauses hat noch den Glanz des Literatencafés. „Es gibt hier ein Literatenfrühstück und ein Philosophenfrühstück", sagt sie, „das Philosophenfrühstück ist ein ganz karges." Sie bekommt einen Cappuccino, den sie gar nicht wollte. „Mit dem Kaffee in Deutschland kenne ich mich nie aus. Ich bekomme immer den falschen."

Ihre Bewegungen sind zögernd, ihre zarte Figur hinter einem dicken grauen Pullover mit Salamander-Anstecker und Bergkristall. Hellblonde, kurze Haare, zotteligfrech, große braune Augen, die das Gesicht dominieren. Sie hat die Ausstrahlung von mädchenhafter Jugendlichkeit und markanter Individualität.

„Die Biographie ist überhaupt nicht wichtig", sagt Ingrid Puganigg. Wahrscheinlich sind ihr solche Daten wie eine Autorität, die das Leben in eine Bahn zu zwingen versuchen. Sie braucht dagegen die Offenheit des Spiels, frei von interpretatorischen Vorgriffen. Da ist die vordergründig neugierige, nie gültig zu beantwortende Frage nach Biographie und Phantasie, nach Wirklichkeit und Fiktion. Vorarlberg, das für uns der Ferienpark ist, ist das Land, aus dem die Puganigg-Figuren kommen und hauptsächlicher Handlungsort. „Man wird geprägt von den Informationen und Nachrichten, von Zeitungen und von der Politik", erläutert sie ihren schriftstellerischen „Impuls". „Meine Bücher werden bewirkt durch die Umgebung und durch die Ereignisse. Als Schriftsteller will man Spuren hinterlassen. Kompromißlos. Je mehr Feinde ein Schriftsteller hat, desto besser sind seine Texte. Ein Schriftsteller braucht keine Verbündeten." Konkrete Schreibanlässe, die es dennoch gibt, will Ingrid Puganigg auch deshalb nicht benennen, weil sie im Privaten fundiert sind.

Der Vater, ein berufsmäßiger Erfinder, hätte eine der beiden Töchter gerne als technisch ausgebildete Nachfolgerin gesehen. Daraus sei nichts geworden. Seine „künstlerischen Enkelkinder", d.h. alle weiblichen Protagonisten der Autorin würden deshalb die Höhere Technische Lehranstalt in Bregenz besuchen müssen. Ingrid Puganigg kommt in ihren Büchern mit wenig „Personal" aus, einem Mann, einer Frau, Randfiguren. Die Frau ist immer die zentrale Person. Martha Dubronski in „Fasnacht", Adele Kleboth, die als Mannequin und Prostituierte arbeitet, in „La Habanera", Elvira Camenisch in „Laila" (der namenlose Mann nennt sie nur Laila). Im neuesten ‚Fall' „Hochzeit" heißt die Protagonistin Sonja Auer. Beim Notar hinterläßt diese Frau folgende Verfügung: „Ich, Sonja Auer, vermache nach der Heirat meinem zukünftigen Ehegatten, Rudolph Hofreiter, meinen Körper zum Lieben, Beschützen, Gebrauchen, Töten." Die Liebe und ihre Bedingtheit durch Macht, Geld, Sprachlosigkeit oder Gewalt ist ein Hauptthema Ingrid Puganiggs. „Versponnene Liebesgeschichte" schrieben die Kritiker über „Fasnacht" und waren sich einig über einen großartigen Erstling. Die 24jährige Martha heiratet den Zwerg Dubronski, 50 Jahre alt, „weil er ebenso häßlich ist wie sie." Ihr Gesicht wurde von einer Dogge fast zur Gänze zerfleischt. Schutz suchend in ihrer Sehnsucht nach Liebe und Wärme, leben diese bizarren Gestalten in ihren Rollen, in getrennten Leben. Martha sorgt mit dem Färben von Spitzen in Heimarbeit für den Lebensunterhalt. Dubronski führt in seinem verschlossenen Zimmer eine geheimnisvolle Existenz zwischen Büchern und alten Musikinstrumenten, in die Martha keinen Einblick hat. Sie stellt ihm das Essen auf dem Servierwagen vor die Tür, fragt nichts, „weil er ungeduldig ist, wenn ich ihn nicht gleich verstehe. Obwohl ich ihn verstehe und er dieses Verstehen nur nicht in meinen Augen findet." Martha redet mit ihren erdachten Figuren. „Wenn ich meine erfundenen Personen nicht hätte, wollte ich nicht leben." Dubronski läßt Martha nicht merken, daß er sie liebt. Denn „dann wendet sie sich ab, wie jede sich innerlich abwendet von dem, von dem sie meint, daß er sie liebt wie ein Hund." „Fasnacht" ist die Zeit der Kälte und Starre, der Maskierung und Verkleidung. Während der Bregenzer Fasnacht irren Martha und Dubronski durch die Stadt. Als Martha ihr Gesicht für einmal verbergen möchte, „reißt Dubronski sie (die Maske) ihr aus der Hand. Feig bist du, sagt er."

Der Text strebt keinen literarischen Realismus des körperlichen und sozialen Elends mit psychologischer Begründung an. Die Balzacsche Formel: „Wer Dichtung sagt, sagt Leid", trifft hier nicht zu. Ingrid Puganigg hat es sich und dem Leser viel schwerer gemacht. Ihr brüchiger Stil ist weit entfernt von „vereinnahmender" erzählerischer Linearität. Man liest ihre prägnanten Sätze bewußt und kritisch und erschließt verschiedene Bedeutungen. Mit dem Wagnis des extremen Bildes rückt sie gepanzerten Vorstellungen vom Dasein zu Leibe und widerspricht den scheinbar so sicheren Empfindungen und Erfahrungen. Man erahnt dabei andere Lebensmöglichkeiten, ursprüngliche und anarchische, die sich aus den Anforderungen der Vernunft unserer erstarrten Welt herauswinden. Martha und Dubronski, erzählt Ingrid Puganigg, gibt es. „Es sind reale Menschen, die in meine literarischen Figuren eingegangen sind. Nur leben sie nicht als Paar. Sie kennen sich wahrscheinlich nicht einmal." Beim Ingeborg-Bachmann-Wettbewerb in Klagenfurt stellte Ingrid Puganigg 1980 „Fasnacht" vor und wurde mit dem Stipendium durch die Jury ausgezeichnet. 1986 las sie ein zweites Mal in Klagenfurt und erhielt den Preis des Landes Kärnten. Zweimal eine mit Öffentlichkeit bedachte Auszeichnung. Dazwischen, 1983, wurde ihr der Bodensee-Literaturpreis der Stadt Überlingen zugedacht, worüber sich diejenigen ärgerten, denen diese Autorin nicht ins Bild paßt. Und noch ein Preis in einer anderen Sparte: Der Schweizer Filmemacher Beat Kuert, darüber freut sie sich noch heute, verfilmte 1984 „Fasnacht" (unter dem Titel „Martha Dubronski"). Die Hauptrolle spielte Ingrid Puganigg. Musik: Konstantin Wecker. Beim Filmfestival in San Remo erhielt sie den Preis als beste Darstellerin. „Ich war nicht dabei. Beat Kuert hat mich gleich angerufen, aber ich habe es erst geglaubt, als ich es in der Zeitung gelesen hatte." Lange habe sie eine Scheu davor gehabt, sich in ihrer Rolle zu sehen. Sie habe jede Fernsehausstrahlung des Films vermieden, bis eine Programmänderung beim Tod des bayerischen Ministerpräsidenten sie zufällig mit der Schauspielerin konfrontiert habe. Sie war fasziniert von der Begegnung mit sich selbst.

Ingrid Puganigg arbeitet lang und intensiv an ihren Büchern. Der Zeitabstand ihrer Veröffentlichungen liegt immer drei bis vier Jahre auseinander. Sechs Stunden täglich ist ihr Schreibpensum am PC, an dem Texte und Geschichten aufgebaut werden, um sie in weiteren Schritten zu verknappen, zu reduzieren, bis zu einem Grad, daß sie als „Ereignisfolge" gerade noch nachvollziehbar sind. Bei „Hochzeit" sei dies bis zur Grenze geschehen, die Verständlichkeit bleibe aber immer gewahrt. Das Verfahren der Reduktion wird fast synchron bei der Textentstehung angewandt. Die Geschichte wird nicht ausgedacht und zu Ende geschrieben und dann reduziert, sondern fast seitenweise. Und dies immer wieder, bis die gestochen scharfen Formulierungen vorliegen. Dabei entstehen Sätze und Bilder, die sich sperren, einen Widerstand hervorrufen, die mir als Leser neue Erfahrungs- und Wahrnehmungsweisen ermöglichen. „Ich gehe immer von einer Figur aus an den Text, die sich dann im Lauf der Geschichte verändert, entwickelt." Nach vielen Schritten der Überarbeitung des Sprachmaterials und der sorgfältigen Errichtung der Konstruktion erhält der Lektor das Manuskript. Aber „es ist nicht so, daß ich mit dem Text zu Ende bin. Ein Text ist nie zu Ende ... Zufrieden bin ich mit dem Text nie." Ingrid Puganigg sagt: „Ich kann aber auch episch erzählen, ich habe das ausprobiert. Aber ich will das Neue, die neue Form." Ihre Wörter und Sätze sind jedoch kein neutrales Spiel- und Experimentierfeld, sondern, jenseits bloßer Artistik, beladen mit Bedeutungen und Geheimnissen.

„La Habanera" erschien 1984, eine als „Kriminalroman" ausgewiesene Veröffentlichung, die mit diesem traditionellen Genre jedoch nicht viel gemein hat. Die Literaturkritik ließ das Buch eher wortlos an sich vorübergehen. Der Titel ruft die Assoziation an Bizets „Carmen" hervor, an den Tanz „La Habanera". Die beiden literarischen Figuren betreiben ein zärtliches, grausames Spiel um Liebe und Mord. Die Ich-Erzählerin ist Prostituierte in Bregenz, der Mann ein arbeitsloser Buchhalter. Über ihn erfährt man, daß er getötet werden will, weil er in diesem Plan die einzige

Ingrid Puganigg

Rechtfertigung für die Beziehung sieht, die ihn an die Frau fesselt. Ein umgedrehter Kriminalfall, an dessen Ende auch geschossen wird, jedoch vom Geliebten auf die Frau.

Ingrid Puganiggs Kaffeetasse steht noch fast voll vor ihr. Vom Vater habe sie aber doch ein mathematisches Interesse. Von daher komme ihre Leidenschaft für die Arbeit am PC und die Spielerei damit. Zeit- und energiefressende Computerspiele. „Mein Mann muß die Disketten verstecken, auf meinen Wunsch natürlich, daß ich mich nicht im Spiel verliere und zur Arbeit komme. Ich bin eine Spielerin. Täglich spiele ich ein bis zwei Stunden Schach. Gegen den Computer."

An „Laila" hat Ingrid Puganigg fünf Jahre lang gearbeitet und ein konzentriertes

Büchlein mit dem Untertitel „Eine Zwiesprache" vorgelegt. Gattungsbezeichnungen bei Puganigg-Büchern sind irreführend: „Ich habe noch nie einen Roman geschrieben." „Laila" war nun wieder ein Buch, das aufhorchen ließ. Es wurde in Klagenfurt ausgezeichnet und die Darmstädter Akademie wählte es zum Buch des Monats Oktober 1988.

In „Laila" unterhält sich eine Elvira Camenisch mit einem namenlosen Mann, ohne wörtliche Rede und Antwort. Als Motto des Buches ist ein Polgar-Wort vorangestellt: „Liebe: ein privates Weltereignis." Aber man hüte sich davor, eine große Geschichte zu erwarten. Manchmal ist auf einer Seite nur ein Satz, manchmal drei oder zehn. Es sind Essenzen, gedrängte Prosasätze, gehaltvoll, zugespitzt. Manchmal reine Aphorismen, jedes Wort und jede Formulierung ausgewählt, als wolle Ingrid Puganigg „mit der Klugheit der Gedanken pur überzeugen", wie es eine Kritikerin genannt hat. Laila ist eine gewöhnliche Person: „Geburtsort: Levis/Vorarlberg. Geburtsdatum: 27. Januar 1958. Ausbildung: Höhere Technische Lehranstalt, Bregenz. ... Derzeit ausgeübter Beruf: Briefeschreiberin." Aber außergewöhnlich ist ihre Reflexionsfähigkeit. Über die Liebe, über den Menschenfreund, das Geld, Macht. „Eine Person benötigt zum Überleben zwei Kreisläufe: Den Blutkreislauf und den Geldkreislauf." In ihrer Zwiesprache mit dem Mann entwirft sie eine paradoxe Liebe, die nach dem Geliebten ebenso verlangt, wie sie ihn zu vermeiden trachtet. Das Unverstandensein, das Leiden und Mitleiden überlistet Laila mit der Erkenntnis: „Eine Person ist beides. Das wofür und das wogegen sie sein will." Der Falschheit der Welt stellt sie ihre widerständlerischen Sätze gegenüber.

Von der Literaturkritik ist Ingrid Puganigg meist sehr gut besprochen worden. Der Literaturbetrieb hat dies nicht ebenso honoriert. Bei einem auf ökonomischen Erfolg getrimmten Kulturmarkt und seinem Marketing-Geklapper fördert man Werke, die „sich verkaufen" und bestätigt so den Status quo. 3000 Exemplare von diesem Buch, das es den Lesern ja nicht so leicht mache, zu verkaufen, hält die Autorin für ein schönes Ergebnis. Jedoch verdient sie dabei, wenn ich mit dem üblichen Verlagshonorar rechne, 7000 DM. Für sie als Schriftstellerin werde es immer schwieriger, bestätigt Ingrid Puganigg. Zunehmend werde sie gezwungen, die Existenzfrage zu stellen. Wenn durch das Schreiben nicht ein Minimaleinkommen erzielt würde, müßte sie ihre schriftstellerische Existenz aufgeben.

Ingrid Puganigg führt das Gespräch mit großer Aufrichtigkeit und Offenheit, umgibt sich manchmal mit dem Schutzmantel: „Das schreiben Sie aber bitte nicht." Ich denke an Joseph Roths Wort: „Seit einiger Zeit bemühe ich mich, das Privatleben der zeitgenössischen Autoren nicht kennenzulernen." Ich interessiere mich dafür, weil ich mich mit diesen Büchern und dem Menschen, der sie geschrieben hat, subjektiv auseinandersetze. Als eine Form der Annäherung.

Meine Bemerkung über ihre Vorliebe für Außenseiter und Randfiguren weist sie prompt zurück. Das seien keine Außenseiter und Randfiguren. Diese Vorstellung akzeptiere sie nicht. Sind sie dann Gegenbilder zu den bodygebildeten und gestylten Menschen? „Man müßte diese Menschen direkt vergleichen, gegenüberstellen: ein Titelblattmädchen und die Schönheit der anderen. Was ist der Unterschied? Natürlich gibt es hierbei Überspitzungen." Nicht die Schönheit von Landschaft, Leben und Menschen interessiert sie, sondern die Energien, die in dem Leben stecken.

Von all den Dingen, die immer zu tun sind, ist die Rede. Auch ein Schriftstellerhaushalt hat einen Alltag. Sie mache alles gern, außer Fensterputzen, sagt sie lachend und zeigt sich als fürsorgliche Frau, die den Mann und die Kinder, um die sie sich sehr kümmert, zärtlich liebt. Das Thema der Emanzipation interessiert Ingrid Puganigg, soweit nicht nur die Frauen gemeint sind. „Ist es ein Unterschied, ob man einem Mann oder einer Frau auf die Backe schlägt?" Im Verlag sehe sie keine grundsätzlich andere Behandlung von Autorinnen und Autoren. Unterschiede würden zwischen Personen gemacht. Da gebe es Unterschiede im Engagement für die Autoren.

„Hochzeit. Ein Fall", die fünfte Buch-Publikation, ist in diesem Frühsommer erschienen und Ingrid Puganiggs provokantestes Buch. In dieser Geschichte kommt es noch schlimmer, als man bereits ahnt. Die 29jährige Pediküre Sonja Auer schließt auf einem Flug die Bekanntschaft mit dem Zeichen- und Mathematiklehrer Rudolph Hofreiter. Genauso zufällig werden sie Hausnachbarn. Er, der sie beobachten läßt, vergewaltigt sie. „Madame! Lassen Sie uns lieben wie man foltert." Sie tauschen Tonbandkassetten mit Zärtlichkeiten aus. Sonja Auer heiratet ihren Vergewaltiger und hinterlegt beim Notar den erwähnten Brief. Rückhaltlos liefern sich die beiden in dem lustvoll-zerstörerischen Spiel aus. „Das Mordinstrument war Sprache. Wir waren beide neugierig, wie weit wir mit Wörtern gehen können." „Nichts als Sprache" ist das Leitmotiv des Buches, von dem sich Ingrid Puganigg beim Schreiben hat leiten lassen. „Sollte je ein anderer als Sie oder ich der Dritte sein, der dies hört", heißt es im Text über die Kassettenaufzeichnungen, „er wird nicht umhinkönnen, eine Folge zu imaginieren. Das heißt, er wird nichts verstehen." Oder: „Die Liebe ist die Theorie der Wechselwirkung von Zuschlagen und Schadenersatzforderung." Als das Einverständnis zwischen Sonja

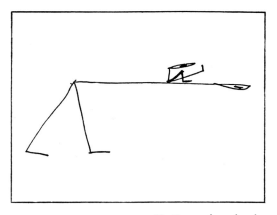

Die Literaturheuschrecke und die Autorität

Auer und Hofreiter brüchig wird, erdrosselt er sie. Sie habe den Text ohne philosophischen Hintersinn geschrieben, sagt Ingrid Puganigg, sondern als Protokoll oder Chronologie, um sich jedem Pathos zu entziehen. „Hochzeit" sei ein Computerspiel. Das Spiel zwischen Mann und Frau und der Wechsel, wer nun wer im Text sei. Es finde ein fortwährender Rollentausch statt. Im Grund sei es eine pathetische, altmodische Liebesgeschichte. Sie probiere nur aus, wie weit man mit Sprache gehen könne, d.h. auch, wie weit man zurückgehen, reduzieren könne. „Ist es vorstellbar, daß Liebe bei ihren Protagonisten auch glücken kann?" frage ich. „Was ist eine geglückte Liebe? Sonja und Hofreiter sind zwei gleichwertige Personen. Es findet keine Demütigung statt. Ihr Verhältnis zueinander ist nicht wie in einem faschistischen Text. Man schlägt sich hier als Leser oder Beobachter gleich auf eine Seite und qualifiziert ein solches Verhältnis dann als geglückt oder nicht geglückt. Es ist ein Urteil ohne die Beteiligten. Was eine geglückte oder nicht geglückte Beziehung ist, das kann niemand beweisen!" „Hochzeit" sei auch ein politischer Text. Die ästhetischen Gesetze seien nicht das Wichtigste. „Die Vorstellungen der Perfektion und des Ideals gelten mir nichts. Ich bin gegen Gesamtkunstwerke. Es gibt nichts Abgeschlossenes oder Vollkommenes." Ich frage: „Wie fühlen Sie sich, wenn sie so ein Buch veröffentlicht haben?" Daß sie etwas verwirklicht habe, was ein Buch immer auslösen sollte: „Das Gefühl, sich etwas getraut zu haben. Ohne dieses Gefühl könnte ich nicht schreiben. Ein Text muß eine große Angst auslösen. – Schreiben ist immer ein Risiko. Sonst könnte man seine Arbeit in den öffentlichen Dienst stellen." Ingrid Puganigg sagt dies sehr vorsichtig, sanft und überlegt. Für diesen Augenblick.

Der Name Hofreiter assoziiert Schnitzlers Fabrikant in „Das weite Land", aber auch eine Schokoladenfabrik. Wieder zur Lektüre von Polgar und Schnitzler angereizt, lese ich, was Sonja und Hofreiter vorspielen, gerade so wie Polgar die Schnitzler-Figuren charakterisiert: Die „unheimliche Fähigkeit, anarchisch zu fühlen, zu lieben, zu hassen." Die „zwangvolle Lust, sich formlos zu verströmen." Ingrid Puganigg liebt diesen wichtigsten österreichischen Dramatiker. Ähnlich lapidar wie er („Ich stelle die Liebe und den Tod dar, und ich kann nicht einsehen, daß diese Erscheinungen weniger allgemeingültig und zeitgemäß sind als eine Matrosenrevolte.") stellt sie fest: „Meine Vorbilder sind die Gesetze der Physik." Sie hat sonst keine. Obwohl sie viel gelesen hat.

Zeitungszitaten, in denen griffig Existenz und Person der Künstlerin ins Bild gebracht werden: Sie sei eine komplizierte Person. Oder: Nach dem Tod eines 40 Jahre älteren Freundes habe sie sich die Haare abgeschnitten und sei zwei Jahre lang kaum ansprechbar gewesen, entgegnet sie gelassen: „Die kennen mich ja gar nicht."

Ingrid Puganigg freut sich riesig, daß ich von ihrem Hobby des Cartoon-Zeichnen weiß. Es ist ein Motiv, das sie in vielfachen Variationen mit einfachen, fast geometrischen Strichen zeichnet: Die Literaturheuschrecke und die Autorität. Wobei die Literaturheuschrecke ein großes, wenig bewegliches Wesen ist, auf dem ein kleines, behendes Männchen, die Autorität, herumturnt. Ein Szenario über Macht und Aufbegehren.

„Je rücksichtsloser die Werke Folgerungen ziehen aus dem Stand des Bewußtseins, desto dichter nähern sie sich selber der Sinnlosigkeit." Dieser Adorno-Satz könnte auch von Ingrid Puganigg sein. In einer Welt, die alles ist, was der Fall ist, lehnen sich ihre Gedanken mit einer seltenen Radikalität gegen die festgefügte Ordnung der Dinge auf. „Keine schreibende Person kommt los von einem gewissen Moralanspruch", hat sie einmal gesagt. „Aber für mich sind Künstler ebensowenig letzte Instanz für Moral wie Leute aus anderen Berufen. ... Ich bin gegen Sinngehalt und gegen jede Besetzung. Ich finde, das ist ein Entgegenkommen dem Leser gegenüber: indem man sich selbst zurückzieht."

In das Kunstwerk, als letzten Aufenthaltsort des subversiven Subjekts?

Bücher von Ingrid Puganigg: Es ist die Brombeerzeit die dunkle. Grasl-Verlag (1978). Fasnacht. List-Verlag (1981). La Habanera. Medusa-Verlag (1984). Laila. Eine Zwiesprache. Suhrkamp-Verlag (1988). Hochzeit. Ein Fall. Suhrkamp-Verlag (1992)

„AN STELLE VON HEIMAT
HALTE ICH DIE VERWANDLUNGEN DER WELT —"

BIOGRAPHISCHE SKIZZE ZU LEBEN UND WERK VON NELLY SACHS

EMILY FEUCHTINGER

Nelly Sachs, 1949.

Sonntag, 29. Mai 1960. Die Stadt Meersburg hat geflaggt – erwartet wird anläßlich der Verleihung des Droste-Preises die „größte lebende Dichterin deutscher Sprache", so hatten H. M. Enzensberger und Peter Hamm sie genannt. Nach 20 Jahren Exil betritt Nelly Sachs zum ersten Mal wieder deutschen Boden. Von den Dichterfreunden, die sie in Zürich empfangen hatten, darunter Ingeborg Bachmann, Max Frisch und Paul Celan, ist sie geliebt und verehrt; dem deutschen Publikum ist sie zu diesem Zeitpunkt noch weitgehend unbekannt. Sechs Jahre später erhält Nelly Sachs den Nobelpreis für Literatur.

Wer war diese Frau, die von sich selber sagte: „Meine Dinge gebe ich hin – ich selbst will im Dunkel verschwinden?" – „Vogelhaft zierlich und unbeschreiblich liebenswert" – „niemand, der sie hören durfte, wird den Eindruck menschlicher und künstlerischer Vollkommenheit je vergessen", so und ähnlich beeindruckt schreibt die Presse anläßlich der Preisverleihung.

Nelly Sachs wurde am 10. Dezember 1891 in Berlin als einziges Kind wohlhabender jüdischer Eltern geboren. Der Vater, überaus begabter und erfolgreicher Erfinder, war ein Verehrer deutscher Dichtung und besonders der Musik. Nelly Sachs schreibt über die Erlebnisse ihrer Kindheit, die ihre Entwicklung entscheidend prägten: „Da ist hier in erster Linie die Musik meines Vaters, die er oft stundenlang des Abends nach seinem Beruf auf dem Klavier phantasierte und die ich mit Hingegebenheit und gänzlicher Fortgerissenheit von Kindheit auf im Tanze begleitete. Mein höchster Wunsch schon als Kind war: Tänzerin zu werden. Darum sind auch alle die tänzerischen und Musikgedichte am meisten charakteristisch für meine Jugendzeit ... Der Tanz war meine Art des Ausdrucks noch vor dem Wort. Mein innerstes Element. Nur durch die Schwere des Schicksals, das mich betraf, bin ich von dieser Ausdrucksweise zu einer anderen gekommen: dem Wort!" (Brief 25. Januar 1959)

Hier und im Umgang mit der Natur, in seinem kleinen Gärtchen, verlebte das Kind seine lichten, glücklichen Stunden; sonst beschreibt Nelly Sachs ihre Kindheit als die „kleine Kinderhölle der Einsamkeit" (Chelion). Die Mutter, 21jährig bei der Geburt, sang dem traurigen, empfindsamen Kind oft vor, das Ausmaß seiner Verlassenheit erkannte sie wohl kaum und überließ es oft der Dienerschaft. „Es lag ein tieftragisches Schicksal über uns daheim – und nur die Größe meines Vaters und die innige Liebe meiner Mutter taten das ihre, daß unser Leben nicht ganz verdunkelt verfloß." (22. Januar 1959)

Schon das Kind war erfüllt von einem Gefühl des Schuldigwerdens des Menschen an der leidenden Kreatur. Die Düfte der Kräuter sind Seufzer, Ausdruck des Heimwehs nach einem verlorenen Paradies. Auf dem Markt, auf den die Köchin sie mitnimmt, küßt sie einen sterbenden Fisch auf das blutende Maul. Selbst die leblose Welt der Steine ist für sie von dem Getrenntsein der materiellen Welt von einem geistigen Ursprung betroffen und harrt der Erlösung. Dieses Verhältnis zur äußeren Welt bleibt ihr ein Leben lang erhalten.

Schon früh beginnt sie wehmütige, naturverbundene Gedichte im Stile der Romantik zu schreiben, Marionettenspiele und Legenden. Zu ihrem 15. Geburtstag bekommt sie „Gösta Berling" von Selma Lagerlöf, die darauf eine ihrer Jugendvorbilder wird. Sie schickt ihr eigene Erzählungen, „geschrieben von einer jungen Deutschen." Selma Lagerlöf antwortet ihr mit den Worten: „Hätte es selber nicht besser machen können". Diese Beziehung wird später lebensrettend. Mit 17 Jahren lernt Nelly Sachs auf einer Reise den Mann kennen, der die große und einzige Liebe ihres Lebens bleiben wird und als der „Bräutigam" in ihre Werke eingegangen ist. Der Vater versagt ihr diese Beziehung, worauf sie in eine tiefe lebensbedrohliche Krise gerät, die ihr Arzt mit den Worten Heinrich Heines charakterisiert: „Sie ist vom Stamm der Asra, welche sterben, wenn sie lieben." Er weckt ihren Lebenswillen, indem er sie wieder ihrer Berufung zuführt, den Schmerz in das Wort umzuschmelzen.

Liebe und Tod – Entsagung und Erlösung vom Bösen durch das Opfer der reinen liebenden Seele sind die zentralen Themen der Erzählungen, die von einem tief christlichen Lebensverständnis getragen sind.

Franz von Assisi, die christlichen Mystiker Jakob Böhme, Meister Eckhart, Johannes Tauler sind die geistigen Lehrmeister, unter den Dichtern vor allem Novalis und Hölderlin.

Das aufregende kulturelle Leben Berlins in den zwanziger Jahren scheint sie nicht wirklich zu erreichen – ihre große Sensibilität scheut das Laute –, sie führt ein zurückgezogenes Leben, pflegt Kranke und tröstet, wo Trost nötig ist.

In dem Kreis um Prof. Max Hermann und seiner Frau, dessen Vorlesungen sie besucht, findet sie gleichgesinnte, literaturbegeisterte Freunde. Als der Vater krank

VÖLKER DER ERDE
ihr, die ihr euch mit der Kraft der unbekannten
Gestirne umwickelt wie Garnrollen,
die ihr näht und wieder auftrennt das Genähte,
die ihr in die Sprachverwirrung steigt
wie in Bienenkörbe,
um im Süßen zu stechen
und gestochen zu werden –

Völker der Erde,
zerstöret nicht das Weltall der Worte,
zerschneidet nicht mit den Messern des Hasses
den Laut, der mit dem Atem zugleich geboren wurde.

Völker der Erde,
O daß nicht Einer Tod meine, wenn er Leben sagt –
und nicht Einer Blut, wenn er Wiege spricht –

Völker der Erde,
lasset die Worte an ihrer Quelle,
denn sie sind es, die die Horizonte
in die wahren Himmel rücken können
und mit ihrer abgewandten Seite
wie eine Maske dahinter die Nacht gähnt
die Sterne gebären helfen –

Sternverdunklung, erschienen 1949

wird, pflegt sie ihn bis zu seinem Tod 1930. Mit seinem Tod beginnt eine große Wende. Nelly Sachs zieht mit ihrer Mutter aus der großen Villa aus und übernimmt völlig unvorbereitet die Verwaltung der 16 Mietwohnungen, die der Vater den beiden Frauen hinterlassen hat, ebenso wie alle übrigen das praktische Leben betreffenden Angelegenheiten mit Leichtigkeit, ja Freude, sich zum ersten Mal mit alltäglichen Aufgaben konfrontiert zu sehen.

Von 1933 an folgten für sie und ihre Mutter die Jahre des Schreckens – Plünderung – Enteignung – Bespitzelung – Verhöre – Verfolgung. Der spätere Konzentrationslagerleiter von Majdanek wohnte in ihrem Haus. Nach einem der Verhöre erlitt sie eine Kehlkopflähmung und verlor für kurze Zeit die Sprache.

Nelly Sachs, die sich immer als Deutsche gefühlt hatte, wird plötzlich eine andere Identität aufgezwungen, die ihr bis dahin gleichgültig, ja fremd war. (Das Jüdische war ihr „zu vernunft- und gesetzmäßig".) Das geht bis in die Namensgebung, (Nelly) Sarah Sachs muß sie sich nennen. Der Freundeskreis lichtet sich immer mehr, zu spät erkennen die Frauen jedoch das ganze Ausmaß der Katastrophe. Sie sind inzwischen fast mittellos, eine Freundin verkauft ihr Mobiliar, um nach Schweden zu Selma Lagerlöf fahren zu können und durch sie und Prinz Eugen eine Einreisegenehmigung zu erwirken. Immer neue Hindernisse treten auf; so vergeht fast ein Jahr! Der Stellungsbefehl zum Abtransport in ein Konzentrationslager und das Ausreisevisum erreichen sie am gleichen Tag. Im Mai 1940 verläßt sie mit dem letzten Flugzeug Berlin. Mit 10 Reichsmark in der Tasche kommt sie in Stockholm an. Selma Lagerlöf ist tot.

Sieben Jahre wohnen sie in einer kleinen, dunklen und schlecht heizbaren Wohnung. Sie lernt schnell die schwedische Sprache, um als Übersetzerin einen notdürftigen Lebensunterhalt verdienen und dabei die kranke Mutter pflegen zu können.

Vermutlich hatte sie während der letzten Jahre in Berlin den geliebten Mann wiedergesehen, bevor er einen gewaltsamen, grausamen Tod fand. Sie selbst war von Todessehnsucht erfüllt und wäre den Freunden, die sich nicht retten konnten, in den Tod gefolgt – um ihrer Mutter willen ist sie den Weg der Rettung gegangen. Aus dieser Zeit stammt ihr letztes Prosawerk „Leben unter Bedrohung".

„Zeit unter Diktat. Wer diktiert? Alle! Mit Ausnahme derer, die auf dem Rücken liegen wie der Käfer vor dem Tod. Eine Hand nimmt mir die Stunde fort, die ich mit dir verbringen wollte. Sie nimmt mir die Samentüte, daraus blaue Blumen sprießen sollten ohne einen Hauch von violett, das schon Untergang bedeutet. Ohne zu wollen atme ich im Garten einen Duft, aber die Rose ist schon anderen zugesprochen. Bereite dir aus Krumen eine Mahlzeit, denn du bist krank und ich liebe dich so. Um dich zu retten, möchte ich dich in einen Buchfink verwandeln, der vor dem Fenster an einem Blatt hängt, das der Frühling ihm schenkte. Aber der Frühling hat uns den Rücken zugekehrt. Blüht aus der Fäulnis. Wolken da oben. Wettbewerb im Sterben. Herrliches Fortziehn. Von dieser Erdenkugel abstoßen zu dürfen, diese Wurzelfüße herausreißen. Gnade, Gnade des Nicht-mehr-Sein-Dürfen. Höchster Wunsch auf Erden: Sterben ohne gemordet zu werden."

Die Gedichte, die Persönliches betrafen aus der Berliner Zeit, hatte sie zum größten Teil selbst vernichtet, die übrigen als „harmlose, unbedeutende Sachen" abgetan.

Jetzt im Exil, als immer mehr Nachrichten von dem unvorstellbaren Leid, das durch die Handlanger des Nationalsozialismus über viele Menschen hereingebrochen war, zu ihr kamem, brach auch eine ganz neue Form visionärer Dichtung aus ihr hervor.

Ihre gerettete Stimme wird zur Stimme der Verstummten, Einzelner und eines ganzen, geschlagenen Volkes.

Es entstand der Gedichtzyklus „In den Wohnungen des Todes", die „Grabschriften" und die „Gebete für den toten Bräutigam". Sie schreibt: „... diese Elegien und Grabschriften sind mir selbst in einem großen Geheimnis gekommen. ... Es soll ein Altar aus Schweigen errichtet werden, aber wenn es einer aus Steinen ist, also Worten, dann keine zugehauenen. Ich habe nichts an den Elegien getan, ich habe sie niedergeschrieben, wie die Nacht sie mir gereicht hat." Es sind Klagelieder ohne Anklage, von Trauer und Schmerz gezeichnet. Grauenhaftes wird nicht beschönigt, es stellt die Frage nach dem Sinn des Menschseins, im Sterben des unschuldigen Kindes – nach der entschwundenen Menschenliebe in der Seele des Henkers.

Durch das Leiden der Opfer geschieht aber auch die „Verwandlung des Staubes" in Licht und „Sternmusik", in der Transzendierung der Materie in ein geistiges Sein. Diese Gedichte sind nicht aus einer sich selbst tröstenden Stimmung entstanden, aus tiefstem Mit-leiden, aus einem beinahe Mitsterben, „gedichtet wie in Flammen" sind sie zugleich die Überlebensquelle. „Der Tod ist mein Lehrmeister gewesen."

Diese existentielle Erfahrung führt nicht nur zu einem neuen lyrischen Stil, einer offenen, starken, bildhaften Sprache, sondern auch zu einem neuen Ausdrucksmittel, dem ersten Drama: „Eli – Ein Mysterienspiel vom Leiden Israels". Diese Bezeichnung hat sie gewählt, weil sie es als eine Zeitforderung ansah, daß das Irdische mit dem Himmlischen zusammengeschaut erscheint – nicht nur in poetischen Bildern, sondern unmittelbar vor den Augen des Zuschauers. Durch die Vertonung eines Freundes, Moses Pergament, verlor sich die angestrebte metaphysische Dimension, und das, was wie eine „Botschaft aus Göttlichem, aus Versöhnung" sein sollte, wird wie ein „rächendes Gedicht" (21. März 1959). Alles andere als das ist hier gemeint. Nach der Uraufführung der Oper, in der sie ihre Absicht so mißdeutet sieht, bekommt sie einen Nervenzusammenbruch. Nelly Sachs hat sich später zu diesen ersten Werken der Exilzeit dahingehend geäußert, sie seien noch zu dicht an einer äußeren Wirklichkeit geblieben. Und wirklich weitet sich ihr Werk immer mehr in das Überpersönliche, Übernationale, Menschheitliche, bis zu einem kosmischen Bereich. „Eine Dichterin Israels im nationalen Sinne kann ich niemals werden. Das ist die Mission, die den einheimischen Stimmen vorbehalten sein soll (23. Mai 1957) ... Wir fühlen wohl alle, daß es im Grunde nicht um das sichtbare Universum geht – nicht um die Mondreise – sondern um weit Hintergründiges, die Landschaft des ‚Nichts‘ oder ‚Gottes‘..." (30. Oktober 1957). 1950 stirbt ihre Mutter und zugleich ein Freund, der ihr die ersten Jahre des Exils immer wieder beigestanden hat. Sie erleidet erneut einen Zusammenbruch und durchlebt große Einsamkeit. Sie bittet ums Überleben, um ihr Werk zu vollenden. Der Stoff ihres neuen Dramas „Abram im Salz" ist „universeller", führt zurück in die gemeinsame christlich-jüdische Wurzel. Abram, ein Gottsucher nach dem unsichtbaren Gott, ist auch der Träger einer neuen schöpferischen Sprache. Hier, wie auch in dem Drama „Beryll sieht in der Nacht – Oder das verlorene und wiedergerettete Alphabet", wird die Sprache selbst zum Thema der Dichtung, ebenso in vielen Gedichten. Der Mensch, der „das Lauschen

ABER VIELLEICHT
haben wir
vor Irrtum Rauchende
doch ein wanderndes Weltall geschaffen
mit der Sprache des Atems?

Immer wieder die Fanfare
des Anfangs geblasen
das Sandkorn in Windeseile geprägt
bevor es wieder Licht ward
über der Geburtenknospe
des Embryos?

Und sind immer wieder
eingekreist
in deinen Bezirken
auch wenn wir nicht der Nacht gedenken
und der Tiefe des Meeres
mit Zähnen abbeißen
der Worte Sterngeäder.

Und bestellen doch deinen Acker
hinter dem Rücken des Todes.

Vielleicht sind die Umwege des Sündenfalles
wie der Meteore heimliche Fahnenfluchten
doch im Alphabet der Gewitter
eingezeichnet neben den Regenbögen –

Wer weiß auch
die Grade des Fruchtbarmachens
und wie die Saaten gebogen werden
aus fortgezehrten Erdreichen
für die saugenden Münder
des Lichts.

Flucht und Verwandlung, erschienen 1959

verlernt", dessen Worte „sintflutertrunken" sind, hat sich in seiner, nur auf das Irdische orientierten Lebensauffassung in den „Staub" begeben, der das „Licht verdeckt." Der Staub ist aber nur wie der Sand, „die Stätte der Hüllenverwandlung." Auch er ist durchzogen von der Sehnsucht nach Verwandlung. „Wir müssen ja mit unseren Leibern das Licht vollbringen." In dieser Zeit lernt Nelly Sachs den „Sohar" kennen, das zentrale Werk der jüdischen Mystik, und findet beglückt vieles darin wieder, was in ihr selbst als Anschauung gelebt hat. Die hier, wie auch bei christlichen Mystikern wie Jakob Böhme lebende Auffassung, „die Welt sei aus einer nicht aufzuhaltenden Sehnsucht in den höheren Sphären entstanden, in allem Geschaffenen lebe umgekehrt die Sehnsucht zurück oder vorwärts zu einer göttlichen Einheit, die der uns bekannten Existenz vorausgegangen und wieder herzustellen sei" (B. Holmquist), entspricht ganz dem, was die gesamte Dichtung der Nelly Sachs als Sehnsuchtmotiv durchzieht. Sehnsucht nicht als ein subjektives, sentimentales, weltflüchtiges Gefühl, sondern als die Kraft, die Gott braucht, damit der Mensch seinen geistigen Ursprung immer wieder suchen kann. „... denn nicht häuslich darf die Sehnsucht bleiben, die Brücken-bauende von Stern zu Stern." Aus dieser Sehnsucht gewinnt der Mensch die Kraft zur Verwandlung des Gewordenen, und darin sieht sie die eigentliche Aufgabe des Menschseins.

In zwei Briefen aus den Jahren 1957 und 1960 schreibt sie: „... Sie fragen nach meinem Dasein. Da wird es schwer, etwas zu sagen. Ich lebe, ich atme den Augenblick, so tief meine Kraft es zuläßt. Ich glaube an eine Durchschmerzung, an die Durchseelung des Staubes als an eine Tätigkeit, wozu wir angetreten ..." (30. Dezember 1957)

„Wir sind alle hier auf Erden, um unseren kleinen Anteil an der Materie zu bewirken, daß sie einmal Geist werde. Ob wir nun schreiben oder auf andere Art da sind und uns bemühen..." (24. März 1960)

Das vollzieht sich für sie also nicht nur in ihrem Dichten („Ich bin ja niemals eine Dichterin gewesen – oder was man so nennt"), sondern in der „Heiligung", in der „Durchströmung des Alltagsaugenblicks, so ein Leben ist in jedem Bemühen, das sich unter unendlichen Schmerzen forttastet zu Hause." (27. Dezember 1959)

Auf dem Boden dieses immerwährenden Ringens erwächst ihre moderne, das heißt immer gegenwärtige, bildhafte Sprachkraft, die sie durch alle Hindernisse und Krankheiten hindurchrettet. Das ist ein Ringen, dem alles „artistische" fehlt, weil es zutiefst existentiell ist. „Ich selbst bin kein literarischer Mensch – ich nehme, was ich liebe, so in mein Blut auf, daß es in mich hineingewachsen ist, sich mit meinem Leben vermischte." (15. September 1959)

Dieser niemals abgeschlossene Prozeß des Ringens ist wie gespiegelt in den Titeln ihrer Gedichtbände: In den Wohnungen des Todes – Sternverdunklung – Und niemand weiß weiter – Flucht und Verwandlung – Fahrt ins Staublose – Noch feiert Tod das Leben – Die Suchende – Glühende Rätsel.

Mit der Verleihung des Droste-Hülshoff-Preises beginnt eine ganze Reihe von Preisverleihungen, bis zur Verleihung des Nobelpreises. Ihre Freude darüber, daß ihre Werke aufgenommen werden, besonders von der deutschen Jugend, ist gepaart mit der Angst, ihre Person in das Licht der Öffentlichkeit zu stellen, vielleicht auch deshalb, weil das, was ihr Eigentlichstes ist, nur aus der Stille heraus wachsen kann. Gerade durch die Preisverleihungen wird sie erneut auf ihre jüdische Existenz hinorientiert. Auch wenn die Reise nach Meersburg „ein Märchen" – „eine Umarmung der Liebe war" und damit so etwas wie ein Stück Heimat, „denn ein Ort kann uns niemals mehr Heimat sein" –, so folgt doch auf diese Reise der große Zusammenbruch, der sie für viele Monate in tiefe Umnachtung und in eine über Jahre dauernde Krankheitsperiode führt, wobei ganz unzweifelhaft ist, daß auch noch ganz andere Gründe hinter ihrer Erkrankung stehen. – Immer wieder überwindet sie ihre Krankheitszustände und arbeitet weiter, selbst im Krankenhaus. Sie durchleidet das, was sie verdichtet, immer wieder selbst.

> Reich bin ich wie das Meer
> aus Vergangenheit und Zukunft
> und ganz aus Sterbestoff
> singe ich euer Lied –

Die letzten zehn Jahre ihres Lebens sind gezeichnet aus der „Ungeduld ans Ende zu kommen" und ihrer aus tiefer Liebe getragenen Hinwendung an ihre Mitmenschen. Nach der Verleihung des Nobelpreises verschenkt sie die gesamte Summe an notleidende Menschen.

In der gleichen Zeit erscheinen ihre beiden letzten Gedichtbände „Die Suchende" und „Glühende Rätsel".

Wer sich auf ihr Werk einläßt, muß selber ein Suchender werden, dann wird „das Unberührbare in ihm angerührt." (Max Tau)

Um eine allzu häufige Unterbrechung des Textes zu vermeiden, ist darauf verzichtet worden, jedes Zitat einzeln zu kennzeichnen. Sie sind alle entnommen den Bänden: „Briefe der Nelly Sachs"; „Die Gedichte der Nelly Sachs" und „Nelly Sachs zu Ehren" sowie „Nelly Sachs, eine Biographie" (R. Dinesen) – alle erschienen im Suhrkamp Verlag Frankfurt.

„…UND NICHT FLIEHEN VOR ERKANNTEN WAHRHEITEN"

HEDWIG MAUTHNER ALS HARRIET STRAUB

MANFRED BOSCH

> „Meersburg schätzt aber seine großen Toten, wenigstens soweit sie zur Vermehrung des Fremdenverkehrs beitragen."
>
> Harriet Straub

In dem so knappen wie schönen Nachruf, den er Hedwig Mauthner im „Bodenseebuch" widmete, hob Wilhelm Restle vor allem drei Verdienste der 1945 Verstorbenen hervor: Ihren Einfluß auf das Spätwerk ihres Gatten, des berühmten Schriftstellers und Sprachphilosophen Fritz Mauthner, die Rettung eines Teils des Nachlasses von Joseph von Lassberg vor dem puren Unverstand und die Bewahrung des Glaserhäusles als einer Stätte von hoher kultureller Bedeutung. Heute, nach über vier Jahrzehnten, hat es den Anschein, als beziehe sich das Gedenken Hedwig Mauthners vor allem noch auf den letzten Punkt – Vestalin des im Glaserhäusle symbolisierten genius loci war sie freilich dem lokalen Bewußtsein und dem Gedächtnis der Freunde schon zu Lebzeiten geworden. „Sie kennen ja unser kleines Märchenhaus", hatte sie im April 1933 an Gerhart Hauptmann geschrieben, „nicht daß ich es verlassen sollte, war das Schwerste, ich werde es ja doch bald verlassen, wenn ich endlich zur Ruhe gehen darf, daß es aber unter Spott und Verachtung als Judenhaus in Banausenhände kommen sollte, das machte mich elend. Nun glückt es mir dank Ihrer Hilfe und noch einiger Freunde Fritz Mauthners, es definitiv frei zu machen und es nun in sichere Hut zu geben. Auch wenn ich nicht mehr da bin, wird es bleiben als das, was es ist, ein Heim für Menschen, die in der Stille arbeiten wollen..." Es waren dies Worte des Dankes an den Freund und Bewunderer Fritz Mauthners, der soeben entscheidend dabei mitgeholfen hatte, das „doppelt historische Glaserhäusle" vor fremdem Zugriff zu retten.

Ein Weiteres, das Hedwig Mauthner heute mehr denn je aus ihrer Rolle als guter Geist des Glaserhäusles und dem Schatten ihres berühmten Mannes heraustreten läßt, klingt in Restles Nachruf dagegen nur wie nebenbei an: daß sie, unter dem Namen Harriet Straub, selber Schriftstellerin war. „Ihr erstes Buch", so hatte Restle in eher pflichtschuldiger Vollständigkeit vermerkt, „erschien im Georg Müller-Verlag 1912 (,Rupertsweiler Leut'). 1914 folgten ,Zerrissene Briefe'." Das ist, sieht man von wenigem Verstreutem ab, das vor allem im „Bodenseebuch" während des Ersten Weltkriegs und in den zwanziger Jahren erschienen ist, in der Tat schon alles – Restles knapper Vermerk aber könnte nur zu leicht den Eindruck erwecken, als seien darüber keine weiteren Worte zu verlieren.

Wie angebracht ein Hinweis auf das Außerordentliche dieser Autorin indes gewesen wäre, davon kann sich der Interessierte neuerdings selber wieder ein Bild machen – erschienen doch nicht allein die beiden von Restle genannten Titel in der letzten Zeit neu, auch einige der erwähnten verstreuten Arbeiten wurden in einem eigenen Band zusammengefaßt. Den Anfang machten 1988 die „Rupertsweiler Leut'". Sie führen in die Herkunftswelt der Autorin zwischen Schwarzwald und Rheinebene, wo Maria Luitgardis Straub als Tochter eines Emmendinger Notars 1872 geboren wurde. Das fiktive Rupertsweiler ist nach Milieu und Mentalität seiner Bewohner repräsentativ für die kleine südbadische Welt; und in ihrer kleinmalerischen Darstellung unterscheiden sich die neun Erzählungen des Bandes vom traditionell heimatlichen Stil auch nur dadurch, daß sie einmal durchweg aus der Perspektive von Frauen geschrieben sind, dann aber vor allem durch das ungewöhnliche Maß an Selbstbewußtsein, mit dem die Autorin sie ausgestattet hat. Dies erstaunt umso mehr, als Straubs lebensnah gezeichnete Figuren dieses Selbstbewußtsein mit instinktiver List in einer dörflichen Alltagswelt zur Geltung bringen, deren Ordnung auf den Fundamenten katholischer Religiosität und männlicher Vorherrschaft ruht. Obschon die Autorin ihren Blick unverkennbar von außen auf die dörfliche Welt fallen läßt, hat Straubs erzählerischer Zugriff nichts eigentlich Distanziertes – zumal milieusichere Darstellung und authentische Figurenzeichnung sichtlich vom hohen Grad eigener Vertrautheit mit dem Thema profitieren.

Es war offensichtlich diese Verknüpfung von Dorf- und Frauenliteratur, die den Herder Verlag zur Neuauflage der „Rupertsweiler Leut'" bewegte, denn er ließ die „Frauengeschichten vom Dorf" (Untertitel) in seiner Reihe „frauenforum" erscheinen. Daß das Interesse dieses Verlages von vornherein nur Straubs erstem Buch gelten

In Meersburg mit Fritz Mauthner, links, und Gustav Landauer. Rechts vermutlich Emanuel von Bodman.

konnte, wird niemand verwundern, der ihre „Zerrissenen Briefe" gelesen hat – lassen diese doch jenen pausbäckigen Charme der Dorfwelt und jene Biederkeit ihres Kinderglaubens radikal-zweiflerisch hinter sich, die Straubs Dorferzählungen allenfalls anzukratzen verstanden. Anders als Herder ging es dem Herausgeber der beiden anderen Neuausgaben deshalb auch von Anfang an um den entschiedenen Hinweis auf diese Schriftstellerin, deren schmales Werk einen erstaunlichen Bogen zu schlagen versteht von der listig illuminierten Kleinwelt zur zweiflerisch ausgerichteten Radikalität eines Denkens, das in vielem als paradigmatisch für die Moderne gelten kann, stilistisch wie formal jedoch von geradezu kammermusikalisch intimer Wirkung ist. Gegenüber ihren anderen Arbeiten muten die „Rupertsweiler Leut'" wie eine erste schriftstellerische Selbsterprobung an.

Die Sicht auf dörfliche Milieus und überkommene Abhängigkeiten aber weicht in den „Zerrissenen Briefen" dem Blick auf Milieu und Abhängigkeiten ihrer eigenen Vergangenheit, berührt doch die Hälfte der zwölf Briefe die teilweise traumatisch erfahrene Familiengeschichte der Autorin und ihren religiösen Komplex, dessen Kern die – unschwer als Vaterersatz zu deutende – enge Bindung an einen Katecheten ausmacht. Über ihn läßt Straub eine fiktive Briefschreiberin sagen: „Ich hab Dir oft erzählt, wie ich durch Jahre keine anderen Gedanken in Kopf und Herz hatte als die von ihm mir eingepflanzten, daß ich ihm blind gehorche, und daß ich verhältnismäßig leichter von Religion und Gott mich frei machen konnte in den Jahren der beginnenden Zweifel als vom Einfluß dieses Mannes." Und in einem anderen Brief, geschrieben von einer Ex-Nonne mit dem (aus den „Lobgesängen" des Heiligen Franz entliehenen) Namen Fra Fuoco, rechtfertigt sich die Schreiberin, weshalb sie, obschon gläubig und auch willig, das sacrificium intellectus nicht zu bringen vermochte und im Zweifel nicht mehr eine Sünde, sondern allmählich den Weg zur Wahrheit zu sehen lernte – schließlich habe man sie doch gelehrt, „nach seiner Überzeugung" zu handeln, nicht zu heucheln und nicht zu fliehen „vor erkannten Wahrheiten."

Eben diesem „Programm" sind die fiktiven Briefschreiberinnen verpflichtet, sämtlich erkennbar als straubsche Alter egos. Der Gestus der Briefe ist denn auch vom Aufbegehren und Sich-Wehren gegen die Zumutung aufgedrängter Rollen bestimmt, von der Aufkündigung bisheriger Abhängigkeiten und der Abrechnung mit Erwartungen zumal gegenüber Frauen, vom Brechen mit scheinbaren Gewißheiten und Übereinkünften auch, die sich meist nur als liebgewordene Gewohnheiten und Bequemlichkeiten des Denkens herausstellen. Gerichtet sind die Briefe an Verwandte, Freunde und Personen wie jenen Katecheten, die zugleich Repräsentanten bestimmter Systeme und Ordnungen, Haltungen und Werte sind – und was die Autorin ihnen durch ihre briefeschreibenden Stellvertreterinnen „auszurichten" hat, dient ihrer eigenen Selbstvergewisserung und Selbstbehauptung –, nicht zuletzt als Frau.

„Ich war so, wie ich bin; wenn er mich lieb hatte, mußte er mich nicht so wollen, wie ich bin?", läßt Straub die Schreiberin eines Briefes sich rechtfertigen, der der Vorwurf gemacht wird, schuld zu sein am Freitod eines abgewiesenen Freundes, und sie setzt hinzu: „Wann werden Menschen lernen, Ehrfurcht voreinander zu haben. Ehrfurcht, statt besitzen wollen. Wann werden die Männer das lernen?" „Frauen-Emanzipation" und „Befreiung" lauten die beiden Briefe, in denen Straub ihre so unkonventionelle wie eigenständige Position gegenüber der Männerwelt deutlich macht: Kalkuliert sie im ersten den Dissens mit der jungen Frauenbewegung bereits mit ein, räumt der andere – mit den Worten Lütkehaus', des Herausgebers der leider nur in Auswahl herausgekommenen Neuausgabe – im Falle eines

Wüstenzeit

„gleichermaßen gutwilligen wie schlecht verstehenden Heiratskandidaten... mit schönster Gnadenlosigkeit im Rollenhaushalt der Geschlechter" auf, so daß der geplatzte „Polterabend wenigstens literarisch" noch stattfindet.

Als Glanzstück der „Zerrissenen Briefe" aber darf gleich der erste gelten. In ihm entwickelt Straub die Unerschrockenheit und Unkonventionalität ihres Auftretens zu höchster Radikalität und Konsequenz, die nicht denkbar sind ohne ihren zehnjährigen Aufenthalt in der Sahara. Dorthin hatte sich die Medizinerin nach ihrem Studium an der Sorbonne nach der Jahrhundertwende von der französischen Regierung verpflichten lassen, um an Gesundheits- und Hygieneprogrammen mitzuwirken. „Aus der Wüste" nun – so der Titel des ersten Briefes – attackiert sie das hochmütige Selbstverständnis des Europäers und entlarvt den Glauben an die Maßgeblichkeit seiner Kultur: „Wenn alle Bäume Schreibrohre wären und das Meer und noch sieben Meere dazu Tinte wären, wie's im Koran heißt, könnte ich nicht ausschreiben, was ich gegen Europa auf dem Herzen habe und was mein Leben in der ‚Unkultur' mir Gutes tut", schreibt Straub. „ Mein Untertauchen in der Wüste ist ein Reinigungsbad... Soll ich Ihnen von der Schönheit der Natur hier schreiben? Ich habe Ihnen oft gesagt: Ich weiß nicht, was ich mehr liebe, das Meer oder die Wüste... Fünf Jahre bin ich jetzt hier, und ich habe noch keinen Tag ohne immer neues Entzücken gehabt. Ich möchte den Menschen mal hierhaben, der von der ‚toten Wüste' spricht. Das ist das lebendigste, grausamste, schmeichlerischste, tobendste, bezauberndste Ungeheuer, das übermenschliche Phantasie sich vorstellen kann."

So wird die Wüste – die für Straub weniger Ort denn „Position" ist – zum Resonanzboden, der ihre Vorbehalte und Zweifel gegenüber einer zum Selbstzweck gewordenen Zivilisation nur verstärken kann; und nur, was dieser den Kampf angesagt hat, läßt sie zu sich herüberdringen: „Nur einen, einen einzigen habe ich lachen gehört, aus seinem dicken schweren Werk heraus (das mein armes Lastkamel nun immer mitschleppen muß, denn nur langsam kann ich es lesen), der lacht über die Worte ‚Gesetze' und ‚Zweck' und ‚Ziel' und ‚Sollen' und hat den Trug, der hinter den Worten steckt, eingesehen und aufgedeckt. Das Lachen klingt mir manchmal hier in der Wüste in die große Stille hinein... Hört man's in Europa auch, oder ist da der Tageslärm zu groß?" Die Stille der Wüste und die Konzentration, die sie ermöglicht, hat für Straub den Axthieb vielfach verstärkt, den sie an den Wurzeln der alten Götzen vernimmt, und sie bekennt, gar zu gerne dabeizusein, wenn diese zusammenpurzeln, dabeizusein „bei der Arbeit und beim befreienden Lachen. Können Sie mir aber dagegen auch versprechen", fragt sie ihren imaginären Adressaten, „daß ich samt meiner neueroberten Unkultur, d.h. meiner natürlichen Gott- und Pietätlosigkeit, meinem frommen Vertrautsein mit der Natur, drüben auch werde atmen und leben können, bei Euch ‚Christen'?"

Jenes Werk, das sie in der Wüste mit sich führte, ist natürlich dasjenige Nietzsches; aber in Kenntnis ihrer weiteren Biographie könnte man auch die Sprachkritik Fritz Mauthners dafür einsetzen, den Straub 1906 in Freiburg kennenlernte und – nachdem sie 1909 gemeinsam das Glaserhäusle gekauft hatten – in Meersburg heiratete. Denn so wahr Wilhelm Restles Bemerkung ist, Mauthner habe den „mystischen Ausklang seines sonst so radikalen Skeptizismus" von Straub empfangen, so unbezweifelbar ist umgekehrt, daß Mauthners Sprach- und Erkenntniskritik Straubs längst erwachte Zweifel an der europäischen Kultur beeinflußt hat und daß Straub von der schreibanregenden Wirkung ihrer Lebensgemeinschaft mit dem Philosophen profitierte.

Das gilt auch für die vielleicht gerade zwei Dutzend Beiträge, die Straub seit dem Ersten Weltkrieg bis zum Beginn des Nationalsozialismus im Rhythmus der Jahre verstreut veröffentlichte und von denen Ludger Lütkehaus sieben zu dem Bändchen „Wüstenabenteuer. Frauenleben" im Freiburger Kore-Verlag zusammenfaßte. Einer davon, „Der schwarze Panther", ist seiner Art nach den „Zerrissenen Briefen" zuzurechnen; drei nehmen Erlebnisse und Erfahrungen der Wüste auf, zwei gelten der Droste („Aus Annette von Drostes Leiden" und „Die Droste in Meersburg"); und „Vom mystischen Weg und Irrweg" schließlich steht für die vom Sufismus beeinflußte straubsche Spiritualität. Deren Parallelen zu Mauthners „Der letzte Tod des Gautama Buddha" sind so wenig zu übersehen wie die Tatsache, daß Straub ihren Weg der Selbstüberwindung und Entsagung gegen jenen „Trug der Worte" fand, gegen den auch Mauthner sein Leben lang ankämpfte. „Vom Menschsein erlöst": Dieser Spruch auf dem mauthnerschen Grabstein hat so nicht nur für Fritz Mauthner Geltung, sondern auch für Hedwig Mauthner – alias Harriet Straub.

Dieser Text war zuerst in der Zeitschrift abgedruckt, die den Namen von Harriet Straubs Haus trägt, in: GLASERHÄUSLE. Meersburger Blätter für Politik und Kultur, Heft 12/November 1991, S. 5 – 9

Buchpublikationen:
Hedwig O'Cunningham: Beutter-Büchlein. Erinnerungen an unsern Katecheten.
Als Manuskript gedruckt. Freiburg 1909.
Harriet Straub: Rupertsweiler Leut'. München 1912.
Neuausgabe: Rupertsweiler Leut'. Frauengeschichten vom Dorf.
Mit einem Nachwort von Karin Walter und einer biographischen Notiz von Herbert J. Burkhardt. Freiburg/Basel/Wien (Herder Verlag) 1988.
Harriet Straub: Zerrissene Briefe. München 1913.
Neuausgabe: Zerrissene Briefe. Herausgegeben und mit einem Nachwort von Ludger Lütkehaus. Freiburg (KoreVerlag) 1990.
Das 1991 sorgfältig von Ludger Lütkehaus edierte Buch Harriet Straubs „Wüstenabenteuer. Frauenleben" konnte nicht ausgeliefert werden, weil der Heimatforscher Herbert J. Burkhardt die Urheberrechte am Werk Harriet Straubs besitzt und dessen weitere Publikation durch andere Herausgeber gerichtlich unterbinden läßt.
Harriet Straub hat zahlreiche Erzählungen, Feuilletons und Essays veröffentlicht; einen Teil davon führt folgender Aufsatz auf:
Ludger Lütkehaus: Zwischen Emmendingen und Tamanrasset. Über Hedwig Mauthner/Harriet Straub, in: ALLMENDE Heft 28/29 (1990) S. 141 – 162
Es bleibt zu wünschen, daß Harriet Straubs Werke bald vollständig veröffentlicht werden.

DIE NONNEN VON ST. KATHARINENTAL

KLÖSTERLICHES LEBEN UND DIE ENTDECKUNG DER MENSCHLICHEN SEELE

ARNO BORST

Es ist spärlich, was die Geschichte vom Leben der Frauen am Bodensee im Mittelalter überliefert. Reichlicher fließen die Quellen nur dann, wenn Frauen den Rückzug aus ihrem Alltag als Adlige, Bürgerin, Bäuerin antraten und sich für ein Leben in klösterlicher Gemeinschaft entschieden.

In seiner eindrucksvollen Arbeit über die ‚Mönche' am Bodensee hat Arno Borst einzelne Kapitel auch Frauenklöstern gewidmet, darunter St. Katharinental, am Südufer des Rheins bei Diessenhofen gelegen, das heute ein Altersheim beherbergt. Schon vor 1230 hatten sich in Winterthur Frauen zu einer Beginengemeinschaft zusammengefunden. Sie wollten zunächst ohne ewiges Gelübde und approbierte Regel ein frommes, geistliches Leben führen. Solche Beginenhäuser wurden in Europa im 13. Jahrhundert in großer Zahl gegründet. Mit ihren frühen Strukturen weisen dabei die Beginengründungen des Bodenseeraums hinüber zu den Städten Oberitaliens mit ihren Laien- und Armutsbewegungen. Letztere können als Wesensmerkmal einer Epoche gelten, in der sich in vielerlei Hinsicht neue Spielräume eröffneten. Dies gilt auch für die Frauen, deren Einfluß nicht nur durch verstärkte Teilnahme am wirtschaftlichen Leben der rasch wachsenden Städte wuchs, sondern die auch in der Nachfolge Christi nach eigenen, weiblichen Lebensformen suchten in freiwilliger Armut und Selbstversorgung, durch Handarbeit und Bettel, in aktiver Krankenpflege. Noch vor 1242 waren die Winterthurer Beginen nach Diessenhofen umgesiedelt, wo sie sich besonders intensiv dem Dienst an den Kranken widmeten. Bereits 1245 erfolgte jedoch die Umwandlung der Beginengemeinschaft in ein Ordenskloster und die Anerkennung der Frauen als Dominikanerinnen, über die der Dominikanerkonvent in Konstanz die Aufsicht übernahm.

Dies wiederum geschah etwa zur selben Zeit wie der Umzug der Frauen in ein neues, in ländlicher Idylle am Rhein gelegenes Domizil, mit dem sie auch äußerlich die Abwendung weg vom ursprünglichen Gründungsideal eines armen und keuschen Lebens im karitativen Dienst der Krankenpflege und hin zur intellektuellen Kontemplation abseits vom städtischen Treiben vollzogen hatten. Dem gewandelten geistlichen Programm – der Wendung von der Beginengemeinschaft zum Dominikanerinnenkloster – entsprach auch die Wahl Katharinas von Alexandrien zur Namenspatronin. Sie war nicht nur die Lieblingsheilige der Dominikaner, sondern die Patronin der Gelehrsamkeit und der Universitätsstudien. Dem ursprünglich zahlreichen Zustrom von Frauen aus allen sozialen Schichten – zeitweilig gehörten dem Konvent um die 200 Frauen an – und einem räumlich weiten Einzugsgebiet folgte mit zunehmender wirtschaftlicher Konsolidierung seit etwa 1350 eine unübersehbare Provinzialisierung und das Nachlassen des intellektuellen Anspruchs. Gerade-

wegs zu diesem Zeitpunkt – etwa zwischen 1350 und 1380 – verfaßte in St. Kathari-nental eine anonym gebliebene Nonne ein Buch mit Lebensbeschreibungen von 54 Nonnen des Klosters. Abgefaßt also in einer Zeit des mehr oder weniger bewußt wahrgenommenen Niedergangs, wurde das Nonnenbuch niedergeschrieben, um den Frauen mit Beispielen aus vergangenen, besseren Zeiten aus ihrer gegenwärtigen Schwachheit aufzuhelfen.

Neben vielem anderen bietet Arno Borst mit seinem Blick in dieses Nonnenbuch eine anschauliche Schilderung zahlreicher Facetten des alltäglichen Zusammenle-bens der Nonnen, ihrer Gefühle und Gedanken, ihrer Isolierung und persönlichen Rivalitäten untereinander, der Askese und Härte, die sie sich selbst auferlegten und die Voraussetzung waren für die besonderen Formen mystischer Visionen, wie sie für St. Katharinental überliefert sind.

Ansicht des ehemaligen Frauenklosters Bächen, zwischen Salem und Heiligenberg, auf einer Glasmalerei, 1669. Am linken Bildrand die Priorin Francisca Liebin mit dem Konvent. Rosgartenmuseum Konstanz.

Auf diese Passagen wird sich der im folgenden gekürzt präsentierte Wiederab-druck konzentrieren. Gewiß können sie als beispielhaft für die zahlreichen anderen Frauenklöster am Bodensee in dieser Zeit gelten, von denen allein im Gebiet des heutigen Bodenseekreises um 1350 mindestens sieben existierten: in Hofen/Fried-richshafen (Benediktinerinnen seit 1079), in Löwental/Friedrichshafen (Dominika-nerinnen, um 1250), in Meersburg (Schwesterngemeinschaft, die nach der 3. domi-nikanischen Regel lebte, um 1300), in Überlingen (3 Franziskanerinnenklöster, 2. Hälfte 13. Jahrhundert und 1348) und Hermannsberg (Beginen, 1360, seit 1401 Franziskanerinnen). Nur von zweien wissen wir mit Sicherheit, daß sie, wie St. Ka-tharinental, aus ehemaligen Beginengemeinschaften hervorgegangen sind (Her-mannsberg und „Auf der Wiese" in Überlingen). Im Laufe des 15. Jahrhunderts er-folgte dann die Gründung fünf weiterer Frauenklöster im Bereich des heutigen Bo-denseekreises: Franziskanerinnen in Sipplingen (1400), zunächst Beginen, dann Franziskanerinnen in Bächen (vor 1406), Dominikanerinnen in Rugacker (um 1436), ebenfalls zunächst Beginen in Weppach (vor 1424), die sich vor 1493 zum Franziskanerorden bekannten, und eine weitere Schwesterngemeinschaft in Berg-heim (vor 1405), die 1486 ebenfalls die Regeln des hl. Franziskus annahm (seit 1687 Kapuzinerinnen).   *(Petra Sachs-Gleich)*

Uns soll das Nonnenbuch, entgegen seinem Vorsatz, nicht die Gestalten einzelner Schwestern, sondern das Klosterleben im ganzen beschreiben helfen. Von den erwähnten Nonnen lassen sich vierzehn eindeutig dem Landadel zuordnen, vierundzwanzig dem Stadtpatriziat, unter den restlichen sechzehn befanden sich einige Bauersfrauen. Der Querschnitt war demnach repräsentativ und bevorzugte keine ständische Gruppe über Gebühr. Alle genannten Nonnen stammten aus dem weiteren Umkreis des Klosters, dem Raum zwischen St. Gallen, Zürich, Schaffhausen und Villingen; auch hier keine Verzerrungen. Die meisten Frauen hielten Kontakt zu Verwandten, zum Beispiel in Konstanz; die kamen hie und da zu Besuch ins Kloster, weil die Nonnen nie verreisten...

Die meisten Nonnen traten jung ein, Adelheid Pfefferhard mit dreizehn, Elsbeth Haimburg mit vierzehn Jahren. Anne von Tetikon starb im Kloster jung und fröhlich, aber die meisten wurden steinalt. Elsbeth Bächlin wollte schon als Zehnjährige kommen und blieb zweiundsiebzig Jahre. Wer solchen Alten zuhörte, wurde selbst beinahe zur Zeitgenossin der legendären Gründerjahre. Hier stand die Zeit still, während sie sich draußen überschlug.

Im Nonnenbuch verwischten sich mit den Hintergründen der Herkunft die sozialen Unterschiede, Laienschwestern mochten einfache Bäuerinnen sein und ihr Lebtag nichts anderes als Zupacken gelernt haben, sie konnten gleichwohl heiligmäßiger leben als manche empfindsame Dame. In diesem Grundsatz lebte noch etwas von der Aktivität der ersten Beginen, nicht mehr viel. Die Laienschwester Adelheid aus St. Gallen hat ein Leben lang die Nonnen treu bedient und ist abends oft zum Umfallen müde. Beim Sterben denkt sie verbittert darüber nach, daß die Schwestern sich jetzt nicht ebenso getreulich um sie kümmern. Die Muttergottes erscheint ihr und tröstet sie: Sie hat ja nicht den hochmütigen Nonnen gedient, sondern dem Jesuskind und wird von ihm den Lohn empfangen. Umgekehrt ist die hübsche Laienschwester Gutta Mestin von unverwüstlicher Körperkraft; obwohl sie die schwere Arbeit im Klosterwald tut, treibt sie rabiate Askese. Das wird ihr wenig nützen, denn sie will mit dem Kopf durch die Wand und wird nicht so nahe zum Herrn gelangen wie die feinnervige Berta von Herten, die ehrlich wünschte, sich die Waldarbeit aufzuladen. Der geistliche Rang einer Schwester im Nonnenbuch bestimmte sich nicht nach ihrer sozialen Herkunft, nicht einmal nach ihrer allgemeinen Wertschätzung im Konvent. Denn dieser Nonnenkonvent war keine verschworene Gemeinschaft mehr.

Woher kamen die starken Spannungen, die sich in den Sterbegedanken der Laienschwester Adelheid niederschlugen? Ihr einfachster Grund war das jahrzehntelange Zusammenleben vieler Menschen auf engstem Raum. Wir wissen nicht, wie Mönche eines frühmittelalterlichen Klosters miteinander fertig wurden. Sie waren wohl einfacher und geselliger aufgewachsen, in Zeiten, als die Siedlungen noch nicht überfüllt waren, als die Gemeinschaften noch auf Tod und Leben zusammenhalten mußten; zwischendurch verschafften gefährliche Reisen in die Fremde Abwechslung und nährten das Heimweh nach Freunden. So war für sie die Gemeinsamkeit des Betens, Essens, Schlafens jahraus jahrein kaum eine Nervenprobe. Für Ordensleute des Spätmittelalters wurde es eine, auch für Männer, die immer wieder in das Menschengewimmel der Städte eintauchten und ihre Mitbrüder im Konvent nicht jeden Tag sahen; sie gingen einander auf die Nerven und verlangten Einzelzellen, die sich im vierzehnten Jahrhundert in den meisten Klöstern durchsetzten. Da stelle man sich einen Frauenkonvent vor, dessen enge Klausur durch lange Verweildauer und fortwährende Neuaufnahmen überfüllt, weder durch Dienstreisen noch durch Heimaturlaub zeitweise entlastet wird, einen Frauenkonvent, der seinen Mitgliedern keine gemeinsame Aktivität bietet, aber gemeinsames Stillhalten aufzwingt. Katharinental lebte in der gleichen Restriktion wie das zisterziensische Salem, ohne die gleiche Motivation.

Wenn die adlige Schaffnerin Elsbeth von Stoffeln sich redliche Mühe gegeben hatte, die Wirtschaft des Klosters in Ordnung zu halten, wartete sie auf ein lobendes Wort der Mitschwestern; sie hörte keines, nur Gott und Maria lohnten es ihr. Wenn die todkranke Anne von Ramschwag sich längere Zeit im Bett aufsetzte, meinte die bedienende Mitschwester, da könne sie nicht sehr leidend sein. Wenn die bäuerliche Mia von Rittershofen über dem Haupt einer Mitschwester eine goldene Krone schweben sah, beschwerte sie sich im Gebet bei Christus, bis er ihr versicherte, daß sie eine noch viel schönere erhalten werde. Vielsagend ist auch die Geschichte der Kleinbürgerin Mechthild von Eschenz. Sie stand im Nonnenchor beim Gebet, da kam die Priorin herein und schickte sie in die Küche. Sie sagte kein Wort und gehorchte. Daraufhin sah die Mitschwester Adelheid Ludwig sie mit einemmal kristallklar leuchten. Die Regel war schweigende Ausführung von Befehlen offenbar nicht. Das Nonnenbuch wollte zu geselligem Verhalten erziehen, die toten Nonnen hatten danach gestrebt, aber eingeübt und selbstverständlich war es nicht. Im Konvent herrschte keine fraglose Zucht unter einer starken Priorin, kein stolzes Gemeinschaftsbewußtsein zwischen Schwestern, sondern Wettbewerb um den geistlichen Rang jeder Nonne. Dieser Rang dokumentierte sich auch in selbstloser Tätigkeit für andere, vornehmlich aber in kontemplativen Erlebnissen, bei denen Christus und die Heiligen der einzelnen Schwester leibhaftig erschienen. Nie zeigte sich Christus mehreren Schwestern zugleich, gar dem ganzen Konvent; wenn es so schien, sah es nur eine einzige.

Da indes das erstrebte Prestige, anders als auf Burgen und Marktplätzen, rein geistlich war, fand die Konkurrenz im Verschwiegenen statt. Die Schwestern redeten nicht viel mehr als Zisterzienser miteinander und behielten ihre mystischen Erscheinungen ängstlich für sich, weil sie durch Mitteilung oft abgebrochen wurden. Auf dem Totenbett erzählten sie das eine oder andere, manche nicht einmal dann. Als die Mitschwestern Geri Haimburg nach dem Tod umzogen, sahen sie, daß ihr Rücken vom Blut geheimer Geißelungen schwarz geworden war; in der Klausur, wo Tag und Nacht keine Schwester mit sich allein war, hatte es niemand geahnt. Die schweigsamen Nonnen übten unglaubliche Härte. Adelheid Zürcher geißelte sich täglich zweimal, aß täglich nur einmal und verzehrte in den fünfzig Jahren ihres Klosterlebens niemals Fleisch. Wenn sie Wein trank, dann so mit Wasser vermischt, daß sie den Wein kaum schmeckte. Aus dem einzigen Weinfaß, das im Kloster stand, teilte die beauftragte Schwester Adelheid Werlin nur Schwerkranken auf besonderen Wunsch etwas zu. Dabei kränkelten viele. Von den im Nonnenbuch Erwähnten hieß es bei jeder vierten, daß sie jahrelang schwer siech war. Trotzdem zogen sie ungern in das „Siechenhaus", wo die alte Siechenmeisterin Adelheid sie nachts versorgte. Die meisten blieben im gemeinsamen Schlafsaal, wo sie ab und zu von einer Mitschwester besucht, sonst nicht betreut wurden. Manche Kranke schleppte sich wie Ita von Kloten mitten in der Nacht in die Kirche, um nur ja nicht

Maria auf dem Thron Salomonis.
Wohl eindrucksvollste Initialminiatur des
Graduale von 1312, fol 231 v, Initiale S
[alve sancta parens]. Darunter in Blütenranke
zwei knieende Dominikanerinnen, davon eine
durch die Beischrift 'S[oror] kath[er]ina de
Radegge' gekennzeichnet. Schweizerisches
Landesmuseum Zürich.

bei Gottesdienst und Kommunion zu fehlen. Zu den wenigsten trat Sankt Martin mit der Hostie ans Krankenbett wie zu Adelheid Ludwig, oder sogar Christus selbst wie zu Adelheid von St. Gallen.

Härteste Askese war Vorbedingung für mystische Erscheinungen; der Herr offenbarte sich nur denen, die sich völlig entäußerten. Die dominikanische Verbindung von theologischem Anspruch und praktischer Armut, Grundlage der deutschen Mystik, wurde hier unbarmherzig zu Ende gedacht und in das Seelenleben des Einzelmenschen verlegt. Der Herr der Kirche gehörte freilich keiner Klosterfrau persönlich und erschien ihr meistens in der Klosterkirche. Hier standen die Nonnen im Chorgestühl bei den sieben Tagzeiten und beteten und sangen gemeinsam. Sie sangen gern. Wenn die Vorsängerin Kathrin von Stein besonders ergreifend gesungen hatte, bemerkte Adelheid Ritter, daß Christus neben ihr stand und sich tief vor ihr verneigte. Beim Gesang der Berta von Herten sah eine andere aus ihrem Mund ein goldenes Rohr zum Himmel hinaufwachsen. In der Klosterkirche beim Gottesdienst formierten sich die Nonnen zur einstimmigen Gemeinschaft, nur hier.

Die Stunde der großen Visionen war die Zeit der nächtlichen Mette. Da erblickte Adelheid von St. Gallen die auf dem Bild des Hochaltars gemalte Muttergottes mit dem Jesuskind, wie sie durch den Nonnenchor ging und der Reihe nach jeder singenden Schwester das göttliche Kind auf den Arm legte. Da sah Anna von Konstanz am Gründonnerstag, wie Christus den Jüngern die Füße wusch, und Ita von Hallau erlebte die Taufe Jesu mit. Die Krönung war die Weihnachtsmette. Da kam, wie Geri Haimburg sah, eine goldene Scheibe vom Himmel, und alle singenden Schwestern wurden daraufgeschrieben. Da weilte Ita von Hallau in Bethlehem bei dem Kind in der Krippe, dem Rind und dem Esel im Stall (ein Schnitzwerk dieses Inhalts stand im Chor). Da blickte Anne von Ramschwag schlagartig in ihr Inneres: Zwei schöne Kinder umschlangen einander, der Herr und ihre Seele.

Nach der Mette konnten sich die Schwestern noch einmal schlafenlegen. Manche tat es und erlebte wie Gertrud Reuter im Traum, daß der Herr zu ihr trat und aus goldenem Kelch sein Blut zu trinken gab. Andere waren wie Elsbeth Haimburg einfach müde und schliefen mit schlechtem Gewissen bis zum nächsten Glockenzeichen. Viele kehrten nach der Mette nicht in den Schlafsaal zurück, blieben in der stockdunklen Kirche im Chorgestühl sitzen und beteten. Und wie sie beteten! Adelheid Pfefferhard bombardierte den Himmel schon als kleines Mädchen mit dreißigtausend Ave Maria, um gegen den Willen der Eltern ins Kloster zu gelangen. Mechthild Huser brachte es täglich auf sechshundert Psalmen, Kathrin von Stein auf fünfhundert Vaterunser; bei aller Inbrunst waren sie imstande, genau mitzuzählen, als hinge tatsächlich vom Kontostand der Gnadenstand ab. In der Stimmung zwischen Schlafen und Wachen kam Er besonders oft. Die Priorin Mechthild von Hewenegg sah ihn an der Martersäule stehen (das Bild hing im Chor) und spürte die Geißelschläge mit. Anne von Ramschwag erlebte ihn anders, als siebenjähriges Kind mit goldblondem Seidenhaar und einem roten Rosenstrauß, den er ihr schenkte. So kam er meistens, entweder als freundliches Jesuskind oder als leidender Heiland. Selten erschien er so wie der Anne von Ramschwag als dreißigjähriger Mann oder so wie der Elsbeth Haimburg nach der Ostermette als verklärter Himmelskönig. Männliche Kraft und Herrlichkeit sprachen eine Nonne kaum an...

Am liebsten wartete jede für sich auf den Herrn, auch tagsüber bei der Arbeit. Die Kellnerin Adelheid Hutter hatte nach der Non im Chorgestühl Besuch vom Jesuskind. Die Pförtnerin kam und holte sie in die Küche. Sie hatte Glück, das Jesuskind lief mit. Die Laienschwester Ita von Hallau bereitete in der Küche das gesottene Gemüse zu, die Hauptmahlzeit der Dominikanerinnen, gemeinhin Kraut genannt. Sie formte einen Ballen und wollte ihn in den Kochtopf werfen. Da stand das Jesuskind neben ihr, nahm ihr den Ball aus der Hand und fing an, mit ihr Ball zu spielen. Sie spielte und spielte. Nachher war sie verblüfft, daß das Gemüse trotzdem gar gekocht war.

Unsereiner wüßte gern, wie es den Nonnen gemundet hat, aber die Frage ist ungehörig. Gäste mögen es geschmeckt haben, daß die Schaffnerin Adelheid von Ossingen aus der Kirche nur ungern in die Küche ging, um ihnen Essen zu kochen; Dominikanerinnen hatten anderes im Sinn. Im Speisesaal sah Adelheid von Spiegelberg vor sich auf dem Tisch das Jesuskind sitzen: „Was fröd und süssigkeit und wirtschaft si do hatt, das ist unsaglich." Vom Essen kann sie nicht viel gemerkt haben. Auch in den Arbeitssaal, das sogenannte Werkhaus, wo die Schwestern gewöhnlich bei Textilarbeiten saßen, kam Besuch. Anne Hettin stickte dort, vielleicht ein Meßgewand. Ihr erschien die Muttergottes in einem schönen Mantel, auf dem mit goldenen Buchstaben stand: Ave Maria! Geri Haimburg arbeitete im Werkhaus für sich allein, währenddessen kam das Jesuskind zu ihr. Eine Mitschwester trat hinzu, weil sie mit ihrer Arbeit nicht zu Rande kam, und bat um Anleitung. Geri winkte stumm, sie solle weggehen. Sofort verschwand das Jesuskind, und eine Stimme sprach: „Weil du die Liebe nicht übtest und der Schwester nicht tun wolltest, worum sie dich bat, darum siehst du mich nicht mehr." Eine Schlüsselvision für das Nonnenleben in Katharinental!

Sie wußten es ja alle noch, daß eine Nonne mit anderen, nicht für sich leben sollte, und das Nonnenbuch schärfte es den Neulingen ein. Man sollte nicht verträumt im Werkhaus sitzen, sondern wie Adelheid Pfefferhard Kleider von armen Leuten flicken. Man sollte nicht wie Luggi von Stein endlos zu Maria Magdalena beten, sonst bekommt man von ihr zu hören, es wäre besser zu tun, was Mechthild Ritter tut. Sie denkt nämlich immer, wenn sie einen Kranken pflegt, daß sie damit dem Herrn tun wolle, was Maria Magdalena ihm tat. Man sollte nicht nach der Kommunion in Schweigen verfallen, wenn eine bedrängte Novizin Hilfe braucht; man sollte sie wie Adelheid von Holderberg in den Kapitelsaal mitnehmen und so lange mit ihr reden, bis sie getröstet ist. Gleich danach mag das Jesuskind der Trösterin erscheinen. Auch innerhalb der Klausur fand eine Nonne überall Gelegenheit, „der erbermd werch" an Mitmenschen zu üben. Allerdings verlernte sie es leicht, weil sich der Konvent nicht als Lebensgemeinschaft fühlte und seine Hilfe für Laien nahezu unsichtbar blieb.

Was konnten Nonnen für Fremde tun? Vielleicht arbeiteten sie in der Schreibstube, dann gewöhnlich nicht an geschichtlichen Aufzeichnungen oder Güter- und Zinslisten des Klosters. Lieber malten sie ein Meßbuch wie das herrliche Graduale von 1312, wo sie Wappen und Bilder ihrer Wohltäter verewigten. Oder sie übersetzten wie Mechthild von Wangen, ohne je Latein gelernt zu haben, die Leidensgeschichte Christi ins Deutsche und schrieben sie für andere auf. Oder sie stickten Meßgewänder, auch für auswärtige Pfarreien. Oder sie beteten wie Adelheid Ritter eine Vigil für die ärmste Seele im Fegfeuer. Ihr erschien eines Nachts eine Seele aus dem Orient, ein Bürger von Ninive, um für die Hilfe zu danken. Oder die geretteten Seelen traten nachts als Kinder ans Bett der Adelheid Pfefferhard und sangen ihr ein Liebeslied. Oder sie beteten wie Adelheid von St. Gallen für den verstorbenen Vater eines Konstanzer Verwandten, und dann vernahm man, daß der Teufel in einer Vision zähneknirschend vom Erfolg des Nonnengebets berichtet habe. Doch wie sollten die Schwestern wirksam für Menschen beten, deren Nöte sie nicht kannten? Am Ende blieb ihnen bloß der kleine Kreis der Nahestehenden, und sie beteten für die vom Schmerz gepeinigte Mitschwester Mia von Konstanz, daß sie leichter sterben konnte. Wofür sonst sollten sie den Himmel bestürmen? Etwa für leibliche Bedürfnisse der Laien, die den Nonnen selbst gleichgültig waren? Am Schluß war jede auf sich verwiesen, auf ihre Seele und ihren Herrn.

Die Schwestern spürten die Welt um sich herum, aber sahen sie nicht. Sie blickten kaum zum Fenster hinaus; der Rhein, der neben dem Speisesaal des Klosters vorbeifloß, kam im Nonnenbuch nicht vor. Vom Bodensee nahmen sie bloß im übertragenen Sinn Notiz. Hilde Brünnsin träumte vom wilden Meer der Welt, das der Herr durchrudert...

Die Verfasserin des Nonnenbuchs rühmte den großen Fleiß, mit dem sich einst, als sie ins Kloster kam, die Novizenmeisterin Diemut von Lindau ihrem Unterricht widmete. Dreißig Jahre lang fand Diemut keine Zeit, zwischendurch still im Nonnenchor zu sitzen. Die Mädchen kamen ja unmündig, fast wie Oblaten, und mußten im Kloster das Wesentliche lernen. Sie übten nicht wie in der alten Klosterschule der Benediktiner Gemeinsamkeit ein, sondern Ausdrucksfähigkeit. Anne von Ramschwag erzählte der Autorin, daß sie blutjung ankam und gar keine Lust hatte, lesen zu lernen und in die Bücher zu sehen, bis sie im Buch ein Kind liegen sah, das sich über ihre adlige Faulheit beklagte. Wie sollte sie mit dem Jesuskind ins Gespräch kommen, wenn sie nichts von ihm lernte? ...

Frauen aus dem Landadel und dem Stadtpatriziat sprachen und lasen ihre Gebete lateinisch wie studierte Geistliche, nicht um gebildet zu erscheinen, sondern um sich dem Herrn verständlich zu machen. Deshalb versuchten sie auch, das Fremde und Gelehrte in ihre Heimat und ihren Dialekt zu übersetzen, damit es Laien gleichfalls verstünden...

Die Nonnen lachten und weinten nicht nur, sie erklärten, warum sie es taten. Die Stimme im Herzen spiegelte nicht allein ihre eigenen Gefühle, oft auch fremde Gedanken; der Elsbeth von Stoffeln hielt diese körperlose Stimme eine subtile Predigt über den Heiligen Geist, mit Augustinzitaten. Sogar wenn sie etwas für unsagbar hielten, sagten sie es.

Solche sprachliche Zucht lernten die Schwestern in einem Konvent, der sich im Zaum hielt. Sein eigentlicher Zusammenhalt lag hier, in der geistigen Zucht, die keine rauschhafte und kollektive Selbstverwirklichung anerkannte...

Zusammenfassend kann man sagen, daß das Buch der ungenannten Nonne um 1370 einen Scheideweg des mittelalterlichen Mönchtums bezeichnete. Daß der apostolische Appell der Priester an die Laienkirche fehlschlug, wurde am ehesten in einem Frauenkloster sichtbar, weil die hier versammelten Frauen keine Priester werden konnten und keine Laien bleiben wollten.

Das ehemalige Dominikanerinnenkloster St. Katharinental
bei Diessenhofen am Rhein gelegen.

Sie konnten das tätige Christenleben in der Stadt, mit dem ihre Gemeinschaft begonnen hatte, nicht nach Art franziskanischer Seelsorger gemütlich fortsetzen, weil Frauenverbände schneller als Männerklöster wieder im Alltag der Laienwelt versanken. Sogar das abgeschiedene Katharinental war im späten vierzehnten Jahrhundert auf dem Weg, eine gewöhnliche Versorgungsanstalt für wohlhabende Frauen zu werden. Die Gründerinnen des Klosters wollten sich diesem Sog dadurch entziehen, daß sie sich die geistige Durchdringung des Christenglaubens nach Art dominikanischer Prediger als Ziel setzten; Frauenverbände mußten es strenger als Männerklöster in der Absonderung der Klausur anstreben. Hierbei zeigte sich aber, daß der Rückzug in den Konvent keine Gemeinschaft mehr trug...

Armut und Askese, die frühere Konvente zu Aktionsgemeinschaften zusammengeschweißt hatten, lenkten den Blick der Dominikanerinnen ganz nach innen, in einen Bereich, wo sich die Grenzen zwischen Wirklichkeit und Einbildung, Tätigkeit und Betrachtung verwischten. Hinter der verschwiegenen Begegnung zwischen der Seele und ihrem Herrn trat alles Gemeinsame zurück, Chorgesang in der Klosterkirche, Handarbeit im Werkhaus...

Bei den Dominikanerinnen in Katharinental war Individualität religiös begründet und betraf die Wurzeln des Mönchtums selbst. Zwei drastische Beispiele, der Tod zweier Nonnen. Die eine, Adelheid Zürcher, stand ihr Leben lang im Dienst für andere. Sie fragte die Priorin, wann die günstigste Sterbestunde wäre. Weil beim Tod einer Schwester ein Gong geläutet wurde, antwortete die Vorsteherin, daß die Schwestern nachts immer sehr erschräken. „Ist es Euch denn recht, daß ich morgen nach der Messe sterbe", fragte die Sterbende und tat es. Die andere, Adelheid Pfefferhard, war immer gegen sich und andere rücksichtslos gewesen. Als die Mitschwestern kamen, um nach der Sterbenden zu sehen, sagte sie: „Geht alle weg, ich will niemanden bei mir haben als unseren Herrn." Beide Frauen zählten zu den wenigen, denen die Autorin des Nonnenbuchs die Bezeichnung „selig" zugestand. Jede Nonne mußte nach ihrer Façon selig werden...

Die Nonnen von Katharinental fanden bei den geistlichen Behörden im vierzehnten Jahrhundert allenthalben Respekt, nirgends besondere Sympathie, im Weltklerus schon gar nicht, vom Bischof in Konstanz bis zum Pfarrer in Diessenhofen. Denn die Schwestern nahmen an allgemeinen Sorgen der Christenheit kaum Anteil; im Nonnenbuch muß man lange suchen, bis man einen Hinweis auf die Pest von 1348 findet. Bei Ordensleuten überwog die Bewunderung, darin waren sich Konstanzer Dominikaner mit Reichenauer Benediktinern einig, freilich vor allem deshalb, weil die Nonnen Hilfe häufiger gewährten als verlangten...

In Katharinental bestattete man wenige Auswärtige, aber man betete für viele Wohltäter aus den verschiedensten Ständen im weiten Umkreis. Das Kloster nahm Adlige, Bürgerliche, Bäuerliche in größerer Streuung als ältere Konvente auf, weil es ihm weniger auf soziale und räumliche Herkunft als auf persönliche religiöse Leistung ankam. Katharinental hielt seine Sonderstellung nicht lange durch, doch um die Mitte des vierzehnten Jahrhunderts repräsentierte dieses Frauenkloster wie kein zweites die ganze Landschaft am Bodensee, und zwar indem es sich von deren einzelnen Kreisen distanzierte. Weil sich die Dominikanerinnen nicht verzettelten, entdeckten sie eine andere Landschaft, nicht so ruhig und überschaubar wie die am Bodensee, die der menschlichen Seele. Sie hat sich seither gründlicher als die sichtbare verändert. Wer heute am Rheinufer Halt macht, findet in der Barockkirche des Altersheims St. Katharinental noch ein paar alte Schnitzwerke, darunter den Gekreuzigten, mit dem die Nonnen des vierzehnten Jahrhunderts sprachen. Das Bild bewegt sich nicht mehr, denn die Schwestern sind verstummt.

(Gekürzter Wiederabdruck aus: Arno Borst: Mönche am Bodensee. 610–1525. Sigmaringen 1978. S.284–301).
Weitere Literatur:
Knoepfli, Albert: Das Kloster St. Katharinental (Die Kunstdenkmäler des Kantons Thurgau Band IV). Basel 1989.
Wilts, Andreas: Beginen im Bodenseeraum. Dissertation Konstanz 1990.

FAMILIE, FRÖMMIGKEIT UND POLITIK

DIE GRÄFIN MAGDALENA VON MONTFORT (1473–1525)

KARL HEINZ BURMEISTER

Die Gräfinnen von Montfort, d.h. die angeheirateten Ehefrauen und die Töchter der Montforter, sind bis heute nur wenig erforscht. Oft wissen wir nicht viel mehr als die Namen, manchmal nicht einmal das. Während über einzelne Grafen von Montfort in den letzten Jahren mehr oder weniger umfassende Monographien erschienen sind, fehlt etwas Vergleichbares über die Frauen völlig. Der Grund dafür ist zweifellos nicht in einem mangelnden Interesse, sondern wohl in erster Linie in der weniger guten Quellenlage zu suchen. Dennoch gibt es einzelne Gräfinnen von Montfort, zumindest seit dem Beginn der Neuzeit, über die zumindest so viel Material überliefert ist, daß dieses eine biographische Skizze ermöglicht. Die hier dargestellte Gräfin Magdalena, geborene von Oettingen, die Ehefrau Graf Ulrichs VII. von Montfort-Tettnang und, nach dessen Tod, die Ehefrau dessen Cousins Graf Johannes' I. von Montfort-Tettnang-Rothenfels, ist ein Beispiel dafür.

Magdalena wurde im Jahre 1473 als einzige Tochter des Grafen Ludwig von Oettingen (†1487) und seiner Ehefrau Eva Freifrau zu Schwarzenberg geboren, vermutlich in der elterlichen Residenz in Oettingen bei Nördlingen. Dort dürfte Magdalena auch ihre Jugendzeit verbracht haben, die freilich nicht besonders lang währte. Denn schon im Alter von etwa zehn Jahren wurde sie von den Eltern dem Grafen Ulrich VII. von Montfort-Tettnang angelobt. Bereits am 14. Mai 1484 war mit der Erlangung einer Ehedispens von dem zweiten und dritten Grade die notwendige Voraussetzung dafür geschaffen, daß die Väter der beiden künftigen Brautleute im Februar 1485 die Heiratsabrede für ihre Kinder trafen, nämlich Graf Ulrich V. von Montfort-Tettnang als Vater des Bräutigams Ulrich VII., und Graf Ludwig von Oettingen als Vater der Braut Magdalena. Graf Ulrich VII. siegelte den Vertrag mit, war also bereits volljährig.

Sowohl die Ehedispens von 1484 als auch die Heiratsabrede von 1485 machen deutlich, wie hier ein Teil des schwäbischen Adels näher zusammengerückt ist. Familien, die seit jeher in einem Konnubium standen und deren erklärtes Ziel es war, sich einer drohenden Mediatisierung durch das Reich und die Fürsten zu widersetzen. Die montfortisch-oettingische Verwandtschaft hat ihren steinernen Ausdruck gefunden in der 1513 erbauten St. Annakapelle in Tettnang. Wappenschilder der Familien Hachberg, Schwarzenberg, Oettingen und Montfort bilden die Schlußsteine im Netzgewölbe; weitere Wappenschilder (Montfort, Heiligenberg, Hachberg, Montfort, Oettingen, Schwarzenberg, Nellenburg und Goerz) dienen im Chor als Konsolplatten. Drei Jahre nach der Erbauung der Kapelle 1516 verbinden sich mehrere Grafen aus den Häusern Montfort, Werdenberg, Zollern, Fürstenberg und Zimmern sowie Jörg Truchseß von Waldburg „in Betracht der Sipp- und Freundschaft,

Bernhard Strigel: Graf Ulrich VII. von
Montfort-Tettnang († 1520) und seine Frau
Magdalena, geb. Gräfin von Oettingen
(† 1525).
Altarflügel, ehemals in der St. Annakapelle
Tettnang, um 1513.
Kunstsammlung Schloß Harburg.

darinnen wir dann alle gegen und undterainander verwandt", um ihre Städte, Schlösser und Leute gegen jedermann zu schützen.

Magdalena wurde mithin schon als Kind der Hauspolitik geopfert. Für das versprochene Heiratsgut und die Morgengabe in der Höhe von 4000 Gulden Kapital und 5% Zins (= 200 Gulden) wurden das Schloß Tettnang und andere Reichslehen als Sicherheit eingesetzt. Mit einer Urkunde vom 5. November 1485 übergab Ludwig von Oettingen dem Konstanzer Domkapitel zu treuen Händen 4100 Gulden, die ihm seine Schwäger, die Grafen Sigmund und Johann von Lupfen für Magdalena als Erbin ihrer Schwiegermutter Kunigunde von Schwarzenberg, geb. von Nellenburg, zu reichen hatten, die ihr als Heiratsgut für Graf Ulrich VII. von Montfort zustanden.

Die Hochzeit fand 1486, jedenfalls noch einige Zeit vor dem 5. September 1487 statt; denn an diesem Tage spricht Herzog Georg von Bayern dem Grafen Ulrich VII. und seiner Gemahlin Magdalena 8000 Gulden als Kaufpreis für deren von Vater und Schwiegervater herrührende Erbschaft zu. Mit einer weiteren Urkunde vom 6. Oktober 1488 stellte Graf Ulrich V. seiner Schwiegertochter Magdalena für deren väterliches und mütterliches Erbgut in Höhe von 15000 Gulden sowie 750 Gulden Zinsen pro Jahr Schloß, Stadt und Herrschaft Tettnang als Sicherheit.

Magdalena war bei ihrer Heirat also gerade 14 Jahre alt; beide Eltern waren bereits tot, als sie, wenn auch finanziell gut abgesichert, zu ihrem Mann auf das Schloß Tettnang zog. Es mag ihr ein Trost gewesen sein, daß man diesen ihren Mann „wegen seines starken und ansehnlichen Körpers und angenehmen Gestalt den Schönen nannte." Graf Ulrich VII., „der Schöne", wurde 1488 Ritterhauptmann des Kantons am Bodensee. Im gleichen Jahr brannte das Schloß Tettnang ab. Graf Ulrich V. starb 1495. Im gleichen Jahr hatte Ulrich VII. einen Erbstreit mit seinen Oettinger Verwandten auszufechten. 1497 teilte Ulrich VII. mit seinen Rothenfelser Vettern Johann I. und Hugo XIII. die Niedergerichtsbarkeit, indem sie die Argen zu einer Grenzlinie erhoben. 1498 erweiterte Ulrich VII. seinen Besitz um das für 1500 Gulden angekaufte Schloß Flockenbach. Im übrigen zeigte Ulrich VII. jedoch nur mehr wenig von dem kämpferischen Geist und dem Expansionsdrang seiner Vorfahren, ja er verkaufte sogar das eine oder andere Gut und begann von der Substanz zu leben.

Magdalena tritt während ihrer Ehe mit dem 1520 verstorbenen Ulrich VII. nur wenig hervor. Ihre Tätigkeit beschränkte sich im wesentlichen auf Haus und Kinder. Magdalena brachte ihrem Mann zehn Kinder zur Welt, zwei Knaben und acht Mädchen. Geburten sind belegbar für die Jahre 1490, 1491, 1492 (zwei).

Von den beiden Söhnen weckte Graf Wilhelm IX. die größeren Hoffnungen der Eltern. 1490 geboren, erwies er sich als „from und fürnem, auch gelehrt", ja sogar „wohlgelehrt in Latein und französischer Sprache", er starb jedoch schon als Zwanzigjähriger 1509. Ludwig wurde 1496 geboren und starb wohl in noch jüngerem Alter, so wie auch eine Tochter Ursula (*1491) und zwei weibliche Zwillinge, von denen eine Christina hieß (*1492).

Unter den fünf am Leben gebliebenen Töchtern ragt Eva von Montfort (1494–1527) hervor, 1509 mit dem Freiherrn Christoph von Schwarzenberg verheiratet, dem Sohn des Hofmeisters zu Bamberg. Magdalena machte Eva zu ihrer Haupterbin. Eva starb jedoch bereits am 6. März 1527 und wurde in München beigesetzt. Ihr von Bernhard Strigel gemaltes Porträt ist überliefert, ebenso ein 1515 geschriebenes Gebetbuch. Aus der Ehe Evas mit Christoph von Schwarzenberg ging eine Tochter hervor, die später mit Hugo XVI. von Montfort-Tettnang-Rothenfels verheiratet wurde, womit das von Magdalena hinterlassene Erbe wieder an die Montforter zurückfiel. Es ist nicht daran zu zweifeln, daß diese Enkelin ihren Vornamen nach der Großmutter, d.h. unserer Magdalena von Oettingen führte.

Zwei weitere, Ursula (1497–1526) und Margarethe (†1523), waren verheiratet: Ursula mit dem Freiherrn Leonhard von Fels, Margarethe mit Graf Georg von Wertheim (seit 1511). Ursula war bereits im Jahre ihrer Geburt mit dem damals 9jährigen „Bauernjörg", Georg III. Truchseß von Waldburg verlobt worden. Die Väter der beiden hatten vereinbart, daß man, sobald Ursula 12 Jahre alt sei, „beide mit der Decke beschlagen lassen" werde. 1506 löste Georg jedoch einseitig diese Verlobung, angeblich weil die Gräfin Magdalena geäußert haben soll, „sie wolle ihm ein Weib ziehen, das ihm das Kraut von den Ohren blase". Ursula wurde die Besitznachfolgerin des um 1500 geschriebenen Wiener Gebetbuches ihrer Mutter Magdalena.

Zwei Töchter gingen ins Kloster: die älteste Ysolde, die bereits 1506 einen Erbverzicht leistete, und die jüngere Katharina

Bernhard Strigel: Porträt der Eva Freifrau von Schwarzenberg, geb. Gräfin von Montfort (1494–1527), 1521. Privatbesitz.

(*1499), die 1512 auf ihr Erbe verzichtete; sie trat in das Dominikanerinnenkloster zum heiligen Grab in Bamberg ein, wohin sich ihre Schwester Eva verheiratet hatte.

Die Äußerung Magdalenas über ihre Tochter Ursula in bezug auf Georg von Waldburg zeigt, daß die Erziehung der Kinder ihr wichtigster Lebensinhalt gewesen ist. Doch seit etwa 1506 verließen die Kinder, eines um das andere, das Haus ihrer Eltern, um entweder zu heiraten oder in ein Kloster einzutreten. Um 1511 waren alle Töchter außer Haus, die beiden Söhne sowie drei Töchter verstorben.

Das Leben der nunmehr 38jährigen Gräfin änderte sich jetzt stark: kirchliches und kulturelles Wirken tritt in den Vordergrund, wie wohl die Hoffnung auf einen männlichen Erben doch nicht ganz aufgegeben wurde. Der bedeutsamste Beleg dafür ist die Errichtung der St. Annakapelle in Tettnang, deren noch – auf Schloß Harburg – erhaltener Altarflügel Bernhard Strigel bald nach 1513 schuf. Die auf dem Annenaltar dargestellte Stifterin Magdalena hält ein aufgeschlagenes Gebetbuch in ihrer

Hand, aufgeschlagen ist ein lateinischer Hymnus an die Heilige Anna, Patronin der werdenden Mütter und kinderlosen Frauen. Die mittelalterliche Legende erzählt die Geschichte von Anna und Joachim, die nach langer Ehe kinderlos waren und denen ein Engel die Geburt eines Kindes verkündete und zu Anna sprach, „daß sie des zum Zeichen nach Jerusalem sollte gehen zur goldenen Pforte." Hier ist auf alte montfortische Familientradition hinzuweisen: Graf Ulrich III. von Montfort-Feldkirch und später auch sein Bruder Graf Rudolf V. waren in der 2. Hälfte des 14. Jahrhunderts nach Jerusalem gepilgert, um Kindersegen zur Erhaltung ihres Geschlechts zu erflehen. Graf Ulrich VII. und seine Frau Magdalena wandten sich mit dem Bau der Annakapelle, mit der Schaffung des Annenaltars und mit der Darstellung der Lektüre des Annahymnus gleich dreimal an die zuständige Patronin, um doch noch zu den ersehnten männlichen Erben zu kommen.

Das von Bernhard Strigel geschaffene Bildnis zeigt uns die damals 40jährige Stifterin als einen mütterlichen Typ in einem Kleid mit brokatem Granatäpfelmuster. Um den Hals trägt sie eine Kette mit einem Antoniuskreuz, das entweder als Talisman gegen die Pest oder als Zeichen einer Mitgliedschaft zu deuten ist. Auffallend ist auch die Ähnlichkeit zwischen der Stifterin und der auf der Innenseite des Altars dargestellten heiligen Anna.

Magdalena war eine sehr fromme Frau, wie diese Annenverehrung und die Mitgliedschaft in einer Antoniusbruderschaft zeigen. Aus ihrem Besitz stammt auch ein um 1500 entstandenes reich illuminiertes Gebetbuch, das auf dem ersten Blatt ein prächtiges Allianzwappen Montfort-Oettingens zeigt. Auch ein weiteres um 1515 entstandenes Gebetbuch, später im Besitz ihrer Tochter Ursula, könnte ursprünglich für Magdalena in Auftrag gegeben worden sein; auch dieses Gebetbuch zeigt auf Blatt 1 v das Allianzwappen Montfort-Oettingen. Gebetbücher gehörten nach altem deutschem Recht zu der „Geraden", jenen Fahrnisgütern, die nur an Frauen weitervererbt wurden.

Es wird vermutet, daß die Annakapelle ursprünglich auch als Grablege für Magdalena ausersehen war. Dem würde auch entsprechen, daß Magdalena sehr bald nach der Errichtung der Kapelle und des Altars ihr Testament gemacht hat, das vom 4. Juli 1515 datiert. Es enthält Vermächtnisse an ihre Töchter, eine Zuwendung an die St. Annenpfründe, die Stiftung eines Jahrtags in die Tettnanger Bruderschaft sowie Bestimmungen betreffend die Begräbniskirche „im rüess", also wohl „im Ries", der Heimat der Magdalena. Fromme Werke charakterisieren diese Jahre, vielleicht dadurch bedingt, daß Schwangerschaft und Tod für die immerhin 42 Jahre alte Frau sehr nahe beieinander lagen. Aber auch jetzt noch war Magdalena bereit, sich – wie sie es ihr Leben lang gehalten hatte – dem familienpolitischen Diktat zu unterwerfen.

Die Geburt eines weiteren Kindes blieb jedoch aus. Ihr Mann, Graf Ulrich VII., starb am 23. April 1520 und wurde im Erbbegräbnis im Kloster Langnau beigesetzt. Magdalenas Leben tritt jetzt in eine neue Phase, bestimmt durch die Witwenschaft. Magdalena brachte ihren neuen Status nach außen durch ein besonderes Witwensiegel zum Ausdruck, wie es für 1520 belegt ist; vielmehr trägt dieses Siegel sogar die Jahreszahl 1520, es hat einen Durchmesser von 3,4 cm und zeigt ein Allianz-

Gräfin Magdalena von Montfort bei der Messe.
Buchmalerei im Gebetbuch der Gräfin, nach 1500.
Österreichische Nationalbibliothek Wien.

STAMMTAFEL

AUSZUG

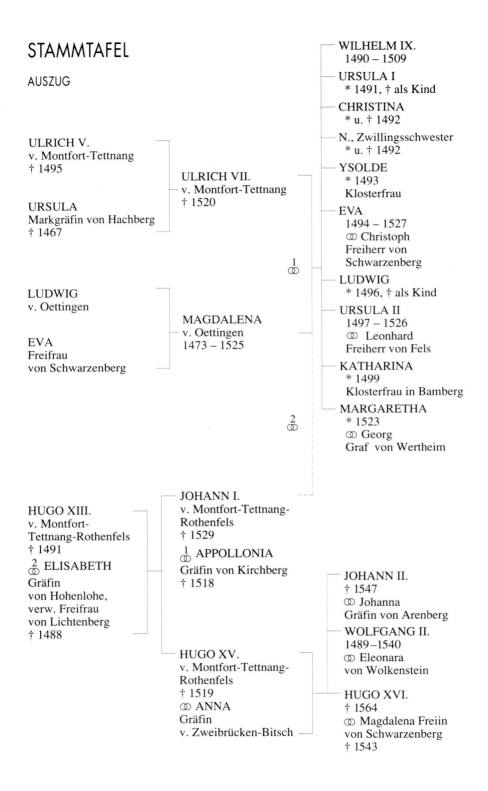

WILHELM IX.
1490 – 1509

URSULA I
* 1491, † als Kind

CHRISTINA
* u. † 1492

N., Zwillingsschwester
* u. † 1492

YSOLDE
* 1493
Klosterfrau

EVA
1494 – 1527
∞ Christoph
Freiherr von
Schwarzenberg

LUDWIG
* 1496, † als Kind

URSULA II
1497 – 1526
∞ Leonhard
Freiherr von Fels

KATHARINA
* 1499
Klosterfrau in Bamberg

MARGARETHA
* 1523
∞ Georg
Graf von Wertheim

ULRICH V.
v. Montfort-Tettnang
† 1495

URSULA
Markgräfin von Hachberg
† 1467

ULRICH VII.
v. Montfort-Tettnang
† 1520

LUDWIG
v. Oettingen

EVA
Freifrau
von Schwarzenberg

MAGDALENA
v. Oettingen
1473 – 1525

1
∞

2
∞

HUGO XIII.
v. Montfort-
Tettnang-Rothenfels
† 1491
2
∞ ELISABETH
Gräfin
von Hohenlohe,
verw. Freifrau
von Lichtenberg
† 1488

JOHANN I.
v. Montfort-Tettnang-
Rothenfels
† 1529
1
∞ APPOLLONIA
Gräfin von Kirchberg
† 1518

HUGO XV.
v. Montfort-Tettnang-
Rothenfels
† 1519
∞ ANNA
Gräfin
v. Zweibrücken-Bitsch

JOHANN II.
† 1547
∞ Johanna
Gräfin von Arenberg

WOLFGANG II.
1489–1540
∞ Eleonara
von Wolkenstein

HUGO XVI.
† 1564
∞ Magdalena Freiin
von Schwarzenberg
† 1543

wappen, links Montfort, rechts Oettingen (Andreaskreuz) und die Inschrift „S(igillum) Magdalena Z(u) Montfort Z(u) Ötingen" sowie das Wort „WITIB" über dem Wappen und die Jahreszahl „1520" unter dem Wappen.

Mit der Witwenschaft und einer neuerlichen Heirat mit dem Vetter ihres verstorbenen Mannes Graf Johann I. von Montfort-Tettnang-Rothenfels (†1529) – angeblich noch 1520 – tritt Magdalenas Leben in eine neue Phase ein, indem sie jetzt in das grelle Licht der Politik eintritt. Zwar scheint sie sich durch diese neue Heirat einmal mehr dem Diktat des Familienrates unterworfen zu haben. Aber: Johann I. ist nie über die Stellung eines Prinzgemahls hinausgelangt. Am 26. Januar 1521 vidimiert der Bischof von Konstanz auf Ersuchen der Magdalena die Urkunde vom 5. Mai 1495, mit der König Maximilian I. Graf Ulrich VII. mit Tettnang und Egloffs belehnt hatte. Und am 7. Mai 1521 belehnt Kaiser Karl V. die Witwe mit der Herrschaft Tettnang und dem Blutbann. Nach dem Lehensrecht brauchte sie für diesen Akt als Frau einen Lehensträger, einen Treuhänder, als welcher Graf Johann I. fungierte, ihr zweiter Ehemann. Dieser war aber aufgrund des bestehenden Vertragsverhältnisses gegenüber seiner Ehefrau Magdalena weisungsgebunden, also deren Befehlsempfänger. Und Magdalena blieb bis zu ihrem Tode 1525 die Landesherrin in Tettnang. Am 18. April 1526 belehnte Kaiser Karl V. ihren Neffen Hugo XVI. mit Tettnang, wozu auch Graf Johann I. seine Zustimmung gab.

In diesen ihren letzten Lebensjahren lernen wir Magdalena noch einmal von einer ganz anderen Seite kennen: Der Humanist und spätere Reformator Urbanus Rhegius aus Langenargen widmete ihr am 20. November 1521 seine deutsche Übersetzung der Auslegung des Paulusbriefes an Titus des Erasmus von Rotterdam.

Magdalena starb am 22. April 1525 im Alter von 52 Jahren. Wegen des Bauernkriegs konnte sie nicht im montfortischen Erbbegräbnis im Kloster Langnau begraben werden. In der Grabkapelle der Schwarzenberger, der Familie ihrer Tochter Eva, im Franziskanerkloster München, hielt eine Gedenktafel fest, daß Magdalena gestorben sei „im großen Aufruhr zu Schwaben, weshalb ihr toter Leib nicht wie gewollt begraben werden konnte und das von ihr angeordnete Gedächtnis deshalb hier aufgerichtet worden" sei. So fand die einzige Montforter Gräfin, die auch als Landesherrin aktiv ihren Untertanen gegenüber trat, von diesen vertrieben ihre ewige Ruhe erst im fernen München bei ihrer Tochter.

Obwohl die Quellen über Magdalena nicht sehr reichlich fließen, berechtigen sie dennoch zu der Feststellung, daß sie eine bemerkenswerte Persönlichkeit war. In kindlichem Alter zu einer Heirat bestimmt, mußte sie erleben, daß fünf ihrer Kinder starben, unter ihnen die beiden Söhne, so daß sie ohne männliche Nachkommen blieb (mit der Folge des Aussterbens der Tettnanger Linie). Ganz bewußt wollte sie ihren Töchtern das gleiche Schicksal ersparen und sie so erziehen, daß sie gegenüber ihren Ehemännern selbständig blieben. So sehr sie sich immer wieder dem Diktat des Familienrates beugte, so sehr emanzipierte sie sich später gegenüber ihrem zweiten Ehemann: ihr Ziel, selbst Landesherrin in Tettnang zu werden, konnte sie mit Erfolg verwirklichen. Ihre kulturellen Leistungen heben sie deutlich aus dem Kreis anderer Frauen der Montforter heraus und bringen sie sogar in unmittelbare Nähe humanistischer und reformatorischer Bestrebungen.

Die Nachweise zum Text sind im Kreisarchiv Bodenseekreis Markdorf und im Vorarlberger Landesarchiv Bregenz einzusehen.

Die wichtigste benützte Literatur:

Bayerisches Hauptstaatsarchiv München: Repertorium Montfort-Archiv.

Die Grafen von Montfort. Friedrichshafen 1982 (Kunst am See 8).

Die Montforter. Bregenz 1982 (Ausstellungskatalog des Vorarlberger Landesmuseums 103).

Roller, Konrad: Grafen von Montfort und von Werdenberg. In: Genealogisches Handbuch zur Schweizer Geschichte 1. Zürich 1900–1908, S. 145–234, 409–415.

von Vanotti, Johann Nepomuk: Geschichte der Grafen von Montfort und von Werdenberg. Belle-Vue bei Konstanz 1845 (Nachdruck Bregenz 1988).

Weiß, Roland: Die Grafen von Montfort-Tettnang im 16. Jahrhundert. Konstanz: Magisterarbeit, 1991.

„HEXENWAHN"

DAS SCHICKSAL DER APOLLONIA MAYER AUS ÜBERLINGEN

MARIANNE HESS

Man schrieb das Jahr 1596. Im ganzen Südwesten Deutschlands grassierte der Hexenwahn. Auch die Reichsstadt Überlingen blieb davon nicht verschont. Schon zwölf Frauen waren vom Überlinger Rat, der gleichzeitig auch das Stadtgericht bildete, als Hexen verurteilt und verbrannt worden. In der ganzen Stadt beobachtete man sich voller Mißtrauen. 1596 brannte der Scheiterhaufen gleich dreimal. Die erste, die diesen schweren Weg gehen mußte, war Apollonia Mayer.

Apollonia war keine eingesessene Überlingerin, was ihr das Leben in der Stadt nicht gerade leicht gemacht haben wird. Sie stammte aus Stockach und aus armen Verhältnissen. Mit 15 Jahren verließ sie ihre Mutter, um sich ihren Lebensunterhalt als Magd zu verdienen. Zum Zeitpunkt des Hexenprozesses war sie eine Frau mittleren Alters und mit Georg Steuer verheiratet. Dieser war 1576–1606 Gretknecht, d.h. er war Kornträger und Kornaufschütter in der Gret, dem städtischen Lagerhaus am See. Apollonia hatte drei Kinder: Galle, der 1596 nicht mehr lebte, Christian und eine namentlich nicht genannte Tochter. In ihrer nächsten Umgebung hatte Apollonia wahrscheinlich nicht den besten Ruf. Im Verlauf des Prozesses gibt sie von sich aus zu, ihren Mann dreimal betrogen zu haben. Ihr Mann wußte wohl von diesen Seitensprüngen, denn wenn man auf so engem Raum zusammenlebt, wie im Mühlenviertel, sprach sich so etwas schnell herum. Allerdings findet man Georg Steuer nicht unter den Belastungszeugen seiner Frau, was in anderen Hexenprozessen durchaus vorkam.

Ein an sich unbedeutender Vorfall im Jahr 1579 hatte ihrem Leben eine schicksalhafte Wendung gegeben: Als der Stadthirte damals die Kuh der Christine Wieland wieder nach Hause brachte, lahmte das Tier. Christine Wieland wohnte in nächster Nachbarschaft zu Apollonia Mayer im Osten der Stadt: im Mühlenviertel. Dieses Stadtviertel lag außerhalb der Stadtmauern und war in sich abgeschlossen. Hier kannte jeder jeden. Mit 72 Haushalten ist die Mühlengemeinde in den Überlinger Steuerbüchern verzeichnet. Nur wenige reiche Einwohner waren in diesem Viertel zu finden: der Arzt Dr. Abraham Heußlin und die Müller. Ansonsten wohnten dort nur arme Leute. Zu diesen gehörte auch Apollonia Mayer. Sie hatte sich mit ihrer Nachbarin Christine Wieland recht gut verstanden und stand ihr oft mit Rat und Tat zur Seite. Dies änderte sich aber schlagartig nach dem Ereignis von 1579. Für Christine Wieland war es natürlich ein schwerer Schlag, als ihre Kuh krank wurde, denn viel besaß sie nicht. Sie konnte und wollte sich nicht so ohne weiteres mit den Tatsachen abfinden und suchte nach einem Schuldigen. Aber anstatt den Stadthirten für den Zustand der Kuh verantwortlich zu machen, in dessen Obhut das Tier ja lange

Zeit war, beschuldigte sie ihre Nachbarin Apollonia, die Kuh verhext zu haben. Apollonia hatte den verhängnisvollen Fehler begangen, aus rein nachbarschaftlicher Hilfsbereitschaft diese Kuh für Christine Wieland zum Stadthirten zu bringen. Später hat Christine Wieland Apollonia gebeten, der Kuh zu helfen. Das aber lehnte Apollonia ab und gab ihr nur einen mündlichen Rat mit den Worten: „Ich weiß wohl, worauf du hinredest." Apollonia wußte von früheren Hexenprozessen genau, welche Auswirkungen eine solche Hilfeleistung haben konnte. Wahrscheinlich rächte sich Christine Wieland für die Verweigerung der Hilfe, indem sie die Nachbarin eine Hexe nannte. Apollonia wird es angesichts der anderen Hexenprozesse angst und bang geworden sein. Sie wollte allen möglichen Folgen vorbeugen und den Verdacht nicht auf sich sitzen lassen. So fragte sie ihre Zunftmeister, ob sie Christine Wieland anzeigen solle. Diese aber gaben ihr den Rat, von einer Anzeige abzusehen, da Christine Wieland vor der Obrigkeit im Ernstfall alles abstreiten würde. Danach ruhte der Vorfall und der Verdacht.

Erst 17 Jahre später, 1596, spielte dieser Vorwurf der Christine Wieland wieder eine Rolle. Was war geschehen? Irgendwann zwischen 1579 und 1596 war Apollonias Mutter in Stockach als Hexe verbrannt worden. Das hatte schwerwiegende Folgen für Apollonia. Sie war nun die Tochter einer „Hexe", und als solche war sie ihren Mitmenschen nicht ganz geheuer, da sie ja das Hexenhandwerk von ihrer Mutter gelernt haben konnte. Wurde in der folgenden Zeit in der Nachbarschaft ein Kind

Stadtansicht von Überlingen, Zeichnung um 1570. Am rechten Bildrand das Mühlenviertel. Im Bildhintergrund oben der Galgenbühl.

oder eine Kuh krank, dachten die Betroffenen sofort an Apollonia und überlegten, ob nicht vielleicht Hexerei im Spiel war. Für einen Verdacht genügte es schon, wenn Apollonia kurz zuvor an dem entsprechenden Kind oder Tier vorübergegangen war. Zwei Tiere waren offensichtlich bereits krank, als Apollonia ihnen begegnete, da sie vom Scharfrichter ausgeführt wurden. Der Scharfrichter war zugleich auch Abdecker und führte keine gesunden Tiere aus. Diese Tatsache hinderte aber die Leute nicht daran, Apollonia trotzdem für den Zustand der Tiere verantwortlich zu machen. Sobald Apollonia in den Ruf gekommen war, eine Hexe zu sein, war wirklich alles verdächtig, was sie tat. Sogar ganz alltägliche und leicht erklärbare Dinge, wie z.B. Gepolter um Apollonias Haus an Fasnacht oder ein Streit mit der Tochter, wurden von den anderen als Beweis dafür angesehen, daß Apollonia mit dem Teufel im Bunde stehe. Die Menschen, die solche Anschuldigungen vorbrachten, kannten Apollonia mehr oder weniger gut. Zum größten Teil waren es ihre Nachbarn. Zwei ihrer angeblichen Opfer traf sie nur, wenn sie in die Stadt ging und ihrem Mann das Mittagessen an seinen Arbeitsplatz brachte. Apollonia meinte, daß zwischen ihr und ihren Nachbarn ein gutes Verhältnis bestehe. Sie selbst scheint mitunter sehr hilfsbereit gewesen zu sein. Doch bei genauerem Hinsehen sind doch auch nachbarliche Spannungen festzustellen.

Die Nachbarinnen Helena Stroppin und Apollonia verstanden sich ganz gut. Apollonia ging für ihre Nachbarin im Rathaus betteln, und Helena Stroppin kochte eine Suppe für Apollonia, als diese krank war. Helena Stroppin sagte aber aus, daß Apollonia diese Suppe nicht habe essen wollen. Das war um so mehr verdächtig, als Helena Stroppin sich daran erinnerte, daß die Suppe geweihte Zutaten enthalten habe. Apollonia stellte die Geschichte allerdings anders dar. Sie sagte, Helena Stroppin habe ihr die Suppe gar nicht gebracht, da Helenas Mann, Endress Stollenmayer, es ihr verboten habe. Mit Endress Stollenmayer hatte Apollonia Streit, weil er ihr Geld schuldete und es nicht zurückzahlte.

Ein anderes Mal wollte Apollonia mit den Frauen ihres Hauswirts Bentzlin Braun und ihres Nachbarn Silvester Karter Schnitten backen. Währenddessen fing es an zu regnen. Da der Regen auch durch den Kamin kam, rußte das Feuer und verdarb die Schnitten. Bentzlin Braun hatte sofort Apollonia im Verdacht, den Regen herbeigezaubert und das Feuer verhext zu haben. Er hielt das vielleicht für einen Racheakt Apollonias, weil ihre Katze getötet und Apollonia beschimpft hatte, als sie ihre Wäsche nicht am vereinbarten Ort wusch.

Apollonia war eine Frau, die sich zur Wehr setzte, wenn sie sich ungerecht behandelt fühlte. In manchen Fällen reagierte sie möglicherweise etwas zu heftig, wodurch sie sich erst recht unbeliebt machte. Schon im Jahr 1579, als Christine Wieland den Hexenverdacht aufbrachte, zeigte sich, daß Apollonia sich nichts gefallen ließ. Das wurde auch deutlich, als sie z.B. ein Hemd ihres Sohnes, das diesem gestohlen worden war, zurückholte oder ausstehende Schulden einforderte. Diese Nachbarn erinnerten sich gleich an die „streitsüchtige" Apollonia, wenn ihnen ein Unglück zustieß, zumal sie auch sonst einen schlechten Ruf hatte.

Die Gerüchte und Vedächtigungen gegen Apollonia verdichteten sich schließlich derart, daß der Überlinger Rat die Nachbarn Apollonias über sie ausfragte. Am 4. April 1596 erschien eine Abordnung des Rates bei Apollonia, hob sie vom Boden auf und brachte sie in den Gefängnisturm im Westen der Stadt. Zwei Räte wurden als sogenannte Turmherren mit dem Verhör der Apollonia betraut. Die erste Frage, die Apollonia beantworten mußte, war, ob sie wisse, wessen sie angeklagt sei. Apollonia wußte das sehr wohl, denn diese Art der Verhaftung wird im „Hexenhammer" empfohlen und war auch bei den anderen „Hexen" angewendet worden. Der „Hexenhammer" wurde von dem Dominikanermönch Heinrich Institoris verfaßt und erschien 1487. Er ist ein Leitfaden zur Ausrottung von „Hexen". Laut „Hexenhammer" sollte man die verdächtigen Frauen vom Boden aufheben, damit der Teufel keine Macht mehr über die „Hexe" habe und ihr nicht zur Flucht verhelfen könne.

Mit dieser Verhaftung beginnt für Apollonia eine fast drei Wochen dauernde Tortur. Sie wird körperlich und seelisch gefoltert. Es entsteht das Bild einer Frau, die aus Angst vor der ewigen Verdammnis ihrer Seele im Jenseits lieber Unmenschliches erträgt, als ein falsches Geständnis abzulegen.

Die Überlinger Inquisitoren scheinen bei ihrer Befragung hauptsächlich auf die konkreten Anschuldigungen Wert gelegt zu haben, denn man fragt Apollonia nur am Anfang nach den Untaten, die eine „Hexe" gestehen muß, um als solche verurteilt werden zu können. Diese Delikte sind: Ableugnen des christlichen Glaubens, der Bund mit dem Teufel, Besuch eines Hexensabbats, Wetterzauber u.a. Apollonia leugnet alles und beteuert ihre Unschuld. Danach wird sie auf ihre Mutter angesprochen und gefragt, ob ihre Mutter eine Hexe gewesen sei, worauf sie antwortet: „Ja, ihre Mutter sei leider eine solche Frau gewesen." Auch später, als sie Gebete sprechen soll, sagt sie beim vierten Gebot, „wie kann ich meine Mutter ehren, die mich und die meinigen in weltlichen Spott und Schande gebracht hat." Apollonia zeigt sich im Verlauf des Verhörs so aufrichtig und offen, daß sie auch zu diesem Zeitpunkt ihre Mutter nicht falsch beschuldigt, um sich eventuell einen Vorteil zu verschaffen. Apollonia hielt ihre Mutter tatsächlich für eine Hexe.

Als Apollonia keine der Untaten, die ihre Nachbarn ihr zur Last legen, gestehen will, wird die Verhörmethode geändert. Bisher wurde Apollonia nur eindringlich befragt, nun wird sie gefoltert. Der Überlinger Scharfrichter Heinrich Übelacker bindet ihr die Hände auf dem Rücken zusammen und zieht sie an den zusammengebundenen Händen hoch, bis ihre Füße nicht mehr den Boden berühren. Zur Verschärfung der Tortur werden ihr später noch Gewichte an die Füße gehängt und Daumenschrauben angelegt. Der Sinn der Folter war es, den Dämon für die Zeit der Folteranwendung aus der „Hexe" zu vertreiben. Man glaubte, daß er diese Qualen nicht aushalten könne und die „Hexe" dann ungehindert gestehen könne. Apollonia widersteht diesen Schmerzen und legt kein Geständnis ab. Doch statt Apollonia wegen erwiesener Unschuld freizulassen, greift der Überlinger Rat zu einem anderen Mittel. Man schickt nach dem Ravensburger Scharfrichter Peter Deubler.

Dieser scheint ein Experte auf dem Gebiet des Verhörs von „Hexen" gewesen zu sein. Er besaß eine genaue Kenntnis des „Hexenhammers". Von da an wird Apollonia nicht mehr nach konkreten Vorwürfen gefragt, sondern mit den im „Hexenhammer" beschriebenen Praktiken traktiert. Der Ravensburger läßt Apollonia zunächst in einen Raum ohne Erdboden bringen, um sie der Macht des Teufels zu entziehen. Dann muß sie den Teufel verfluchen, einen mit Weihwasser vermischten Trank zu sich nehmen, außerdem soll sie weinen. Man glaubte, daß „Hexen" nicht weinen können. Kamen einer Angeklagten dennoch die Tränen, so meinten ihre Peiniger, sie spiele Theater, und hielten die Tränen nicht für echt. Apollonia ist mit keiner dieser Methoden dazu zu bewegen, den Bund mit dem Teufel einzugestehen. Daraufhin wenden die Scharfrichter die Folter in verstärktem Maße an. Zwar verlangt Apollonia, daß man sie ohne Geständnis verurteile, da sie bei einem falschen Geständnis um ihr Seelenheil bangt. Aber es geht anscheinend gegen die Berufsehre des Ravensburger Scharfrichters, Apollonia kein Bekenntnis abzuringen. Bei der letzten Folter wendet Deubler seine ganze Kunst an, und Apollonias Widerstand bricht. Unter vielen Gewissensbissen gesteht sie, was die Scharfrichter und die Turmherren von ihr hören wollen. Als der Ravensburger Scharfrichter abgereist ist, bäumt sich Apollonia nochmals auf und widerruft dieses Geständnis. Doch man läßt sie nicht in Ruhe. Der Überlinger Scharfrichter foltert sie erneut. Sie erträgt es, ohne etwas zu sagen. Erst als der Rat den Ravensburger wieder holen will, bestätigt Apollonia aus panischer Angst vor Peter

Teufelsbuhlschaft und Schadenzauber.
Holzschnitte um 1500.

Verbrennung einer Hexe vor den Toren
von Willisau.
Buchmalerei in der Bilderchronik
des Luzerners Diebold Schilling von 1513.
Zentralbibliothek Luzern.

Deubler ihr Geständnis. Am 27. April, 23 Tage nach ihrer Inhaftierung, wird Apollonia auf die Hofstatt vor das Zunfthaus der Patrizier, den Löwen, geführt, wo sich schon das ganze Volk versammelt hat. Das Urteil wird öffentlich verlesen:

„Auf solliche der armen Frauen begangene und bekannte Mißhandlungen haben sich meine Herren Bürgermeister und ein ganzer samenthafter Rat uff ehr und ayd zu recht erkannt, daß sie solle aus ihrer vangknus herab uff einem Karren für das Rathaus zu dem Lewen geführt, ihr Urgicht und Bekanntnus über sie offentlich verlesen und volgends dem Nachrichter bevolen werden. Der soll sie also uff dem karren, die händ zusammengebunden zum Hochgericht, dahin man sollliche leuth zu führen pflegt, hinausführen und mit dem Feuer vom leben zum todt zu ihr richten und ihr flaisch, bain, hauth und haar zu bulffer und äschen verbrennen, damit khein sollicher schad von ihr nie mehr gesceen oder widerfaren könnde. Actum Samstags, den 27. Aprilis ao. 1596. Gnad dir Gott.“

Dann tritt Apollonia ihren letzten Gang an. Sie wird auf der heutigen Hochbildstraße zum Galgenbühl geführt. Dort wird das Urteil vollzogen.

Der Hexenwahn trieb vor allem in Südwestdeutschland im 16. und 17. Jahrhundert die schlimmsten Blüten. Am Bodensee war Überlingen kein Einzelfall. Auch Frauen aus Konstanz, Ravensburg, Salem, Heiligenberg, Meersburg, Langenargen, Wasserburg, Lindau, Vorarlberg, Liechtenstein wurden als Hexen verfolgt und getötet.

Als eine tiefere Ursache für dieses Phänomen wird eine alle gesellschaftlichen Bereiche jener Zeit umfassende Krise vermutet: Pest, Bevölkerungsdruck, Wirtschaftsdepression, Glaubensspaltung. Das Schicksal der Apollonia Mayer ist dabei typisch für den Verlauf, den die Ereignisse im allgemeinen in Überlingen nahmen.

Nachbarschaftliche oder familiäre Konflikte steigerten sich zu öffentlichen Beschuldigungen und Denunziationen, bei denen der Vorwurf der Teufelsbuhlschaft, des Schadens- und Wetterzaubers schnell bei der Hand war. Und es traf zumeist dieselben. Apollonia Mayer verkörperte den Typ Frau, der in Überlingen am meisten gefährdet war: arm, womöglich nicht eingesessen und mit Familie. Ein schlechter Leumund oder besondere Fähigkeiten hatten die Frauen nicht selten an den Rand der sozialen Ordnung gedrängt.

Zur Eskalation der Geschehnisse kam es dann, wenn sich der Rat der Stadt zu einem rigorosen Vorgehen gegen die Störung von Ruhe und Ordnung in der Stadt und des Friedens unter den Bürgern entschloß. Mit der Aufnahme eines Prozesses konnte die städtische Obrigkeit ihre Autorität unter Beweis stellen. Als Folge all dieser Umstände wurde in Überlingen zwischen 1574 und 1610 mindestens 24 Personen wegen des Verdachts der Hexerei der Prozeß gemacht. Zwanzig Frauen kostete dies das Leben.

Überblick über die wichtigste Literatur zu den Hexenverfolgungen im Bodenseeraum, da eine zusammenfassende Darstellung bislang fehlt:

Heß, Marianne: Die Hexenprozesse in der Reichsstadt Überlingen (1549–1610). Staatsexamensarbeit Universität Konstanz. 1984.

Dies.: Die Überlinger Hexenprozesse. In: Geschichtstreff. Beiträge zur Geschichte der Bodenseeregion. Hrsgg: Burger, Oswald, Kuhn, Elmar L. (Geschichte am Bodensee 30-1) Friedrichshafen 1986, S. 375–401.

Harzendorf, Fritz: Überlinger Hexenprozeß im Jahr 1596. In: Schriften des Vereins für Geschichte des Bodensees und seiner Umgebung, 57, 1940, S. 108–141.

Weber, Kilian: Hexenbrände im Linzgau. In: Bodensee-Chronik 1934, S. 42–44.

Mahl, Alexandra: Die Hexenprozesse in Meersburg und ihr historischer Kontext. Staatsexamensarbeit Universität Konstanz. 1989.

Laer, Annette von: Die spätmittelalterlichen Hexenprozesse in Konstanz und Umgebung. In: Schriften des Vereins für Geschichte des Bodensees und seiner Umgebung, 106, 1988, S. 13–27.

Zimmermann, Wolfgang: Teufelsglaube und Hexenverfolgungen in Konstanz 1546–1548. In: Schriften des Vereins für Geschichte des Bodensees und seiner Umgebung, 106, 1988, S. 29–57.

Schneider: Ein Hexenprozeß in Tettnang. In: Schriften des Vereins für Geschichte des Bodensees und seiner Umgebung, 16, 1887, S. 68–72.

Fix, Martin, Dieck, Margarete: Von „teufelischen Künsten und Hexerei" – der Prozeß von 1625 gegen Anna Lohr aus Argen. In: Langenargener Geschichte(n) 4. Hrsg: Gemeinde Langenargen, Tettnang 1989, S. 110–123.

Müller, Karl Otto: Heinrich Institoris, der Verfasser des Hexenhammers und seine Tätigkeit als Hexeninquisitor in Ravensburg im Herbst 1484. In: Württembergische Vierteljahreshefte für Landesgeschichte, 19, 1910, S. 397–417.

Wiedemann, W.: Hexenprozesse zu Wasserburg. In: Bodensee-Heimatschau 8, 1929, Heft 2/3.

Byr, Robert: Hexenprozesse in Bregenz. In: Schriften des Vereins für Geschichte des Bodensees und seiner Umgebung, 15, 1886, S. 215–226.

Tschaikner, Manfred: ‚Also schlecht ist das Weib von Natur...'. Grundsätzliches zur Rolle der Frau in den Vorarlberger Hexenverfolgungen. In: Hexe oder Hausfrau. Hrsg: Niederstätter, Alois, Scheffknecht, Wolfgang. Sigmaringendorf 1991, S. 57–76.

Vogt, Paul: Hexenprozesse des 17. Jahrhunderts in der Grafschaft Vaduz im Spiegel eines juristischen Gutachtens. In: Schriften des Vereins für Geschichte des Bodensees und seiner Umgebung, 106, 1988, S. 1– 11.

TÜRKISCHE FRAUEN AM BODENSEE IM 18. JAHRHUNDERT

GRÄFIN VON CASTELL-REMLINGEN, GEB. FATME, IN MARKDORF

HUBERT FREYAS

Die katholische Pfarrkirche St. Nikolaus in Markdorf verwahrt im Kirchenschatz ein schmuckloses Handkreuz mit einer ungewöhnlichen Geschichte. Im Längsbalken, über dem Haupt Christi, sind zwei kleine, gekreuzte, streichholzdicke Hölzchen hinter Glas eingelassen. Ein kleines Schriftband weist diese als vom Hl. Kreuz Jesu Christi stammend, also als Kreuzreliquie, aus. Das untere Ende ist ausgehöhlt und mit einem Schieber verschlossen. Der kleine Raum dient der Aufbewahrung einer um 1756 geschriebenen Urkunde, die eng um ein Metallstäbchen gerollt ist. Verfasser ist der Kapuzinerpater Fructuos aus Überlingen. Er war 14 Jahre Beichtvater einer türkischen Frau, die ihm die hochgeschätzte Reliquie kurz vor ihrem Hinscheiden geschenkt hatte. Diese Kreuzreliquie, die vom „zwerchen" (queren) Kreuzbalken Christi stammt, war in einer goldenen Kapsel und in einem mit goldenen Blechen beschlagenen Kreuz untergebracht. Der Beschenkte hat dann die Kreuzreliquie in das oben beschriebene einfache Kreuz eingesetzt, um der Ordensregel nachzukommen, die ihm persönlichen und wertvollen Besitz nicht erlaubte. Der hier inhaltlich wiedergegebene und ergänzte Bericht des Paters zeichnet einen Teil der Geschichte dieser Kreuzreliquie und den nicht alltäglichen Lebenslauf der einstigen Besitzerin nach.

Der fränkische Graf Friedrich Magnus von Castell-Remlingen, „kaiserlicher Kammerherr und Feldmarschall, auch Obrist zu Roß und Herr zu Remlingen", erhielt diese Reliquie in Augsburg bei seinem Übertritt vom Protestantismus zum katholischen Glauben auf „sein inständiges Bitten" vom dortigen Bischof Alexander Sigmund von Pfalz-Neuburg geschenkt. Remlingen liegt in Unterfranken zwischen Wertheim und Würzburg, das Stammschloß der Castell ist heute eine Ruine 30 km östlich von Würzburg.

Graf Friedrich kämpfte seit 1680 mit seinem „Regiment Castell" in der kaiserlichen Armee gegen die in Ungarn vordringenden Türken. Diese bedrohten das Reich und belagerten Wien 1683 mehrere Wochen lang, sie blieben jedoch mit ihrem Bemühen schlußendlich erfolglos. An der Seite der siegreichen kaiserlichen Feldherren Prinz Eugen von Savoyen und Markgraf Ludwig von Baden wurden die türkischen Truppen immer weiter nach Süden abgedrängt. Für seine Verdienste in diesem Feldzug wurde Graf Friedrich 1693 vom Kaiser zum Generalfeldmarschall befördert.

1686 eroberte Markgraf Ludwig von Baden, auch Türkenlouis genannt, die Stadt Ofen, das heutige Budapest. Dabei kamen viele Verteidiger und deren Familienangehörige in die Gefangenschaft. Das 13jährige türkische Mädchen Fatme, eine „Bassa aus der Grafschaft Maspha", erlitt das gleiche Schicksal. Mit der Bezeich-

Handkreuz aus dem
Kirchenschatz der katholischen
Pfarrkirche St. Nikolaus in
Markdorf mit der Urkunde, die
vom Schicksal der Gräfin von
Castell-Remlingen, geb. Fatme,
Zeugnis ablegt.

Porträt des Grafen
Friedrich Magnus von Castell
(1646–1717) von Joh. Kupetzky.

nung „Bassa" wollte der Schreiber der Urkunde vermutlich die hohe Abstammung der Fatme herausstellen. Das türkische Wort „bas", gesprochen Basch, wird mit „Kopf, Haupt, Führer, Leiter" übersetzt. Auf der Zeittafel in der Spitalkirche wird Fatme sogar als Enkelin des türkischen Sultans bezeichnet.

Ihre angesehene gesellschaftliche Stellung erleichterte Fatme offenbar ihr schweres Los. Markgraf Hermann von Baden, Hofkriegsratspräsident des Kaisers, nahm Fatme unter seinen Schutz. Im Hause derer von Baden wurde sie christlich unterrichtet und auf den Namen Maria Auguste Fatme getauft. In Augsburg begann sie zu studieren, ihr besonderes Interesse galt der Alchemie, dem Versuch, aus unedlen Stoffen Gold zu gewinnen.

Graf Friedrich von Castell lernte Fatme, „das schönste Frauenzimmer" und inzwischen zum Fräulein herangewachsen, in Augsburg kennen. Sie wurde von ihm „angenommen"; das hieß zur damaligen Zeit, er nahm sie als Frau zur „linken Hand". Nach dem Tod der Gräfin Susanne von Castell, heiratete der Graf 1713 die schöne Fatme. Ihr ansehnliches Vermögen half dem Grafen, seine Herrschaft Remlingen wirtschaftlich zu sanieren. Die Brüder des Grafen sahen allerdings diese Verbindung nicht gerne. 1717 starb der Graf nach einem bewegten Leben. Die verwitwete Fatme hatte es als schlecht deutsch sprechende Ausländerin und Fremde schwer, gesellschaftlichen Anschluß zu finden. Die unfreundliche Haltung ihrer protestantischen Untertanen machte ihr das Leben zusätzlich schwer. Die Schwäger fochten sogar ihre Ehe an und forderten das Erbe ihres Bruders zurück. Vereinsamt und müde, ihr Recht durchzusetzen, gab sie 1723 den Witwensitz in der Grafschaft von Castell-Remlingen gegen eine Abfindungssumme auf. Mit ihrer Dienerschaft, einem deutschen Sekretär und einer „dicken Türkin, Frau Catto", zog sie nach Augsburg in ihr eigenes Haus am Weinmarkt. 1726 mietete sie sich „mit ihrem türkischen Dienstmensch" im Kloster St. Josef im neu errichteten Pfründnerhaus in Markdorf bei den Kapuzinerinnen ein. Das Studium der Alchemie und die Suche nach dem Stein der Weisen mußte sie aufgeben. Ihre Versuche wurden ihr wegen Feuergefahr untersagt. Hier lebte sie noch 29 Jahre von ihren schmalen Einkünften. Nur wenige Bekannte aus Kreisen ihres Standes hielten mit ihr Verbindung. Kurz vor ihrem Tode besuchte sie Graf Lutz von Castell, ein Neffe ihres verstorbenen Mannes. Ihre Freude über die späte Anerkennung als Mitglied der Familie Castell war groß.

Am 4. Mai 1755 starb sie. Nüchtern ist der lateinische Eintrag im Totenbuch der Pfarrei. Übersetzt heißt es dort: Die hochwohlgeborene und angesehene Maria Anna Augusta Cölestina, Gräfin von Castell-Remlingen, geborene Fathma, stammend aus der Türkei und zu einer bestimmten Zeit des ungarischen Krieges von christlichen Soldaten gefangen, ist, mit den Sterbesakramenten versehen, im Leben einst weise und gut christlich, gestorben.

Im standesgemäßen Schmuck wurde sie im Alter von 83 Jahren vor dem Altar der hl. Martina außerhalb des Gitters in der Klosterkirche der Markdorfer Kapuzinerinnen, der heutigen Krankenhauskapelle, begraben. Ein ehemals bei diesem Altar angebrachtes, gemaltes Erinnerungstäfelchen wurde bei der Renovation der Spitalkirche 1966 entfernt und leider nicht wieder angebracht.

KEIN EINZELFALL
ZUM SCHICKSAL WEITERER TÜRKISCHER FRAUEN IM LINZGAU

RUDOLF BÜTTNER

Nach langem innerem Zerfall hatte sich das osmanische Reich um die Mitte des 17. Jahrhunderts noch einmal gefestigt. Dies löste einen neuen Druck nach Westen hin aus. 1683 belagerte ein etwa 200000 Mann starkes türkisches Heer die Donaumetropole Wien. Viele Reichsfürsten kamen der bedrohten Kaiserstadt zu Hilfe. Die Angst vor einem Einbruch der Türken nach Mitteleuropa, den der Fall Wiens nach sich gezogen hätte, zwang die Herrschenden trotz Konfessionsverschiedenheit zu gemeinsamem Handeln. Beim letzten großen Vorstoß der Muselmanen war 1529 fast ganz Ungarn an sie verlorengegangen. 1669 hatte der Sultan Kreta erobert. Ludwig XIV. von Frankreich unterhielt mit der Hohen Pforte geheime Verbindungen und stachelte unentwegt zum Krieg gegen Polen und Österreich an. Trotz dieser französischen Intrigen brachte Papst Innocenz XI. (1676–1689) im Jahre 1683 ein Bündnis zwischen Kaiser Leopold I. (1658–1705) und Polens König Johann III. Sobieski zustande. Päpstliche Gelder halfen, den Abwehrkampf zu finanzieren. Der Polenkönig stieß mit einem Hilfsheer zur Armee, die das belagerte Wien entsetzen sollte. Der Ausgang des Kampfes um Wien mußte für Mitteleuropa weitreichende Folgen haben. Nach zweimonatiger Belagerung, 11000 Soldaten hatten die Wälle der Stadt heldenhaft gegen die türkischen Angreifer verteidigt, rückte ein 65000 Mann starkes Ersatzheer an. Es bestand zu zwei Dritteln aus deutschen Truppen, die katholische wie protestantische Reichsstände gleichermaßen gestellt hatten. Die Schlacht am Kahlenberg bei Wien am 12. September 1683 brachte den Sieg der christlichen Truppen. Damit war der Vorstoß der Türken auf Europa endgültig gebrochen. 1686 konnte das ungarische Ofen (Budapest) zurückerobert und die Türkenherrschaft in Ungarn beendet werden.

Kein weltgeschichtliches Ereignis war es gewesen, als der Konstanzer Fürstbischof Marquard Rudolf von Rodt (1689–1704) dreizehn Jahre nach der Befreiung Wiens und zehn Jahre nach der Zurückeroberung von Ofen am 15. Februar 1696 den seit 1693 zu seinem Hochstift gehörenden Ort Ittendorf, zwischen Meersburg und Markdorf gelegen, zur selbständigen Pfarrei erhob. Es kann aber nachgewiesen werden, daß die großen kriegerischen Ereignisse im fernen Österreich und Ungarn ein klein wenig in die Geschichte dieser Pfarreigründung und des Linzgaus mithineingespielt haben.
Zu den Wohltätern der neuen Pfarrei St. Martin in Ittendorf gehörte auch eine getaufte Türkin namens Maria Franziska Christina. Sie spendete zur Ausstattung der neuen Pfarrei 100 Gulden. Dafür hatte sie zu Lebzeiten keinen Zins genommen, sondern verfügt, nach ihrem Tode sollten für die Zinserträge von jährlich etwa fünf

Bischofsschloß Markdorf: Barockes Kastenschloß
mit Türkenkopf, 18. Jahrhundert.

Gulden in der Kapelle zu Braitenbach, zwischen Meersburg und Ittendorf gelegen und zur neuen Pfarrei gehörig, während des Jahres für ihre Seelenruhe drei hl. Messen gefeiert werden. Dies sollte geschehen: am Dreifaltigkeitssonntag, am Tag nach dem 8. Dezember, dem Fest der Unbefleckten Empfängnis Mariens und nach dem Allerseelentag (2. November) als Requiem. Die Verpflichtung, für die verstorbene christliche Türkin diese drei Jahrtagsmessen zu feiern, wurde gewissenhaft eingehalten. Nach Ausweis des Stiftungsbuches der Pfarrei Ittendorf erhielt der Pfarrer für die dreimalige Zelebration zwei Gulden 24 Kreuzer, der Mesner für alle drei Gänge nach Braitenbach 36 Kreuzer, die Kirchenpflege für den Wachsverbrauch einen Gulden und 14 Kreuzer. Der Rest wurde für wohltätige Zwecke ausgegeben. Erst 1926 ist diese stiftungsgemäße Verbindlichkeit erloschen, da laut Erlaß des Erzbischöflichen Ordinariats in Freiburg das Kapital der Jahrtagsstiftung der Inflation zum Opfer gefallen war.

Im Taufbuch der Pfarrei Hagnau am Bodensee findet sich unter dem 2. Februar 1691, dem Fest Mariä Lichtmeß, folgender Eintrag: Pfarrer Johannes Friedrich Kappeler habe in der hiesigen Pfarrkirche einem etwa 12jährigen Türkenmädchen auf den Namen Maria Elisabetha die Taufe gespendet. In der Spalte „Parentes" (Eltern) sind zwei deutsche Namen eingetragen: Simon Gseller und Helena Pfefferlin. Waren dies die Pflegeeltern des Täuflings? Wie kam es, daß sie das Türkenkind angenommen hatten? Noch können diese Fragen nicht beantwortet werden. Einen möglichen Hinweis, der zur Klärung führen könnte, gibt der Eintrag in der Spalte „Patrini" (Paten). Dort lesen wir als Paten den Namen des Benediktiners Johannes Jakob Brigel. Er war zu dieser Zeit Verwalter des Klosters Einsiedeln in Ittendorf. Als Patin findet sich eine Anna Elisabetha Felseneggerin aus Zweibrücken in der Pfalz.

Die Herkunft dieser Taufpatin, das Kind erhielt nach ihrem Vornamen ebenfalls den Namen „Elisabeth", wirft weitere Fragen auf: Weshalb hat sie das 12jährige

Mädchen nach hier gebracht? Interessant ist ein zusätzlicher Eintrag ins Taufbuch in lateinischer Sprache. Er teilt mit, diese Anna Elisabetha Felseneggerin sei die Frau eines Offiziers gewesen, der unter Graf Starhemberg im September 1683 vor Wien gegen die Türken gekämpft hatte. War seine Frau damals dabei? Hatte sie oder ihr Mann diese kleine Türkin in die deutsche Heimat mitgenommen? Wir wissen es (noch) nicht! Weiter ist vermerkt, Anna Elisabetha Felseneggerin sei am gleichen Tag, am 2. Februar 1691, in einem feierlichen Gottesdienst zum katholischen Glauben übergetreten, nachdem sie – so der Eintrag – von Pfarrer Kappeler Konvertitenunterricht erhalten habe. Diese Notiz im Hagnauer Taufbuch läßt einen doppelten Schluß zu: Erstens mußte der Übertritt zum katholischen Glauben vor der Taufe der kleinen Türkin erfolgt sein, denn nur als Katholikin konnte Frau Felsenegger Taufpatin sein; zweitens: die Offiziersfrau aus dem pfälzischen Zweibrücken muß sich einige Zeit in Hagnau oder Umgebung aufgehalten haben, denn der Konvertitenunterricht dürfte einige Zeit gedauert haben. Vor ihrem Übertritt zum katholischen Glauben hatte sie vermutlich dem reformierten Bekenntnis angehört. Frau Felsenegger habe, so der Eintrag im Taufbuch, öffentlich und laut den katholischen Glauben bekannt, der Häresie abgeschworen und bekannt, bis zum letzten Atemzug dem katholischen Glauben treu zu bleiben. Aus Dankbarkeit dafür, daß sie auf die Fürsprache der Gottesmutter Maria habe katholisch werden dürfen, schenkte sie der Jungfrau Maria sehr kostbaren Schmuck und einiges Geschmeide.

Das Schicksal der Fatme, die als verwitwete Gräfin Castell-Remlingen 29 Jahre als Pfründnerin im Frauenkloster Markdorf lebte, schildert der Beitrag von Hubert Freyas. Zwar nahmen die Schwestern immer wieder Witwen als Pfründnerinnen auf. Daß diese getaufte und durch Heirat adelig gewordene Türkin in ihrem Alter nun aber gerade im Markdorfer St.-Josefs-Kloster ihren Lebensabend verbringen wollte, könnte damit zusammenhängen, daß die mit ihr eng befreundete Gräfin Maria Anna Fugger, eine Verwandte des ehemaligen Konstanzer Fürstbischofs Graf Fugger (1604–1626), in St. Josef ebenfalls verpfründet gewesen war. Sie hat möglicherweise die notwendigen Schritte zur Aufnahme ihrer getauften türkischen Freundin unternommen. Als Gräfin Castell 1755 im Markdorfer Kloster gestorben war, hielt Gräfin Maria Anna Fugger auf die Entschlafene eine zu Herzen gehende Trauerrede.

Das Kapitel der hier vorgestellten drei türkischen Frauen, die Kriegswirren und persönliche Schicksale im 18. Jahrhundert an den Bodensee verschlagen hatten, ist noch nicht abgeschlossen. Hier weiter zu forschen, ist gerade heute notwendig. Nicht zutreffend ist die Vermutung, jene getaufte Türkin Maria Franziska Christina, die zur Dotierung der Pfarrei St. Martin in Ittendorf 100 Gulden gestiftet hatte, sei identisch mit der in Markdorf verstorbenen Türkin Gräfin Castell. Dagegen sprechen zum einen die nachweislich sehr verschiedenen Namen, zum andern die Tatsache, daß wir über die Biographie der Gräfin Castell aus Ofen in Ungarn gut unterrichtet sind, und dagegen spricht nicht zuletzt auch der Hinweis, die Türkin Castell sei „in vollem Schmucke vor dem Altar der hl. Martina in der Kirche des St.-Josef-Klosters in Markdorf außerhalb des Gitters" begraben worden.

Das Grab der Ittendorfer Wohltäterin Maria Franziska Christina dürfte sich neben der Kapelle in Braitenbach befunden haben. Bei der Renovierung dieses kleinen Gotteshauses zwischen 1986 und 1989 wurde bei Außenarbeiten zur Trockenlegung

Die Kapelle in Braitenbach aus dem 15. Jahrhundert, zwischen Markdorf und Meersburg.
Hier wurden jährlich drei Seelenmessen für eine getaufte Türkin gelesen.

des Gebäudes ein Skelett gefunden. Ob es sich dabei um die sterblichen Überreste dieser getauften Türkin gehandelt hat? Leider wurde darüber nicht nachgeforscht, doch dies anzunehmen scheint deshalb erlaubt, weil es nach der Beisetzung der Verstorbenen an der Kapellenmauer einen Sinn gibt, daß die drei jährlichen Gottesdienste, die für die Seelenruhe dieser Frau gefeiert wurden, hier und nicht in der Pfarrkirche St. Martin in Ittendorf stattfanden.

Quellen und Literatur zu beiden Texten:

Stadtarchiv Konstanz: Fasc. N 173; Pfarrarchiv Ittendorf: Stiftungen zur Pfarrpfründe Ittendorf, Hauptausweis, S. 103; Pfarrarchiv Hagnau: Taufbuch 1691, S. 75; Büttner, Rudolf: Historisches zur Braitenbacher Kapelle. In: Göttmann, Frank: Vermischtes zur neueren Sozial-, Bevölkerungs- und Wirtschaftsgeschichte des Bodenseeraumes. Konstanz 1990, S. 265–278; Reinhardt, Rudolf: Frühe Neuzeit. In: Kuhn, Elmar L. u.a. (Hgg.): Die Bischöfe von Konstanz. Band 1. Friedrichshafen 1988. S. 25–44; Schulze, Winfried: Reich und Türkengefahr. München 1978; Pfarrarchiv Markdorf: Sterbebuch 1743–1829; Kirchenschatz der Pfarrei St. Nikolaus, Markdorf: Urkunde aus dem Handkreuz der Gräfin von Castell; Ackerl, Isabella: Von Türken belagert, von Christen entsetzt. Das belagerte Wien 1683. Wien 1983; Kreutel, Richard F., Teply, Karl: Kara Mustafa vor Wien 1683 aus der Sicht türkischer Quellen. Graz u.a. 1982; Treutwein, Karl: Unterfranken. Landschaft, Geschichte, Kultur, Kunst. Nürnberg 1967; Wetzel, Max: Markdorf in Wort und Bild, Konstanz 1910.

„…WELCHE SICH ALLHIER ZU VERHEYRATEN VORHABENS…"

MEERSBURGER NEUBÜRGERINNEN IN DER NEUZEIT

EVELINE SCHULZ

Franziska Ortliebin war aus Leustetten bei Heiligenberg nach Meersburg einge-
wandert und ehelichte hier den Bürger Anton Spengler. Mit dieser Eheschließung
heiratete sie zugleich ins Meersburger Bürgerrecht ein, das sie im Jahre 1733 erwarb. Doch bald schon wurde sie Witwe. Denn nur wenig später erfährt man, daß
der Schreiner Johannes Hipp aus Beilenberg bei Sonthofen 1740 als Bürger angenommen worden sei, „weil er vorhabens ist, sich mit Antoni Spenglers wittib Franziska Ortliebin allhier zu verehelichen." Ob Franziska bereits in erster Ehe in eine
Schreinerei eingeheiratet hatte, ist nicht bekannt. Aber auch ihre zweite Ehe war offenbar nur von kurzer Dauer. Denn bereits 1747 heiratete sie Hans Lamparter, der
ebenfalls von Beruf Schreiner war. Von ihm wird berichtet, daß „er zu Bürger angenommen worden [war] und sich mit Johann Hyppen wittib Franziska Orthliebin ver-
heyratet."

Mit Ausnahme dieser knappen Informationen wissen wir nichts über das Leben
der Bürgerin Franziska Ortliebin. Sie ist uns anhand von drei kurzen Einträgen überliefert, die im Meersburger Bürgerbuch (1525–1757) vermerkt sind: die eigene Aufnahme sowie jene des zweiten und des dritten Ehemanns. Der Stadtschreiber notierte hier in chronologischer Folge die Aufnahmen in den Bürgerstand in kurzen,
meist formelhaften Sätzen. Einzelschicksale interessierten nicht in dieser Rechts-
quelle. Informationen, die über das Einbürgerungsdatum, die Namen der neuen Bürgerinnen und Bürger und die ihrer Partner, die Herkunft, manchmal den Beruf sowie
die Höhe und pünktliche Zahlung des Satzgeldes hinausgehen, sind die Ausnahme.

Was läßt sich dennoch über Franziska Ortliebin und jene Frauen, die in Meersburg Bürgerinnen waren, erfahren? Was wissen wir über ihr Leben und Arbeiten in
der Residenzstadt? Wie sah ihre rechtliche Stellung aus, und wie unterschied sie
sich von jener der Bürger? Welche Voraussetzungen mußten die künftigen Bürgerinnen erfüllen? Welche Möglichkeiten standen ihnen offen, das Bürgerrecht zu erwerben? Schließlich ist auch zu fragen, ob der „Fall Franziska", die ja mindestens
zweimal bei der Wahl ihres neuen Ehemanns einen Vertreter jenes Gewerbes – des
Schreinerhandwerks – bevorzugte, dem bereits der verstorbene Partner nachgegangen war, gewisse zeittypische Züge trägt.

Die neuzeitliche Bürgerschaft war – im Gegensatz zu heute – keine reine Ein-
wohnergemeinde, in der jeder Wahlberechtigte die Stellung als Bürgerin oder Bürger ohne jegliche Zulassung oder deklaratorische Bestätigung erwirbt, sondern eine
durch ein besonderes Aufnahmeverfahren von anderen Gruppen abgegrenzte Gemeinschaft. Neben den Bürgern setzte sich die Meersburger Bevölkerung noch aus

den Beisassen mit einem geringeren Rechtsstatus sowie der randständigen Schicht, der etwa Henker und Totengräber angehörten, zusammen. Auch die Geistlichen und die höheren Beamten des Bischofs gehörten im allgemeinen nicht dem Stand der Bürger an.

Der Bürgerstatus bedeutete für Frauen wie für Männer die Zugehörigkeit zu jener Gruppe der Gesellschaft, die in der Stadt die volle Rechtsstellung und das höchste soziale Ansehen besaß. Um diese Stellung zu erwerben, waren verschiedene Voraussetzungen zu erfüllen: Wer, wie Franziska Ortliebin, als Bürgerin oder Bürger angenommen werden wollte, mußte nachweisen können, daß sie oder er ehelich geboren und persönlich frei war. Außerdem mußte man ein gewisses Vermögen besitzen. Sodann verpflichteten sich die künftigen Bürgerinnen und Bürger unter Ablegung des Eides, ihre Pflichten anzuerkennen und dem Rat der Stadt treu und gehorsam zu sein. Die Bürgerpflichten waren: die pünktliche Zahlung der Steuern, die Leistung von Wachtdiensten im Frieden sowie die Verteidigung der Stadt im Krieg. Inwieweit Frauen den Wachtverpflichtungen nachkommen mußten, ist für Meersburg nicht bekannt. Der Kriegsdienst betraf sicherlich allein die männliche Bevölkerung. Schließlich war eine Aufnahmegebühr, das Bürgergeld, zu entrichten.

Als Franziska 1733 ihr Bürgerrecht erwarb, hatte der Rat wenige Jahre zuvor die Höhe des Bürgergeldes beträchtlich heraufgesetzt. Waren es 1727 noch 20 Gulden, so betrug der Satz seit 1730 bereits 30 Gulden und außerdem mußten statt der früher üblichen 50 nun 150 Gulden an Vermögen nachgewiesen werden. Die Begründung derartiger Maßnahmen liefert ein späteres Ratsprotokoll vom 17.1.1748: „(...) zu Abweisung so vieler um das Bürgerrecht laufender Mittelloser und dem Gemainwesen schädlicher Leuthe (...), also ist resolviert worden, daß sothanes Bürgergeld statt der bisherigen 30 Gulden nunmehro und in Zukunft auf 50 Gulden gestellt seyn solle." Dazu kam ein kleinerer Betrag von 2 Gulden, der für die beiden früheren Sachleistungen – der Lieferung eines Feuerkübels und der Allmendbepflanzung – zu entrichten war. Nur selten verzichtete der Rat auf die Bezahlung des Bürgergeldes. Jene Neubürger, die das Bürgerrecht zum Geschenk erhielten, hatten sich entweder durch besondere Verdienste für das Gemeinwesen ausgezeichnet, oder sie hatten über zehn Jahre bei einem Bürger in Diensten gestanden. Zu den wenigen Frauen, denen das Bürgerrecht geschenkt wurde, gehörten u.a. Margaretha Felsin, Ehefrau des Stadtschreibers Franz Roth, und Prisca Moldelserin „in Ansehung ihrer 16 Jahre lang an einem Ort geleisteten Dienste." Außerdem erleichterte der Rat die Aufnahmebedingungen in schlechten Zeiten. So gewährte man das Bürgerrecht in den Jahren wirtschaftlicher Not und politischer Unruhen im frühen 18. Jahrhundert einzelnen Personen unentgeltlich, darunter Anna Maria Mozin von Bodman (1706), Agatha Painterin und Maria Anna Wangnernin (1707).

Mit dem Besitz des Bürgerrechts waren umfassende Rechte verbunden. Dazu gehörten der Anspruch auf leiblichen und rechtlichen Schutz, das Recht, einen Hausstand zu gründen, Grundstücke zu erwerben, einen Beruf oder ein Gewerbe auszuüben, Holz- und Allmendnutzungsrechte sowie das Recht auf politische Mitsprache und Betätigung in den städtischen Gremien. Letzteres markiert den entscheidenden rechtlichen Unterschied zwischen Frauen und Männern, denn von der politischen Ebene waren die Frauen weitgehend ausgeschlossen.

Die Haupterwerbszweige der Meersburger waren der Weinbau und das Handwerk. Die wirtschaftliche Lage hatte sich im 18. Jahrhundert mit Ende des spanischen Erbfolgekrieges (1714) äußerst positiv entwickelt. Eine neue Phase der Stadtgeschichte leitete nach vorausgegangenen schweren Krisen im 17. und frühen 18. Jahrhundert vor allem der Ausbau der Residenz unter Fürstbischof Johann Schenk von Stauffenberg ein (Amtsperiode 1704–1730). Ausdruck dieser Zeit sind die zahlreichen neuen barocken Bauten, zum Beispiel der „Neue Bau" (um 1712), der in den 30er Jahren zum neuen Schloß umgebaut wurde, und das Priesterseminar (1725). Die Baumaßnahmen boten nicht nur den örtlichen Handwerkern ein gutes Auskommen, sondern zogen auch zahlreiche auswärtige Handwerker aus dem Baugewerbe an. Die mit 1.300 Einwohnern verhältnismäßig kleine Stadt besaß aufgrund der Residenz und der damit verbundenen Funktion als Sitz der staatlichen Zentralverwaltung des Hochstifts Konstanz eine weit in die Region reichende Bedeutung. Wachsende Verwaltungsaufgaben erforderten personelle Erweiterungen. Aufwendig war auch die Hofhaltung des Bischofs, dessen Hofstaat 1726 117 Personen umfaßte.

Inwieweit die Frauen an der wirtschaftlichen Entwicklung teilhatten, ist im einzelnen nur schwer nachzuweisen. Die Rebflächen waren zum Großteil in männlicher Hand, und auch die typischen Tätigkeiten im Weinbau wie Küfer, Rebmann und Weinhändler waren reine Männerberufe. Ebenso war das Baugewerbe traditionell männlich geprägt. Allerdings führten die günstigen Aussichten auf Gesindedienst zahlreiche Landbewohnerinnen aus dem Umland nach Meersburg. Möglicherweise war dies auch das Motiv für Franziskas Umsiedlung. Doch wird in ihrem Fall nichts über eine etwaige Tätigkeit berichtet. Während bei rund einem Drittel der Männer eine Berufsbezeichnung angegeben ist, erfährt man nur wenig über die Formen weiblicher Erwerbstätigkeit. Lediglich drei Frauen sind mit konkreten Berufsbezeichnungen genannt: die Näherin Katharina Gorgin, die Dienerin Apolonia Deckherrin und die bischöfliche Beschließerin Maria Hellmandlin, die bei Hof die Wäsche unter Verschluß hielt. Außerdem heißt es, daß Anna Maria Waiblerin, die Ehefrau des Elogius Martin, sich das Bürgergeld verdient habe, die Art ihrer Tätigkeit ist jedoch nicht bekannt. Interessant ist auch die Einbürgerung des Andreas Walter, von dem berichtet wird: „Und ist ihm, so seine Hausfrau verdient, das Bürgergelt nachgesehen und verehrt worden."

Die spärlichen Hinweise bedeuten aber nicht, daß die Mehrheit der Frauen keinerlei Erwerbstätigkeiten nachgegangen wäre. Meist arbeiteten Frauen im Rahmen der beruflichen Tätigkeiten ihrer Ehemänner mit. Dies war vor allem in den Nahrungsmittelgewerben und den produzierenden Handwerken üblich. Wirtinnen, Bäckers- und Metzgersfrauen setzten ebenso wie die Frauen der Hafner und Säckler die Produkte des heimischen Betriebes auf dem Markt ab. Andere Frauen verdingten sich als Näherinnen und Wäscherinnen. Allerdings besaßen Frauen in der Regel keine Ausbildung. Ehestand und familiäre Bindung waren für sie eine wichtige Voraussetzung, um am wirtschaftlichen Leben der Stadt teilzuhaben. Die typischen Tätigkeiten lediger Frauen beschränkten sich hingegen im wesentlichen auf den Gesindedienst. Und ärmere Frauen, die keine Ehe eingehen konnten, verblieben meist jahrelang im Dienste eines Bürgers, d. h. zugleich auch im rechtlichen Status einer Beisässin. Ein besonders eindrucksvolles Beispiel ist die genannte Apolonia Deckherrin, die 20 Jahre Dienstmagd war, bevor sie schließlich das Bürgerrecht zum Geschenk erhielt: „Weil sie von jugend auff allhie erzogen worden und bey herren jo-

Nothburga Eberle, Bärenwirtin
in Meersburg von 1832–1839.
Ölbild um 1835. Privatbesitz.

hann mezlern stattamman allhie 20 ganzer jahr bestendig in dienst geweßen und sich wohl verhalten ist selbig uf pit hin sin herren stattammans unnd ihr Deckherrin selbst demütiges piten unnd gethanes wohl verhalten das burgerrecht uß gnaden geschenckt worden."

In einer Stadt der Neuzeit zu leben, bedeutete in erster Linie, eingebunden zu sein in eine hierarchische Ständeordnung, und die gesellschaftliche Stellung von Frau und Mann resultierte aus jener Stufe, in der sie hineingeboren waren. Auch in sozialer Hinsicht unterschieden sich die Geschlechter. Dies äußerte sich vor allem bei der Partnerwahl. Insbesondere in Handwerkerkreisen achtete man streng darauf, daß die Mitglieder ehrbare Beziehungen eingingen, und eine unstandesgemäße Ehe konnte den Verlust des Bürgerrechts zur Folge haben. Unter anderen mußte es Adam Mesmer neu erwerben, da er „ein beherrtes weib [eine Leibeigene] genommen" hatte.

Überdies waren Ehestand und Familiengründung nur bestimmten Ständen vorbehalten. In der Stadt standen in der Regel die Handwerksmeister und die Vertreter jener Berufe, die ein gutes Auskommen gewährleisteten, wie Händler oder Beamte, einem eigenen Hausstand vor, der es erlaubte, eine Familie zu ernähren. Für Gesellen, das Dienstpersonal und die ärmeren Schichten gab es hingegen Heiratsbeschränkungen. Die Ehelosigkeit war in diesen Kreisen meist die Norm für Frau und Mann.

Während Männer bei der Wahl ihrer Partnerin die gesellschaftlichen Normen in hohem Maße berücksichtigen mußten, konnten Frauen von sich aus überhaupt keine Entscheidung treffen, denn die Vermittlung eines Ehepartners lag in den Händen der Eltern oder des Vormundes. Um bestehende Bindungen zu festigen und auch, um zu verhindern, daß Vermögen nach außen abgezogen wurde, wachte man bisweilen darüber, daß Ehen zuerst unter Ortsansässigen geschlossen wurden. Im 16. und

Eintrag im Bürgerbuch der Stadt Meersburg
(1525–1757) vom 27. Februar 1740:
Aufnahme des Schreiners Johannes Hipp.
Stadtarchiv Meersburg Bü 11.

„Ist laut Protokolls Johannes Hipp, Schreiner
von Bailenberg aus der hochfürstlich
augsburgischen Pfleg Sonthofen, welcher
vorhabens ist, sich mit Anton Spenglers
Witwe Franziska Ortliebin allhier zu verehelichen, zu Bürger angenommen worden
und zahlt dato das Bürgergeld mit 30 fl.
Rest: soll einen Feuerkübel und zwei Bäume
auf die Allmende [liefern]."

frühen 17. Jahrhundert führte die Ehe mit Auswärtigen noch zum Verlust des Bürgerrechts, und Baltus Neßler hatte sein Bürgerrecht gleich zweimal verwirkt – „von
wegen daß er sich zu Ursula Zenglerin von Stetten, danach zu Agatha Nutzenhause-
rin uß der Hornlachen verheüratet" – und wurde 1609 wieder angenommen. Meist
werden die auswärtigen Ehefrauen, ohne den Namen zu nennen, lediglich als
„fremde", oder „auslendische" bezeichnet. Interessanterweise stammte die Mehrheit
dieser Frauen aus dem nahen Umland. Nur zwei kamen aus Orten – Aach im Hegau
und Meßkirch –, die über 30 km von Meersburg entfernt liegen.

Franziska Ortliebin hatte das Bürgerrecht durch Einheirat erworben. Wenngleich
sie nach Meersburger Recht durch die Ehe mit einem Bürger nicht automatisch zur
Bürgerin wurde, so erleichterte jene den Zugang zum Bürgerrecht doch erheblich.
Dennoch mußte sie ein eigenes Aufnahmeverfahren in die Wege leiten und das Bürgergeld bezahlen, das in ihrem Fall der Bräutigam Anton Spengler hinterlegte. Franziska hatte mit ihrer Einheirat einen Weg begangen, auf dem die Mehrzahl der
Frauen ins Bürgerrecht gelangte. So heirateten in den Jahren 1660–1757 fast Dreiviertel aller Neubürgerinnen in das Bürgerrecht ein. Die übrigen wurden als Verhei-
ratete gemeinsam mit dem Mann eingebürgert. Ledige Frauen, die einzeln aufgenommen wurden, sind die Ausnahme. Vor 1660 – in diesem Jahr wurde das Recht
geändert – konnten Frauen ohnehin nicht eigenständig Bürgerinnen werden und waren wohl genossenschaftlich am Bürgerrecht des Mannes beteiligt.
    Die Einheirat war also der typisch weibliche Weg der Einbürgerung. Dafür sind
zwei Gründe maßgeblich: Erstens konnte in der Regel allein der Inhaber einer

ganzen Haushaltsstelle, die die Ernährung einer Familie sicherstellte, das Bürgerrecht erwerben. Dies setzte die wirtschaftliche Eigenständigkeit voraus. Für Frauen war jene nur schwer erreichbar, während Männer aufgrund ihrer Ausbildung und ihrer traditionellen Rolle als Familienvorstände auch die besseren Möglichkeiten hatten, das Bürgerrecht eigenständig zu erwerben. Die Chancen der Frauen, als Bürgerinnen angenommen zu werden, beschränkten sich dagegen entweder, wenn sie verheiratet waren, auf die gemeinsame Aufnahme an der Seite des Mannes oder auf die Einheirat. Für ledige Frauen, die nicht vermögend oder die Tochter eines Bürgers waren, war sie gewissermaßen der einzige Weg des Bürgerrechtserwerbs. Die große Zahl einheiratender Neubürgerinnen ergab sich aber auch dadurch, daß Frauen infolge von Schwangerschaft und Geburt ein hohes Sterberisiko besaßen. Die rasche Wiederverheiratung war insbesondere für Witwer entscheidend, wenn Säuglinge und Kleinkinder aus erster Ehe zu versorgen waren. Frauen besaßen dagegen – aufgrund ihrer schwächeren wirtschaftlichen und gesellschaftlichen Position – eine geringere Chance, ein zweites Mal eine Ehe einzugehen, sofern sie nicht – wie Franziska – die Witwe eines Handwerksmeisters waren.

Die Ehefrauen verstorbener Handwerksmeister nahmen im Wirtschaftsgefüge der Stadt eine besondere Stellung ein. Denn die Witwe eines Meisters konnte den Betrieb des Mannes befristet weiterführen, entweder bis ein Sohn alt genug zur Übernahme war oder bis zu einer neuen Heirat.

Die zweite Personengruppe, die neben den Frauen von einer Einheirat profitierte, waren die Gesellen. Für sie bot die Heirat mit der Witwe oder Tochter eines

Meisters eine günstige Möglichkeit, aus der von den Handwerksordnungen und der städtischen Obrigkeit erzwungenen Ehelosigkeit in eine Meisterstelle einzurücken, deren Zahl stets begrenzt war. Damit war zugleich die wirtschaftliche Basis der Bürgerwerdung gegeben. Handwerksordnung und Bürgerrechtserwerb waren in Meersburg besonders eng miteinander verknüpft, da es bis zum 18. Jahrhundert keine Zünfte gab, und der Rat die städtische Wirtschaftsordnung entscheidend mitbestimmte.

Nach einer Phase zahlreicher Stellenneugründungen in den 20er Jahren des 18. Jahrhunderts war die Grenze des Wachstums offenbar gegen Ende der 30er Jahre erreicht. Der Rat paßte sich in bezug auf die Einbürgerungen dieser Lage an und ging zu einer restriktiven Aufnahmepolitik über, die einerseits die ärmeren Leute durch Bürgergelderhöhungen ausschloß und sich andererseits zunehmend gegen Männer wendete. Während noch in den 20er Jahren lediglich 27 Frauen, aber 45 Männer als Bürger angenommen worden waren, kehrte sich das Zahlenverhältnis der Geschlechter bei den Neuaufnahmen im folgenden um: Von 1730–1739 erwarben 40 Frauen, aber nur noch 38 Männer das Bürgerrecht, in den Jahren 1740–1749 waren es 43 Frauen zu 31 Männern und 1750–1757 sogar 32 Frauen zu 18 Männern. Männliche Bewerber wurden offenbar nurmehr zugelassen, wenn sie in eine unbesetzte Meisterstelle einheirateten. Da sich mit einer Einheirat die Zahl der Meisterstellen am Ort nicht erhöhte, ließ sich so die Gefahr einer Konkurrenzsituation im Handwerk einschränken.

Mit Beginn der 40er Jahre wuchs entsprechend die Zahl jener Männer, die in das Bürgerrecht einheirateten. Franziska, die mindestens zweimal einen Vertreter des gleichen Gewerbes ehelichte, war in jenen Jahren keine Ausnahme. In den Zeiten knapper Handwerksstellen und restriktiver Einbürgerungspolitik des Rates gegenüber Männern standen die Witwen oder Töchter von Meistern bei den Gesellen als Partnerinnen hoch im Kurs. So heiratete zwischen 1730 und 1757 weit über die Hälfte aller Männer eine Witwe. Parallelen zum Werdegang Franziskas weist auch der Fall Anna Maria Ehrlinspihlins auf, die 1723 durch die Ehe mit Franz Caspar Roth zur Bürgerin geworden war. Sie begegnet 1740 als Witwe des fürstlichen Küfermeisters Maximilian Harbrigger. Der Zeitpunkt der zweiten Heirat ist nicht bekannt, da beide Partner unabhängig voneinander eingebürgert wurden (Harbrigger 1724). Und auch der dritte Ehemann, Meinrad Frey, war wiederum ein Küfer. Ein weiteres Beispiel ist der Rotgerber Johann Schmidt aus Rothenburg, „welcher die verwittibte Rotgerberin Barbara Heimin anerheurathet." Bisweilen interessierte offenbar mehr der Beruf des Mannes, nicht aber der Name der Frau, so bei der Aufnahme des Buchbindergesellen Rothstock aus Prag, „welcher sich mit der verwittibten Buchbinderin zu verehelichen gedenckt."

Franziska war keine gebürtige Meersburgerin, sondern sie war aus Leustetten zugezogen. Über die Motive und den Zeitpunkt ihres Zuzugs sind wir nicht informiert. Sie stammte, wie die Mehrheit der Frauen, aus dem nahen Umland, das etwa eine Entfernung von 15 km umfaßte. Besonders häufig werden Hagnau, Stetten (je 7 Frauen), Daisendorf (5), Überlingen (4), Ittendorf/Reute (3) sowie die Stadt Markdorf (5) als Herkunftsorte genannt. Der kontinuierliche Zuzug der Neubürgerinnen endete etwa in einer Entfernung von 50 km. Aus weiter entfernten Orten wanderten nur noch vereinzelt Frauen zu.

Frauen und Männer zeigen ein unterschiedliches Wanderverhalten: Nur etwa ein Drittel aller auswärtigen Neubürger waren Frauen, und der Einzugskreis der Männer erstreckte sich in weitere Entfernungen. Für Männer – vor allem für Gesellen und fürstbischöfliche Beamte – war die Berufswanderung bestimmend. Frauen wählten dagegen vorwiegend Städte, in denen sie Gelegenheit hatten, sich im Gesindedienst zu verdingen, und die Landbewohnerinnen begaben sich in der Regel zunächst in die nächstgelegenen Städte. Die Residenz Meersburg bot sich als geeigneter Zielort für die Frauen des Umlandes direkt an. Die Zuwanderung dieser Frauen war mit der Hoffnung verbunden, hier gegenüber dem Lande die besseren Verdienstmöglichkeiten und Lebensumstände vorzufinden. Die Wahl der nahen Stadt hatte auch den Vorteil, daß man durch Mundpropaganda über die dortigen Lebensbedingungen informiert und eine Rückkehr in den Heimatort jederzeit möglich war.

Neben dem Zuzug der Mägde repräsentiert der Einzugskreis der Neubürgerinnen überdies jene Frauen, die aufgrund von Heiratsbeziehungen nach Meersburg kamen. Einerseits hatte bei der Partnerwahl die räumliche Nähe des Ortes eine wichtige Bedeutung, indem die zukünftigen Bräute den Familien bekannt waren. Andererseits knüpften vor allem Handwerker und bischöfliche Beamte bisweilen auch Ehen mit Partnerinnen, die ursprünglich aus weit entfernten Gebieten stammten, so der Schuster Joseph Buchecker, der „Rosalia Kaifflin von Dillingen gebürtig" heiratete, oder der bischöfliche Kanzleiverwandte Christoph Kolb, der die „beschließerin bey hoff allhier, von Mainz gebürtig" ehelichte.

Die Jahre 1730–1757, als auch die Ortliebin das Bürgerrecht erwarb, waren für zugezogene Frauen besonders günstig, um in Meersburg als Bürgerinnen angenommen zu werden. Gegenüber den früheren Zeiten hatte, bedingt durch die prosperierende Wirtschaftslage, eine deutliche Öffnung nach außen stattgefunden. Bis zur Bürgerrechtsänderung von 1660 unterlagen Ehen mit ortsfremden Frauen noch einer strengen Reglementierung seitens des Rates. Erst nach den Jahren der Pest (1635) und des Dreißigjährigen Krieges (1618–1648) wurden diese starren Bedingungen gelockert: Die Frau erwarb nun ihrerseits das Bürgerrecht und der Mann ging es nicht länger verlustig, wenn er eine Ortsfremde heiratete. Allerdings zahlten auswärtige Paare 15 gegenüber den sonst üblichen 10 Gulden. Der Zuzug beschränkte sich zunächst noch stark auf das nächste Umland und war gegenüber jenem der späteren Jahre gering. In der ersten Hälfte des 18. Jahrhunderts aber wanderte die Mehrheit der Neubürger von auswärts ein. Der Heiratskreis der Meersburger weitete sich zunehmend, und es wurden vermehrt Ehen mit auswärtigen Partnerinnnen und Partnern geschlossen. Und ein Teil der Neubürgerinnen, die wie Franziska Ortliebin ehemals Fremde gewesen waren, ermöglichten über eine Eheverbindung weiteren Zuwanderern den Zugang zum Meersburger Bürgerrecht.

Der Bürgerstatus war in der städtischen Gesellschaft die günstigste Rechtsposition. Doch innerhalb dieses Standes gab es rechtlich einen gewichtigen Unterschied zwischen Frau und Mann: die Bürgerinnen waren von der Ebene der Politik weitgehend ausgegrenzt, so daß ihre Rechtsstellung letztlich die schwächere war. Ansonsten besaßen die Frauen zumindest rein rechtlich den gleichen Anteil an den bürgerlichen Freiheiten. Ob sie allerdings faktisch die gleichen Möglichkeiten zur Ausnutzung ihrer Rechte – Gründung eines Hausstandes, Grundstückserwerb und Gewerbebetrieb – hatten, muß bezweifelt werden, da Frauen auch wirtschaftlich mangels einer Ausbildung gegenüber den Männern in einer deutlich schwächeren Position waren. Ebenso waren sie gesellschaftlich weniger eigenständig. Dies zeitigte Auswirkungen auf die Möglichkeiten und Formen des Bürgerrechtserwerbs. Die typisch weiblichen Einbürgerungswege waren die Aufnahme als Ehefrau eines Bürgers und die Einheirat. Zur Mitte des 18. Jahrhunderts allerdings profitierten die Neubürgerinnen von einer sich zunehmend verschärfenden Konkurrenzsituation im Handwerk, in deren Folge vermehrt Frauen und dagegen deutlich weniger Männer aufgenommen wurden. Die Beschränkung der Stellen machte es besonders für Gesellen interessant, in einen Handwerksbetrieb einzuheiraten, und die Ehe mit der Tochter oder Witwe eines Meisters erleichterte ihnen zugleich den Zugang zum Bürgerrecht. Die guten Aussichten, in der Residenzstadt im Gesindedienst zu arbeiten, führten im 18. Jahrhundert zahlreiche Frauen vor allem aus dem Umland nach Meersburg. Gegenüber dem Lande bot das Leben in der Stadt die größeren rechtlichen Freiheiten und ein breiteres Angebot an Erwerbsmöglichkeiten. Über die Ehe mit einem Bürger konnten einige dieser Frauen in Meersburg als Bürgerinnen dauerhaft ansässig werden.

Literatur:

Eitel, Peter: Die Herkunft der Überlinger Neubürger im 15. Jahrhundert. In: Schriften des Vereins für Geschichte des Bodensees 87, 1969, S. 127-133.

Ennen, Edith: Die Frau in der mittelalterlichen Stadt. In Herrmann, B.: Mensch und Umwelt im Mittelalter. Stuttgart 1987. S. 35–53.

Götz, Franz: Die Stadt Meersburg. In: Kuhn, E. L. u.a. (Hgg.): Die Bischöfe von Konstanz. 2 Bde. Friedrichshafen 1977. Bd. 1, S. 331–337.

Kastner, Adolf: Meersburger Neubürger des 16.–18. Jahrhunderts. In: Aus Verfassungs- und Landesgeschichte, Bd. 2, Festschrift für Theodor Mayer. Lindau/Konstanz 1955. S. 182–201.

Lupke, Nadja, Schulz, Eveline: Meersburg, Wanderstation und Wanderziel durch die Jahrhunderte. Untersuchungen zur Migrationsgeschichte in Südwestdeutschland. Konstanz 1992.

Widemann, Berthold: Die Verfassung und Verwaltung der Stadt Meersburg in der Zeit vom 16.–18. Jahrhundert. Dissertation, Freiburg/Br. 1958.

„GESCHWÄCHT WORDENE MÄDCHEN"

UNEHELICHE GEBURTEN
UND DAS SCHICKSAL LEDIGER MÜTTER IM 19. JAHRHUNDERT

PETRA SACHS-GLEICH

Im Mai 1819 fand sich die ledige Magdalena Z. im Schultheißenamt Langenargen ein. Sie hatte einen Monat zuvor „ganz unerwartet", wie sie angab, von einem Mädchen namens Johanna entbunden.

Sie trug vor, daß sie schon seit drei Jahren mit dem hiesigen Bürgersohn Gebhard H. in Bekanntschaft stehe. Dieser habe sie schon öfter zu den Musikanten geführt, so auch im vergangenen Juli zu einer Hochzeitsschenke im Adler. Danach habe er sie nachts 11 Uhr nach Hause begleitet und hinten an ihrem Hause beschlafen. Als sie nach Ausbleiben ihrer monatlichen Reinigung Gebhard H. mitgeteilt habe, daß sie von ihm schwanger geworden sei, habe dieser erwidert, daß es doch nicht so sein werde, da er sich sonst augenblicklich aus Langenargen entfernen würde. Wenn er abends hinauf in ihre Wohnung gekommen sei, habe er beteuert, daß ein solcher Umstand doch schrecklich für ihn und sie sei. Einige Wochen später sei sie jedoch von der Wassersucht befallen worden. Der Herr Unteramtsarzt Dr. Laib hätte zwar ihre Krankheit, nicht jedoch ihre Schwangerschaft erkennen können, worüber sie ein Zeugnis vorlegen könne.

Da sie mit keinem anderen Mann Bekanntschaft oder Umgang gepflogen habe, sei sie bei ihrer bekannten Mittellosigkeit gezwungen, den Gebhard H. zum Unterhalt des Kindes zu belangen. Sie bitte daher das Amt, denselben hierzu anzuhalten.

Gebhard H. – zu dieser Sache befragt – berichtete, daß er gegenwärtig unter dem Militär stehe, daß er der Sohn einer mittellosen Witwe sei und das Schneiderhandwerk gelernt habe. Die Äußerungen der Magdalena Z. stritt er rundweg ab, wollte sogar auf „solche Ehr und guten Namen raubende Beschuldigung Satisfaktion verlangen."

Zwei Monate später wurden beide nochmals vors Amt zitiert. Gebhard H. fand sich nun „nach gepflogener, näherer Gewissensüberlegung" bereit, der Magdalena Z. einmalig die Summe von 40 Gulden zu bezahlen unter der Bedingung, daß diese sich weiterer Verbindlichkeiten und Forderungen allezeit enthalte. Jeder der beiden Delinquenten wurde daraufhin für das verübte Vergehen zur Zahlung von 20 Gulden Strafe verurteilt. Nachdem im Oktober amtlicherseits die Strafzahlung angemahnt worden war, erschien der Vater der Magdalena Z. beim Schultheißen. Seine Tochter könne das Geld nicht aufbringen, da sie vermögenslos sei und dazuhin noch die Kosten für das Kindbett und den Unterhalt des Kindes zu tragen habe. Sie bitte also um Ausstellung eines Unvermögenszeugnisses und den Erlaß der Strafe. Dem wurde schließlich stattgegeben.

Abgesehen von dem „ganz unerwarteten" Eintritt ihrer Niederkunft – was ihr im übrigen amtlicherseits den Vorwurf eintrug, sie hätte die Schwangerschaft verheim-

Idylle ohne gesellschaftliche Außenseiter:
Ansicht von Langenargen, um 1830.
Farbige Aquatinta, Zeichner: J.J. Wetzel,
Stecher: J. Suter. Privatbesitz.

lichen wollen – war Magdalena Z. kein Einzelfall. Insgesamt 117 uneheliche Kinder listete der Langenargener Schultheiß in seinem Verzeichnis der „geschwächt wordenen Mädchen" zwischen 1818 und 1849 auf. Dies bedeutet, daß etwa 10–15% der Neugeborenen unehelich zur Welt gekommen waren. Die Langenargener Verhältnisse entsprachen damit ziemlich genau einer Situation, die die Historiker in der ersten Hälfte des 19. Jahrhunderts in ganz Europa vorfinden.

Das Jahrhundert zwischen 1650 und 1750 hatte sich noch durch eine sehr niedrige Illegitimität ausgezeichnet. Auch am Bodensee entfielen auf 100 Geburten nur eine bis drei uneheliche. Aber seit der zweiten Hälfte des 18. Jahrhunderts wuchsen die Zahlen rapide an und verharrten bis in die 1870er Jahre auf hohem Niveau. Bei zugegeben größeren lokalen und regionalen Unterschieden erfolgte damals etwa jede fünfte bis zehnte Geburt außerhalb einer ehelichen Verbindung.

Nun ist bekannt, daß schon seit Jahrhunderten von der kirchlichen und weltlichen Obrigkeit die Norm einer auf das eheliche Zusammenleben beschränkten Sexualität gefordert wurde, daß aber angesichts der wirtschaftlichen Verhältnisse die jungen Leute erst sehr spät im Alter zwischen 25 und 30 Jahren heiraten konnten und damit eine lange Wartezeit sexueller Abstinenz zwischen Geschlechtsreife und Eheschließung zurücklegen mußten. Dennoch erweist sich die Vermutung, daß mit dem Zeitalter der Aufklärung auch eine Epoche der sexuellen Freizügigkeit angebrochen sei, als unzulänglich.

So hat sich herausgestellt, daß ledige Mütter und Väter bei der Geburt ihrer Kinder zumeist gleich alt waren wie ihre Geschlechtsgenossen bei der Eheschließung. Die lange Wartezeit haben sie sich also gerade nicht verkürzt. Darüber hinaus ist zu beobachten, daß in der Epoche niedriger Illegitimität die Pfarrer auch am Bodensee auffallend viele Bräute – etwa jede vierte bis sechste – in schwangerem Zustand getraut haben. Außereheliche Sexualität war also auch in der Epoche mit wenigen unehelichen Geburten trotz der anders lautenden Norm ein zumindest nicht seltenes Phänomen.

Dabei handelte es sich bei den nach erfolgter Schwängerung vollzogenen Heiraten jedoch nicht einfach um „Mußehen" als Folge sexueller Leichtfertigkeit. Unter der Voraussetzung eines bereits erfolgten Eheversprechens zwischen den jungen Leuten, also im Vorgriff auf eine ohnehin beabsichtigte Eheschließung, gehörte die sexuelle Kontaktaufnahme durchaus zum Ritual der Brautschau und wurde in dieser Form auch vom sozialen Umfeld geduldet bzw. akzeptiert. Es zeigt sich nun, daß der Anstieg der Unehelichenzahlen nach 1750 auf der einen Seite mit einem Rückgang der vorehelichen Schwängerungen auf der anderen Seite zusammenfiel. Beleg dafür, daß das geschilderte Phänomen Ausdruck grundlegender sozialer und wirtschaftlicher Wandlungsprozesse ist.

Das kontinuierliche Wachstum der Bevölkerung seit Ende des 30jährigen Krieges bei nicht im selben Maße erfolgtem Ausbau der wirtschaftlichen Ressourcen hatte eine Schmälerung des Nahrungsspielraums bewirkt. Paaren, deren Existenzsicherung nicht gewährleistet war und die als absehbare „Bettelehen" früher oder später einer öffentlichen Armenversorgung anheimfallen würden, wurde von der Obrigkeit immer häufiger die Heiratsgenehmigung verwehrt. Eheprojekte ohne ausreichende Existenzgrundlage waren damit zum Scheitern verurteilt, auch wenn unter ihrem Vorzeichen bereits eine sexuelle Kontaktaufnahme und womöglich eine Schwängerung erfolgt war. Nicht anders wird es im Fall der Magdalena Z. aus Langenargen gewesen sein. Auch wenn sie ein Eheversprechen im Verhörprotokoll nicht ausdrücklich anführt, so sollte aus ihrer Sicht die mehrjährige Bekanntschaft mit Gebhard H. gewiß auf nichts anderes als auf eine Heirat hinauslaufen, und nur deswegen war sie zum Beischlaf bereit gewesen. Angesichts der Mittellosigkeit der beiden jungen Leute war an eine Realisierung des Ehevorhabens jedoch nicht zu denken.

Das wirtschaftliche Interesse der Obrigkeit, die öffentlichen Kassen mit der Versorgung armer Familien nicht über Gebühr zu belasten, fiel zu diesem Zeitpunkt mit ihrem aufklärerischen Interesse an der sittlichen Erziehung ihrer Untertanen zusammen. Zwar war nichtehelicher Geschlechtsverkehr schon immer mit Sanktionen bedroht gewesen, doch war man bislang beim Vollzug der angedrohten Strafen – sofern es sich nicht um Wiederholungstaten handelte – recht großzügig verfahren. Doch nun gerieten all jene Gelegenheiten, die der unsittlichen Kontaktaufnahme junger Leute Vorschub leisten konnten, unter verschärfte Kontrolle. Bekannt ist das Verbot der abendlichen Kunkelstuben. Aus eben diesem Grund schärfte das Oberamt in Tettnang den zugehörigen Gemeinden 1822 folgendes ein: „Über jede Tanzbelustigung muß besondere Aufsicht getragen werden. Wenn der Ortsvorsteher diese Aufsicht nicht selbst übernehmen kann, so hat er hierzu ein Mitglied des Gemeinderats zu bestellen. Die mit der Aufsicht betraute obrigkeitliche Person hat insbesondere auch das unanständige Tanzen wie andere Ungebührlichkeiten zu verbieten und zu verhüten. Ebenso ist darauf zu sehen, daß die Tänze nicht in unordentlichem Gedränge stattfinden."

Aber die Gelegenheiten zum Kennenlernen waren vielfältig, und – dies zeigt unter anderem auch das Langenargener Verzeichnis – die unsittlichen Zusammenkünfte junger Leute waren beileibe nicht ausschließlich Sache der Einheimischen. Zwar stammten die ledigen Mütter zu 90% aus Langenargen, doch bei fast zwei Dritteln der Kindsväter handelte es sich um Fremde. Die Hälfte von ihnen stammte aus der direkten Nachbarschaft im Tettnanger Amtsbezirk, die andere war noch weiter entfernt beheimatet: in Vorarlberg, in Tirol, in der Schweiz, im Allgäu, um Ravensburg und an der Donau. Dies heißt nun gewiß nicht, daß sich die Langenargener Männer besonderer Zurückhaltung befleißigt hätten. Den Folgen ihrer „Fehltritte" müßte ebenfalls andernorts nachgespürt werden.

Zum einen hat also ganz offensichtlich besonders bei den Männern eine fremde Umgebung das ihre dazu beigetragen, die Hemmschwelle für die Aufnahme illegitimer Beziehungen zu senken. Zum anderen war die Niederkunft eines unehelichen Kindes Sache der „sitzengelassenen" Mutter und fand in aller Regel an deren Heimatort statt. Schließlich ergeben sich hieraus auch Hinweise darauf, welche weiteren Gelegenheiten sich den jungen Leuten für ihre Zusammenkünfte boten.

So sollten beispielsweise 1785 im benachbarten Eriskirch die beliebten Fastenfreitagspredigten verboten werden, u. a. deshalb, „weil der Fastenfreitag schon zu dem Tag geworden ist, wo die benachbarten, ... jungen, ledigen Leute ihre eigentlich sündlichen Zusammenkünfte haben, im Wirtshaus oder an sonstigen Schlupfwinkeln sich aufhalten... " Wallfahrten also, aber auch der Besuch eines nahe oder weiter entfernt gelegenen Marktes oder der damals für viele junge Leute übliche Gesindedienst bei fremder Herrschaft boten Gelegenheit zum Kennenlernen über die Grenzen des Heimatortes hinaus. So wurde Franziska G. in Aitrach bei Leutkirch geschwängert, wo sie im Pfarrhaus als Dienstmagd tätig war.

Obrigkeitlicher Abschreckung und Bestrafung, denen natürlich auch das hier mehrfach zitierte Langenargener Verzeichnis seine Entstehung verdankt, war also wenig Erfolg beschieden. Entgegen allen Disziplinierungsmaßnahmen lebte vorläufig ein lange tradiertes Verhaltensmuster weiter: Unter der Voraussetzung eines Eheversprechens oder vielleicht auch nur in der Hoffnung auf eine künftige Eheschließung waren Frauen auch weiterhin zur geschlechtlichen Kontaktaufnahme bereit, wie gering auch immer die Chancen auf eine Realisierung der Ehe sein mochten. Verstärkte Kontrollmaßnahmen haben das Problem nicht gelöst, sondern nur verlagert. Es wurde nun auf dem Rücken und zu Lasten allein der ledigen Mütter ausgetragen. Die Zahl existenzgefährdeter, unterstützungsbedürftiger Familien wollte man beschränken, doch sind an ihre Stelle die alleinstehenden Mütter mit ihren Kindern getreten; im sozialen Abseits und auf sich allein gestellt nicht minder, sondern noch sehr viel mehr auf öffentliche Unterstützung angewiesen.

Gelegenheit zum Kennenlernen für junge Leute: Oberschwäbischer Jahrmarkt, angeblich in Tettnang.
Ölbild von J.B. Pflug, 1839.
Staatsgalerie Stuttgart.

„Annäherung" im Wirtshaus.
Ausschnitt aus dem Ölgemälde
‚Spieler im Gasthaus zu Ellmannsweiler'
von J.B. Pflug, um 1830.
Städtische Sammlungen Biberach.

Bisher hatte für ledige Mütter immerhin noch Aussicht auf die Wiederherstellung ihrer Ehre durch eine Eheschließung, sei es nun vor oder nach der Niederkunft, sei es mit dem Vater des Kindes oder einem anderen Mann, bestanden, auch wenn damit häufig ein sozialer Abstieg einherging. Erleichtert wurde im übrigen eine nachträgliche Eheschließung auch deshalb, weil der „Stein des Anstoßes", das unehelich geborene Kind nämlich, oftmals schon nicht mehr am Leben war. Bei ohnehin geringer Lebenserwartung – ein Drittel der Neugeborenen starb noch im ersten Lebensjahr – war es im allgemeinen um die Überlebenschancen der „Bastarde" noch schlechter bestellt.

Verschiedene Indizien sprechen dafür, daß die ledigen Mütter zunehmend und zeitlebens ins soziale und wirtschaftliche Abseits gedrängt wurden, während die Väter, wie im Falle der Magdalena Z., mit der Zahlung eines Unterhaltsgeldes – sofern Vermögen vorhanden – verhältnismäßig einfach davonkamen. Ein Fall aus dem benachbarten Hemigkofen (heute Kressbronn) vermag dies eindrücklich zu belegen. 1860 wurde vor dem dortigen Gemeinderat folgendes verhandelt: „Anton G., Haderlumpensammler und Witwer von hier, wünscht sich mit der ledigen Agatha V. von hier zu verehelichen. Der Gemeinderat zieht in Betracht: 1. Der Bräutigam ist oft kränklich und stand seit dem über ihn verhängten Konkursverfahren im Jahr 1852 in öffentlicher Armenfürsorge. 2. Der Bräutigam hat eine 20 Jahre alte, schwächliche Tochter und die Braut zwei Töchter, eine 14, eine sechs Jahre alt. Die Familie bestünde daher schon beim Antritt aus fünf Köpfen... Und es ist die Vermehrung der Familie und der baldige Eintritt der Verdienstlosigkeit durch Zunahme der Gebrechlichkeit des schon 57 Jahre alten Bräutigams zu besorgen, wodurch sich die Ungenügendheit des Nahrungsstandes noch mehr steigern würde...4. Das Prädikat der Braut ist keineswegs empfehlend. Sie wurde seit dem Jahr 1847 schon fünfmal wegen Unzuchtvergehen, einmal wegen Lügen vor der Obrigkeit, einmal wegen skandalöser, gegen die sittliche Ordnung laufender Aufführung und einmal wegen Nachtschwärmerei bestraft. Nimmt man die bisher aufgeführten Verhältnisse zusammen... so rechtfertigt sich zuverlässig der in Einstimmigkeit gefaßte Beschluß: bei dem vorhandenen Mangel des Nahrungsstandes dieses Ehevorhaben für unzulässig zu erklären und hiervon unter Mitteilung der Gründe den Verlobten Eröffnung zu machen."

Daß die Frauen, einmal mit dem Makel der Unzucht behaftet, kaum mehr ins ‚normale' Leben zurückfanden, wird auch durch die nicht wenigen Wiederholungstaten belegt. In unserem Langenargener Verzeichnis tauchen zwölf Frauen ein zweites Mal auf, vier Frauen haben drei und Katharina J. bringt es sogar auf die Geburt von fünf unehelichen Kindern. Dies trug ihr übrigens den Schimpfnamen ‚Fauz' ein, wie der Schultheiß nicht zu vermerken versäumte, und müßte heute etwa mit Worten wie ‚geiles Weib' übersetzt werden. Der Makel der Illegitimität gerät sogar zur Erblast. Sofern sie überhaupt das Erwachsenenalter erreichten, erlitten die unehelichen Töchter lediger Mütter nicht selten ein ähnliches Schicksal, wie die 1819 unehelich geborene Tochter der Anna Maria S. aus Tuniswald, die 1840 selbst ledige Mutter wurde.

Ein Teufelskreis beginnt sich zu schließen. In den ersten Jahren seiner Aufzeichnungen konnte der Langenargener Schultheiß bei fast der Hälfte der Betroffenen einen teils beachtlichen Vermögensstand vermerken. Spätestens seit den 30er Jahren des 19. Jahrhunderts gehörten Frauen wie Männer ausnahmslos der vermögenslosen Unterschicht an. Angesichts allgemein schlechter wirtschaftlicher Bedingungen traten Armut und Unzucht in ausweglose Wechselwirkung.

Wohin aber mit den Frauen und ihren Kindern, wenn eine Familiengründung nicht möglich war? Solange sitzengebliebene, ledige Mütter eine Ausnahmeerscheinung waren, konnten noch Unterstützungsformen in dörflicher Nachbarschaftshilfe greifen. In Hemigkofen konnte 1827 die Agatha W. mit ihrem offenbar behinderten Mädchen, das „mehr einem Tier in Tun und Lassen ähnlich als einem Menschen, indem dasselbe weder stehen noch gehen kann und dabei doch ganz groß und schwer gewachsen ist,... kein Wort reden kann, noch ein anderes Zeichen tut als ein Gebrüll, das kein Mensch versteht...", bei einer Mitbürgerin gegen Entgelt aus der Gemeindekasse untergebracht werden. Doch war dies kein Zustand von Dauer. Wenige Jahre später erklärte die Mitbürgerin, daß die Agatha W. „seit einigen Tagen krank sei und sowohl sie als auch ihr Kind eigener Pflege bedürften. Sie selbst sei aber auch immer unpaß. Sie könne diese Leute nicht länger im Haus behalten, da sie genötigt sei, ihren Sohn, der aus der Fremde heimkomme, heiraten zu lassen, wodurch sie in ihrem halben Haus unter keinen Umständen mehr einen Platz für diese Leute finden könne." Agatha W. und ihre Tochter wurden daraufhin im Langenargener Spital untergebracht.

Nachdem sich die Zahl der ledigen Mütter jedoch so deutlich gemehrt hatte, wurden die meisten von ihnen durch Unterbringung im öffentlichen Armenhaus auch räumlich ins Abseits gedrängt. Vom Armenhaus der Gemeinde Owingen berichtete 1868 der zuständige Amtmann: „Es bietet immer noch ein unbehagliches Bild. Es findet sich in solchem ein verheirateter Taglöhner mit einem Kind, sieben ledige Weibspersonen, eine mit drei eigenen Kindern..., eine mit zwei Tochterkindern... Sie bringen sich alle selbst durch bis auf ärztliche und Arzneikosten, welche der Gemeinde zur Last fallen." 20 Jahre später wurde das dortige Armenhaus als „eine Stätte der Unsittlichkeit und der gröbsten Vernachlässigung der Kindererziehung" abgebrochen.

In Langenargen konnten jene Frauen, die krank und arbeitsunfähig waren, im dortigen Spital aufgenommen werden, wie 1834 im Fall der bereits erwähnten „ledigen, 47 Jahre alten, sehr gebrechlichen und seit mehr als einem halben Jahr krank darniederliegenden, völlig mittellosen Anna Maria S. aus Tuniswald."

So wundert es schließlich nicht, daß unter den Langenargenern, von denen wir wissen, daß sie zwischen 1835 und 1855 ihr Heil in der Auswanderung nach Amerika suchten, fünf ledige Mütter mit ihren Kindern waren. Angesichts eines aussichtslosen Schicksals in der Heimat blieb ihnen nicht viel anderes übrig, als den gefährlichen und mutigen Schritt zu einem neuen Leben in der „Neuen Welt" zu wagen.

Erst nach 1870 gingen die Unehelichenzahlen wieder auf niedrigere Werte zurück. Nicht von ungefähr fiel die Entwicklung mit eherechtlichen Veränderungen zusammen. Das seit 1868 im Norddeutschen Bund geltende Ehegesetz, mit dem alle polizeilichen Heiratsbeschränkungen aufgehoben wurden, fand seit der Reichsgründung 1871 im ganzen Reichsgebiet Anwendung. Illegitime Geburten waren nun wieder die Ausnahme und zumindest nach außen funktionierte die angestrebte Beschränkung des Sexuallebens auf die Ehe. Dies blieb im wesentlichen so bis zum 2. Weltkrieg. Vielleicht war in dieser Zeit das Schicksal lediger Mutterschaft überhaupt am schwersten zu ertragen. Denn nun standen die ledigen Mütter wirklich vereinzelt da, während sie sich ein halbes Jahrhundert zuvor zumindest noch in zahlreicher Gesellschaft befunden hatten. Erst seit dem 2. Weltkrieg sind die Illegitimitätsraten wieder im Ansteigen begriffen. Damals wie heute muß dieses Phänomen vermutlich in erster Linie als Ausdruck eines grundlegenden Wandels der Institution Ehe verstanden werden. Die Folgen dieses Wandels nicht allein den ledigen Müttern und ihren Kindern aufzubürden, sollte uns die Geschichte lehren.

Quellen und Literatur:

Gemeindearchive Langenargen und Kressbronn.

Beck, Rainer: Illegitimität und voreheliche Sexualität auf dem Land. Unterfinning 1671–1770. In: Dülmen, Richard van (Hg.): Kultur der einfachen Leute. München 1983, S. 112–150.

Bohl, Peter: Leben und Arbeiten in Langenargen während der ersten Hälfte des 19. Jahrhunderts. In: Gemeinde Langenargen (Hg.): Langenargener Geschichte(n), 5, 1990, S. 55–61.

Freilichtmuseum Neuhausen ob Eck (Hg.): Verliebt, verlobt, verheiratet. Liebe, Hochzeit, Ehe und Sexualität in ländlichen Verhältnissen. Tuttlingen 1991.

Mitterauer Michael: Ledige Mütter. Zur Geschichte unehelicher Geburten in Europa. München 1983.

Sachs-Gleich, Petra: 'Ex Coitu Fornicario'. Bermerkungen zu Unehelichkeit und vorehelicher Konzeption im Hegau. In: Göttmann, Frank (Hg.): Vermischtes zur neueren Sozial-, Bevölkerungs- und Wirtschaftsgeschichte des Bodenseeraumes. Konstanz 1990, S. 16–45.

KÜNSTLERINNEN AM BODENSEE
IM 18. UND ANFANG DES 19. JAHRHUNDERTS:

ANGELIKA KAUFFMANN (1741–1807)
UND MARIE ELLENRIEDER (1791–1863)

BETTINA BAUMGÄRTEL

Die feministische Forschung hat zumindest eines erreicht: Die Frauen stehen zunehmend im Blickfeld historischer Forschung, wobei die Frage nach dem Geschlechterverhältnis nicht mehr nur als Marginalie historischer Forschung gilt.

Zu einseitig wäre der Blick auf die Situation von Frauen, wollte man der alten Behauptung weiter nachhängen, Frauen seien jahrhundertelang auf die reproduktive Arbeit in Haus und Familie reduziert worden. Frauen im 18. Jh. trugen mindestens zur Hälfte zum Lebensunterhalt bei, ohne ihre reproduktive Arbeit zu vernachlässigen. Doppel- und Dreifachbelastung nennt man das heute. In Handwerksbetrieben, in Werkstätten arbeiteten sie ebenso mit, wie sie auch oftmals die Finanzen verwalteten und keineswegs nur im Privaten wirkten, sondern auf den Straßen und Märkten, eben im öffentlichen Leben tätig waren. In Paris beispielsweise wurden ihre Rechte gar durch eigene Frauenzünfte organisiert. Als Witwen eines Meisters führten sie eigenständig den Betrieb ihres Mannes weiter. Auf dem Lande wirtschafteten sie ebenso selbstverständlich mit. In dieser Zeit mehrte sich die Migration der Bauerntöchter als Dienstmädchen in die Städte, um der Familie nicht mehr zur Last zu fallen. Prostitution und uneheliche Kinder gehörten zu diesem, auch in der bildenden Kunst und Literatur der Zeit vielfach thematisierten Problemkreis.

Viele Künstlerinnen des 18. und 19. Jhs. versorgten ebenso selbstverständlich ihre Familie, dazu zählen die Französin Elisabeth Vigée-Lebrun, die Schweizerinnen Angelika Kauffmann und Anna Waser, die Deutsche Marie Ellenrieder, die Italienerin Maria Tibaldi oder die Engländerin Elisabeth Blackwell.

Vollkommen konträr dazu wurden Diskurse von aufgeklärten Philosophen verfaßt, die das weibliche Wesen schlechthin und die Bestimmung der Frau in der Gesellschaft zu definieren suchten. Diese Debatte ging an der Lebenswirklichkeit der erwerbstätigen Frau, der Bäuerin, der Seidenweberin, der Künstlerin wie des Dienstmädchens oder der Blumenverkäuferin auf der Straße völlig vorbei.

Und dennoch traf das neue Modell der Familie und der daraus sich entwickelnde Mütterkult alle und erreichte besonders die bürgerliche Frau. Hier gewann die Frau ein eigenes Terrain, das ihr im abgesteckten Rahmen eine neue rechtliche Stellung einräumte. Indem sie die hehre Aufgabe erfüllte, für die Erziehung der zukünftigen Generation zu sorgen, übernahm sie eine Verantwortung, die in ihrer gesellschaftlichen Tragweite nun erkannt und ernstgenommen wurde. Diese neue moralisch-soziale Aufgabe verbesserte einerseits ihren Status innerhalb der Familie und verminderte andererseits die Macht des Hausvaters. Damit verbunden war der nun lauthals geforderte Zugang zu einer besseren Bildung der Frauen als Voraussetzung für eine optimale Erziehung des Nachwuchses.

Marie Ellenrieder.
Selbstbildnis, um 1820. Pastell.
Rosgartenmuseum Konstanz.

Auch wenn sich die rechtliche Stellung und die Ausbildungssituation der Frau in begrenztem Maße verbesserte und generell die Ziele der Aufklärung durch die tendenzielle Auflösung des Feudalismus auch den Frauen zugute kamen, wurden der Emanzipation der Frau dennoch deutliche Grenzen gesetzt.

Bedenklich stimmt der Vergleich des Zeitalters der Aufklärung mit dem Ende des 17. Jahrhunderts: Die cartesianische Definition des Menschen, nach der der menschliche Geist prinzipiell geschlechtsunabhängig gedacht wurde, ermöglichte in der Konsequenz eine Phase weiblicher Gelehrsamkeit (z.B. Poulain de la Barre). Die Aufklärer des 18. Jahrhunderts (z.B. Denis Diderot) dagegen waren stolz darauf, Frauen und Männer in ihrer naturgegebenen Differenz zu werten. Männliche Ratio wurde weiblicher Emotionalität entgegengestellt, nicht um der Unterdrückung der Frauen willen, sondern um ein funktionierendes arbeitsteiliges Gefüge in der Neuformierung der bürgerlichen Gesellschaft zu entwickeln.

Der Salon, wie ihn auch die Malerin Angelika Kauffmann in Rom und bekannte Vertreterinnen in Frankreich, Berlin und andernorts führten, war vielfach ein Zentrum libertinärer Strömungen. Er geriet jedoch zunehmend ins Kreuzfeuer bürgerlicher Kritik. Auch wenn es dabei vor allem um die Ablehnung adeliger Strukturen ging, so wirkte sich diese Kritik doch deutlich gegen die Frauen aus. Der Salon war für sie ein Ort des intellektuellen Austauschs, der politischen Einflußnahme und ein Mittel des Emporhelfens ihrer Familie und der Förderung ihrer eigenen Geschäfte, wie z.B. sich als Künstlerinnen Aufträge zu sichern.

Die Familie trat im Laufe des Jahrhunderts zunehmend in Konkurrenz zum Salon und konnte sich letztlich durchsetzen. Unterstützt durch die Massenauflagen der Frauenzimmer-Lektüre, durch Schriften zur Mädchen-Pädagogik (François Fénelon, Henri Rousseau) machte sich ein Gesinnungswandel unter den Frauen breit, der die bürgerlichen Frauen, keineswegs gegen ihren erbitterten Widerstand, sondern mit glücklichem Stolz, in die ihnen zugedachte Rolle fügen ließ. Die wenigsten machten sich dabei bewußt, was es hieß, als Frau moralische Instanz der Gesellschaft, Hüterin des Heimes und Vorreiterin der Empfindsamkeit zu sein. Sie gingen oft mit gutem Beispiel und zeremoniellem Pathos voran, wie beispielsweise die Künstlerinnen der Französischen Revolution, die zum Wohle des Vaterlandes all ihren Schmuck spendeten.

Wie erging es den Frauen und besonders den Künstlerinnen am Bodensee? Wußten sie etwas von den radikalen Vorstößen ihrer Geschlechtsgenossinnen in Paris? Klagten sie ihre Bürgerinnen-Rechte ein? In jedem Fall betraf es sie wie auch die streitbaren Pariserinnen, daß sie mit keinem Wort, weder 1776 in Amerika noch 1789 in Frankreich bei der Proklamation der Menschenrechte erwähnt wurden.

Fraglich ist, ob eine Vorarlbergerin im 18.Jh. die 1792 erschienene Streitschrift der englischen Feministin Mary Wollstonecraft „Vindication of the rights of the woman (Verteidigung der Rechte der Frau)" in die Hände bekam. Mary Wollstonecraft war der Überzeugung, Frauen sollten zu denkenden Wesen und freien Bürgerinnen erzogen werden, dann erst seien sie gute Ehefrauen und Mütter, aber nur, wenn der Mann seinerseits seine Pflichten als guter Ehemann und Vater nicht vergesse.

Auch wenn diese Töne die Vorarlbergerinnen nicht erreichten, kam es dennoch in Vorarlberg zu einem Weiberaufstand, wenn auch etwas verspätet: 1807 lehnten sich die Frauen in Krumbach gegen Militär und Behörden auf und zogen in einer bewaffneten Sturmtruppe nach Bezau, um das Gerichtsgebäude zu stürmen.

Und es gab weibliche Gelehrte und Salonlöwinnen am Bodensee: Elisabeth von Löwenfink lebte in Feldkirch und führte einen Salon. In ihr finden wir die „femme savante" Vorarlbergs: „.... eine Zauberin auf dem Klavier, die vorbildlich en pastell male, ausgesuchte Lektüre betreibe und bei aller Gelehrsamkeit doch ein bescheidenes Frauenzimmer geblieben" sei.

Und wieder tritt Feldkirch besonders hervor durch die Erteilung der Bürgerrechte an eine gewisse Maria Anna Schneller (1753–1800), die 1789 damit die Genehmigung erhielt, in der Schmiedgasse als Buchhändlerin tätig zu werden. Hebammen wurden dort als erste Frauen zum Hochschulbesuch zugelassen, daneben gehörte der Lehrerinnenberuf zu den ersten anerkannten Frauenberufen der Zeit. Zu nennen ist vor allem Maria Schmid (1794–1864) aus Au, die offenbar von den Einflüssen Pestalozzis, der mit ihrem Bruder zusammenarbeitete, profitierte.

Nicht zu vergessen als selbständig tätige Frauen die vielen Kunsthandwerkerinnen, die Trachten-Stickerinnen, die Illustratorinnen von Bibeln und Andachtsbüchlein, wie beispielsweise Anna Margaretha Wesselin oder Maria Agatha Reiner.

Um aber international anerkannte Kunst zu schaffen, mußten Frauen den Bodensee und Vorarlberg zumindest zeitweilig verlassen.

Wohlweislich machte sich die Konstanzer Malerin Marie Ellenrieder (1791–1863) – zwar erst mit 30 Jahren und einige Jahre später zum zweiten Mal – nach Rom auf. Auch für die in Chur geborene und am Bodensee und in Vorarlberg tätige Malerin Angelika Kauffmann (1741–1807) war die Ausbildungsreise nach Rom bereits in jungen Jahren eine Offenbarung.

An Angelika Kauffmanns Werdegang wird deutlich, daß sie sich vom
Heimatboden – und sie empfand
Vorarlberg mit Schwarzenberg, dem
Geburtsort ihres Vaters, durchaus als
ihre eigene Heimat – entfernen mußte,
um künstlerisch erstaunliche Fortschritte zu machen, und um ihre Heimat
schätzen zu lernen: „Wie oft bin ich in
Gedanken im Vatterland und wie sehr
wünsche ich selbes wieder zu sehen",
schrieb sie 1788 aus Rom und fügte
hinzu, „…ich habe viel gesehen und
viele Leute gekannt, aber wenige, die
noch so leben, wie man leben soll und
wie ich oft zu leben wünsche, nehmlich
wie man bis jezzo im Vatterland gelebt."

Sehnsuchtsvolle Projektion all dessen, was die quirlige Metropole Rom
ihr versagte!

Anders dagegen die Konstanzerin
Marie Ellenrieder, der das Leben in ihrer Heimatstadt aus ihrer Alltagssicht
oft zu eng wurde. Gerade ihr Aufenthalt
an der Akademie in München, wo sie
als die erste Frau Schülerin der Akademie wurde, und vor allem die Romreise
verdarben sie für das kleinstädtische
Leben. Sie litt nach ihrer Romreise, war
unzufrieden, unruhig und konnte sich
nur durch zeitweilige Aufenthalte am
badischen Hof zufrieden geben.

Welche Möglichkeiten standen jungen Frauen in der künstlerischen Ausbildung am Bodensee und in Vorarlberg
offen? Sicherlich ist diese Frage noch
zu wenig erforscht. Vermutlich bestand
eine gewisse Chance, wenn sie hinein-
wuchsen in einen Handwerksbetrieb.
Als mithelfende Kräfte werden manche
Töchter und Ehefrauen meist im Verborgenen künstlerisch gearbeitet haben,
ohne ihre Werke je signiert zu haben.
Chancen ergaben sich auch, wie im

Angelika Kauffmann, Studie eines Engels,
zu „Der Engel erscheint Tobit und Tobias",
Kreidezeichnung, um 1791, Privatsammlung.

Marie Ellenrieder, Zwei stehende weibliche
Akte, Feder in Braun über Bleistift, um 1839,
Konstanz, Rosgartenmuseum.

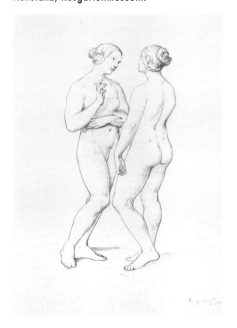

Falle der Angelika Kauffmann, wenn der Vater ein Atelier hatte. Die kleine Kauffmann konnte dem Vater die Arbeit abschauen, sein Arbeitsmaterial nutzen und seine Vorlagenbücher studieren. Es verwundert also nicht, wenn ein Großteil der Künstlerinnen vor 1800 aus Malerfamilien stammten, eine für ihre männlichen Kollegen lange nicht so entscheidende Voraussetzung.

Marie Ellenrieder hatte es insofern schwerer, als ihr diese familiären „Vorschußlorbeeren" versagt blieben. Ihre Entwicklung zur Künstlerin verlief daher zögerlicher als die der Kauffmann. Wie so oft bedurfte es eines männlichen Unterstützers, des Bistumsverwesers Freiherr Ignaz von Wessenberg, um sie zu einer gründlicheren Ausbildung zu führen. Marie Ellenrieder begann, wie so viele Künstlerinnen, mit eher halbherzigen Schritten in der Bildnisminiatur, zu der sie ihr erster Lehrer Joseph Eisle anleitete. Es war wohl ein Kompromiß, um in der häuslichen Enge Künstlerdasein und Frauenrolle verbinden zu können, ihr Talent sich entfalten zu lassen und für die derzeit rege Nachfrage nach Bildnisminiaturen ertragreich nutzen zu können, und um gleichzeitig ihrer Bestimmung als Ehefrau und Mutter nichts in den Weg zu stellen.

Der Weg der Kauffmann erscheint auf den ersten Blick zielstrebig. Sicher hat der Vater J.J. Kauffmann recht früh das ehrgeizige Ziel gehegt, aus seiner Tochter eine erstklassige Künstlerin zu machen. Sie sollte all das erreichen, was ihm als mittelmäßigem Maler versagt geblieben war. Jedoch bei genauerem Hinsehen erweist sich dieses Ziel als lange nicht so selbstverständlich. Weibliche Talentvielfalt statt männlicher Professionalität und Spezialisierung ließ die Entscheidung auch für Angelika Kauffmannn zum Problem werden. Moralische Überlegungen schließlich sprachen für eine Karriere als bildende Künstlerin und nicht als Sängerin, thematisiert in ihrem wichtigsten Selbstbildnis „Angelika Kauffmann zwischen Malerei und Musik" von 1792/94 (zwei Fassungen: Moskau, Puschkin Museum und Slg. Lord St. Oswald, Nostell Priory).

Weder Angelika Kauffmann noch Marie Ellenrieder konnten als Frauen auf ein Ausbildungsrecht an den offiziellen Kunstschulen oder Akademien unter Berufung auf den Gleichheitsgrundsatz pochen. Es sind in erster Linie persönliche Beziehungen, die zu Ausnahmeregelungen in der Künstlerinnen-Ausbildung führten. Marie Ellenrieder erweckte Mitleid durch ihre Schwerhörigkeit. Nach dem Bericht ihrer Kollegin Louise Seidler wurde sie vermutlich nur zu Porträtkursen, schon aus moralischen Gründen nicht zu den Zeichenstunden nach dem lebenden Modell zugelassen.

Im Unterschied zur Ellenrieder gehörte Angelika Kauffmann jedoch in den italienischen Akademien, einschließlich der venezianischen, lediglich zu den „onori", zu den Ehrenmitgliedern, die nicht am Unterricht teilnehmen konnten. In London allerdings wurde sie Gründungsmitglied der 1768 eröffneten Royal Academy. Zusammen mit der Blumenmalerin Mary Moser besaß sie zwar den Status eines Vollmitglieds und hatte vor Ort größere Einflußmöglichkeiten, als Frau hatte sie faktisch aber kaum mehr Rechte als ein Ehrenmitglied. Denn Ausstellungsmöglichkeiten hatten auch Nichtmitglieder, und beim Wahlrecht nahmen die zwei einzigen weiblichen Gründungsmitglieder lediglich brieflich teil, da sie zu den „meetings" nicht zugelassen waren. Ihre französischen Kolleginnen sollen von ihrem Wahlrecht sogar so gut wie nie Gebrauch gemacht haben.

Angelika Kauffmann, Die Krönung Mariae,
Öl auf Lw., 1802, Pfarrkirche Schwarzenberg.

Marie Ellenrieder war in Rom im privaten „Komponierverein" mit Cammuccini, Overbeck, Phillip Veit, Schnorr v. Carolsfeld u.a. tätig. Noch zu Kauffmanns Zeiten hatten Künstlerinnen keinen Zugang zu solchen privaten Arbeitskreisen. In keiner der bekannten Schulen, weder in Rom bei Benefial oder Batoni, noch in London bei Hogarth oder Thornhill, noch in der deutschen Künstlerkolonie bei Trippel oder Koch wurden Künstlerinnen akzeptiert.

So blieb den Künstlerinnen oft nur das Autodidaktentum, was meist ein einsames Kopieren nach den großen Meistern bedeutete.

Interessanterweise unterliefen einige Künstlerinnen das Verbot des Aktzeichnens, das bis in unser Jahrhundert zum moralischen Stolperstein für manche Künstlerin wurde. Während Angelika Kauffmann noch heimlich ihre Aktzeichnungen anfertigte, scheint dies ein halbes Jahrhundert später bei der Ellenrieder schon fast selbstverständlich, jedenfalls lange nicht mehr so rufschädigend wie für die Kauffmann gewesen zu sein.

Eine Studie zweier stehender, weiblicher Akte entstand 1839 während Ellenrieders zweiter Romreise. Diese und die meisten der im Kunsthaus Zürich erhaltenen Aktstudien legen nahe, daß sie nach einem lebenden Modell gezeichnet hat, jedoch ist kaum denkbar, daß sie es gewagt hätte, sich ein eigenes Modell zu mieten. Genauso unwahrscheinlich ist, daß Marie Ellenrieder an den Sitzungen der Lukasbrüder teilgenommen hat, wenn diese sich gegenseitig Modell standen. Auffällig ist, daß die meisten Aktstudien nach einem weiblichen und nicht nach dem in allen Akademien und Schulen üblichen und als Norm bezeichneten männlichen Modell entstanden sind.

Um so erstaunlicher ist, daß beide Künstlerinnen, trotz der beschriebenen Einschränkungen, die Figurenmalerei und dabei die Historienmalerei als ranghöchste Gattung mit Erfolg verwirklichten. Zur Zeit des Klassizismus galten die antike und mittelalterliche Geschichte, und besonders mythologisch-literarische Vorlagen wie Homer, Vergil oder T.Tasso als würdige und erhabene Stoffe für die Malerei. Die Nazarener dagegen sahen in ihren religiösen Bildthemen, und dabei besonders in der Madonnendarstellung, das höchste Ziel ihrer Malerei.

Besonders Angelika Kauffmanns Spätwerk mit seinem Schwerpunkt im religiösen Sujet bietet sich zum Vergleich mit Werken ihrer Kollegin Marie Ellenrieder an. Beide Künstlerinnen schufen für die Kirchen ihrer Heimat Altarblätter, die heute noch zu besichtigen sind. Dafür scheuten sie keinesfalls das große Format. In der Kirche von Schwarzenberg hängt als Hauptaltarblatt Angelika Kauffmanns Spätwerk „Die Krönung Mariae". Das 2,26 mal 1,37 m große Gemälde wurde von der Gemeinde mit großer Begeisterung aufgenommen.

Im Seitenflügel der Dreifaltigkeitskirche von Konstanz ist noch heute Marie Ellenrieders „Jesus als Kinderfreund" von 1845 zu besichtigen. In St. Stephan von Konstanz hat sich das große Altarblatt „Die Steinigung des hl. Stephanus" erhalten. Es mißt 4,70 mal 3,20 m und entstand ursprünglich 1828 im Auftrag der Stadtkirche von St.Stephan in Karlsruhe. Eigens für die Ausführung dieses ungewöhnlich großen Formats wurde der Künstlerin ein großer Arbeitsraum im Regierungsgebäude von Konstanz zur Verfügung gestellt.

Sowohl Angelika Kauffmann als auch Marie Ellenrieder bevorzugten den zweizonigen Aufbau und eine simple ausgewogene Gewichtung von vier Figuren bzw. Figurengruppen in den jeweiligen Ecken. Angelika Kauffmann selbst betont in ihrer eigenhändigen Werkliste zu einem ihrer Altarbilder die „simplicity of composition". Noch einfacher als im Schwarzenberger Altarblatt ist die Gestaltung in ihrem Gemälde „Ein Engel erscheint Tobit und Tobias", das 1791 für den Verleger Maklin entstanden ist. Wie nahe sie damit bereits Frühwerken Marie Ellenrieders kommt, zeigt der Vergleich mit der „Ichenheimer Madonna", das als erster großer Auftrag 1822, vor Ellenrieders Romreise, für die Pfarrkirche Ichenheim entstanden ist (vgl. Kat. Konstanz, Abb.7, S.99).

Für Angelika Kauffmanns Gemälde ist ein genaues Figurenstudium nachweisbar. Zwei Detailstudien der Knienden befinden sich im Vorarlberger Landesmuseum in Bregenz.

Eine bisher unveröffentlichte und ungedeutete Studie des frontal stehenden Engels ist in einer Schweizer Sammlung nachweisbar (vgl. Kat. Konstanz Nr. 92). Der klare Kontur und die fast ornamentalen Faltenwürfe, die die Beine umspielen, sind ausgesprochen typisch für Angelika Kauffmanns späten Zeichenstil. Parallelen finden sich im späten Zeichenwerk der Ellenrieder. Die weiß gehöhte Kreidezeichnung (40,3 × 28,5 cm) ist „Angelica Kauffmann f. Romae" signiert.

Die Isolierung der Figuren, die vereinfachte und damit klare Komposition, die präzisen Umrisse und die Hinwendung zu mehr Lokalfarbigkeit im religiösen Spätwerk Angelika Kauffmanns kündigen Stilelemente der Altarbilder Marie Ellenrieders an.

Die neuesten Darlegungen mit weiterführender Literatur in:

Ausstellungskatalog Angelika Kauffmann, Marie Ellenrieder. „... und hat als Weib unglaubliches Talent", Städtisches Museum Konstanz, Konstanz 1992, unter Mitwirkung Elisabeth v. Gleichenstein, Karin Stober, der Autorin u.a.

Zu den Gemälden, Zeichnungen und Radierungen der A.Kauffmann bereitet die Autorin ein kritisches Werkverzeichnis vor, das demnächst erscheinen soll.

Literatur:

Zu Absatz 2: Jutta Held: Auf dem Wege zur Emanzipation? Frauen des 18. Jahrhunderts in Frankreich. In: Frauen in Frankreich des 18. Jahrhunderts: Amazonen, Mütter, Revolutionärinnen, hg. dieselbe, Hamburg 1989.

Zur Situation in der Aufklärung: Lieselotte Steinbrügge: Das moralische Geschlecht. Theorien und literarische Entwürfe über die Natur der Frau in der französischen Aufklärung, Ergebnisse der Frauenforschung, hg. FU Berlin, Weinheim, Basel 1987.

Zur Situation in Vorarlberg:

Karl Heinz Burmeister: Die rechtliche und soziale Stellung der Frau im Zeitalter der Aufklärung in Vorarlberg, in: Hexe oder Hausfrau. Das Bild der Frau in der Geschichte Vorarlbergs, hg. Alois Niederstätter, Wolfgang Scheffknecht, Sigmaringendorf 1991, S. 100–131.

KASIA VON SZADURSKA –
PORTRÄT EINER KÜNSTLERISCHEN FRAU
IM „FELSENNESTCHEN" AM BODENSEE

SUSANNE SATZER-SPREE

„Kasia von Szadurska sieht die Welt mit den Augen der mit Kultur allzu reichlich Gesättigten. Aber sie ist nicht einseitig: aus der leichten Eleganz der Genußmüden im Salon geht sie in die schwermütige gesunde Frische des Herbstgartens in der Vorstadt, zu den kleinen Leuten, die mit zerarbeiteten Händen die naßkalte Erde durchwühlen."

Mit diesen Worten wird die Malerin 1919 von einem Mann beschrieben, der sie gut kennt: ihrem Ehemann Dr. Otto Ehinger. Er ist Sohn einer Brauereifamilie in Meersburg, Jurist und zu dieser Zeit als politischer Schriftsteller tätig. Nach dem Krieg 1946–48 wird er Bürgermeister seiner Geburtsstadt, aber da lebt Kasia schon nicht mehr, mit 56 Jahren war sie 1942 in Berlin verstorben.

Das Leben dieser Künstlerin, die besonders in Meersburg Spuren hinterlassen hat, liegt weitgehend im Dunkeln. Über ihre Bilder soll sie in Erinnerung bleiben, schreibt Dr. Ehinger kurz nach ihrem Tod. In Meersburg sind einige ihrer Werke ständiger Bestandteil der Städtischen Galerie im Neuen

Kasia von Szadurska, **Selbstbildnis mit Maske,
20er Jahre, Städt. Galerie Meersburg.**

Schloß, so daß dieser Zugang zur Persönlichkeit der Szadurska möglich ist. „Kasia von Szadurska gibt in feinnervigen Gemälden und Zeichnungen voll Leben das komplizierte und intensive Empfinden des kultivierten modernen Menschen wieder." Ein Anhaltspunkt für ihre Malerei schon in der Konstanzer Zeitung von 1919.

Über ihr Leben hingegen sind die verschiedensten Versionen im Umlauf, angefangen mit ihrer Geburt 1876, 1886 oder 1889 in Moskau. Es existieren in verschiedenen Urkunden differierende Angaben; ihre Taufurkunde datiert von 1886, dieses Jahr wird in der Geburtsurkunde von Sohn Thorgrim bestätigt. Kasia, als Margarethe Casimirowna katholisch getauft, ist die zweite Tochter des „Edelmanns" Casimir Schadursky und seiner Frau Clara Winkler, die aus einer Breslauer Lehrerfamilie stammte. Aus welchen Gründen die junge Frau nach der Jahrhundertwende nach Berlin und München geht und bei wem sie sich zur Malerin ausbilden läßt, bleibt ebenso verborgen wie die Antwort auf die Frage nach der Gestaltung ihres Lebens in diesen Städten. Sie selbst hat zu ihrem Leben keine Auskünfte gegeben, auch nicht für das Mitgliederverzeichnis der Künstlerverbindung „Der Kreis".

Im Jahr 1910, 24 Jahre alt, heiratet sie den Meersburger Dr. Otto Ehinger, den sie sehr wahrscheinlich über ihre Mitarbeit an der kritischen Zeitschrift „Simplizissimus" in München kennengelernt hat. Entgegen den zu dieser Zeit üblichen Normen wird sie nun nicht Hausfrau und Mutter, sondern arbeitet weiterhin als Zeichnerin und Porträtistin. 1917 erscheint sie zum ersten Mal als Mitarbeiterin im „Bodenseebuch", einer Publikation, die seit 1914 in Konstanz herausgegeben wird und die das kulturelle Leben am See widerspiegelt.

Sie lebt zu dieser Zeit wohl schon am See, denn ihre Bekanntschaft mit Fritz Mauthner hinterläßt ein Porträt des im „Glaserhäusle" lebenden Sprachkritikers und Philosophen, das 1916 signiert ist. Mit den Künstlern Karl Einhart, Hans Breinlinger und Gaum ist sie befreundet, und aus dieser Beziehung ergibt sich in Konstanz eine erste Gemeinschaftsausstellung unter der Bezeichnung „Breidablick". Hier werden erstmals die modernen Strömungen der Malerei vorgestellt; die Szadurska ist zum Beispiel mit einem expressiven Teil-Akt einer Frau vertreten. Dr. Ehinger schreibt dazu: „Im weiblichen Körper sieht sie die herbe Pracht, welche Michelangelo entzückte; nicht üppige Fülle, sondern den Kampf weiblicher Weichheit mit der schlanken Kraft von Muskeln voll Willen." Er nimmt die Bilder seiner Frau und wohl auch sie selbst also als willensstark und kämpferisch wahr, als jemanden, der sich nicht auf die weiche, nachgiebige Komponente des Frau-Seins einläßt. Als eigenwillig, emanzipiert und feinfühlend charakterisiert die Kunsthistorikerin Edeltraut Fürst im Katalog zur diesjährigen Ausstellung „Der Kreis" die Persönlichkeit der Szadurska, und auch in Meersburg sind Erinnerungen an eine lebhafte, bestimmte und auffällige Erscheinung lebendig.

Bestätigt werden kann diese Wahrnehmung der Künstlerin anhand ihrer zahlreichen Frauen-Akte in der Meersburger Sammlung aus den frühen 1920er Jahren. Selbst- und körperbewußt, manchmal mit dem Ausdruck einer leisen Traurigkeit, zeugen diese Zeichnungen von genauer Beobachtungsgabe und dem Einfühlungsvermögen einer Frau, die ernst genommen und verstanden werden will. Der Ausbau des Ehinger Wohnhauses am Droste-Hülshoff-Weg hoch über dem See soll auf ihre Initiative zurückgehen. Sie ließ ein Atelier und Seitenflügel anbauen und wünschte sich das gleiche leuchtende Rot als Hausanstrich, das auch das Seminar-Gebäude in Meersburg kennzeichnet.

Erst spät wird die Künstlerin doch noch Mutter, 1920 kommt Tillmann zur Welt, 1923 Thorgrim. Sie zeichnet und malt die Kinder recht häufig, zieht sich aber nicht allein auf die Mutterrolle zurück, sondern läßt die Söhne von einem Kindermädchen

Kasia von Szadurska,
mit ihren Söhnen
Thorgrim
und Tillmann.

versorgen und ist weiterhin als Porträtistin und Malerin tätig. Auch die technische Entwicklung interessiert sie, der Bau des Fährehafens 1928 in Meersburg wird in vielen Zeichnungen und Aquarellen festgehalten. Landschaftsmotive aus Konstanz und Meersburg finden sich ebenfalls in ihrem Nachlaß im Neuen Schloß, so daß eine Verbundenheit mit der Region (und den potentiellen Käufern) angenommen werden kann.

Obwohl die Verbindungen nach Berlin und München nie abgerissen sein sollen, gehört sie seit der Gründung 1925 in Lindau zur Künstlerverbindung „Der Kreis". Dessen Zielsetzung war vorrangig, „das wirtschaftliche Interesse der Künstler zu wahren und zu verteidigen, da der einzelne Künstler, der den Idealismus hat, den schweren Weg des Kunstschaffens zu gehen, wirklich des Schutzes bedarf in unserer Zeit und unserer Landschaft." Für Kasia von Szadurska ist also auch der wirtschaftliche Erfolg wichtig, sie will nicht nur als Ehefrau vom Einkommen ihres Mannes leben. Über 50 Ausstellungen der Verbindung sind von Basel bis Frankfurt,

Hannover und Kassel nachgewiesen, bei denen sie auch zahlreiche Werke verkaufen konnte.

Wohl Ende der 1920er Jahre trennt sich das Paar, und die Szadurska zieht nach Konstanz, wo sie 1935 von Dr.Ehinger geschieden wird. Über ihre letzten Lebensjahre ist fast nichts bekannt. Es darf angenommen werden, daß sie sich außer in Konstanz überwiegend in Berlin aufhält, denn sie ist im „Verein der bildenden Künstlerinnen zu Berlin" ein „geschätztes Mitglied" gewesen, wie es in einem Nachruf heißt. Zudem hat sie eine eigene Wohnung in Wilmersdorf. Die Szadurska bestreitet ihren Lebensunterhalt offenbar durch Aufträge. Noch im Winter 1942 schreibt sie in einem Brief, daß sie auf einen Rittersitz in den Harz reisen solle, um dort zu malen. Sie muß demnach in ihrem Stil Veränderungen vorgenommen haben, denn 1937 hat ein Vertreter der Reichskammer für Bildende Kunst Berlin u.a. auch ihre Gemälde aus der Konstanzer Städtischen Wessenberg-Gemäldegalerie entfernen lassen und für „entartet" erklärt. Wie sie mit dieser Beurteilung umging und welchen Kreisen sie sich danach zuwandte, liegt leider im Verborgenen. Aus den Jahren 1936, 1937 und 1938 befinden sich in der Städtischen Galerie Meersburg je ein Blumenstilleben, die den Rückzug auf unverfängliche Themen und einen eher naturalistischen Stil verdeutlichen. Sie ist auf sich selbst gestellt und muß sich den diktatorischen Kunstvorstellungen der Nationalsozialisten beugen. Nicht ahnend, wie geschwächt sie ist, geht sie im März in Berlin ins Krankenhaus, wo sie am 3. April 1942 stirbt.

Ihr Selbstporträt gegen Ende der 1920er Jahre als „Frau mit Maske" verweist auf ein doppeltes Leben. Das lachende Gesicht der Maske als Außenfassade, dahinter ein fast schwermütiges und auch abweisendes Antlitz. So wie die Szadurska ihre Lebensdaten und -geschichte gern verschwieg, so mag sie sich hinter einer heiteren und geheimnisvollen Fassade versteckt haben ganz in dem Sinne, daß die Künstlerin nur über ihre Werke zu den Mitmenschen spricht.

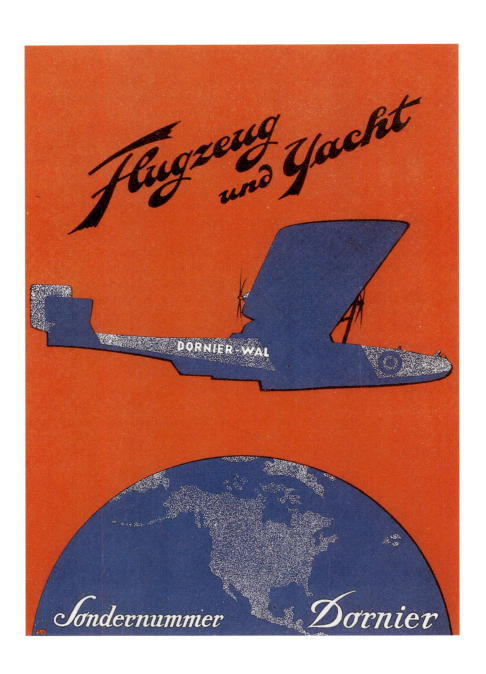

Von Marcel Dornier entworfenes Titelblatt
der Zeitschrift ‚Flugzeug und Yacht'
mit Dornier-Wal, um 1925.

N25

DIE GESCHICHTE
EINES DORNIER-FLUGBOOTES

ERNST NÄHER

Dies ist die Geschichte eines Dornier-Flugbootes, das so legendär werden sollte, daß es sogar im Deutschen Museum in München ausgestellt wurde. Der Dornier-Wal flog als N25 mit Amundsen Richtung Nordpol, rettete sechs Männer durch einen Start auf buckliger Eispiste, dümpelte unter der englischen Zulassungsnummer G-EBQO einsam fast eine Woche, von seiner Besatzung verlassen, auf dem Nordatlantik, flog unter Wolfgang von Gronaus Führung heimlich nach Nordamerika und um die Welt, ließ auf der Verkehrsfliegerschule den rauhen Schulbetrieb über sich ergehen und landete schließlich als Flugboot im Schnee des Riemer Flugplatzes.

Nordpol: Schnittpunkt aller Meridiane in 90° nördlicher Breite. Gegenpunkt: Südpol, beider Verbindungslinie ist die Rotationsachse der Erde (von oben gesehen dreht sich die Erde um den Nordpol entgegen dem Uhrzeigersinn). Vom 21.3. bis 23.9. steht die Sonne ständig über dem Horizont (Nordpolartag), in der anderen Jahreshälfte darunter (Nordpolarnacht). Der Nordpol liegt über einer Meerestiefe von 4087 m.

So steht es im Lexikon. Unzählige Menschen haben es gelesen, viele hat das Wort in seinen Bann gezogen, fasziniert... und manche haben ihn gesucht.

Am 16. Juli 1872 wurde in dem Ort Borge am Oslofjord ein Junge geboren.

Sein Vater und sein Onkel waren Reeder, und so hörte der junge Roald Amundsen schon früh von fernen Ländern und Meeren. Mit fünfzehn Jahren las er von dem tragischen Versuch des britischen Forschers Sir John Franklin, die Nordwestpassage zu bezwingen, die gefahrenvolle, von Eis blockierte Wasserstraße durch das Inselgewirr zwischen Kanada und dem Nordpol. Franklin und seine 129 Männer starben vor Hunger und Kälte. „Merkwürdigerweise beeindruckten mich am stärksten die Entbehrungen, die Sir John und seine Mannschaft ertragen mußten", schrieb Amundsen, „und ich schwor mir insgeheim, später Polarforscher zu werden."

Nach zwei Jahren Medizinstudium heuerte er als Einundzwanzigjähriger als einfacher Matrose auf einem Schoner an, dessen Ziel das Nördliche Eismeer war. Rasch eignete er sich die erforderlichen seemännischen Kenntnisse an und schon mit 25 Jahren war er Mitglied der belgischen Antarktisexpedition, welche mit ihrem Schiff „Belgica" erstmals einen Winter in der Antarktis überdauerte. Dieses Erlebnis bestärkte Amundsen in seinem Vorhaben, den Nordpol zu bezwingen. Zunächst beginnt er, eine eigene Expedition zur Bezwingung der Nordwestpassage zu planen. Mit seinem Schiff „Goja" findet er im August 1905 den Weg nördlich um Kanada, die Nordwestpassage. Damit wäre Amundsen bereits sein Platz in der Geschichte sicher gewesen, aber noch lag ein unerfüllter Traum vor ihm. Er wollte in das arktische Packeis im Norden von Rußland vordringen und sich mit ihm westwärts über die Polkappe der Erde, möglichst über den Nordpol selbst treiben lassen. Mitten in den Vorbereitungen traf ihn im September 1909 ein harter Schlag. Der Amerikaner R. E. Peary hatte den Nordpol vor ihm erreicht. Aber Amundsen gibt nicht auf und damit beginnt unsere eigentliche Geschichte.

Bei dem Entschluß, auf dem Luftwege den Nordpol erreichen zu wollen, kam Amundsen sehr zustatten, daß er bereits 1914 Norwegens erster staatlich geprüfter Zivilpilot geworden war. Aber woher das Geld für eine solche Expedition nehmen? Da lernte Amundsen 1925 durch einen Zufall den jungen amerikanischen Forscher Lincoln Ellsworth kennen, der vermögend genug war, zwei deutsche Flugboote vom Typ Dornier-Wal zu beschaffen.

Amundsen erzählte:

„Aus Gründen der Sparsamkeit verbot es sich, ein Luftschiff zu benutzen. Nur ein Flugzeug konnte in Betracht kommen. Die Landungsverhältnisse dort oben im Eis waren für die Wahl des Typs entscheidend. Nach vielen Überlegungen beschlossen wir, zwei Maschinen zu benutzen, damit eine Maschine bei einem nicht zu behebenden Defekt immer flugklar blieb. Ich glaube, diese Überlegung hat uns allen das Leben gerettet. Lange wurde die Frage debattiert: Flugzeug mit Schwimmern, Skiern oder Flugboot. Schließlich kamen wir zu der Überzeugung, die einzige Maschine, welche allen Anforderungen genügte, war der Dornier-Wal. Erst später, dann im Eis, wurden wir noch eines weiteren Vorteils gewahr."

Die Flugzeuge wurden in Italien, in Marina di Pisa gebaut, da Deutschland der Bau solcher Flugzeuge infolge des Versailler Vertrags noch nicht gestattet war. Aus dem gleichen Grund erhielten auch beide Maschinen englische Motoren, nämlich Rolls Royce Eagle IX. Jedes Triebwerk leistete 360 PS, pro Maschine also 720 PS. Trotz dieser geringen PS-Zahl wurde jedes Flugboot mit über drei Tonnen Ausrüstung, Treibstoff und Lebensmitteln beladen. Nach erfolgten Abnahmeflügen wurden die Flugzeuge in

Kisten verpackt nach dem Abflugsort Kingsbay auf Spitzbergen verfrachtet. Zwei Monteure von Rolls Royce kümmerten sich in Kingsbay um die Motoren und schließlich wurde von Claude Dornier, dem Konstrukteur der Wal-Flugboote, der Deutsche Karl Feucht, erster Bordwart der Dornierwerke, zur Verfügung gestellt. Nun konnte eigentlich nichts mehr schief gehen. Die Ausrüstung in Kingsbay war Anfang Mai 1925 beendet. Beide Wale bekamen ihre norwegischen Zulassungsnummern, nämlich N24 und N25. Der Dornier-Wal mit der Bezeichnung N25 sollte sich im Buch der Fliegerei verewigen.

Der 21. Mai 1925 war ein bedeutungsvoller Tag. Endlich sollte eine Expedition auf dem Luftwege in unbekannte Zonen vordringen. Am Rande der Bucht von Kingsbay lagen die beiden Dampfer „Fram" und „Hobby" und daneben auf dem Eis die beiden Dornier-Flugboote N24 und N25, sorgfältig beladen, verstaut und befestigt, fertig zum Start. Leif Dietrichson war als Flugzeugführer bei N24 vorgesehen, Lincoln Ellsworth war als Beobachter und Oskaer Omdal als Bordwart vorgesehen. Die Besatzung von N25 bildeten Hjalmar Riiser-Larsen als Flugzeugführer, Roald Amundsen als Beobachter und Karl Feucht als Bordwart. Dieser Karl Feucht, von dem noch die Rede sein wird, war der einzige Deutsche bei der Expedition. Der Pilot von N25, Riiser-Larsen, wurde später Direktor der Norwegischen Fluggesellschaft.

Um 16.15 wurden die Motoren angeworfen. Sie liefen zunächst 45 Minuten langsam warm, während der Ing. Green von Rolls-Royce beide Motoren zum letzten Male prüft. Dann lächelt er zufrieden und Riiser-Larsen gibt Vollgas und N25 fegt mit voller Geschwindigkeit über das Eis hinweg den Fjord hinunter.

Inzwischen hatte Dietrichson N24 auf

Roald Amundsen

das Eis zugesteuert, mußte aber beobachten, daß die stark überladene Maschine durch das Eis hindurch zu sinken begann. Er erhöhte die Geschwindigkeit und kam ebenfalls ab. Beide Flugboote flogen dicht nebeneinander nordwärts. Bald kamen die Flieger in ausgedehnte Nebelgebiete. Es war bei dem unsichtigen Wetter schwer, das andere Flugboot im Auge zu behalten, denn Funkgeräte hatte man damals noch nicht an Bord. Nach sieben Stunden Flugzeit hatten die Flieger gehofft, in diesen Breiten größere offene Wasserflächen zu finden, auf denen Dornier-Wale hätten landen können. Sie trafen aber nur schmale Rinnen zwischen festem Packeis an, dessen hohe Wände die Tragflächen bei der Landung leicht hätten gefährden können.

So wurde es am 22. Mai ein Uhr, und jetzt, nach acht Stunden ununterbrochenem Flug, gab Feucht das Zeichen zur Umkehr, denn der halbe Treibstoffvorrat war verbraucht. Man ist jetzt auf hundert Meter herabgekommen. Der Wal streicht über eine große ebene Eisscholle, die es

vielleicht erlauben würde, mit dem Flugboot auf festem Grund zu landen. Amundsen ist sich noch nicht klar, ob er den Versuch einer Landung wagen soll.

Von N24 aus beobachtet man aufmerksam die Bewegungen des Führerbootes, denn beieinanderbleiben ist oberstes Gebot. Da bleibt der hintere Motor von N25 stehen! Da man sehr niedrig ist und das Boot sehr schwer, ist an ein Weiterfliegen mit einem Motor nicht zu denken. So nimmt Riiser-Larsen auch dem vorderen Motor das Gas weg und landet. Es geht in einen engen Eiskanal hinein, der zwischen hohen Packeiswänden im Bogen verläuft. Der Wal kommt gut auf, wird stark angedrückt, behält aber immer noch hohe Fahrt. Am Ende der krummen, schmalen Bahn bedecken Schollen die ebene Fläche. Knirschend drücken sich diese gefährlichen Hindernisse unter das schwache Neueis, bis schließlich der Bug des Wals gegen einen starken Block stößt und das Boot steht.

Die drei Männer bemühen sich sofort,

den Wal zu wenden, um aus diesem engen Kanal wieder herauszukommen. Eile ist notwendig, denn die schmale Rinne schließt sich rasch und in kurzer Zeit schon kann N25 von den pressenden Eismassen zerdrückt werden. Alle Versuche schlagen fehl. Den Männern gelingt es nicht, das schwere Flugboot umzudrehen. Im Laufe der Nacht friert N25 fest. Sehr in Sorge sind Amundsen und seine Männer um das Ergehen von N24, von dem man nichts mehr gesehen hat.

Die Standortermittlung ergibt als Landepunkt 87 Grad 42 Min 42 Sec. Der nördlichste Stand während des Fluges war vor der Landung mit 89 Grad ermessen worden. Nachdem die Männer kurze Streifen in die nähere Umgebung unternommen haben, machen sie zwei Stunden Rast. Sollen sie nach Cap Columbia marschieren? Vorher wollen sie aber versuchen, mit dem Flugboot aus dieser unheimlichen Eiswüste herauszukommen. Feucht hat den Motorenschaden bald be-

Dornier-Wal N25 im ewigen Eis.
Die Männer arbeiten an der Anlaufbahn.

fen sie für kurze Zeit im Wal und sammeln neue Kräfte. So kommt der 23. Mai heran. Die Hoffnung, von der Besatzung des anderen Flugbootes etwas zu sehen, ist nur noch gering. Um so größer ist die Freude, als Amundsen in nicht großer Entfernung die norwegische Flagge entdeckt, die über einer hohen Eisscholle weht. Also war auch N24 gelandet und die Besatzung am Leben. Rasch entrollten die Männer von N25 ebenfalls ihre Fahne. Augenblicklich kam Antwort von drüben, man hatte verstanden. Durch Winkzeichen verständigten sich die beiden Besatzungen. So vernahm Amundsen, daß N24 bei der Landung beschädigt wurde. Eis hatte dem Flugboot einen Unterwasserriß beigebracht, und so mußte Dietrichson mit seinen Männern abwechselnd pumpen, um den Wal lenz zu halten, denn auch sie hatten die feste Absicht, mit ihrem Flugboot so bald wie möglich wieder zu starten. Am 23. und 24. Mai arbeiteten beide Besatzungen mit größtem Eifer und unter schwersten Mühen Tag und Nacht an der Herrichtung von Abflugbahnen auf dem Eis. Das sich stets bewegende Packeis drohte die Flugboote zu zerdrücken. Die Temperatur sank stark ab. Mit der Verpflegung mußte sehr gespart werden, denn niemand wußte, wie lange man noch vom Eis eingeschlossen bleiben würde.

So brach der 25. Mai an. Es stellten sich bereits Erschöpfungserscheinungen ein, denn zu aussichtslos schien die Lage. Die Besatzung des N24 war inzwischen näher an das Lager der Männer von N25 herangetrieben worden. Mit Lautverstärkern konnte man sich bereits gegenseitig unterhalten. Plötzlich sahen Amundsen und seine Begleiter, wie Ellsworth, Dietrichson und Omdal den Versuch machten, herüberzukommen. Bei dem Marsch über das schwache Eis brachen Dietrichson und Omdal ein. Sie hatten zu

hoben und nun machen sie sich dran, mit einer Axt, einem Eisanker und einem Eismesser in die vor ihnen liegende Eisscholle eine Bahn einzuschneiden. Die Blöcke, die sie hier aushauen, sollen gleichzeitig als Baustoff für eine Eisbrücke dienen, die über die nächsten Eisschollen hinweggeführt, eine Abflugbahn bilden soll. In der folgenden Nacht schla-

schwere Lasten getragen, denen das Eis nicht gewachsen war. Ellsworth gelang es nach vielen Mühen, Dietrichson und Omdal zu bergen, die mit größten Anstrengungen ihre Körper über Wasser halten konnten, sog doch eine heftige Strömung und versuchte, sie unter die Eisfläche zu ziehen. Jetzt galt es, zuerst die völlig durchnäßten, eiskalten Männer zu trocknen und zu erwärmen.

Dann aber standen sechs kräftige Männer bereit, um mit den einfachen Werkzeugen einen Weg, eine Abflugbahn für N25 zu bauen. Den verlassenen Wal N24 beschloß man zu opfern. Der Amundsen-Wal N25 aber sollte sie in die Welt der Lebenden zurückbringen. Schließlich, am 30. Mai, ist eine über hundert Meter lange, erhebliches Gefälle aufweisende Ablaufbahn fertiggestellt, auf der ein Abflug versucht werden soll. Von N24 wird der Treibstoff herübergeholt und ebenso die noch dort befindlichen Lebensmittel. Schließlich bringen die sechs Männer den Wal, dessen beide Motoren fast mit Vollgas laufen, unter den größten Anstrengungen nach oben. Er ist noch heil, aber nun erklären beide Flugzeugführer die Ablaufbahn für zu kurz. Uneben ist die schmale Fläche ohnehin und die Belastung liegt wieder weit über der normalen. So bleibt nichts weiter übrig, als die Startbahn zu verlängern. Manch einem der Norweger schien die Arbeit aussichtslos, und auch Ellsworth hielt mit seiner Ansicht nicht zurück: Wir sind verloren, das schafft auch dieses Flugboot nicht! Eisblöcke, Kanten – messerscharf – müssen die Bleche zerreißen. Was quälen wir uns noch? Doch Feucht war anderer Ansicht. Er wußte um die Güte seiner Wale, an deren Bau er beteiligt war. Immer mehr wurde der Deutsche der treibende Geist dieser Gruppe.

Endlich scheinen die Fachleute mit der Bahnlänge einverstanden. Es war nun schon der zweite Juni und eine besonders milde Witterung, die das Eis brüchig und wenig tragfähig gemacht hatte. Aber man wollte, man mußte heraus, fort von hier! Alles war verstaut, die sechs Männer hatten ihre Plätze eingenommen, und nun bekamen die Motoren mehr und mehr Gas. Endlich! Der Zug der beiden großen Luftschrauben wurde stärker als die Bodenreibung. N25 setzt sich knirschend und ruckend in Bewegung. – Wird der Start zustandekommen? Deutlich war die Aufregung eines jeden zu spüren. Noch immer hielt der Bootsrumpf. Die Geschwindigkeit wurde höher und höher, fast atmeten alle auf, da ereignete sich etwas, was niemand vermutete. Der Wal bricht vorne ein, hebt das Heck, und im Augenblick ist der Bootsbug unter dem Eis, das sich sofort über das feine und doch so feste Gebilde aus Aluminiumspanten und Blech zusammenschiebt und es pressend zu zerdrücken droht. Die Kleider der Männer fliegen zur Seite! – Mit Messern und Hacken wird gearbeitet. Und es gelingt abermals, der Wal hebt langsam seine Nase, drückt helfend von unten gegen die Schollen, und die Eismassen splittern auseinander. Das Heck des Wales senkt sich, der ganze Bug taucht wieder auf. Und noch immer ist das deutsche Flugboot heil, dicht wie am Tage der Übernahme! Feucht wundert sich nicht. In der Nacht auf den 3. Juni weckt Feucht die Begleiter. Das Eis ist in neue Bewegung gekommen und preßt mit Urgewalt gegen die dünne Beplankung des Flugbootes. Sie versuchen mit Hacken, die heftigste Pressung zu beseitigen. Der Wal hält immer noch, Verformungen sind kaum zu erkennen, dann schließlich, nach Stunden, läßt der Druck nach.

Nun aber heißt es, so rasch wie möglich wieder auf das Eis heraufzukommen. Jeder denkt ungewollt an den Schöpfer dieses Flugzeuges, das wie ein Polarschiff den Eismassen standhält. Endlich ist N25 mit eigener Kraft auf dem Eise. Der Flugzeugführer rutscht mit dem Wal jetzt dorthin, wo N24 noch immer steht. Dort sind bessere Eisverhältnisse, denn es hat sich wieder eine völlige Verschiebung der Eismassen vollzogen. Bald muß es auch dem unentwegten Feucht zuviel werden, denn der Bug bricht abermals ein, wieder schiebt die ganze Schnauze des Wals unter das Eis, und abermals beginnt ein wildes Schlagen und Hacken, ein Arbeiten, wie es nur die Todesangst hervorbringt! Und wieder gelingt es, das Flugboot kommt unbeschadet hoch! Mit Vollgas erklimmt der Wal festere Eismassen und rutscht rücksichtslos über die kleineren Eisblöcke an seinen ursprünglichen Standort zurück. Jetzt aber erklärt Feucht, die nutzlosen Versuche müßten eingestellt werden, denn schließlich könnte ja auch das festeste Flugboot einmal entzweigehen! Zunächst müsse eine ordentliche Ablaufbahn geschaffen werden, für deren Fertigstellung man sich auch die erforderliche Zeit nehmen müsse und während deren die Nervosität etwas zurückgestellt werden sollte. Das war eine der längsten Reden des sonst so wortkargen deutschen Bordmechanikers Feucht. Unwillig ließ man sich seine Anweisungen gefallen, arbeitete aber dann planmäßig und geordnet bis zum 15. Juni.

Was hatte aber der arme Wal bis dahin ausgestanden! Man war mit ihm 800 Meter weit über das Eis gerutscht. Zur Überwindung dieses Wegs hatte man zwei Tage gebraucht. Endlich ist eine lange Bahn vorhanden, doch wie sieht sie aus! – Eine fast 400 Meter hohe Eismauer ist von den Männern durchschnitten worden.

Aus den herausgehauenen Blöcken baute man eine regelrechte schwimmende Straße über eine Spalte, man hoffte, die Blöcke würden fest genug zusammenfrieren. Bereits am 8. Juni wurde wieder ein Abflugversuch gemacht, doch der Schnee backte fest und ließ den Wal nicht auf Geschwindigkeit kommen. Als der Schnee dann fortgeräumt war, erwies sich das Eis als zu uneben und brüchig, und so ergaben sich weitere Schwierigkeiten. Nun kam der 15. Juni. Glückte es dann nicht, auf dem Luftweg aus dem Eis herauszukommen, so sollten weitere Versuche unterbleiben. Man mußte dann versuchen, zu Fuß Spitzbergen zu erreichen. Noch länger durfte man nicht warten, da sonst die kürzer werdenden Tage drohten und bald die endlose Nacht kam.

Eine leidliche Bahn von etwa fünfhundert Metern Länge stand zur Verfügung. Aber wie sah sie aus! Brüchig das Eis, bedeckt von pappendem Schnee. Kurz bevor die Flieger starten wollten, brach das Eis auf und riesige Wassermassen ergossen sich über die vorbereitete Fläche. Trotzdem quälten die Flugzeugführer N25 mit der hohen Last durch den Schneewasserschlamm. Unebenheiten, die jetzt bedeckt waren, stießen hart gegen den Bootsboden. Mit Vollgas drehten die Motoren die Schrauben, aber die notwendige Abfluggeschwindigkeit war nicht zu erzielen, man kam nicht frei.

Ein letzter Versuch blieb zu wagen. Alle nur irgendwie entbehrlichen Gegenstände mußten heraus. Die Kleider, Gewehre, Skier, Faltboote und die gesamte Lichtbilderausrüstung blieben auf dem Eis, so drückte man die Zuladung auf 1000 kg herab, schob den Wal abermals zum ursprünglichen Startplatz zurück, und wieder bestiegen alle sechs Männer das Flugboot. Ein warmer Südost hatte sich aufgemacht, er war für den Abflug günstig, aber insofern gefährlich, als er die Temperaturen bis auf drei Grad ansteigen ließ, wodurch die unzuverlässigen Eisschollen noch mürber wurden. Die notdürftig ausgeflickten Wasserrinnen sind bereits wieder aufgebrochen, das Wasser steht blank und tückisch zwischen den Schollen. Ob diese wohl halten, oder wird man wieder einbrechen? Dietrichson hat das Steuer übernommen, und nach einer halben Stunde Motorenlauf ist es soweit. Er gibt Vollgas. – Rascher und rascher glitscht N25 über das wässerige Eis, legt hundert, zweihundert und dreihundert Meter zurück. Jetzt ist man vor einer breiten Wasserrinne, mehrere Meter trennen von der nächsten, knapp hundert Meter langen Scholle. Was wird geschehen? Dietrichson reißt das Gas nicht heraus, obwohl die Geschwindigkeit zum Fliegen noch nicht ausreicht. Bis hart an die Wasserrinne rutscht der Wal, dann wird er hochgerissen, überspringt tatsächlich die sechs Meter Wasserrinne und klatscht dann auf die nächste Scholle. Jeder der sechs möchte sein Gewicht erleichtern, hebt sich unwillkürlich vom Sitz. Wird das dünne Eis den schweren Wal tragen? Aber nur noch ein Bruchteil der Last drückt auf das Eis, die übrigen Gewichtstonnen haben die Tragflügel bereits aufgenommen.

Sie kommen an die nächste Wasserrinne, überspringen auch sie. Erneut tritt Eisberührung auf der letzten großen Scholle ein. Auf der letzten! Nun muß es sich endgültig entscheiden! Eine unbändige Freude bemächtigt sich der Besatzung. Feucht triumphiert. Sein Wal hat es geschafft! N25 hat das Eis verlassen und fliegt!

Bald kommt Nebel auf. In wechselnden Höhen, oft nur wenige Meter über Grund, geht der Flug südwärts. Der Seegang ist hoch. Da eine Landung in dieser See unmöglich ist, wird die Küste Spitz-bergens angesteuert. Das war auch notwendig, denn bald bemerkt man, ohne sich die Ursache erklären zu können, daß die Bewegung der Querruder immer schwerer wird. An den Rudern macht sich eine langsam zunehmende Vereisung bemerkbar. Da lebhafter Wind aufkam, wurde das Fliegen, ohne mit dem Querruder ausgleichen zu können, unmöglich. Auch das Seiten- und Höhenruder schienen bereits schwerer beweglich zu sein, als die Flieger zur vorzeitigen Landung an der Küste schritten.

Das Forschungsgebiet der „Hobby", die man zu erreichen hoffte, war zwar noch fern, um so größer war dann die Freude, als schon nach wenigen Stunden ein Dampfer – ein Robbenfänger – in Sicht kam, der die Flieger an Bord nahm und nach Kingsbay brachte, während „Hobby" den treuen Wal zurückholte.

Am 5. Juli 1925, nachmittags um 1 Uhr, landete das Dornier-„Wal"-Flugboot Nr. N25 mit den kühnen Nordpolfliegern an Bord im Hafen von Oslo. Mit großer Ehrfurcht und Andacht sahen Tausende das Flugboot heranbrausen, als ob es direkt aus den Eiswüsten des Nordens käme. Es war allen wie ein Traum, daß das Wagnis gelang. Nach einer eleganten Schleife setzte es auf dem Wasser des Oslofjords auf und rauschte mit leicht knatternden Luftschrauben in den Hafen. Als es das norwegische Panzerschiff passierte, donnerten von diesem und von der Festung Akershus die Kanonen einen Ehrensalut von 13 Schuß. Die Sirenen aller Schiffe im Hafen ertönten, endloser Jubel und Hurrageschrei erfüllten die Luft. Die Helden des Tages wurden vom König empfangen und mit Orden dekoriert.

Draußen im Fjord liegt neben dem „Tordenskjold" der Dornier-Wal, von zahllosen Booten umdrängt. Amundsen aber zollt in einem Telegramm an

Die Expeditionsteilnehmer nach ihrer Rückkehr.
Von links nach rechts: Omdal, Riiser-Larsen, Amundsen, Ellsworth, Feucht, Dietrichson.

Dr. Claude Dornier Worte höchster, bewundernder Anerkennung:

„Kein anderes Flugzeug, außer dem Dornier-Flugzeug, hätte die Beanspruchung überdauert. Ihre besondere Konstruktion, unähnlich jeder anderen, machte diese Maschine für unsere Zwecke ganz hervorragend brauchbar. Manche Beulen zeugen von hartem Kampfe mit dem tückischen Polareis. Es hat die Probe bestanden. Zwar hat er den Nordpol nicht erreicht, aber eine neue Aera in der Nordpolforschung eröffnet."

Wir lächeln heute etwas über die überschwenglichen Worte, denn die Geschichte ist mittlerweile fortgeschritten und hat noch größere Pioniertaten, besonders auch in der Fliegerei, hervorgebracht.

Und der treue Wal N25? Dieses Flugboot hatte seine Laufbahn noch lange nicht beendet. Nachdem es von Norwegen aus einige Jahre unter anderem zu Probe-Verkehrsflügen zwischen Oslo und England verwendet wurde, wurde N25 von dem irischen Flieger Courtney erworben. Dieser irische Flieger wollte nach Einbau von Napier-Lion-Motoren damit einen Ozeanflug übernehmen. Das war im Jahr 1927. In Friedrichshafen überholt, wurde N25 nach England überführt und erhielt dort die neue Zulassungs-Nummer G-EBQO. Der Rekordflug, das genaue Datum ist leider nicht mehr bekannt, sollte von Plymouth nach Amerika führen. Leider sah sich Courtney mit zwei Landsleuten als Besatzung nach Zurücklegung von über 1000 km über dem Atlantik infolge schlechten Wetters zur Rückkehr nach Plymouth gezwungen. Nach 11 1/2 Stunden traf er dort wieder ein. An der Kaimauer wurde dann das Flugboot so schwer beschädigt, daß eine Wiederholung des Ozeanflugversuchs erst im nächsten Jahr unternommen werden konnte. Am 13. Juni 1928, zwei Monate nach Köhls gelungenem Flug, machte sich der Ire wieder auf die Reise nach Amerika. Er kam zunächst bis Lissabon. Von dort flog er am 28. Juni nach Horta auf den Azoren.

Am 1. August startete er endgültig. Diesmal flog Courtney mit drei Begleitern nach Amerika. Nachdem er fast dreiviertel der Strecke Azoren – New York bewältigt hatte, geriet der Heckmotor in Brand. Mit Bordmitteln gelang es nicht, das Feuer in der Luft zu löschen. Deshalb mußten die Engländer auf den Ozean herunter. Der Dornier-Wal kam glatt in den Atlantik, und der Brand konnte abgelöscht werden. Leider aber war der Heckmotor so stark beschädigt, daß ein Hochseestart und damit eine Fortsetzung des Fluges unmöglich wurde. Die Besatzung rief mit der inzwischen eingebauten Funkanlage um Hilfe. Nach sechzehnstündigem Treiben kam ein Dampfer und übernahm die vier Männer. Das Flugboot mußte den Wellen des Nordatlantik überlassen werden, da das Schiff zu klein war, um es an Bord zu nehmen. Abermals schien der bewährte Wal verloren. Fünf Tage nach der Rettung der Flieger kam jedoch der italienische Dampfer „Valprato" an der Unfallstelle vorüber. Die Besatzung der „Valprato" erspähte den einsam auf den Wellen treibenden Wal, nahm ihn an Bord und brachte ihn nach New York, dem Ziel des Schiffes.

Von Dornier-Metallbauten zurückgekauft, gründlich überholt, ging das Flugboot nach Einbau von zwei BMW6-Motoren in Besitz der deutschen Verkehrsfliegerschule Sylt über. Dort erhielt der Wal die Zulassungsnummer D-1422. Nach einer norwegischen, einer englischen, diesmal also eine deutsche Zulas-

sung. Leiter der Seefliegerschule Sylt war der Berliner Wolfgang von Gronau.

Die Ozeanflüge von Lindbergh und Köhl hatten v. Gronaus Blick auf Amerika gelenkt. Eigentlich wollte er, ungeachtet des strengen Verbots, schon 1929 dorthin fliegen. Aber bei einer Zwischenlandung in Island erwiesen sich die Vorbereitungen als zu ungenügend. Das schwierigste an dem Projekt war, daß es in aller Heimlichkeit vorbereitet wurde. Niemals hätten v. Gronaus vorgesetzte Dienststellen ihre Einwilligung gegeben. Selbst Gronaus Besatzung, Bordwart Hack, zweiter Führer Zimmer und Funker Albrecht, wußten nichts von einem geplanten Flug nach New York. So ging es am 18. August 1930 von Sylt zur Faröerinsel Syderö, am 19. August nach Islands Hauptstadt Reykjavik, am 22. August nach dem kleinen Grönlandplatz Jvigtut und schließlich am 23. August nach der Pelzjägersiedlung Carwright auf Labrador. Diese Zwischenlandungen waren nötig wegen der geringen Reichweite der nur mit 160 km/h über den Ozean fliegenden Maschine. Mit Hilfe von privaten Benzingesellschaften waren Depots angelegt worden. Erst in Reykjavik weihte v. Gronau seine Besatzung ein und setzte einen Funkspruch an das Verkehrsministerium in Berlin ab: „Ihr Einverständnis voraussetzend fliege ich nach USA." Das Telegramm schlug wie eine Bombe ein und löste helle Empörung in Berlin aus. Wieder war das Verbot übertreten worden und diesmal quasi sogar von einem Leiter einer dem Reich unterstellten Fliegerschule! Staatsbesitz war leichtsinnigerweise aufs Spiel gesetzt, vielleicht sogar die diplomatischen Beziehungen mit Washington gefährdet! Für eines hatte v. Gronau jedoch vorgesorgt. Ein Jahrgangskamerad von ihm war 1. Offizier auf der „Meteor", dem

Forschungs- und Wettererkundungsschiff, welches damals in grönländischen Gewässern lag. Und von dort wurde D-1422 getreulich mit Wettermeldungen versorgt.

Überhaupt änderten die Bürokraten in Berlin sehr schnell ihre Meinung, als aus Halifax die Meldung eintraf, der „Wal" sei dort gelandet. Am nächsten Tag erreichte v. Gronau in fünf Stunden New York. Es gab einen begeisterten Empfang, als er am 25. August 16.35 Uhr seine Maschine an der Battery festmachte. Das erste Flugzeug aus Europa hatte New York erreicht! Die Holzpropeller waren verzogen und vibrierten so stark, daß viele Instrumente ausgefallen waren. Aber was machte das schon aus, angesichts der riesigen Begeisterung! Die Ehrungen nahmen kein Ende. Präsident Hoover lud v. Gronau mit seiner Besatzung in das Weiße Haus ein. Der Bürgermeister von New York gab ein Gala-Diner. Auch Deutschland feierte die heimgekehrte Besatzung, und der Reichsverkehrsminister überreichte Wolfgang von Gronau bei dem feierlichen Empfang in feinsinniger Weise eine Prachtausgabe des „Prinz von Homburg".

Nachdem der alte Amundsen-Wal wieder in Deutschland eingetroffen war, nahm er abermals seinen Dienst in der Fliegerschule List auf. Zunächst flog die Besatzung nach Kiel und bedankte sich artig beim „Meteor", welcher dort vor Anker lag, für den treuen Beistand in den Tagen bangen Zweifels. Schließlich kam aber die Zeit der Außerdienststellung von D-1422, welcher auch einmal die Bezeichnung N25 und G-EBQO getragen hatte.

Da kam dem Gründer des Deutschen Museums in München, Oskar von Miller, eine Idee. Er bat darum, das Flugzeug, das nun ein Markstein im Kampfe um die Bezwingung des Atlantiks geworden war, dem berühmten Museum zu schenken. Aber wie sollte das Flugzeug nach München gebracht werden? Für den Bahntransport war es zu groß. Da entschloß sich der Dornier-Flugzeugführer Wagner kurzerhand, bei günstiger Schneelage den Wal auf dem Luftwege zum Flugplatz München-Oberwiesenfeld zu überführen. Zum großen Erstaunen der Münchner landete das große Flugboot am 11. März 1932 dort im tiefen Schnee. Die Landung war genauso weich wie auf dem Wasser, und als ein Traktor heranknatterte, um den seltenen Gast in die Halle zu schleppen, verzichtete der Polarexperte auf solche Hilfe. Er rutschte mit eigener Kraft dorthin. So jedenfalls erzählt es Wolfgang von Gronau selbst.

Dies wäre jetzt ein hübscher Abschluß in der Geschichte des Amundsen-Wal N25. Aber leider ist unsere Geschichte noch nicht zu Ende. Am 25. Oktober 1944 unternahm eine kanadische Bombereinheit einen Nachtangriff auf München. Dabei wurde das Deutsche Museum auf der Museumsinsel fast völlig zerstört. Zerstört wurde auch der im Freigelände des Museums aufgestellte Amundsen-Wal.

Literatur:

Feucht, Karl: Mit Amundsen nach dem Nordpol. In: Dornier-Post Juni/Juli 1936, S. 111–116.

Matthias, Joachim: Die große Brücke. Berlin 1941.

Seelmann, Dieter: Illustrierte Geschichte der Fliegerei. Herrsching 1973.

Illustrierte Flugwoche. 7. Jg., H. 15, v. 23.7. 1925.

Schriftwechsel des Autors mit Wolfgang von Gronau.

DER „ALL"-TÄGLICHE BLICK AUF UNSERE UMWELT

FERNERKUNDUNG MIT SATELLITEN VON DORNIER

FRANZ JASKOLLA UND MATHIAS PIKELJ

Industrie und Umwelt, das muß kein Gegensatz sein. Im Gegenteil: Vielfach bieten Industrieunternehmen ihre Kenntnisse und Fähigkeiten für den Umweltschutz an, sei es nun in Form von Dienstleistungen oder Produkten. Ein relativ junger Umweltbereich ist die Fernerkundung oder Erdbeobachtung mit Satelliten. Beim traditionsreichen Luft- und Raumfahrtkonzern Dornier, heute als Tochterunternehmen in die Deutsche Aerospace AG eingebettet, werden nicht nur die dafür benötigten Satelliten und Bodenanlagen hergestellt, sondern ein eigener Auswertedienst, der sogenannte Erderkundungs-Daten-Service EDS, bereitet Satellitenaufnahmen nach Kundenwünschen auf.

Die wohl bekannteste Form der Erdbeobachtung flimmert täglich über unsere Fernseher: die Wetterkarte. Und daß Satellitenbilder für die moderne Kartografie unerläßlich geworden sind, ist vielleicht auch noch bekannt. Doch die Erdbeobachtung kann und soll natürlich mehr leisten. Nicht zuletzt trägt dazu der unter Federführung von Dornier gebaute erste europäische Erdbeobachtungssatellit ERS-1 mit seinen neuartigen Radarinstrumenten bei.

Globale Probleme wie zum Beispiel die Gefahren, die sich durch die Zerstörung der Ozonschicht, die Abholzung der tropischen Regenwälder oder durch das Abschmelzen der polaren Eiskappen ergeben, haben das Umweltbewußtsein

geschärft. Bei regionalen Problemen hingegen wird häufig sehr schnell „wieder zur Tagesordnung" übergegangen und nach kurzfristig eingeleiteten Maßnahmen das Problem vergessen. Zu Unrecht, denn beispielsweise die Ausbreitung der Wüste hat dramatische Auswirkungen auf die Sahelzone oder Teile der Golfregion. Aber natürlich auch im „lokalen Bereich" beeinflussen Umweltschäden die Lebensqualität. Themen sind die möglichen Auswirkungen des Waldsterbens, die Verunreinigungen von Böden und damit des Grundwassers und die Versiegelung von Flächen durch Bebauung oder Straßenbau.

Satellitendaten liefern für alle drei Bereiche, ob global, regional oder lokal, detaillierte Informationen. Dabei werden keine herkömmlichen Fotos erstellt, sondern verschiedene physikalische Parameter wie z.B. Oberflächentemperaturen oder Reflexionseigenschaften gemessen. Unsere Umwelt wird mit Abstand betrachtet, und das in mehrfacher Hinsicht: Aus Umlaufbahnen bis zu 800 Kilometern Höhe nutzen Satelliten den ungestörten Blick auf unseren Planeten. Radartechnologie macht sie dabei unabhängig von Tageszeit, Wind und Wolkenverhältnissen. Dies erhöht die Aussagekraft der Informationen.

ERS-1 umrundet die Erde in einer Bahn, die ein bestimmtes Gebiet alle drei Tage in kurzen Abständen überfliegt. Diese dichte Folge der Beobachtungen macht solche Allbilder überall da sinnvoll, wo schnell auf kurzfristige Veränderungen reagiert werden muß.

Mit der Verbesserung der räumlichen und spektralen Bildauflösung (Objekte von zehn Metern Größe sind erkennbar) gewinnt die Fernerkundung zunehmend an Wert für raumbezogene Planungen. Dabei ist von besonderem Interesse die

großräumige Information über die derzeitige Nutzung (Siedlungsflächen, Feuchtgebiete), über Umweltzustände (Erntezeiten, Gletscherentwicklung) und über Katastrophenereignisse (Flächenbrände, Überschwemmungen, Vulkanausbrüche). Die hohe Anschaulichkeit von Satellitenbildern erleichtert die Interpretation der aufgenommenen Situation im Vergleich zur Karte. Die Aktualität zu herkömmlichen Planungsunterlagen – beim ERS-1 stehen die Bilder rund drei Stunden nach Aufnahme zur Verfügung – macht schnelles Reagieren möglich, Schiffe können umdirigiert werden, Umweltsünder auf hoher See bleiben nicht unerkannt.

Mit dem Radarsatelliten ERS-1 hat die Dornier GmbH nicht nur hochwertige Technologie bereitgestellt, sondern auch die knapp zehnjährige Arbeit eines europäischen Industriekonsortiums (mehr als 50 Firmen) erfolgreich abgeschlossen und den Nutzern ein neues „Instrument" zur Verfügung gestellt. Aufgrund seiner Meßinstrumente stellt ERS-1 nicht nur wichtige Beiträge zum besseren Verständnis klimatologischer Abläufe bereit, sondern macht auch Veränderungen an den Landoberflächen deutlich. Es ist zwar noch zu früh, wissenschaftlich fundierte Erkenntnisse bereitzustellen, doch haben die bisher gezeigten Ergebnisse den hohen Wert dieser Daten untermauert.

An dieser Stelle sei die erste Aufnahme der östlichen Bodenseeregion vorgestellt, die am 12. Dezember 1991 kurz vor Mitternacht (!) aufgenommen wurde. Dieses Bild belegt eindrucksvoll die Funktionsweise von ERS-1 und liefert dem erfahrenen Anwender zahlreiche Informationen über das betrachtete Gebiet. Man kann selbst in dieser Darstellung sowohl die großräumige natürliche Gliederung wie etwa das markante Gebiet zwischen Lindau und Wangen, das die Einflüsse der quartären Gletscher auf das heutige Landschaftsbild deutlich aufzeigt, als auch vielfältige Einflüsse des Menschen unterscheiden (z.B. die verschiedenen Siedlungen, den Flughafen von Friedrichshafen oder die Rheinverbauungen).

Weitere Beispiele von den Einsatzmöglichkeiten solcher Raumfahrtbilder sind im Computer kombinierte Bilder der Satelliten Landsat und Spot. Durch die Überlagerung und die anschließende Projektion auf ein digitales Geländemodell entsteht eine Art 3-D-Bild. So werden die räumliche Gliederung und die Landschaftsstrukturen besser sichtbar als bei einem „einfachen Satellitenbild". Aus solchen „Raumbildern" können Planer direkt ersehen, wie sich ein größerer Neubau oder eine Industrieansiedlung auf das gesamte Landschaftsbild auswirken würde. Es hilft auch bei der Standortplanung von Umsetzern (Antennen) für den einwandfreien Empfang von Fernmeldesignalen für Radio und TV.

Das Gebiet um Friedrichshafen kann wohl zweifelsfrei als sehr dicht besiedelt bezeichnet werden. Das Bild weist die Kerngebiete in violetten Tönen aus, während die Außenbereiche – wo Gärten und Vorgärten vorhanden sind – in blau dargestellt werden, Industriebereiche sind gelb/rötlich abgebildet. Aus solch einem Bild kann ein Stadtplaner seine künftige Ausweisung von neuen Bauplätzen ableiten. Er erkennt, welche Bereiche wegen der Frischluftzufuhr in das Stadtinnere nicht verbaut werden dürfen.

Trotz ihres hohen Informationswertes können die Satellitenaufnahmen natürliche Beurteilungen vor Ort nicht ersetzen, sie stellen aber zusammen mit hochwertigen Auswerteanlagen eine unverzichtbare Unterstützung zur Bewältigung wichtiger Umweltprobleme dar.

WELTGRÖSSTES MUSEUM IN ÜBERLINGEN

SIEGFRIED BESSEL

Erinnern Sie sich, nachstehende oder ähnliche Überschriften in unseren Zeitungen gelesen zu haben?
- „Dioxinbelasteter Boden neben dem künftigen Kindergarten"
- „Höchstgefährliche Stoffe mit dem Problemmüll ‚entsorgt‘ "
- „Holzschutzmittel können Zeitbomben sein, Gesundheitsamt will vor Giften warnen"
- „Hopfenstangen jahrelang mit Gift imprägniert, Betriebsgelände und Felder hochgradig mit Quecksilber belastet"
- „Gefährliches Kupfer im Seewasser?"
- „Vergifteter Wein im Handel, Getränk löst Kopfschmerzen und Schwindelgefühl aus"

Haben Sie sich Gedanken darüber gemacht, wie man diesen Gefahren, von denen die meisten mit unseren Sinnesorganen ja zunächst nicht wahrnehmbar sind, auf die Spur kommt?

Nun, auch Fachleute benötigen dazu hochkomplizierte Meßgeräte aus der Familie der Instrumentellen Analytik. Sie kennt etwa 20 verwandte oder auch sehr wesensfremde Methoden. Fast alle sind erst in diesem Jahrhundert entwickelt worden, die meisten sogar erst in den vierziger, fünfziger und sechziger Jahren. Jedoch sind viele der diesen Analysenmethoden zugehörigen frühen Analysengeräte, obwohl erst 30 oder sogar nur 20 Jahre alt, schon im Museum.

Es gibt Nostalgiker, die Autos von einem derartigen Alter hegen und pflegen und bei schönem Wetter damit stolz zum „Schnauferle-Treffen" fahren, obwohl diese Veteranen, ich meine die Autos, keineswegs an die Fahrleistungen der modernen Vehikel herankommen. Mit veralteten Analysengeräten jedoch arbeitet man heute kaum mehr. Zu den Analysenmethoden gewann man erweiterte Erkenntnisse, es wurde die Nachweisbarkeit immer geringerer Spuren der zu identifizierenden Stoffe möglich, wesentlich kürzere Analysenzeiten sparen Geld in den Untersuchungslaboratorien. Die rasenden Fortschritte in der Elektronik brachten nicht nur, aber insbesondere, früher nie geahnte Möglichkeiten, das Speichern, Vergleichen und Verarbeiten der immer zahlreicher werdenden Meßergebnisse elegant und bequem vorzunehmen. Das alles können moderne Analysengeräte. So folgt daraus für die veralteten: Erst 30 Jahre alt und schon im Museum „Instrumentelle Analytik" in Überlingen.

Es wäre doch jammerschade, würde man ältere Analysengeräte nicht im Museum zur Schau stellen. Sie würden von ihren Vorbesitzern verschrottet werden müssen, da die keinen Platz hätten, ihre ausrangierten Geräte aufzuheben. Ins Museum aber kommen jährlich etwa 300 Besucher. Es sind Fachleute, Chemiker, Geologen, Mediziner, Biologen, die während ihres Studiums Methoden der Instrumentellen Analytik kennengelernt haben. Es sind Studenten, die gerade jetzt, während ihres Studiums, die Instrumentelle Analytik kennenlernen.

Diejenigen, die länger mit derartigen Geräten gearbeitet haben, sagen z.B.: „Ei, gucke da (Sachsen), mit so einem Gerät habe ich auch mal gearbeitet", oder „that's great, my old instrument" (USA), oder 这种仪器我们还在用。
(China: „Wir arbeiten immer noch mit einem derartigen Gerät").

Diejenigen, die erst jetzt mit diesem Gebiet vertraut gemacht werden, erfahren Wissenswertes über die Entstehung und bisherige Entwicklung der unterschiedlichsten Methoden. So verlassen eigentlich alle Besucher das Museum recht beeindruckt. Einer jedoch schockte den Museumsführer mit der Bemerkung: „Sie, da gibt es noch ein größeres Museum dieser Art in der Welt." Auf die Frage, wo sich das denn befinden würde, lautete die Antwort: „In meiner Firma, das analytische Labor dort."

Im Gästebuch des Museums finden sich Eintragungen von in der Fachwelt sehr bekannten Persönlichkeiten, die Grundlegendes zur Instrumentellen Analytik beitrugen, so z.B. von Dr. Sir Alan Walsh, Prof. Dr. L'Vov, Prof. Dr. Machata.

Besucher kommen aus der ganzen Welt. Auch sie verewigen sich im Gästebuch. Aber nur Sprachgenies könnten alle die Eintragungen in Chinesisch, Japanisch, den Schriftzeichen weiterer asiatischer Sprachen oder denen aus anderen fernen Ländern lesen.

Nun lassen Sie uns – in Gedanken – einen kurzen Rundgang durch das Museum unternehmen. Obwohl von den etwa 400 Exponaten, mangels Platz, bisher nur etwas mehr als die Hälfte ausgestellt werden konnte, können wir uns hier nur einigen wenigen Analysengeräten widmen.

Beginnen wir mit dem ältesten Gerät des Museums, einem pH-Elektrometer. Der Ausdruck „pH" kommt Ihnen wohl bekannt vor. Ihre Seife und Ihr Duschgel tragen sicher die Aufschrift „pH-hautneutral", „pH-hautfreundlich" oder so ähnlich. Das pH-Meter des Museums ist das Modell 200 der US-amerikanischen Firma Coleman. Es stammt aus dem Jahre 1935. So wie wohl in jeder Küche ein Meßbecher vorhanden sein wird, in

jeder Schreinerwerkstatt ein Meterstab, so verfügt fast jedes analytische Labor über ein derartiges, heute natürlich moderness pH-Meter. Dieses Museumsgerät wurde 1935 in den Kellerräumen des Hauses von Herrn Coleman in Maywood, Illinois, gebaut. Diesem ersten Gerät folgten eine ganze Reihe weiterer pH-Meter-Modelle für die medizinische Analytik. Bei Kriegsende war schon eine kleine Fabrik mit 50 Mitarbeitern vorhanden, und der Name Coleman war als bekannter Hersteller analytischer Geräte in der Fachwelt eingeführt. Das zweite zu besichtigende Gerät heißt URAS, Ultrarot-Absorptions-Schreiber. Mitarbeiter der deutschen Chemiefirma BASF entwickelten es 1938. Damals begann in Deutschland die Buna-Produktion, die des synthetischen Gummis und die Hydrierung von Kohle, um daraus Benzin zu gewinnen. Und der URAS wurde als Produktions-Analysengerät benötigt. Vor und im Kriege wurden von der BASF mehr als 1.000 URAS-Geräte gebaut. Heute fertigt sie u.a. die deutsche Firma Hartmann und Braun.

Wenn wir die zur gedachten Museumsbesichtigung ausgewählten Geräte in etwa der Reihe nach vom ältesten zum jüngsten betrachten wollen, dann ist nun ein UV-Spektrometer an der Reihe. UV-Strahlung, also ultraviolette Strahlung, die unsere Augen nicht so wie das sichtbare Licht sehen können, bräunt nicht nur unsere Haut oder schädigt sie gar, sie kann auch in Analysengeräten genutzt werden, um Proben von zu untersuchenden Substanzen zu durchstrahlen und somit helfen, deren Bestandteile zu identifizieren. Im UV-Spektrometer erzeugt eine spezielle Lampe die benötigte Strahlung.

Wenn die Zeitung beispielsweise meldet, daß die Belastung des Bodenseewassers durch Nitrate erfreulicherweise zurückgegangen ist, hat vermutlich ein

Dr. Sir Alan Walsh
ist der ‚Vater' der Atomabsorptionsspektroskopie.
Mit dieser Analysenmethode kann man geringste
Spuren von Metallen nachweisen.
Wegen seiner Verdienste um dieses so bedeutende
Meßverfahren wurde Dr. Walsh von der englischen
Königin in den Adelsstand erhoben.

Prof. Dr. L'Vov
aus St. Petersburg ist der ‚Vater' der Graphitrohröfen.
Mit deren Verwendung kann die Nachweisempfindlich-
keit der Atomabsorptionsspektroskopie um etwa das
Tausendfache gesteigert werden.

Prof. Dr. Machata
aus Wien ist der ‚Vater' der Dampfraumtechnik in
der Gaschromatographie. Mit dieser empfindlichen
Analysentechnik wird u.a. der Blutalkoholgehalt
bestimmt. Machatas Einsatz ist es zuzuschreiben,
daß diese hilfreiche Meßmethode überall gerichts-
medizinisch anerkannt wurde.

solches UV-Spektrometer die Meßergebnisse geliefert. Das zu besichtigende UV-Spektrometer wurde von 1941 bis 1976, immer wieder modifiziert, als Modell DU von der US-amerikanischen Firma Beckman gebaut. Heute stehen in vielen Labors seine modernen Nachkommen, häufig die von dem Überlinger Unternehmen Bodenseewerk Perkin Elmer GmbH.

Die US-amerikanische Mutter des Überlinger Unternehmens begann mit der Produktion analytischer Geräte 1943.

Wir sind stolz, den Prototyp ihres ersten Analysengerätes in unserem Museum zeigen zu können. Es ist ein Infrarotspektrometer (IR) Modell 12 von 1943.

Der Anlaß für die Entwicklung und die Produktion dieser Geräte war kriegsbedingt. Die USA befürchteten damals, von der Zufuhr der Rohstoffe Naturgummi und Erdöl aus Süd- bzw. Mittelamerika durch Aktivitäten deutscher Unterseeboote abgeschnitten zu werden. So begann man auch dort, sich um entsprechende synthetische Produkte zu kümmern, und dazu benötigte man IR-Spektrometer, die bis zu diesem Zeitpunkt weltweit noch nicht industriell gefertigt wurden.

Ein Infrarotspektrometer wird heutzutage u.a. bei der Analyse der Bestandteile eines Müllberges verwendet. Es hat Funktionen ähnlich der eines UVSpektrometers, jedoch sendet hier eine Strahlungsquelle Infrarotstrahlung durch die zu untersuchenden Substanzen. Sehen können wir IR-Strahlung nicht, wir können sie aber gegebenenfalls als Wärmestrahlung empfinden. Lassen Sie uns noch ein IR-Spektrometer ansehen, und lesen Sie hier ein wenig über seine Geschichte. Dieses Gerät UR 20 der weltbekannten Firma Carl Zeiss, Jena, konnte erst zu Beginn dieses Jahres in das Museum eingereiht werden, obwohl es

schon fast 20 Jahre alt ist. (UR bedeutet „ultrarot". Diese Bezeichnung wurde früher statt des heute benutzten Wortes „infrarot, IR", verwendet.)

Mit diesem neuen Inventarstück des Museums gab es nun für vier Überlinger ein Wiedersehen nach 40 Jahren. Dr. Bolz und die anderen drei Abgebildeten waren in den fünfziger Jahren bei Carl Zeiss in Jena tätig. Sie hatten den Auftrag, dort ein UR-Gerät zu entwickeln, weil seinerzeit ein USA-Embargo die Lieferung solcher Geräte nach dem „Osten" verbot. So entstand damals in Jena der sich vom UR 20 wenig unterscheidende Vorgängertyp UR 10. Er kam Mitte der Fünfziger auf den Markt und wurde vor allem in die „Ostblockländer" geliefert. Die abgebildeten und genannten vier Personen gelangten, unabhängig voneinander, nach und nach, an den Bodensee. Hier setzten sie die Entwicklungsarbeit von nun moderneren IR-Geräten im Bodenseewerk mit großem Erfolg fort. Das erste hier entwickelte und produzierte IR-Spektrometer, welches 1961 auf den Markt kam, wurde sogar in Japan von „Hitachi" in Lizenz gebaut.

Nachdem wir nun vier Spektrometer besichtigt haben, wollen wir uns Geräten zuwenden, die zu einer völlig anderen Art innerhalb der Instrumentellen Analytik gehören, zur Familie der „Chromatographie". Ihr Ursprung, vom Anfang dieses Jahrhunderts, geht auf die Trennung von Pflanzenfarbstoffen zurück. Daher stammt ein Teil des Namens Chromatographie von dem griechischen Wort ‚chroma' (Farbe), und so steckt das Wort ‚chroma' in allen den Bezeichnungen für Trennverfahren von Bestandteilen einer Substanz, der Papierchromatographie, der Gaschromatographie, der Flüssigchromatographie.

不断发现，
不断发明，
不断创造，
不断前进。

Die Menschheit wird immer weiter
forschen, schaffen und erfinden,
weitere fortschritten machen.

Beijing Geologische Gerätenbau Werk.
studiengruppe.

地矿部 北京地质仪器厂 培训班

1982. 10. 19.

刘颖 于平   闫鹏   李铁宏   单国惠   王安邦   刘明纬
伟

Bei welchen der eingangs genannten Problemfälle können chromatographische Analysenmethoden helfen? Nun, bei der Untersuchung dioxinbelasteter Böden, den ‚Zeitbomben' Holzschutzmittel, dem vergifteten Wein, dem sauberen Trinkwasser, aber auch dem eingangs nicht genannten Blutalkohol. Andererseits stehen die Meßergebnisse eines Gaschromatographen aber auch hinter der beruhigenden Zeitungsinformation: „Pestizide sind im Bodenseewasser nur in nicht mehr nachweisbaren minimalsten Konzentrationen vorhanden."

Nachdem Anfang der fünfziger Jahre Analysenlaboratorien in Forschungsinstituten und Universitäten sich bereits selber GC-Geräte, Gaschromatographen, gebaut hatten, erschienen 1955 erstmals industriell gefertigte GC-Geräte zweier USA-Firmen auf dem Markt. Eines davon ist das seit 1956 in Überlingen produzierte ‚Lizenzmodell'. Der Gaschromatograph Modell 154 des Bodenseewerkes, das erste für das Museum erhaltene Gerät, von der Mobil Oil AG in Wilhelmshaven, sieht wie ein Blechschränkchen aus. Öffnet man die Tür, so sieht man in einem ‚Ofen' ein U-förmiges Rohr, Trennsäule genannt. Sie ist mit geeigneten absorbierenden Materialien gefüllt. Durch die ‚Trennsäule' strömt ein ‚Trägergas'. Es transportiert die in ihre Komponenten zu trennende flüssige Substanz, die am Eingang der Säule verdampft wurde, durch die Trennsäule. In ihr werden die verschiedenen Bestandteile der zu untersuchenden Probe durch Adsorption an dem Füllmaterial unterschiedlich lange zurückgehalten. So kommt es zur Trennung der Komponenten. Am Ende der Trennsäule befindet sich ein ‚Detektor', welcher die ihn zeitlich nacheinander durchströmenden Komponenten durch elektrische Signale meldet und zur Aufzeichnung an ein Schreibgerät weitergibt. Vergleicht man nun die Aufzeichnung, das ‚Chromatogramm', mit den Chromatogrammen bekannter Substanzen, dann kann man die Probenkomponenten identifizieren.

Jetzt wäre es angebracht, sich die Empfindlichkeit vorzustellen, mit welcher die Gaschromatographie eine Bestimmung von Spuren des Bestandteils einer zu untersuchenden Probe erlaubt. Dazu lesen wir zunächst in der Tageszeitung unter der Überschrift

„Wein aus Italien beschlagnahmt.

Nach Angaben des Umweltministeriums sind Weine beschlagnahmt worden, die ein schwefelhaltiges Pflanzenschutzmittel enthalten. Der verbotene Stoff ‚Methyl-Isothiocyanat' wurde in einer Menge von 0,32 Milligramm pro Liter festgestellt. Laut Bundesgesundheitsamt sei ein Rückstandswert von 0,02 Milligramm pro Liter ‚hinnehmbar'."

Veranschaulichen wir uns diese geringe Konzentration mit Hilfe des folgenden Beispiels: Ein dreiachsiger Tankwagen von der Art, die das Heizöl ausfahren, faßt 18.000 Liter. Stellen Sie sich nun bitte vor, man fülle einen dieser Tankwagen mit Wasser, in welchem man *ein Stück* Würfelzucker, 2,5 Gramm, auflösen würde. Dann beträgt die Zuckerkonzentration im Wasser des Tankwagens 0,140 Milligramm pro Liter. Übertragen wir dieses Beispiel auf die 0,320 oder 0,020 Milligramm pro Liter des Pflanzenschutzmittels im Wein, so bekommen wir eine Vorstellung, welch geringe Spuren man mit der Gaschromatographie nachweisen kann. Das chromatographische Verfahren eignet sich auch zur Bestimmung des Blutalkoholgehaltes, z.B. bei Autofahrern, die unter Verdacht stehen, 0,8 oder mehr Promille im Blut zu haben. Der Initiator dieser Methode war der Wiener Prof. Machata, ein Gerichtsmediziner, der unser Museum mehrfach besuchte. Das Bodenseewerk entwickelte den dafür benötigten speziellen, automatisch arbeitenden Gaschromatographen, das Modell F 40. Das Gerät kam 1968 auf den Markt. Inzwischen gibt es davon die fünfte Generation, und so steht die erste im Museum, obwohl erst 24 Jahre alt.

Werfen wir nun noch einen Blick auf ein Gerät der Flüssigchromatographie. Die US-amerikanische Firma Nester und Faust produzierte dieses Analysengerät 1972. Beeindruckend sind bei diesem Instrument die im unteren Geräteteil befindlichen großen Spindelpumpen. Ihre Aufgabe ist es, das ‚Transportmittel Flüssigkeit‘, das bei der Flüssigchromatographie statt des ‚Trägergases‘ der Gaschromatographie verwendet wird, durch die enge Trennsäule zu drücken. Ein Vergleich mit einem der modernen Geräte für diese Analysenmethode, welche kleine pulsierende Ventilpumpen verwenden, lassen neben anderen Merkmalen die Veränderungen erkennen, die während 20 Jahren eintraten. Flüssigchromatographen werden u.a. bei der Analyse von Trinkwasser eingesetzt.

Wenden wir uns nun vor Ende des gedachten Rundganges durch das Museum noch zwei Geräten der Atomabsorptionsspektrometrie zu. Bei den zuvor genannten Analysefällen „Problemmüll“, den mit Gift (Quecksilber) imprägnierten „Hopfenstangen“, dem „Kupfer im See?“ und überall dort, wo es um die Bestimmung von Metallspuren geht, wird die Atomabsorptionsspektrometrie eine unentbehrliche Analysenmethode sein, denn viele Metalle sind ja selbst in Spuren umweltbelastend oder sogar stark giftig.

Zunächst aber eine kurze Erklärung des Prinzips der Atomabsorptions-Spek-

trometrie. Die auf Metallspuren zu untersuchende Probe, – wir nehmen an, sie sei in wäßriger Lösung –, wird in eine Luft-Acetylen-Flamme eingesprüht. In dieser heißen Flamme wird die Probe getrocknet und in Atome zerlegt. So wird sich in einer Zone der Flamme eine ‚Wolke‘ von Atomen aus der zu untersuchenden Probe befinden. Diese Wolke wird von einer Strahlung durchstrahlt, die aus einer speziellen Lampe, einer Hohlkathodenlampe stammt. Diese Lichtquelle sendet ‚elektronenspezifisches‘ Licht aus, das ausschließlich von den Atomen innerhalb der Flamme absorbiert wird, die es zu bestimmen gilt. Die Stärke der Absorption entspricht der Konzentration des gesuchten Elements.

Der Vater der Atomabsorptionsspektrometrie, Sir Dr. Alan Walsh, entwickelte diese Analysenmethode in den fünfziger Jahren in Australien. Sie besitzt heute größte Bedeutung in der Metallspurenanalytik. Walshs Verdienste wurden u.a. von der englischen Königin gewürdigt durch seine Erhebung in den Adelsstand. Die ersten Atomabsorptionsspektrometer wurden um 1958 von der australischen Firma ‚Techtron‘ gebaut. Wir sind stolz, eines dieser frühen Geräte in unserem Museum zeigen zu können.

Bald nach dem Entstehen der Atomabsorptionsspektrometrie, die mit einer Flamme arbeitete, der Flammen-AAS, kam es zu einer bemerkenswerten Leistungssteigerung dieser Methode dadurch, daß die Flamme durch einen geheizten Graphitrohrofen ersetzt wurde. In ihm, statt in der Flamme, erfolgt die Trocknung der Probe und deren Umwandlung in eine Atomwolke. Die Pioniere dieser Methode waren Prof. Dr. L'Vov aus St. Petersburg und der deutsche Wissenschaftler Dr. Massmann. Ihre Arbeiten erfolgten in den sechziger Jahren. Die L'Vovschen Graphitrohröfen existieren nicht mehr, jedoch wird eine davon z.Zt. für das Museum rekonstruiert. Der Massmannsche Graphitrohrofen kann im Museum im Original besichtigt werden. Auch hier wieder ein Beispiel, um die Empfindlichkeit der Meßmethode AAS zu veranschaulichen. Mit der AAS bestimmt man die Anwesenheit von Atomen eines bestimmten Metalls unter vielen Atomen anderer Metalle. Wollen wir uns vorstellen, jeder der etwa sechs Milliarden Menschen der Erde wäre ein Atom Silber, nur Sie alleine würden ein Atom Gold veranschaulichen. Mit der Flammen-AAS kann man die Anwesenheit dieses einen Atoms Gold unter sechs Milliarden Silberatomen nachweisen. Die Graphitrohrofen-AAS ist sogar noch tausendmal empfindlicher.

Nachdem man 1970 in Überlingen erstmals die industrielle Produktion von Graphitrohröfen für die AAS aufnahm, wurden inzwischen zehntausende dieser nützlichen Geräte versandt. Heute stammen etwa 60 Prozent aller Graphitrohrküvetten in der Welt aus Überlingen.

Nun müssen wir unseren gedachten Rundgang durch das Museum beenden. 400 Inventarstücke von rund 35 verschiedenen Herstellern lassen sich in diesem Rahmen nicht behandeln. Es sei aber abschließend der Geschäftsleitung der Bodenseewerk Perkin Elmer GmbH in Überlingen gedankt, die es ermöglichte, daß nicht nur die ‚Oldtimer‘ der eigenen Produktion präsentiert werden, sondern daß eine immer wertvoller werdende zeithistorische Sammlung entstand und weiter ausgebaut werden kann. Deshalb wird auch der eigenen Firmengeschichte in einer Ecke des Museums Instrumentelle Analytik gedacht. Diese Firmengeschichte wurde in Band IX von ‚Leben am See‘ (1991) geschildert.

DER ÄRZTLICHE EINFLUSS AUF DEN ARBEITSPLATZ

AKZENTE WERKSÄRZTLICHER TÄTIGKEIT BEI DER MTU FRIEDRICHSHAFEN

FRITZ KRBEK

Aufgabe der praktischen Arbeitsmedizin ist ganz allgemein die ärztliche Betreuung der Menschen an ihrem Arbeitsplatz. Dies bedeutet zunächst Hilfeleistung bei allen Gesundheitsstörungen, die während der Arbeitszeit auftreten. Die weitaus umfangreichere Tätigkeit des Arbeitsmediziners liegt aber in der ärztlichen Einflußnahme auf den Arbeitsplatz, um gesundheitlichen Schäden vorzubeugen („Prävention") oder um bei gestörter Gesundheit eine Wiedereingliederung („Rehabilitation") zu ermöglichen. Hierbei muß das psychisch-biologische System „Mensch" mit dem technisch-ökonomischen System „Betrieb" in Einklang gebracht werden. Dabei kommen ethische, psychologische, soziale, rechtliche neben medizinischen und technischen Problemen ins Spiel und müssen sorgfältig beachtet und gegeneinander abgewogen werden.

Die Rahmenbedingungen sind vorgegeben durch die betrieblichen Verhältnisse sowie durch die arbeitenden Menschen, mit ihrer Gesundheit oder Krankheit, mit ihren menschlichen und beruflichen Fähigkeiten und mit ihrer Einstellung zur Krankheit und zum Arbeitsplatz. Diese Rahmenbedingungen sind im Laufe der Jahre einem ständigen Wandel unterworfen gewesen und werden es weiterhin bleiben. Ein moderner Industriebetrieb wie die MTU hat heute wesentlich weniger körperlich belastende Arbeitsplätze. Er ist aber auch straffer organisiert und stellt höhere Anforderungen hinsichtlich der Aus- und Vorbildung, so daß leistungsgeminderte Mitarbeiter nur sehr schwer an noch leichteren Arbeitsplätzen unterzubringen sind, da diese durch Rationalisierungsmaßnahmen weitgehend eliminiert wurden.

Einstellungsuntersuchungen nehmen zur Zeit vermehrter Personaleinstellungen einen breiten Raum in der werkärztlichen Tätigkeit ein. Der hierbei als Idealvorstellung bestehende Leitgedanke, „den richtigen Mann an den richtigen Platz" zu bringen, läßt sich nicht immer verwirklichen und muß der etwas bescheideneren Kompromißlösung, „nicht den falschen Mann an den falschen Platz" zu bringen, weichen. Im allgemeinen sind die Stellenbewerber heute gesund oder über Gesundheitsstörungen bereits informiert. In früheren Zeiten – zwischen 1970 und 1980 – mußten jedoch bei 8,0 Prozent aller Arbeitsplatzanwärter aus gesundheitlichen Gründen medizinische Einsprüche geltend gemacht werden, und es fanden sich in 0,5 Prozent der Fälle bislang unbekannte Gesundheitsstörungen.

Dies ist heute eine Seltenheit. Trotzdem müssen wir auf zwei Organsysteme besonderes Augenmerk richten: die Wirbelsäule und die Haut. Diese beiden Organsysteme bereiten heute immer noch die größten und häufigsten Probleme. Dabei ist es oft nicht möglich, von vornherein eine Disposition für eine Erkrankung oder eine angeborene Schwäche schon bei der Einstellungsuntersuchung zu erkennen. Vielfach finden sich aber Hinweise, z.B. in Form einer verkrümmten Wirbelsäule, einer schlaffen Haltung, einer schwachen Rückenmuskulatur bzw. in Form von diskreten Anzeichen von Hautekzemen. Dies erfordert dann beson-

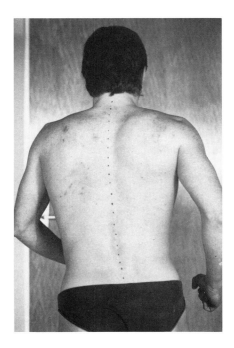

Bei jedem Schritt führt die Lendenwirbelsäule deutliche Torsionsbewegungen um die Längsachse durch, die bis in den Brustbereich reichen.

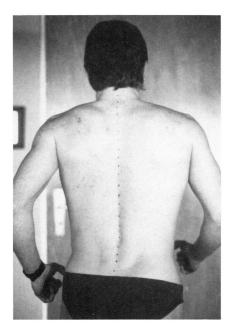

dere Aufmerksamkeit des Arbeitsmediziners.

Die durch die allgemeine Wirtschaftsentwicklung bedingte Sogwirkung der Industrie auf sehr breite Bevölkerungsschichten bringt auch ein Problem für die Arbeitsmedizin mit sich. Viele Menschen, die in der Fabrik einen Arbeitsplatz suchen und sich dort eine gesicherte Existenz versprechen, sind sich oft von vornherein darüber nicht im klaren, daß dies auch einen hohen persönlichen Einsatz von ihnen erfordert. Dies führt in nicht wenigen Fällen zu Enttäuschungen und Frustrationen, die dann in Form von akuten oder chronischen Störungen mit und ohne körperliche Begleitsymptome beim Werksarzt landen. Dieses Problem ist zwar im Laufe der Jahre quantitativ geringfügiger geworden, jedoch ist es im Einzelfall immer noch vorhanden und bereitet dem Arbeitsmediziner, der Personalabteilung, Fachabteilungen und auch dem Betriebsrat oft große Sorgen. Offensichtlich ist eben doch nicht jeder Mensch für einen Platz in der meist von einer „Durchschnittsnorm" ausgehenden Industrie geeignet. Trotzdem gelingt es immer wieder, durch gemeinsame Bemühungen manchen zunächst unzufriedenen und oft auch deswegen kranken Mitarbeiter auf einen Platz zu bringen, an welchem er plötzlich zufrieden und auch wieder gesund ist.

Wir glauben, ohne es exakt beweisen zu können, daß unsere Bemühungen um Zufriedenheit der Mitarbeiter mit dem Arbeitsplatz auch auf den Krankenstand bei der MTU, der ja viele Ursachen haben kann, von Einfluß sind. Die Kurve der krankheitsbedingten Fehlzeiten (in v.H. der Sollarbeitszeit) fiel von 1970 mit 6,17 Prozent bis heute in Bereiche zwischen 5,1 bis 4,9 Prozent. Mit diesen Werten glauben wir, sowohl in der Gesamtbranche der metallverarbeitenden Industrie als auch in der hiesigen Region, verglichen mit gleich großen Unternehmen, sehr gut plaziert zu sein.

Die MTU hat ständig acht bis zehn chronisch Geisteskranke beschäftigt, die mit oft langen Unterbrechungen durch stationäre Krankenhausaufenthalte ihrer Arbeit nachgehen, – so gut es ihr Zustand eben erlaubt. Der Umgang mit ihnen erfordert oft viel Geduld und Nachsicht von allen Beteiligten, und vom Betrieb als Institution die Bereitschaft zu sozialer Tat. Die im jeweiligen Einzelfall erprobten und regelmäßig eingenommenen Psychopharmaka erlauben es jetzt, im Gegensatz zu früher, daß die Patienten sich relativ unauffällig unter den Mitarbeitern bewegen und, entsprechend angeleitet, – zwar etwas langsam – körperlich leichte und unkomplizierte Arbeit verrichten können. Der Arbeitsmediziner muß entweder bei akuten Krankheitsschüben mit entsprechenden Entgleisungen am Arbeitsplatz oder bei der Wiedereingliederung nach einer solchen akuten Erkrankung tätig werden.

Vorsorgeuntersuchungen für Arbeitnehmer an bestimmten Plätzen mit besonderer Gesundheitsgefährdung haben den Sinn, vorgeschädigte oder gesundheitlich anfällige oder sonstwie gefährdete Personen von diesen Tätigkeiten fernzuhalten. Ferner sollten sich anbahnende Gesundheitsstörungen erkannt und durch eventuelle Verbesserungen am Arbeitsplatz behoben werden. Schließlich sollten arbeitsplatzbedingte Erkrankungen als Berufskrankheiten der Berufsgenossenschaft gemeldet werden, damit diese ein Entschädigungsverfahren zugunsten des Betroffenen einleiten kann. Wir führen heute pro Jahr etwa 1.500 Vorsorgeuntersuchungen durch. In den allermeisten Fällen gibt es hierbei keine negativen Ergebnisse, die die Tätigkeit eines Mitarbeiters an seinem Platz verbieten. Berufskrankheiten müssen etwa sechsmal pro Jahr angezeigt werden. Sie betreffen heute vor allem Hautgeschädigte. Früher standen Lärmschäden im Vordergrund. Allerdings hat unser Betrieb in den letzten beiden Jahren auch drei schwerwiegende Asbeststauberkrankungen – Folgen früherer Asbeststaubexpositionen – zu beklagen gehabt.

Während Hautkrankheiten bis etwa zum Jahre 1980 bei der MTU keine große Rolle gespielt haben, ist jetzt eine deutliche Zunahme festzustellen. Die Ursache dafür liegt teilweise in der allgemeinen Abnahme der Widerstandsfähigkeit der Haut des modernen Menschen, wohl bedingt durch intensives Reinigen von Kindheit an sowie durch mannigfache Kontakte mit chemischen Stoffen während des Lebens; zum anderen ist die Ursache in der Metallindustrie in der größeren Hautaggressivität der Kühlemulsionen zu sehen, die beim Bohren, Fräsen und Schneiden von Metall als Öl-Wasser-Gemische, versehen mit vielfältigsten Additiven, ständig über Werkzeug und Werkstück fließen und die Hände und Unterarme der Mitarbeiter befeuchten. Kühlmittel werden besonders aggressiv, wenn sie sich auf der Haut des arbeitenden Menschen als kleine Tropfen relativ rasch zersetzen und eintrocknen und dadurch innerhalb von sechs bis zehn Minuten eine hautreizende Konzentration erreichen. Hierbei zeigt sich auch, daß die üblicherweise verwendeten Hautschutzsalben deutlich an Wirksamkeit verlieren.

Viele gesundheitliche Probleme entstehen in jedem Industriebetrieb durch Wirbelsäulenerkrankungen. Die Arbeit an den früheren Werkzeugmaschinen erforderte häufiges Bücken und Heben und belastete die Wirbelsäule stark. Dies ist zwar heute an einzelnen Plätzen immer noch so, konnte aber in vielen Fällen

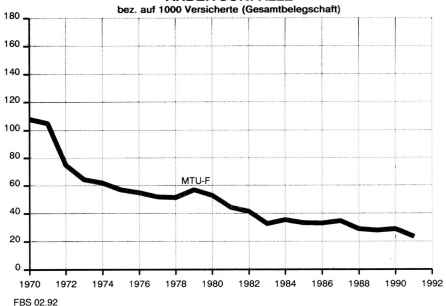

ARBEITSUNFÄLLE

bez. auf 1000 Versicherte (Gesamtbelegschaft)

MTU-F

FBS 02.92

durch moderne Maschinen und Hebezeuge deutlich verringert werden. Der Wirbelsäulenkranke und ganz besonders der an der Bandscheibe Operierte stellt für die Wiedereingliederung in den Arbeitsprozeß ein großes Problem dar, und die diesbezügliche Statistik ist entsprechend ungünstig. Allerdings finden sich unter den Wirbelsäulenkranken nicht nur Werker, sondern auch über ein Drittel Schreibtischarbeiter.

Daß auch sitzende Tätigkeit am Schreibtisch die Wirbelsäule beansprucht, ist bekannt. Hierfür ist die allgemeine „Verdichtung" und Intensivierung der Büroarbeit durch die Einführung von EDV und sonstiger moderner Kommunikationstechniken als Ursache zu erkennen. Dabei fallen die geistig und körperlich lockernden Unterbrechungen des Sitzens am Schreibtisch, z. B. durch Gehen zum Akten- oder Karteischrank, durch Herausnehmen und Zusammentragen von Unterlagen und ähnliches fort.

Wir konnten zeigen, daß das Aufkommen von Sitzbeschwerden durchaus abhängig ist von der Länge der Arbeitszeit, die man im Sitzen verbringen muß sowie von der Art der Tätigkeit. Konsequenterweise waren bessere Bürostühle zu fordern oder mindestens Stühle mit Armstützen, deren günstige Wirkung auf die Sitzhaltung und auf den Schultergürtel wir ebenfalls nachweisen konnten. Die heute bei MTU in Einführung befindliche Stuhlgeneration entspricht diesen Anforderungen. Daß jedoch die ergonomische Gestaltung der Stühle allein die Rückenbeschwerden nicht beheben kann, geht aus der Tatsache hervor, daß auch 50 Prozent der leitenden Führungskräfte sitzbedingte Rückenschmerzen haben. Sie hatten schon immer komfortable Arbeitsstühle, – allerdings auch deutlich längere tägliche Arbeitszeiten.

Kompensation durch Bewegung ist die einzig sinnvolle Möglichkeit zur Abhilfe. Gymnastik und gut dosierter Sport stehen daher im Vordergrund ärztlicher Empfehlungen. Die oft geforderte Gymnastik am Arbeitsplatz hat allerdings nicht nur Befürworter und wird bei uns auch nicht praktiziert. Auch ist nicht jede durch Beruf und Hausarbeit doppelt belastete Ehefrau und Mutter in der Lage, noch regelmäßig Sport zu treiben. In solchen Fällen empfehlen wir reichliches und zügiges Gehen. Die Wirbelsäule macht nämlich beim Gehen mehr Bewegungen, als man auf den ersten Blick zu erkennen vermag.

Gegenwärtig aktuelle Aufgabengebiete für den Gesundheitsschutz sind Maßnahmen im Sinne der Gefahrstoffverordnung. Sie erfordern mit umfangreichen und teilweise sehr aufwendigen Messungen und daran anschließenden kostspieligen Sanierungsmaßnahmen wie Maschinenkapselung, Belüftungen, Werkstoffersatz durch weniger giftige Stoffe, Schulung und Aufklärung der Mitarbeiter beim Umgang mit gefährlichen Stoffen, ein großes Arbeitsvolumen. Dies kann nicht allein Aufgabe des Werksarztes sein, sondern erfordert die Zusammenarbeit vieler Fachabteilungen des Hauses, wie es bei der Unfallverhütung seit vielen Jahren erfolgreich praktiziert wird, die in erster Linie Aufgabe des Technischen Arbeitsschutzes ist.

Literatur:

Krbek F., Psychisch Kranke im Industriebetrieb – Fakten und Probleme ihrer Rehabilitation. Der Medizinische Sachverständige 79/3, 1983, S. 45–47.

Krbek F., Zur Arbeitsplatzsituation bandscheibenoperierter Arbeitnehmer im Industriebetrieb. Rheuma 8/10/1988, S. 226–231.

Krbek F., Quantitative Aussagen über Sitzbeschwerden bei Schreibtischarbeitern. Arbeitsmed. Sozialmed. Präventivmed. 24/2, 1989, S.35–38.

Krbek F., Arbeitsmedizinische Gesichtspunkte bei der Empfehlung von Armstützen für Bürostühle. Arbeitsmed. Sozialmed. Präventivmed. 24/6, 1989, S. 140–143.

Krbek F., Zur Prävention degenerativer Wirbelsäulenerkrankungen – funktionell anatomische Fakten beim Gehen. Bericht über die Arbeitsmedizinische Herbsttagung 1990 des Verbandes Deutscher Betriebs- und Werksärzte. Gentner Verlag Stuttgart, 1990. S. 309–314.

Krbek F. und Schäfer Th., Untersuchungen an Tropfen und Rückständen von wassermischbaren Kühlschmierstoffen. Arbeitsmed. Sozialmed. Präventivmed. 26/10, 1991, S. 411–416.

Krbek F., Untersuchungen über das Verhalten von Tropfen wassermischbarer Kühlschmierstoffe gegenüber Hautschutzsalben. Arbeitsmed. Sozialmed. Präventivmed. 27/1 1992, S. 27–29.

„Aerocar" Riesenhubschrauber
(Wagner-Helicopter-Technik) beim
Probeflug. Vier Personen konnte der
Aerocar 500 km weit in 3,5 Stunden
bei einer Reisegeschwindigkeit von
160 km/h transportieren. Bei
Ausfallen des Motors konnte das
Gefährt sicher, ohne ins Trudeln zu
geraten, zur Erde schweben.
Mit Hilfe der Räder – über einen
Hydraulikantrieb vom Flugmotor
aus betrieben – konnte der Aerocar
am Boden bis zu 60 km/h schnell
fahren.

Josef Wagner, 1979.

…UND WENN ES KÖSTLICH GEWESEN IST, SO IST ES MÜHE UND ARBEIT GEWESEN

JOSEF WAGNER
UND DIE WAGNERWERKE, MARKDORF

ANGRIT DÖHMANN

Mit hellem Läuten senken sich die Schranken vor dem Bahnübergang in Kehlen, über den bald der Eilzug Friedrichshafen-Ulm donnern wird. Autos nähern sich und reihen sich auf, eines hinter dem anderen, und warten ein, zwei, drei Minuten... Da plötzlich erhebt sich das letzte Auto in die Luft! Heftig surrende Rotorblätter heben es über die stehende Wagenkolonne hinweg, über den Bahndamm – und bald entschwindet das „fliegende Auto" den Blicken der fassungslos staunenden, zurückbleibenden Fahrer...

Tagtraum eines staugeplagten Autofahrers? Nein: Ein Werbefilm über den Reisehubschrauber „Aero-Car", der von der „Wagner-Helicopter-Technik" in Friedrichshafen-Fischbach Mitte der sechziger Jahre entwickelt worden war, allerdings nie mit dem Hintergedanken, ihn direkt im Straßenverkehr einzusetzen. Mit seiner viersitzigen Kabine und zwei Heckflossen, jeweils über den Hinterrädern angebracht, war dies eine Variante des „Sky-Trac" (Volkshubschrauber), für dessen Bau Josef Wagner den Anstoß gegeben hatte.

Ursprünglich hatte er sich auf einem ganz anderen Gebiet einen Namen gemacht: Er war Europas größter Hersteller für Farbspritzpistolen und industrielle Farbspritzanlagen, die damals in Fischbach hergestellt wurden. Heute noch genießt die nach ihm benannte „J. Wagner GmbH" – jetzt im südöstlichen Teil von Markdorf gelegen – Weltruf im Bereich der „Oberflächenbeschichtung". Mit ihren weltweiten Produktionsbetrieben und Niederlassungen konnte das Unternehmen im vergangenen Jahr einen Umsatz von 330 Millionen Mark verzeichnen.

Als er nach Kriegsende an den Bodensee kam, konnte Josef Wagner bereits auf beträchtliche berufliche Erfolge zurückblicken: Nach dem Studium des Automobil- und Flugzeugbaues sowie der Elektrotechnik war der aus Hausen bei Augsburg stammende Sohn eines Hofgutbesitzers (geboren 1907) bereits mit 33 Jahren technischer Geschäftsführer der Augsburger Messerschmitt-Flugzeugwerke gewesen. Ab 1942 hatte er den Aufbau des Gerätewerkes Pommern geleitet, das dem damaligen Luftfahrtministerium unterstellt war. Später war er mit der Führung des „Hauptausschusses Flugzeugausrüstung" in Berlin betraut worden. Rechtzeitig vor dem Einmarsch der Russen verließ er 1945 die Reichshauptstadt.

In Fischbach begann sich der bayrische Schwabe eine neue Existenz aufzubauen. Ab 1946 reparierte er zunächst in einer Baracke die von der Demontage durch die Besatzungsmächte verschont gebliebenen Maschinen, um sie wieder produktionsbereit zu machen. Aber damit konnte sich ein Tüftler wie Josef Wagner nicht zufrieden geben! Eine für seine Begriffe schlecht funktionierende amerikanische Spritzpistole gab den Anstoß: 1953 entwickelte er eine wirksamere, „luftlose", elektrisch betriebene – und von nun an konnte die Karriere dieses Mannes nichts mehr aufhalten!

Auf demselben Prinzip basierend, entwickelte er 1965 Profigeräte für das Handwerk und zehn Jahre später industrielle Beschichtungsanlagen. Heute werden sie in vielen verschiedenen Variationen angeboten.

Das erste zweigeschossige Büro und Fabrikationsgebäude entstand in den Jahren 1953/1954, gegenüber vom Fischbacher Bahnhof, mit einer Belegschaft von 35 Mitarbeitern. Knapp 20 Jahre später, im Jahre 1971, fabrizierte das Unternehmen – jetzt auf 450 Beschäftigte angewachsen – 20.000 Spritzgeräte verschiedenster Größenordnung und Gattung im Monat und exportierte sie in 80 Länder der Welt.

Vor fünf Jahren, nach dem Tod des Firmengründers, wurde das „Hauptwerk" nach Markdorf verlegt. Dort war bereits im Jahre 1980 mit dem Bau einer ersten Produktionshalle begonnen worden. Die Gebäude in Fischbach wurden verkauft.

Aber Josef Wagner hatte seine Leidenschaft für die Fliegerei nie aufgegeben! Seit 1960 investierte er jede Mark, die er aus der Spritzpistolenfabrikation erübrigen konnte, in seine Idee vom „Nahverkehrsgerät der Luft" (Wagner-Zitat), einem billig produzierbaren und leicht zu steuernden Kleinhubschrauber, der vielseitig verwendbar sein sollte: zur Personen- und Lastenbeförderung, gleichermaßen für Polizeieinsätze und Krankentransporte geeignet.

Er konnte den Ingenieur für Flugzeugbau Alfred Vogt für sein Vorhaben gewinnen. Dieser verfügte über einschlägige Erfahrungen im Flugzeugbau, denn er hatte bereits den Kunstsegler Lo-100 konstruiert. In einem separaten kleinen Zweigbetrieb, auf dem Werksgelände in Fischbach untergebracht, arbeitete etwa zehn Jahre lang ein zuletzt 25köpfiges Entwicklungsteam an der Realisierung von Wagners Lieblingsobjekt.

Die Ära der Flugpioniere des beginnenden 20. Jahrhunderts schien am See wieder aufzuleben, als erstmals Ende

1963 von der Wiese vor der „Eichenmühle" in Fischbach laut knatternd ein „Sky-Trac" (Himmelstraktor) in die Luft stieg. Nur ein 260-PS-Franklin-Flugzeugmotor trieb zwei koaxial sich gegenläufig drehende Rotoren zugleich an, wodurch der sonst übliche Heckrotor eingespart werden konnte – eine damals revolutionierende „Drehflügler-Bauweise". Wenig später ließ Wagner ein noch ungewöhnlicheres Vehikel zum Probeflug starten, seinen „Aero-Car", den Reisehubschrauber. Die Fluggeschwindigkeit betrug etwa 140 Stundenkilometer. Ausgerüstet mit einem zusätzlichen hydraulischen Fahrantrieb, konnte er sich auch mit etwa 60 km/h am Boden mit eigener Kraft fortbewegen – ganz im Gegensatz zu herkömmlichen Hubschraubern.

Am 29. September 1969 war es dann soweit: Als erster deutscher Helicopter-Hersteller nach dem Krieg erhielt Josef Wagner für seinen Sky-Trac die endgültige Musterzulassung und damit die Freigabe zur Serienfertigung und den Einsatz im allgemeinen Luftverkehr vom Luftfahrtbundesamt in Braunschweig. Doch der in der Kalkulation konkurrenzlos billige Wagner-Hubschrauber wurde nie in Serie gebaut! 15 Millionen Mark wären dafür nötig gewesen, aber aus Bonn kam kein Geld mehr! Und das, obwohl 130 Optionen aus aller Welt für diesen Hubschraubertyp vorlagen! 1971 wurde das Helicopter-Paket an die „Helicopter-Technik München" verkauft.

Aus war's mit dem Traum vom Fliegen, zumindest für Josef Wagner.

Mit einem Gardemaß von knapp 190 Zentimetern war Josef Wagner ein stattlicher, Respekt einflößender Mann. Obwohl den Freuden des Lebens gegenüber aufgeschlossen, verhielt er sich maßvoll, denn Selbstdisziplin war eine seiner herausragenden Tugenden. Er war eine Persönlichkeit mit starker menschlicher Ausstrahlung, so schildern ihn ehemalige Mitarbeiter und Freunde. Selbstbewußt, willensstark und mit guten Nerven versehen, versuchte er erfolgreich, seine Vorstellungen in der Firma durchzusetzen. Wenn er von einer Idee besessen war, konnte er seine Kollegen mitreißend motivieren. Er arbeitete oft auch am Wochenende und feiertags. Er ließ dann einfach die Rolläden an den Fenstern seiner Firma herunter und „schaffte", berichtet ein ehemaliger Angestellter. Viel verlangte Wagner von sich, aber auch von seinen Mitarbeitern. Unterstützten sie ihn, sparte er nicht mit Lob und Anerkennung. Erwischte er Faulenzer, kündigte er ihnen von heute auf morgen – nicht ohne die übliche Abfindung an sie zu bezahlen. Pünktlichkeit war oberstes Gesetz bei ihm, wehe dem, der dies nicht beachtete!

Ging er durch die Produktionshalle in Fischbach, pflegte er seine Mitarbeiter per Handschlag zu begrüßen, richtete auch ein paar persönliche Worte an sie, die er alle kannte. Dadurch gab er ihnen das Gefühl, persönlich – jeder auf seinem Posten – wichtig zu sein im Räderwerk des sich ständig vergrößernden Unternehmens. Dennoch wahrte der Firmenleiter im Berufsleben stets eine gewisse Distanz – er blieb immer der Chef.

Ein wichtiger Gegenpol, ein Pendant zum aufreibenden Geschäftsleben bildete für den reiferen Wagner der exklusive Männerkreis der „Dinosaurier" (gegründet 1969), der einmal monatlich in der guten Stube eines Meckenbeurener Großkaufmannes tagte. Männliche Freundschaft und Humor – diesen Zielen hatten sich die älteren Herren, sechs bis acht an der Zahl – verschrieben. „Jupp" Wagner fand hier menschlichen Rückhalt und Zuspruch, besonders in Krisenzeiten, aber auch, als sich gesundheitliche Probleme einstellten.

Obwohl verheiratet, blieb Josef Wagner eines versagt: Kindersegen. Ohne direkte Nachkommen rief er 1971 die Josef-Wagner-Stiftung ins Leben. Ihr vermachte er nach und nach, noch zu Lebzeiten, seine Firmenanteile. Die Stiftung hat nicht nur für die Erhaltung und Weiterentwicklung der von Wagner aufgebauten Betriebe zu sorgen, auch sozialen Aufgaben kommt sie nach. 50 Einzelpersonen und Familien aus dem Bodenseekreis wurde in den vergangenen Jahren mit ihrer Hilfe ein „einigermaßen lebenswertes Dasein ermöglicht." Augenblicklich werden sechs Studenten im Rahmen der „Begabtenförderung" durch die Stiftung finanziell unterstützt.

„Unser Leben währet siebenzig Jahre, und wenn es hochkommt, so sind es achtzig Jahre, und wenn es köstlich gewesen ist, so ist es Mühe und Arbeit gewesen" (90. Psalm, Vers 10).

Gepaart mit Erfindergeist und Ideenreichtum, Durchsetzungsvermögen und Führungsstärke war dieser Lebensgrundsatz der Schlüssel zu seinem Erfolg. Mit dem kontinuierlichen Wachstum der J. Wagner GmbH war auch die Entwicklung und Förderung der heimischen Wirtschaft der Bodenseeregion eng verbunden, eine Tatsache, die die Bundesrepublik 1977 und 1982 veranlaßte, Josef Wagner das Bundesverdienstkreuz am Bande und das Verdienstkreuz erster Klasse zu überreichen. Ebenso dankte die Stadt Friedrichshafen dem fleißigen Schwaben mit der Verleihung der „Ehrenmedaille" am 10. März 1982. In demselben Jahr wurde ihm auch die Würde des Ehrensenators der Eberhard-Karls-Universität Tübingen zuerkannt. Am 27. März 1987 setzte Josef Wagner seinem Leben selbst ein Ende.

„KIELLEGUNG" EINER ERFOLGREICHEN BOOTSAUSSTELLUNG

1962 WURDE DIE ERSTE INTERNATIONALE BOOTSAUSSTELLUNG AM BODENSEE ERÖFFNET

HUBERTUS BÜRGL

„Der Bodensee ist nicht nur einer der größten europäischen und der größte deutsche Binnensee, er ist auch ein ideales Wassersportgebiet, groß genug, um abwechslungsreich in seinen Wasser- und Windverhältnissen zu sein, und klein genug, um rasch zu neuen Ufern zu kommen. So ist es natürlich, daß, gewissermaßen am strategischen Punkt des Bodenseewassersports, in der Mitte des Nordufers des Sees, der Gedanke Fuß gefaßt hat, eine Bootsausstellung zu veranstalten." Mit diesen Sätzen begann das Geleitwort des damaligen Oberbürgermeisters der Stadt Friedrichshafen, Dr. Max Grünbeck, zur ersten Internationalen Bootsausstellung am Bodensee 1962.

Doch bevor der Friedrichshafener Oberbürgermeister seine Begeisterung über die neue Veranstaltung in seiner Stadt zum Ausdruck bringen konnte, war eine Unmenge Vorarbeit zu leisten und ein weiter, nicht gerade leichter Weg zu beschreiten, um von der Idee zur Realisierung einer derartigen Spezialausstellung zu gelangen.

Die Messegesellschaft unter der Leitung der dynamischen Messepräsidenten Max Sedlmeier – er feierte 1962 seinen 70. Geburtstag – und Otto P.W. Hüni, dem agilen Messeleiter Hans-Joachim Quast und mit Unterstützung der Messegesellschafter bewegten damals zwei wichtige Überlegungen zur „Kiellegung" einer Bootsausstellung. Seit einigen Jahren schon beteiligten sich nämlich mehrere Bootswerften, darunter auch solche aus der Schweiz, mit gutem Erfolg an der alljährlich im Frühjahr stattfindenden „IBO-Messe". Der Messeplatz an der Riedleparkstraße für diese in Süddeutschland und im internationalen Bodenseeraum bedeutende Marktveranstaltung war aber nicht mehr zu erweitern. Dennoch bemühten sich über den vorhandenen Ausstellerbestand hinaus weitere interessierte Firmen um eine Teilnahme.

Zweite Interboot, 1963.

Durch die Herausnahme der Bootsanbieter aus der „IBO-Messe" sollte für neue Aussteller Platz geschaffen werden. Ein Firmenstamm für eine Bootsausstellung lag somit bereits vor. Friedrichshafen bot sich direkt als Veranstaltungsort im Süden Deutschlands unmittelbar am Wassersportrevier Bodensee und in der Nachbarschaft der Schweiz und Österreichs in der nun beginnenden Freizeitwelle an. Eine kleine, aber bewährte Organisation der Messegesellschaft bestand. Außerdem besaß diese seit einigen Jahren eine technisch gut ausgestattete Halle von 4800 Quadratmetern sowie für den damaligen Bedarf ausreichendes Freigelände, auf dem bei Bedarf weitere Ausstellungsgebäude erstellt werden konnten.

Nachdem die räumlichen Möglichkeiten gegeben waren, mußte der Zeitpunkt festgelegt, das Interesse der Branche und auch die Wettbewerbsfrage untersucht werden. Zu letzterem sei gesagt, daß die damals schon bedeutenden Bootsausstellungen in Amsterdam, Paris, London und Genua von einem zusätzlichen Markt in Süddeutschland kaum berührt werden konnten. Auch von den beiden Bootsausstellungen in der Bundesrepublik Deutschland wurde eine ähnlich geartete

Veranstaltung in Friedrichshafen nicht als Konkurrenz empfunden. In Berlin fand seit 1923 die „Ausstellung für Boote" statt – die erste Bootsausstellung auf der Welt überhaupt –, die nach dem Krieg 1953 als „Ausstellung für Boote und Wochenende Berlin" weitergeführt wurde. Seit 1959 gab es in Hamburg auch eine Bootsausstellung.

Für die Terminierung wurde eine schlaue Lösung gefunden. Alle Bootsausstellungen fanden im späten Winter oder im Frühjahr statt. Friedrichshafen entschied sich für den Herbst, was anfangs von den Mitbewerbern belächelt wurde. Doch für die „Herbst"-Entscheidung gab es mehrere Gründe. Zunächst waren es die Bootsbauer, die diesen Zeitpunkt begrüßten. Sie konnten die erwarteten Aufträge von einer Bootsausstellung im Herbst über die Winterzeit ausführen, zumal sie Anregungen und Erfahrungen aus der gerade zu Ende gegangenen Saison verarbeiten konnten. Für die interessierten Wassersportler war der Herbsttermin glücklich gewählt, weil sie damit rechnen durften, daß ihre Wünsche beim Bootsneubau berücksichtigt würden und vor allem, daß sie die Auslieferung ihres Neuerwerbs zur nächsten Sommersaison erwarten konnten. Das gleiche galt für Ausrüstung und Zubehör.

Besonders wichtig wurde in späteren Jahren der Herbsttermin für die Bootsmotoren-Hersteller, die ihre Neuheiten nach einer internen Vereinbarung jeweils ab September weltweit vorstellten. So konnten nicht nur die Wassersportler die Novitäten auf diesem Marktsektor bei Friedrichshafener Ausstellungen bewundern und ordern, sondern auch die Aussteller und Werften. Mit der Zeit entwickelte sich ein reger Handel innerhalb der Ausstellerschaft.

Auch für die Messegesellschaft war es äußerst vorteilhaft, nicht unmittelbar nach oder gar vor der „IBO-Messe" eine weitere – wie zu erwarten war – Großveranstaltung verkraften zu müssen. Personell und auch von der Geländeausstattung her wäre eine unmittelbare Messefolge nur schwer zu schaffen, veranschlagte man doch damals mindestens vier Wochen für den Aufbau und gut 14 Tage für den Abbau einer Messe. Und schließlich wurde die neue Friedrichshafener Messe und deren Termin von der Wirtschaft der Stadt und des Umlandes, besonders von Hotellerie, Gastronomie und Einzelhandel, begrüßt, wurde damit doch die Wirtschaftssaison mit gutem und zahlungskräftigem Publikum verlängert und stark belebt.

Nachdem somit die äußeren Voraussetzungen für eine Bootsausstellung stimmten, wurde auch eine Reihe von als Aussteller in Frage kommenden Firmen befragt. Das Echo war eindeutig positiv. Persönlichkeiten aus der Wassersportwirtschaft und dem Wassersport sagten ihre Unterstützung zu, ebenso der Landrat des Kreises Tettnang, Dr. Kurt Diez, der ja für den Friedrichshafener Abschnitt des Bodensees als oberster Verfü-

gungsberechtigter zuständig war. Genannt werden muß auch Hans Kortekaas (Den Haag), u.a. Segelweltmeister in der Klasse der 1/4Tonner, der kurz vor Beginn der ersten Bootsausstellung als Repräsentant der Messegesellschaft für Holland und Belgien gewonnen werden konnte und damit erster Auslandsvertreter der Friedrichshafener Messe wurde. Dank seiner außerordentlich erfolgreichen Tätigkeit wurde ihm in Ausstellerkreisen nachgesagt, daß er mindestens in den ersten 20 Jahren Friedrichshafen zur Domäne der niederländischen Bootswirtschaft gemacht habe.

Und so eröffnete am 6. Oktober 1962 der Messepräsident und Präsident des Rudervereins Friedrichshafen, Otto P.W. Hüni, die „Internationale Bootsausstellung am Bodensee" mit dem bekannten Startkommando der Ruderer „Messieurs, êtes vous pretes, partez!". Oberbürgermeister Dr .Grünbeck sekundierte ihm mit einem großen Lob für die „erste Tochter der IBO."

Und diese, die „Erste Herbst-Bootsausstellung Europas" konnte sich wahrlich schon sehen lassen. Allein 62 Unternehmen aus fünf Ländern waren direkt präsent, davon 53 aus der Bundesrepublik Deutschland, fünf aus der Schweiz, zwei aus Holland und je eines aus Österreich und Großbritannien. Neben den Direktausstellern waren noch 49 Firmen aus neun Ländern, darunter auch aus Dänemark, Frankreich, Italien, Schweden und den USA, mit ihren Produkten vertreten.

Bei diesem prächtigen Angebot galten der neue Kreiskolbenmotor von Felix Wankel und der Ruderweltmeisterschaftszweier ohne Steuermann als absolute Publikumsmagneten. Die Masten einiger Segelboote mußten, um aufgerigt präsentiert werden zu können, mit dem Top durch Hallendecke und Hallendach in den freien Himmel hinausragen. Gut

beraten war die Messeleitung, als sie im Freigelände vor der Ausstellungshalle einen Gebrauchtboot- und -motorenmarkt einrichtete. Seit 1973 findet dieser im Frühjahr statt. Hier konnten ebenso Aussteller von Neuprodukten ihre in Zahlung genommenen Objekte, wie auch private Anbieter ihre gebrauchten Boote und Motoren an den Mann bringen.

Die Nähe des Bodensees nutzte ein Aussteller und stellte mit Hilfe der Messeleitung im „Hinteren Hafen" gleichzeitig seine Motorflotte vor und führte mit Kunden Probefahrten auf dem See durch. Damit war der Start für die so erfolgreiche Nutzung des Vorführhafens bei allen späteren Friedrichshafener Bootsausstellungen gegeben. Die mit Ende der ersten Bootsausstellung am 14. Oktober 1962 festgestellte Besucherzahl von 16.691 überstieg alle Erwartungen, so daß sofort der Beschluß gefaßt wurde, die Bootsausstellung jährlich im Herbst durchzuführen.

Nun konnte Jürgen Klingestijn, der bei der Messe bereits die Vermietung der ersten Bootsausstellung vorgenommen hatte und bis 1982 die Kontakte zu den Ausstellern sehr erfolgreich pflegte, die Bewerbungen der Bootswirtschaft in rechte Bahnen leiten. Die Erweiterung, ja beinahe Verdoppelung in allen Bereichen bei der 2. INTERBOOT 1963 war gegenüber 1962 geradezu enorm. Um einen Eindruck über diese Bootsausstellung, das Warenangebot und den Trend der neuen Produkte zu vermitteln, hier ein Auszug aus dem Bericht des Wassersportjournalisten Herbert Mann: „Das Gesicht der INTERBOOT 1963 ist nicht nur geografisch, sondern auch technisch ganz international. Technisch wirkt sich dieses völkerverbindende Konkurrenzstreben in einer Auswahl der verschiedenen Materialien und Fertigungsmethoden aus, die man früher auf solchen Ausstellungen nicht kannte. Der moderne und rasch sich ausbreitende Kunststoff hat die traditionellen Materialien, Holz und Stahl, auf den Plan gerufen, ihr Bestes zu zeigen, und so hat man auf dieser INTERBOOT für viele Bootstypen, vom Ruderboot bis zur Motoryacht und zum Hochseesegelboot, die Wahl zwischen Glasharz, Metall und Holz, ja sogar Gummi, wobei Stahl und Aluminium sowie Massivholz und Sperrholz noch unter sich im Wettstreit liegen."

Noch vor Beginn der 2. INTERBOOT durfte ein Repräsentant der Messegesellschaft Friedrichshafen neben den Vertretern der anderen großen internationalen Bootsausstellungen in London an der Gründungsversammlung der IFBSO-International Federation of Boat-Show Organizers – dem späteren Weltverband der Bootsausstellungsveranstalter – teilnehmen. In den folgenden Jahren sprach Friedrichshafen sogar ein gewichtiges Wort in diesem für die internationale Bootswirtschaft bedeutendem Gremium mit. Die Aufwärtsentwicklung der INTERBOOT hielt weiterhin an und steigerte sich, nachdem im Frühjahr 1964 ein Wechsel in der Messeleitung stattfand. Hubertus Bürgl wurde Nachfolger des Messeleiters Hans-Joachim Quast. Die Leitung der Pressestelle ging von dem krankheitshalber ausgeschiedenen Hans Kiderlen, der sich viele Verdienste für die Messe erworben hatte, auf Erika Dillmann über. Sie bestimmte in den Folgejahren in hervorragender Weise die Informationsstrategie der Messe und gab darüber hinaus viele neue messepolitische Impulse. Während der INTERBOOT 64 wurde von den Messegesellschaftern der entscheidende Beschluß für ein neues, erweiterungsfähiges Messegelände mit der Möglichkeit größerer Hallenbauten gefaßt. Damit wurde vorausschauend der rasanten Entwicklung der beiden Messen IBO und INTERBOOT und dem stets wachsenden Platzbedarf der Aussteller

Rechnung getragen. Die Messegesellschaft wollte ihrer in der Präambel zum Gesellschaftsvertrag festgelegten Verpflichtung, der Stadt und dem Umland durch ihre Aktivitäten zu dienen, noch besser nachkommen.

Das von den Architekten Immanuel Knittel und Josef Wund gestaltete neue Messeareal wurde 1968 seiner Bestimmung übergeben. Mit der 7. INTERBOOT, die als erste Veranstaltung im neuen Messegelände Riedlepark Ost stattfand, begann in Friedrichshafen ein neues Messezeitalter. Auf einem Gelände von 78.000 Quadratmetern standen damals vier Hallen mit einer Ausstellungsfläche von 18.800 Quadratmetern und ein Freigelände mit 4.000 Quadratmetern zur Verfügung. Hatte sich die Friedrichshafener Bootsausstellung mit kleinen Schritten, aber doch mit spektakulären Maßnahmen, eine gute Marktposition auf dem Boots- und Wassersportsektor schon geschaffen, so ging es jetzt mit dem neuen Gelände und den modernen Einrichtungen gewaltig voran. Die Bootswirtschaft strömte nach Friedrichshafen, und die Messegesellschaft sah sich veranlaßt, diesem Drängen durch weitere Hallenbauten Rechnung zu tragen.

Eine stetige Steigerung der Besucherzahlen erlebte die INTERBOOT im Laufe der Jahre (1965: 32.461; 1969: 66.590; 1975: 81.974; 1983: 93.698; und die Rekordbesucherzahl 1989 von 117.754). Das größer gewordene Angebot zeigt die Zahl der ausstellenden Firmen. Im Jubiläumsjahr 1991 waren es 825 aus 25 Ländern. 80.000 Quadratmeter Ausstellungsfläche in zwölf Hallen, dem Freigelände und dem Vorführhafen standen zur Verfügung und belegen das Renommee der Messe. Einer neuen Entwicklung im Wassersport, dem Windsurfen, trug die 1983 erstmals durchgeführte INTERSURF Rechnung. Seitdem ist die

INTERSURF fester Bestandteil der Ausstellung. Auch das Beiprogramm wurde über die Jahre attraktiver, etwa durch Regatten auf dem Bodensee, Vorträge von erfolgreichen Wassersportlern, Kongresse der Wassersportverbände und speziellen Informationsangeboten, wie das Mittelmeerinformationszentrum.

Die 30. INTERBOOT 91 war eine Jubiläumsmesse, und Jubiläen sind Anlaß, Bilanz zu ziehen. Wenn der Rückblick viel Anlaß zur Freude gibt, so ist dies neben dem intensiven persönlichen Einsatz der Mitarbeiter der Messegesellschaft und wohlmeinender Förderer vor allem das Verdienst der Aussteller in den vergangenen Jahren. In Friedrichshafen fehlt keiner der großen Namen des Wassersports. Aber trotz allem Flair geht es in Friedrichshafen ums „Business". So ist die INTERBOOT nicht nur eine Messe der Traditionen, sie steht auch für traditionellen Erfolg. Jahr für Jahr ergreift die Messe Friedrichshafen flankierende Maßnahmen, um den Erfolg der Aussteller sicherzustellen. Dies macht erst den Erfolg der INTERBOOT möglich, woran die Stadt und das Umland mit ihrer Wirtschaft teilhaben. Aber auch in Zukunft stehen die Zeichen auf Erfolg, gibt es doch in Friedrichshafen eine internationale Präsentationsplattform. Im Süden, in Friedrichshafen, wo der Wassersport zuhause ist, stimmen Einzugsgebiet, Standort, Termin, Besucherqualität und Ambiente.

MUT, FASZINATION
UND GRAZIE

ÜBERLINGER TURNERINNEN
AUF ERFOLGSKURS

SIEGBERT RUF

Der Turnverein 1885 e.V. Überlingen, über 100 Jahre jung, ist mit rund 1.200 Mitgliedern der größte Verein in der Stadt. Vorsitzender ist zur Zeit Jürgen Choinowski. Acht Hauptsportarten werden angeboten: Turnen, Gymnastik, Leichtathletik, Faustball, Handball, Badminton, Tischtennis und Volleyball. Insgesamt wird der Sportbetrieb in 24 Abteilungen absolviert. Eine der seit Bestehen erfolgreichsten Abteilungen ist die Leistungsriege der Turnerinnen. Mut, Kraft, Konzentration, ein Höchstmaß an Beweglichkeit, Grazie, Leistungsbereitschaft und Durchhaltevermögen kennzeichnen die überaus trainingsintensive Sportart „Leistungsgeräteturnen". Zwar sieht es oftmals spielerisch aus, wenn sich die Turnerinnen an den Stufenbarren oder Schwebebalken begeben, gleichwohl liegt hinter den kunstvoll und leicht aussehenden Übungen intensive Trainingsarbeit.

Rund zwölf Stunden Training pro Woche, und wenn es auf eine Meisterschaft zugeht, werden es auch 15 bis 18 Stunden. Daß sich eine derart intensive Vorbereitung auszahlt, beweisen die stetigen Erfolge bei Meisterschaften und den zahlreichen Schauturnvorführungen in und um Überlingen.

Die Erfolge der Überlinger Turnerinnen können sich sehen lassen. 1978 gab es den ersten Badischen Meistertitel und 1979 in Berlin den ersten Deutschen Vizemeister. Insgesamt erturnten sich die Mädchen in den letzten zehn Jahren drei Deutsche Meistertitel, vier Vizemeister- und acht Landesmeistertitel im Einzel- und Mannschaftswettbewerb. Den letzten deutschen Meistertitel errang 1990 die bislang erfolgreichste Turnerin, Daniela Frau, am Schwebebalken. Im Achtkampf der Jugendturnerinnen wurde Daniela Deutsche Vizemeisterin.

Viermal hat die erst 15jährige Daniela, seit 1988 im Bundeskader, in den letzten drei Jahren das Jugend-Nationaltrikot getragen. Leider konnte sie wegen Krankheit und Verletzungspech 1991 an keiner Meisterschaft teilnehmen. Doch sie bereitete sich mit dem Bundeskader auf die Olympischen Spiele in Barcelona vor.

Dies alles ist nicht verwunderlich. Schließlich beruht die Abteilung Leistungsturnen auf einer gefestigten Tradition. Erste Anfänge lassen sich bis ins Jahr 1911 zurückdatieren. 1957 schließlich wurde die Mädchen-Leistungsriege formell aus der Taufe gehoben. Es war 1970, als Siegbert Ruf mit dem Bestreben, eine attraktive Leistungstruppe aufzubauen, die Abteilung als Trainer übernahm. Mit dem Kinderturnen, das er 1968 als frisch gebackener Sportlehrer übernahm, hat alles angefangen. Das Motto lautete: „Tu etwas, das die Kinder mögen." Nach drei Monaten war der Zulauf so groß, daß die sechs- bis zehnjährigen Mädchen und Buben in drei Gruppen eingeteilt werden mußten.

Durch die vielen Talente besonders unter den Mädchen, reizte es, die Kinder zu fördern. Mit neuen methodischen Wegen versuchte Ruf den Mädchen Überschläge, Flick-Flacks, Salti, Kippen, Felgen und all diese Dinge beizubringen. Es war und ist bis heute eine Freude für ihn mitanzusehen, wie begeistert die Kinder mitmachen und wie sehr sie sich über jeden Fortschritt freuen. Das Geräteturnen in seiner Entwicklung ist immer wieder

Leistungsriege der Mädchen,
TV Überlingen.

eine neue Herausforderung. Man ist in dieser Sportart nie am Ende. Siegbert Ruf ist Trainer geworden, weil er von dieser Sportart nach wie vor fasziniert ist, und weil er damit einen kulturellen Beitrag in der Gesellschaft leisten möchte. Ein anderer tut es im Bereich der Musik und investiert genausoviel Zeit wie er.

In den ersten sechs Jahren mußte Siegbert Ruf seine Trainerfunktion alleine bewältigen. Seit 1977 steht ihm seine Frau zur Seite. Sie hat sich in kürzester Zeit in die Materie eingearbeitet und hat die B-Trainer-Lizenz erworben. Als Kampfrichterin ist sie seit vielen Jahren national und international im Einsatz und hat 1986 das ITB-Kampfrichterbrevet erhalten. Als Trainerin ist Maria Ruf hauptsächlich für die Gymnastik und den choreographischen Bereich zuständig. Doch auch an den Geräten, besonders Schwebebalken-Akrobatik, steht sie „ihren Mann".

Mit Angela Obert und Boris Ruf gibt es zwei junge engagierte Nachwuchstrainer, die den Turnsport selbst ausgeübt haben. Jeder steht zweimal in der Woche zur Verfügung. Sie sind unter der Anleitung der Trainer für den Nachwuchs zuständig. Dank der Nachwuchstrainer können die Trainingseinheiten optimal genutzt und die Sportlerinnen gefördert werden.

Siegbert Rufs Aufgabe im Trainerteam ist, alles unter einen Hut zu bringen: Nachwuchsförderung, Trainingsplanung und Koordinierung, Terminplanung und was alles so ansteht. Seit 1978 besitzt er die Trainer-A-Lizenz. Durch Lehrgänge und Seminare halten sich die Trainer ständig auf dem neuesten Stand.

1978 bekam der Turnverein vom LAL (Landes-Ausschuß-Leistungssport) einen Trainingsstützpunkt zugesprochen. Die

Sport

215

Voraussetzung dafür waren konstante Erfolge über einen längeren Zeitraum, Plazierungen unter den ersten Zehn auf Landesebene und wenigstens vier Turnerinnen im Landes-D- oder einem der Bundeskader. Um vier oder fünf Turnerinnen in einem Landeskader bzw. Bundeskader zu bringen, und damit sie sich dort auch behaupten können, dafür muß viel getan werden. Zur Zeit sind mit Julia Lüth, Simone Stengele und Alexandra Holzer drei Turnerinnen im Landes-D-Kader, mit Daniela Frau eine Turnerin im Bundes-B-Kader. Trainiert wird in der Burgbergturnhalle, außer donnerstags jeden Tag. Für die Stützpunktkadermädchen werden, wenn möglich, auch am Samstag eine oder zwei Trainingseinheiten absolviert.

In der Burgberghalle fühlen sich Trainer und Turnerinnen wohl. In den vielen Jahren von Rufs Trainertätigkeit, als Lehrer an der Burgbergschule und auch durch die Kooperation Schule und Verein, hat er für das Training eine optimale Geräteausstattung geschaffen. Leider ist sein Bemühen in den letzten Jahren, für diese Geräte eine Halle zu finden, in der das mühsame, tägliche Auf- und Abbauen der Geräte erspart bleibt, erst kürzlich beim Gemeinderat der Stadt Überlingen wieder gescheitert.

Es könnte dadurch nicht nur, bei gleichem Zeitaufwand, vier Stunden mehr trainiert werden, es könnte auch für die kleinen Nachwuchsmädchen zu günstigeren Zeiten trainiert, vor allem aber auch für die Kaderturnerinnen stundenweise ein Sondertraining angeboten werden.

In der Regel beginnt eine Turnkarriere mit sechs bis sieben Jahren. Es stellt sich immer wieder die Frage: „Warum muß man mit dem Leistungsturnen so früh beginnen?" In den ersten drei bis vier Jahren wird nicht von Leistungsturnen gesprochen, sondern von einer spielerischen Erziehung zum Turnen ganz allgemein, der Schulung von Reflexen, Kraft und Beweglichkeit, einem Grundlagenprogramm der Körpererziehung, die jedermann zugute kommt, auch wenn er nicht Leistungssport betreibt. Danach folgen zwei bis drei Aufbaujahre. Nun werden diese Grundfertigkeiten in ein zielbewußtes Aufbautraining übergehen, wobei die Technik im Vordergrund steht und bis zur Perfektion geführt wird.

In diesem Zeitabschnitt sind die Kinder in einer idealen Lern- und Entwicklungsphase. 13 bis 14 Jahre sind die Mädchen alt, wenn sie von der Schülerin die Jugendklasse wechseln. Nun erst beginnt das eigentliche Leistungstraining und für jede Turnerin die individuelle Trainingsplanung. Je nachdem, welches Leistungsniveau sie bis zu diesem Abschnitt erreicht hat, kann sie die absolute Steigerung bis zum Spitzensport erreichen. Mit 20 Jahren im Durchschnitt haben die jungen Damen in dieser Sportart ihre Leistungsgrenze erreicht.

Für die Trainer beginnt im Zeitabschnitt von 13 bis 17 Jahren die schwierigste Phase. Die Mädchen treten in das Endstadium ihrer körperlichen Entwicklung ein. Physisch und psychisch sind sie oft unstabil. Oft kommt es zu einem Leistungsstillstand, und die Folge ist schnelle Resignation. In solchen Situationen muß man ein starker Antreiber und ein guter Psychologe sein. All die Mädchen, die diesen letzten Schritt nicht gehen können oder nicht gehen wollen, halten wir dazu an, das erreichte Niveau durch reduziertes Training zu erhalten, entweder als Kürturnerin für die Mannschaft, als tragende Säulen einer Schulmannschaft beim Schulwettbewerb „Jugend trainiert für Olympia", und nicht zuletzt braucht die Abteilung für die Jüngsten ständig Helfer und Nachwuchstrainer.

Wir möchten keine verlieren, denn darin liegt der Sinn der Arbeit mit Kindern und den heranwachsenden jungen Menschen. Bis sie berufliche Wege einschlagen, möchten wir sie dazu animieren, sich für den Turnsport in irgendeiner Weise zu engagieren, in der Hoffnung, daß sie auch danach dem Sport verbunden bleiben.

Zur Zeit trainieren zwölf Mädchen im Trainingsstützpunkt, ebensoviele in der Nachwuchs-Fördergruppe. Viele hoffnungsvolle Talente sind wieder dabei. Sie alle haben nicht nur einer Henrietta Onodi oder Svetlana Boguinskaia nach-

zueifern, sondern sie haben mit Daniela Frau in den eigenen Reihen eine Turnkameradin, der es nachzueifern gilt.

Auch wenn Daniela die Teilnahme an der Olympiade 1992 in Barcelona nicht erreicht hat, so sollte es für alle Motivation genug und ein erstrebenswertes Ziel sein, Danielas Können erst einmal zu erreichen.

So wird das Paradepferd des Turnvereins Überlingen noch einige Jahre unter der Leitung des Trainerehepaares Maria und Siegbert Ruf fortbestehen und die Bevölkerung rund um den Bodensee mit ihren turnsportlichen Vorführungen und Leistungen erfreuen.

AUCH DER KÖNIG TURNTE IN FRIEDRICHSHAFEN

TURNERSCHAFT 1862 IM VFB IST 130 JAHRE ALT

HELMUT GOLLER

„Frisch, fromm, fröhlich, frei" – tönte es bereits ein halbes Jahrhundert von der Berliner Hasenheide in Richtung See, ehe am 28. April 1862 achtzehn gestandene Männer den Männerturnverein in Friedrichshafen aus der Taufe hoben. Wenig Schriftliches ist überliefert, da das erste Protokollbuch einem Brand zum Opfer fiel und das meiste danach aus dem „Seeblatt" mühselig zusammengetragen werden mußte. Turnen im Geiste des Turnvaters Jahn hieß damals ‚totales Engagement'. 15 Turner beteiligten sich 1863 am Gauturnfest in Wangen. Abmarsch um 2 Uhr nachts, 30 Kilometer Fußmarsch, danach Teilnahme am Wettkampf, und nach dem geselligen Beisammensein der Marsch zurück an den See. 1868 bekam der Verein seine erste, von Häfler Jungfrauen gestiftete Vereinsfahne. Nach zehn Jahren erhielt die Turnerschaft auf dem „Kleinen Berg" ihren ersten Turnplatz. Anstrengungen wurden unternommen, für die kalte Jahreszeit einen Hallenraum (Stadel oder Schuppen) anzumieten. Der „Kleine Berg" in Friedrichshafen war 1893 Schauplatz des Oberschwäbischen Gauturnfestes. Unter den 600 Teilnehmern befand sich auch Seine Majestät der König. Er nahm an einigen Übungen teil.

Um die Jahrhundertwende zählte der Verein knapp über 100 Mitglieder, und niemand dachte damals an einen Großverein heutiger Prägung. Noch gab es nicht eine einzige Turnhalle in der Stadt, doch „sparte" der damalige Vorstand Julius Kröner und erkundigte sich nach eventuellen Zuschüssen an oberer Stelle. Es war die Zeit des Umbruchs in Friedrichshafen. Graf Zeppelin brachte den Namen der Stadt in alle Welt, und auch er konnte sich auf die Turner verlassen, die ihm, zusammen mit der Feuerwehr, als Haltemannschaft beim Aufstieg des Luftschiffs tatkräftig zur Seite standen.

Das stetige Anwachsen der Mitgliederzahlen führte sehr bald zur notwendigen Einführung der „Vorturnerschaft". Aus- und Weiterbildung wurde in die vereinseigenen Hände genommen. Ein halbes Jahrhundert seit Vereinsgründung dauerte es schließlich, bis im Jahre 1908 auf den Stockwiesen die erste (heizbare) Schulturnhalle eingeweiht werden konnte. Das Turnen nahm nun in allen Abteilungen einen enormen Aufschwung.

Zwei Jahre später fiel mit der Einführung des Frauen- und Mädchenturnens die wohl bedeutendste Entscheidung des Vereins. Über Jahrzehnte hinweg prägten die Frauen, sehr oft in der zweiten Reihe versteckt, das gesellschaftliche Leben des Vereins. Faschingsbälle im Kursaal und später im Buchhorner Hof, soziale Aktivitäten mannigfaltiger Art und sportliche Leistungen in Einzel- und Gruppenvorführungen prägten das Bild der Turnerschaft entscheidend mit.

Das 50jährige Stiftungsfest als erstes großes Vereinsjubiläum wurde mit einem Festbankett im Buchhorner Hof würdig begangen. Eine vereinseigene Bibliothek mit 1140 Bänden konnte eingeweiht werden, und die Mitgliederzahl war inzwischen auf über 400 angewachsen.

Die Schrecken des Krieges forderten auch bei den Turnern ihren Tribut und führten zu einer Neubesinnung in den Nachkriegsjahren. Der Turnverein öffnete sich für andere Sparten und führte

Der Turnverein posiert anläßlich seines
25jährigen Stiftungsfestes vor der
Turnhalle. Foto Lauterwasser, 1910.

Fußball, Faustball und Schwimmen ein. Die hektischen Jahre und vor allem die Inflation brachten den Verein fast an den Rand des finanziellen Ruins, doch blühte das sportliche Treiben mehr denn je. Der Chronist berichtet von Veranstaltungen an fast allen Sonntagen.

Der Turnverein war damals sportliche Heimat für fast alle. Die Schwimmabteilung organisierte die erste internationale Bodenseedurchquerung, die DLRG-Gruppe wurde gegründet und die Handballer traten auf die Bühne.

Die „Ära Maurer", ein Vierteljahrhundert Turnerschafts-Vorstand, begann mit dem damals verwegenen Plan, etwas „Eigenes" haben zu müssen. Die Idee des Turnerheims war geboren, und mit Beharrlichkeit setzte sie der Neue um. Ein Heim für 40 Faltboote, 160 Personen und ein Seesteg wurden geplant. 7000 freiwillige Arbeitsstunden wurden eingebracht. Der Verein stand in voller Blüte, neben dem Geräteturnen gab es Fechten, Fußball, Boxen, Handball, Leichtathletik, Faltbootfahren, eine Postsportabteilung und eine Männerriege.

Und wieder war es der Krieg, der die Welt, die Stadt und auch den Verein bis ins Mark erschütterten. Hätte man nicht in weiser Voraussicht Kassen und Protokollbücher in Sicherheit gebracht, es wäre alles verbrannt. Das Turnerheim an der alten Aach fiel den Bomben und Bränden restlos zum Opfer. Ein altes Pferd „überlebte", nur leicht angesengt. Es diente noch auf Jahre hinaus als neues Turngerät.

Jahre vergingen, und alle hatten andere Sorgen als Sport zu treiben. Im Jahr 1949, die Besatzungsmacht hatte noch ihre Vorbehalte, erfolgte ein Neubeginn. Karl Maurer scharte seine Mannen von damals um sich und begann, die Turnabteilung wieder neu zu formieren. Die alte Frage „Turnabteilung oder selbständiger Turnverein" erhitzte erneut manche Gemüter. Einstimmig entschied man sich für die eigenständige Abteilung im Verein und gab sich die genaue Bezeichnung „Turnerschaft 1862 im VfB Friedrichshafen".

Der Aufschwung der Turnerschaft in den Nachkriegsjahren war enorm. Immer schon die größte Abteilung im VfB, wuchs sie zum drittgrößten Turnverein im Turngau Oberschaben. Vorsitzender Karl Maurer zeichnete auch verantwortlich für den Bau des zweiten Turnerheims auf dem VfB-Gelände. Der angrenzende Rasenplatz ist bis heute Kulisse für Sommerfeste, Kleinsportveranstaltungen und Faustballspiele. Mit der Verleihung der „Goldenen Ehrennadel des Schwäbischen Turnerbundes" ging die Ära von Karl Maurer zu Ende.

Die vergangenen dreißig Jahre haben für den Verein eine Stabilisierung gebracht. Zehn Jahre lang hatte Fritz Bachschmid nach Karl Maurer das Zepter in der Hand. Er hatte, und dies war anläßlich der Feierlichkeiten zum 100jährigen Jubiläum vielfach bestätigt worden, ein finanziell und sportlich geordnetes Haus übernommen.

Dann kam Georg Wache (manche sagen einfach d'r Schorsch). Ein Turner, an dem Turnvater Jahn seine Freude gehabt hätte, obwohl er eigentlich gelernter Handballer war! Zumindest einer, der den Gemeinschaftsgedanken erneut sehr hochhielt. „Führen, ohne zu kommandieren, eine Linie finden, worauf sich alle einigen können", solche Worte hatte er

1962 an seinen Anfang gesetzt. Die Turnerschaft wurde zu einigen Höhen geführt. Die Mitgliederzahlen gingen auf nahezu 1500 hoch. Das alte Turnerheim wurde umgebaut, ein neues gebaut und mit 18.000 freiwilligen Arbeitsstunden selber Hand angelegt. In der Bodenseehalle stellte die Turnerschaft unter seiner Regie eindrucksvoll und mehrmals ihr Leistungsvermögen unter Beweis. Das Landesturnfest 1986 brachte den absoluten sportlichen Höhepunkt an den See. 20.000 Sportlerinnen und Sportler feierten ein Fest, wie es größer und schöner in unserem Landstrich wohl noch nie war. Die Bereitschaft, sich zu engagieren, wo Hilfe gebraucht wird, zeigte die Turnerschaft auch beim Deutschen Feuerwehrtag, wo die Betreuung der Gäste großenteils übernommen wurde.

Und auf sportlichem Gebiet? Zunächst ist es der Breitensport, der von den Mitgliedern wöchentlich betrieben wird und sonst keine Erwähnung findet. Dem Wettkampfsport haben sich manche verschrieben und kämpfen in Runden und Ligen um Punkte, Plätze und Meisterschaften. Der Spitzensport hat sich in selbständigen Fachverbänden innerhalb des Deutschen Sportbundes etabliert.

Der Verein konnte sich bei großem Einsatz vieler Idealisten weiterentwickeln und ist inzwischen wieder eine allseits akzeptierte Institution. Wachsende Mitgliederzahlen, vor allem im Kinder- und Frauenbereich, belegen dies deutlich. Doch die Zeiten haben sich gewandelt. Die Vereinsgläubigkeit der Mitglieder ist eine andere geworden. Traditionsgebundene Sportarten wie das Turnen tun sich in einer schnellebigen Zeit immer etwas schwerer, den richtigen und zeitgemäßen Weg zu finden. Im Konflikt zwischen alt und neu soll jedoch der selbstgewählte Auftrag weiterhin Gültigkeit haben, möglichst allen Menschen Spiel und Bewegung anzubieten, allen Altersstufen beider Geschlechter.

Der Präsident des Deutschen Turnerbundes, Professor Dr. Jürgen Dieckert, formulierte es wie folgt: „Angesichts des feststellbaren Wandels in unserer Gesellschaft, aber auch angesichts des sich verändernden Verständnisses von Sport, Körper und Gesundheit in der Bevölkerung ist es wichtig, sich ‚neuen' Strömungen zu öffnen.

Das Turnen, wie es historisch entstanden und gewachsen ist, versteht sich zeitlosen Werten verpflichtet; immer bereit, das ‚Alte' auf diese Werte zu überprüfen – immer offen, ‚Neues' als zeitgemäße Interpretationen zeitloser Werte zu entwickeln. So begreift es seine selbstgewählte Verpflichtung für das Wohl der Menschen, und so trägt es zur Veränderung der Gesellschaft verantwortungsbewußt bei."

Gauturnfest Saulgau 1919.
Riege der Turnerinnen des T.V. Friedrichshafen Leitung W.Höfle.

SCHRITTE AUF DEM GLATTEN PARKETT

BEIM AMATEUR-TANZSPORT-CLUB „GRAF ZEPPELIN" WIRD DER WETTKAMPF GROSS GESCHRIEBEN

TESSY UND MARTIN KORBÉLY

„Sieben", brüllte die Menge begeisterter Anhänger, und die gute, alte Festhalle in Friedrichshafen erzitterte unter dröhnenden Bässen einer 300-Watt-Musik-Anlage, die gerade mit 52 Taktschlägen pro Minute den Titel „Sing, sing, sing" ausspuckt.

Was um alles in der Welt war los? Volleyball konnte es nicht sein, denn dabei wäre laute Musik sicherlich nur störend. Rock'n'Roll vielleicht? Nein, sehr unwahrscheinlich, denn man konnte auch keine Gestalten durch die Luft fliegen sehen. Dem ahnungslos Eintretenden fiel eine genaue Diagnose immer noch recht schwer, da ihm zahlreiche, bereits auf den Stühlen stehende Fan-Gruppen den Zugang zum eigentlichen Geschehen versperrten.

Jetzt erst richtete sich ein Blick auf das große Bühnentransparent, auf dem zu lesen war: „Landesmeisterschaft des Tanzsportverbandes Baden-Württemberg", Ausrichter dieser Meisterschaft war im Februar 1992 der Amateur-Tanzsport-Club „Graf Zeppelin".

Tanzen ist also jetzt auch schon Sport, denkt er milde lächelnd, als er sich umdreht und die Halle wieder verläßt. Leider gibt es immer noch eine ganze Menge dieser unwissenden Zeitgenossen, weshalb wir uns für kurze Zeit ebenfalls nach draußen begeben, um ein wenig in den Archiven zu blättern.

Schon zu Beginn der Antike, im Reich der Ägypter, gab es Kunsttänze mit teils sehr akrobatischen Figuren, wie ein berühmtes Kalksteinrelief aus der Zeit um 2200 v. Chr. zeigt.

Der Berufstänzer des klassischen Griechenland dominierte ebenso im römischen Reich bei öffentlichen Spielen, und die immer mehr zur Schau gestellte Sinnesfreude rief später sogar die Kirche auf den Plan. Es kam schließlich zu einem Tanzverbot für alle Christen in Europa.

Natürlich gelang es nicht, den Tanz auszurotten, zumal auch die Kirche auf die tanzfrohen Fürsten und Ritter angewiesen war.

Als im 16. und 17. Jh. die Höfe wieder tonangebend wurden, übernahm Frankreich die Führung. Ludwig XIV. gründete 1661 die erste Tanzakademie. Für die nächsten Generationen wird das bürgerliche England das Vorbild, und so tanzt man in Versailles um 1750 das hochadelige Menuett und den englischbürgerlichen Contretanz.

Im neunzehnten Jahrhundert gewinnt das Volkstümliche noch mehr an Macht. Walzer (Ländler), Polka, Mazurka, Tyrolienne, Rheinländer, Can Can und Galopp drängen die Quadrille und die anderen „Salontänze" zurück.

Danach ging es Schlag auf Schlag. Im Gefolge des wachsenden Schiffsverkehrs zwischen den Kontinenten meldeten sich auch Musik und Tänze aus Amerika, und Afrika, London und Paris wurden zu den Dreh- und Angelpunkten dieser Bewegung.

Im heutigen modernen Tanzsport gehört die Show zum Tanz wie das Salz in die Suppe. Bei kaum einer anderen Sportart, abgesehen vielleicht vom Eiskunstlauf, kommt es so sehr auf die äußere Erscheinung der Athleten an wie beim Tanzsport. Dazu gehört nicht nur, daß die Körpergröße beider Partner in einer guten Relation stehen sollte, sondern vieles mehr. Die Kleidung spielt in den

meisten Fällen eine sehr große Rolle, egal ob es sich um die lateinamerikanischen Tänze oder die Standardtänze handelt.

Für den Herrn noch relativ einfach, im wesentlichen dunkle Hose, einfarbiges Hemd bzw. dunkler Anzug oder Frack, gestaltet sich ein Tanzkleid für das weibliche Geschlecht schon etwas aufwendiger. Erlaubt ist beinahe alles, was gefällt, und über Geschmack läßt sich vielmals nicht streiten. Hier geht es in der Standardsektion noch relativ brav zu. Straß, Pailletten, Boas und viel Stoff sorgen für eine glitzernde, schwebend anmutende Erscheinung auf der Fläche. Die Kleidung der „Lateinerin" könnte oft zwischen obszön und bieder eingestuft werden, wobei der heutige Trend sich ziemlich klar für das elegante, kreative und doch freche Lateinkleid ausspricht.

Für ein maßgeschneidertes Tanzkleid muß eine Tänzerin übrigens zwischen drei- und fünftausend Mark auf den Tisch legen, weshalb gerade Einsteiger gerne selbst zur Schere greifen oder sich an eine Second-Hand-Boutique wenden.

Auch etwas Farbe gehört zur Show und somit zum Tanzen. Braungebrannte Körper zeugen von Dynamik, Vitalität, Erfolg. Wem es zum Solarium nicht mehr reicht, der nimmt Körperschminke, die sich während des Wettkampfs in kleinen Rinnsalen über die Kleidung ergießt. So mancher dunkelhaarige „Elvis-Typ" ist montags, nachdem das Spray herunter ist, wieder als braver Bankangestellter zu sehen, bei dem man vertrauensvoll einen Kredit abschließen kann.

Letztendlich zählt die Ausstrahlung mit zum Erfolg, und Klappern gehört schließlich zum Handwerk!

Wie alle anderen Sportarten ist auch der Tanzsport bei uns im Deutschen Sportbund (DSB) organisiert. Unter diesem Dach kontrolliert der Deutsche Tanzsportverband (DTV) als Spitzen-Fachverband den Amateurtanzsport in Deutschland. Innerhalb des DTV mit seinen 170.000 Tanzsportbegeisterten gibt es seit nicht langer Zeit auch den Amateur-Tanzsport-Club „Graf Zeppelin" (ATC) Friedrichshafen.

Wie viele andere gleichgeartete Vereine sieht auch der ATC seine Aufgaben in vielfältiger Art und Weise. Möchte man bei ihm das Tanzbein schwingen, ohne an Wettkampf zu denken, bietet der Freizeit- bzw. Hobby- oder Breitensporttanz viele Möglichkeiten. Hier öffnen sich die Türen der Tanzsportvereine allen Bürgern ohne feste Regeln, ohne Zwang und ohne Leistungsdruck.

Elf ausgebildete Übungsleiter und Trainer betreuen Kinder, Jugendliche und Erwachsene bis hin zu Senioren, die aber beim ATC nicht zu sogenannten „Seniorengruppen" abgestempelt werden, sondern voll in die einzelnen Leistungsstufen integriert werden. Es besteht für jedes Alter und nahezu jede körperliche Verfassung die Möglichkeit, sich in irgendeiner Form nach Musik zu bewegen.

Während in diesen Freizeitsportgruppen auch das „Spiel-, Sport- und Spaß-Programm" mit Tänzen wie z.B. Square Dance, New Voque, Polka, Rheinländer oder mit Modetänzen wie Mambo oder Salsa sowie mit Aerobic und Tanzgymnastik nicht fehlen darf, ja sogar groß geschrieben wird, herrscht beim Turniertanzsport das „Leistungsprinzip".

Hier unterscheidet man im allgemeinen folgende zwei Sektionen: die Standardtänze mit Langsamem Walzer, Tango, Wiener Walzer, Slow-Foxtrott und Quickstep sowie die lateinamerikanischen Tänze mit Samba, Cha Cha Cha, Rumba, Paso Doble und Jive.

Da jeder dieser Tänze aufgrund unterschiedlicher Bewegungsabläufe und Charakteristiken separat zu betrachten ist, kann man hier schon von einem Zehnkampf im weiteren Sinne sprechen. Der Trainingsaufwand für einen Tanzsportler ist enorm; ein bis zwei Stunden täglich ist das Minimum, vor wichtigen Wettkämpfen sogar mehr. Daher gibt es auch nur sehr wenige Paare, die beide Sektionen, Standard und Latein, beherrschen, denn hierbei verdoppelt sich natürlich das Trainingspensum.

Erschwerend kommt noch hinzu, daß nicht nur Kraft, Ausdauer, Beweglichkeit, Synchronität, Schnelligkeit und Musikalität, sondern auch noch der Ausdruck, sprich Mimik und Körpersprache, erlernt werden müssen.

Kein Wertungsrichter wird einem Lateintänzer, der gerade eine Rumba (den Tanz der Liebe und Erotik) interpretiert, Glauben schenken, wenn er dabei aussieht wie ein Kalb, das zur Schlachtbank geführt wird. Auch ein Standardtänzer, der einen Quickstep tanzt, übrigens mit einem 400-Meter-Lauf gleichzusetzen, soll beschwingt und lächelnd, voll Lebensfreude über das Parkett fegen.

Wenn wir zurückdenken, erinnern wir uns alle noch gerne an die Tanzschulen E. Barth und I. Keil in Friedrichshafen. So manch einer hat dort die ersten Schritte auf dem anfänglich noch glatten Parkett gemacht (so auch wir). Tanzsportclubs gab es damals noch nicht, eher sogenannte Tanzkreise, wo man das Erlernte am Wochenende ungezwungen üben und auch zeigen konnte.

Es kamen neue Tanzschulen nach Friedrichshafen, aber auch Clubs haben sich etabliert. Einer davon, der größte und erfolgreichste, ist der Amateur-Tanzsport-Club „Graf Zeppelin" Friedrichshafen e.V. Gegründet wurde der Verein am 1. Mai 1985 von einigen Tanzbesessenen als Tochter-Club des ATC Blau-Rot Ravensburg. Er hat sich 1988 verselbständigt und kann heute über stolze 250 Mitglieder berichten, von denen ca. ein Viertel das Tanzen wettkampfmäßig betreiben. Angeleitet von elf Trainern und Übungsleitern, trainieren sie täglich in teils städtischen, teils angemieteten Räumen.

Beachtliche Erfolge auf internationaler und nationaler Ebene brachten die „Häfler" Paare nach Hause, so z. B.: Isabelle Helmer und Uwe Pentzlin mit zwei 1. Plätzen beim Internationalen Bodenseetanzfest; Tessy und Martin Korbély wurden Vizelandesmeister von Tirol und Vorarlberg, erreichten den 1. Platz beim Internationalen Bodenseetanzfest, wurden 1991 Landesmeister von Baden-Württemberg und belegten den siebten Platz der Deutschen Meisterschaft 1991. Tilly und Eckhard Schönfeld wurden 1990 Vize-Landesmeister Baden-Württemberg, Helga und Rudi Steidle erreichten zwei 1. Plätze beim Internationalen Tanzfestival von Alassio/Italien und den 1. Platz beim Internationalen Bodenseetanzfest.

Allein im Jahr 1991 waren die ATC-Paare bei rund 160 getanzten Turnieren 60mal in der Endrunde vorzufinden, wobei sie dabei zwölfmal den 3. Platz, sechsmal den 2. und 14mal den 1. Platz erkämpften.

Doch nun genug über die Vergangenheit erzählt. Lassen Sie uns zurück zu unserer Veranstaltung in die alte Festhalle gehen und sehen, was dort zwischenzeitlich geschehen ist:

Das Turnier um den Baden-Württembergischen Titel ist entschieden. Die Zahl sieben scheint tatsächlich eine Glückszahl zu sein, denn auf dem Siegertreppchen stehen die alten und neuen Landesmeister aus den Reihen des ATC „Graf Zeppelin" Friedrichshafen, Tessy und Martin Korbély.

BÄUERIN MIT LEIDENSCHAFT UND „GRÜNER HAND"

EIN BESUCH BEI DER BLUMENZÜCHTERIN ANNA WACHTER IN BERNRIED

FRANZ JOSEF LAY

Hunderte von Kisten, Blumenkästen, Eimer reihen sich hinter dem Bauernhaus aneinander und sind teilweise sogar gestapelt und mit Blumenstöcken, Setzlingen oder Stauden bepflanzt. Beet neben Beet, zu einem riesigen Blumengarten ausgewachsen, grenzt er an die Südseite des Hauses von Anna Wachter in Bernried, unweit von Neukirch. Der Autolärm dringt von der L333 Tettnang – Wangen an dieses umsorgte Refugium einer leidenschaftlichen Blumenzüchterin noch herüber. Anna Wachter hat hier mit viel Liebe zur Natur und unermüdlich erworbener Sachkenntnis ein wahres Blumenreich aufgebaut, das Floristen und Blumenfreunde aus der ganzen Region anzieht. „Bis von Wurzach kommen sie angereist, die einen neuen Garten anlegen und sich hier Rat holen wollen", vermerkt Anna Wachter mit bescheidenem Stolz. Da wird dann so mancher Ableger seltener Arten erbettelt oder gegen einen Unkostenbeitrag verkauft. Anna Wachter bringt mit ihrer „grünen Hand" nicht nur die gängigen Blumensorten zum Blühen, sondern weiß auch anspruchsvollere Arten heranzuziehen. Gerade die Raritäten in Form und Farbe haben es ihr angetan, so daß sich der Garten im Frühsommer in allen Farbabstufungen zeigt. Es ist ein botanisches Kaleidoskop, in das der Besucher hineinschaut, wenn er durch die engen, schmalen Wege des Gartens geht.

Doch alle diese aberhunderte von Pflanzen brauchen ihre Pflege und bei trockener Witterung ihr Wasser, das Anna Wachter zum Teil aus selbst angelegten Reservoires holt. Die harte Gartenarbeit macht die Achtzigjährige immer noch alleine. Sie hält diese Mühen nicht für zu beschwerlich, denn der Erfolg ihrer Züchtungen, die Freude an den Blüten und heranwachsenden Pflanzen wie auch der problemlose Kontakt zu anderen Gartenfreunden geben ihr Kraft.

Sobald die Pflanzzeit anfängt, beginnt bei ihr der Tag morgens um halbsechs Uhr. Da werden zuerst die Hühner, die Wildenten, Hunde und Katzen gefüttert. Dann folgt das Säen, Düngen, Setzen, Verpflanzen, Pikieren, Gießen und Hacken in der weiten Anlage. Bei der Vielzahl von Beeten, Blumenrabatten, Pflanzkübeln kann nicht jedes Gräslein herausgezupft werden. Anna Wachter hat hier ihre eigene Methode, das Unkraut zu beseitigen und zugleich noch in Humus umzuwandeln.

Das sieht alles etwas nach unbeschwertem Leben aus. Doch dahinter steckt bestaunenswerte Lebensbewältigung in nachahmenswürdiger Beispielhaftigkeit. Das Leben von Anna Wachter begann hart. Bereits in früher Kindheit verlor sie durch einen Unglücksfall ihr rechtes Auge. Als Bauerntochter eines kleinen Hofes hieß es, in der Fremde nach Arbeit zu suchen. Da gab es für eine Haushaltsgehilfin weder freien Samstag noch Sonntag. Während eines Arbeitsaufenthaltes in der Schweiz begann sie mit großem Eifer Französisch zu lernen, das ihr so viel Spaß machte, daß Fremdsprachenlernen ihr bis ins hohe Alter ein großer Wunsch geblieben ist. Doch ein weiterer Stellenwechsel brachte neue Aufgaben. Es ging ins Bayerische, in die Nähe von Oberammergau. Diesmal war es eine Wirtschaft, wo sie in der Küche

Dienst zu tun hatte. Sie wäre aber viel lieber in die Gaststube zum Bedienen gegangen, doch die Vorschulung fehlte dafür. Kurzerhand schaute sie sich in einer Stadtwirtschaft um, wie die Bedienungen ihre Serviertüchlein auf den Arm legen, das Geschirr handhaben und die Gäste bedienen. Das wurde bei ihren Wirtsleuten gleich in die Tat umgesetzt. Fortan wirkte Anna Wachter in der Gaststube. Wie kam diese rührige Frau zu

dem längst gehegten Wunsch nach vielen Blumen nachgegangen werden. Land war ja genug da, und so fügte Anna Wachter Jahr für Jahr ein Blumenbeet an das andere und ließ daraus ein kleines Paradies werden. Ein Stück ihrer eigenen Natur.

Im Februar wird reichlich Samen eingekauft und in einzelne Kisten und Wannen ausgesät. Bei zu früher Aussaat hat ihr ein später strenger Frost schon so manches Schnippchen geschlagen, so daß

diesem außergewöhnlichen Garten? Nun, Blumen bedeuteten ihr schon immer sehr viel. Als die bäuerliche Arbeit zu beschwerlich wurde, wollte sie keineswegs die Hände untätig in den Schoß legen. Dazu suchte sie viel zu sehr, den Kontakt mit der Natur zu behalten. Jetzt konnte

von neuem der Samen ausgebracht werden mußte. Aufgeben und Räsonieren kennt Anna Wachter nicht. Fast mit Ungeduld wartet sie auf die ersten Frühlingsboten, auf die vielfarbigen Tulpen, Narzissen, Goldanemonen und das kaukasische Vergißmeinnicht.

Dann geht es Schlag auf Schlag mit der Blütenentwicklung bis weit hinein in den Sommer. An allen Ecken und Enden des langgezogenen Gartengrundstückes brechen die Knospen auf. Dabei hat sie auch ihre Lieblinge, wie etwa die Trompetenstauden, die sorgsam über den Winter gebracht werden und dann in mehreren Farben blühen. Jedes Beet bringt da seine Überraschungen in der größtenteils naturbelassenen Anlage, denn da geht man nicht auf fest ausgelegten Wegen vorbei an exakt umrandeten Beeten und entlang von schnurgeraden Blumenreihen. Hier gestaltet die Natur mit. Es gäbe eine lange Liste von Namen, wollte man alle die Pflanzenarten aufzählen, die da bunt nebeneinander heranwachsen und immer wieder neu ausschlagen. Das ist auch ein wahrer Tummelplatz für Schmetterlinge, Bienen, Hummeln und andere Insekten.

Es ist kein Garten nur für den Eigennutz, zu ganz egoistischem Selbstzweck, sondern auch für andere Menschen gedacht, um ihnen Freude und Anregung zu bieten. Jeder, der gerne einmal selbst die Floristenrolle übernehmen und einen Strauß binden möchte, darf hier aus einer Vielfalt von Blumen wählen und ganz nach seinem eigenen Geschmack einen Strauß zusammenstellen. Wer darin noch unsicher ist, findet liebenswürdigen Rat bei Anna Wachter. Ein kleiner Unkostenbeitrag in eine Schüssel gelegt, soll den finanziellen Aufwand, der keineswegs klein ist, abdecken helfen.

Bestimmte Blumensorten werden von Anna Wachter zu Trockenblumen weiterverarbeitet. Die erfahrene Gärtnerin weiß genau, wie lange diese oder jene Blume auf der großen Bauernbühne getrocknet werden muß, um später nicht vorzeitig zu zerfallen. Und welchen Duft bringt sie damit in ihre Kammern! Jede Sorte wird speziell behandelt, zur Weitergabe hergerichtet.

Noch einer anderen Leidenschaft geht diese rührige, lebensbejahende Frau nach: der Musik. Wer sie im Winter darauf anspricht, muß damit rechnen, zum Mitsingen aufgefordert zu werden. Sie wechselt dabei mühelos von der ersten zur zweiten Stimme oder umgekehrt. Mit noch heller Stimme setzt sie zum Jodeln an oder singt mit feiner Tongebung ihre geliebten Heimatlieder, sich dabei selbst auf dem Akkordeon begleitend. Und wohlbemerkt, mit passenden Harmonien. Sollte die Stimmlage des Mitsängers nicht passen, transponiert sie nach dem Gehör in die Höhe oder Tiefe. Ist das Akkordeonspiel einmal zu beschwerlich, greift sie zur Gitarre. Alles das besonders in der Winterzeit, wenn die Arbeit im Garten ruht. Kurz nach dem Krieg ist sie in einer Musiziergruppe in der Region bis hin zum Schwarzwald bei Festen aufgetreten – eine Begebenheit, an die sie sich gut und gerne erinnert. Tages- und Weltgeschehen verfolgt sie hellwach. Trotz ihres hohen Alters steht diese Frau noch mitten im Leben, das sie mit Freude und Humor meistert, und ist für jeden Tag, den sie gesund erleben darf, dankbar.

DIE KOLBENENTE

WAPPENVOGEL
DER BODENSEE-ORNITHOLOGEN

WINFRID A. JAUCH

Mehrfachgelege der Kolbenente
auf der Insel Langenrain im Europareservat
Wollmatinger Ried, Juni 1936.
Bei 19 Eiern kann man annehmen,
daß bis zwei andere Entenmütter hinzugelegt
haben. In einem Gelege fand ich den
Brutparasitismus sogar bis auf 32 Eier
gesteigert.
Das abgebildete Gelege ging in die Film-
geschichte ein: Der hier gedrehte Film wurde
auf der Biennale in Venedig preisgekrönt
(Prof. Dr. Hege).

Von weltweit 9.000 Vogelarten leben in Mitteleuropa rund 300 – sozusagen auf Gedeih, und vor allem auf Verderb, mit der ausufernden Industrialisierung und sogenannter Zivilisation schicksalhaft belastet und räumlich eingeengt. Vor allem ist die Wasservogelwelt durch Veränderung der Stand- und Fließgewässer bedrängt, einmal durch Abnahme der Wasserqualität, zum anderen durch Gewässerverbauung. Allein in der Schweiz sind 90% der Gewässer korrigiert, weshalb auch die Gewässerschutz-Initiative zur Sicherung einer Rest-Wassermenge als Minimalforderung des Natur- und Heimatschutzes zustande kam. Speziell beim Wasserwild kommt ein unerbittlicher Jagddruck hinzu, verursacht vor allem durch ein Millionenheer von Patentinhabern der sogenannten Popularjagden von Finnland bis hinab nach Spanien, also genau innerhalb der meistbeflogenen Zugrichtung der Vögel von Nordost nach Südsüdwest. Weithin bekanntgeworden sind die Anstrengungen der Naturschutzverbände gegen die Wattenjagd an der Nordsee und parallellaufend der 60 Jahre währende Kampf gegen das Vogelschießen an Untersee und Rhein, von 1920–1980, romanhaft dargestellt von Helmut Alt als „Kampf ums Vogelparadies". Im Mittelpunkt stand die einstige „Belchenschlacht" auf Bläßhühner im spätherbstlichen Sammelgebiet der Kolbenenten des Ermatinger Seebeckens. Während am Bodensee weitgehender Jagdbann erreicht werden konnte, bemühen sich heute noch immer unsere spanischen Freunde um die bessere Sicherung der Rast- und Überwinterungsgegenden, speziell für die Wasservögel, auch für die Kolbenente, einer südländisch-asiatischen Tauchentenart. In den Fachbüchern wird sie z.B. für die Schweiz und Deutschland als „seltener Gast" und „nur vereinzelt brütend" angegeben. Das eigentliche Verbreitungsgebiet ist der Süden der GUS-Staaten, speziell das Kaspi-Meer. Als hauptsächliches Winterquartier dieser Zugvogelente wird Indien angegeben. Das Vorkommen in Europa ist dagegen als spärlich anzusehen und teilt sich in zwei Verbreitungsschwerpunkte: Die großen Sumpfgebiete um die Flußmündungen in Spanien samt den vorgelagerten Inseln und in Südfrankreich die Camargue des Rhônedeltas. Schwerpunkt der Verbreitung in Mitteleuropa ist der Bodensee, im Norden verläuft die Verbreitungsgrenze von den südmährischen Seen über die Mecklenburgische Seenplatte, Fehmarn in der Ostsee, Lolland im südlichen Dänemark nach Holland.

In den letzten Jahrzehnten zeigte sich eine deutliche Ausbreitung dieser einst scheuen und versteckt lebenden Ente in Richtung Nordnordost. Es ist einmal die Bestandsausweitung im näheren und weiteren Bodenseebereich. Dann das zunehmende Vorkommen auf den Ismaninger Teichen bei München und ein deutlich verstärktes Vorkommen in Holland. Parallel hierzu findet sich die Ausbreitungstendenz aus Südwesten auch in der Pflanzenwelt. Die wildwachsende Stechpalme (Ilex), einst Küstenpflanze am Atlantik, wanderte in Richtung Kontinent auf eine Linie burgundische Pforte – Ostsee. Ein Vorstoß aus dieser Linie erfolgte entlang des Hochrheins zum Bodensee. Blickt man auf die Ornithologie, so fällt das Vordringen des Orpheusspötters in Richtung Oberrhein auf. Ein südländisches Flair brachten die Einzelvorstöße größerer Verbände des Mittelmeer-Pelikans 1778 mit 130 Exemplaren an den Bodensee. Eine größere Gruppe von Flamingos erschien z.B. 1811 am See und nochmals Pelikane im heißen Sommer 1911.

Bleiben wir bei der seßhaft gewordenen Kolbenente. Sie hat am Bodensee den für Mitteleuropa größten Brutvogelbestand, die größte Schwingenmauser-Station und die zahlenmäßig größten Spätherbstansammlungen von bis zu über 6.000 Exemplaren, zumeist Erpel. Letzteres schöne Farbenbild der rotschnäbligen Erpel mit fuchsroter Kopfhaube auf blauem Untergrund des Ermatinger Seebeckens hatte bei der Orientierungsfahrt des Naturschutzes für die internationale Presse im Oktober 1950 diesen prägenden Eindruck hinterlassen: Der Untersee ist ein Kolbenentenreservat von europäischer Bedeutung – eine Zukunftsvision für einen umfassenden Jagdbann, eine Hegemaßnahme von Format und ein Projekt für die zoologische Forschung. Die damalige Basisarbeit für den Unterseeschutz erreichte schließlich rund 40 Jahre später ihr Ziel, nämlich den Jagdbann, speziell auch als Kolbenenten-Schutzmaßnahme. Durch die jetzt geschaffene Lage sind z.B. in den Schilfgebieten des Wollmatinger Riedes, des Ermatinger Seebeckens, des Gnadensees, der Halbinsel Mettnau sowie im Aachried und am Mindelsee Schutz- und Forschungsergebnisse erzielt worden, von denen man in früheren Zeiten nur träumen konnte. Vergleicht man die bescheidenen Anfänge z.B. eines hilfesuchenden Antrages von Georg Alfred Jauch 1923 an das Landratsamt Konstanz mit der Bitte um Schutzmaßnahmen für die auf der Insel Langenrain brütenden Kolbenenten mit der heute durch die Herren Jacoby, Schneider-Jacoby, Schuster u.a. koordinierte Arbeit unter Rückendeckung durch die Landesregierung in Stuttgart und die Hilfe durch den Europarat in Straßburg, dann kann man nur dankbar sein für das Erreichte. Mit vollem Recht ist Netta rufina, wie der in Petersburg arbeitende Naturforscher Pallas die Kolbenente einst wissenschaftlich benannte, das Emblem für die geglückte Zusammenarbeit von

Aufnahmen vom 6. März 1992: Kurz nach dem Eintreffen aus dem südlichen Winterquartier aufgenommene, verpaarte Exemplare im Prachtkleid.

Unverkenbar das Männchen mit dem lasurroten Schnabel, der fuchsroten-gelblichen Holle, der roten Iris und den hellen Seiten, die bei manchen Exemplaren flamingorot sind. Beim Männchen sieht man als Hinterzehe am linken Lauf nur einen kleinen Stummel, Zeichen für eine Mittelstellung zwischen Schwimm- und Tauchenten.

Das Weibchen trägt ein schlichtes Brutkleid, wie es zur Tarnung beim Brüten zweckmäßig ist. Der Schnabel ist nicht rot, sondern dunkel gefärbt, zumeist mit rosa Schnabelspitze. Die Iris ist dunkel.

Naturschutz und Forschung. Die Kolbenente verlor nach Abnahme des Jagddrucks auch ihre bisherige Scheu vor dem Menschen und ist nun auch für den aufmerksamen Feriengast am See präsent. Ähnlich wie bei den einst menschenscheuen Lachmöwen zeichnet sich bereits ein Domestikationseffekt ab: So kommen seit einigen Jahren regelmäßig Anfang März einige verpaarte Brutenten aus dem Winterquartier an den See. Sie zeigen das Balzverhalten, ihre Tauchkünste und lassen sich sogar füttern. Im nahen Seglerhafen in Staad hielt sich vor drei Jahren sogar über sieben Wochen hin eine kleine Gruppe von zwölf flugunfähigen Enten zur Schwingenmauser auf, wohl eine Folge des Niedrigwasserstandes bei günstiger Nahrungsbedingung. Dieses Anpassungsverhalten läßt hoffen, daß diese schöne, farbenprächtige und seltene Vogelart doch erhalten werden kann.

Bedenkt man angesichts der anläßlich der Umweltkonferenz der UNO 1992 bekanntgewordenen Zahlen der tagtäglichen Ausrottung von rund 100 Tier- und Pflanzenarten und berücksichtigt, daß die Menschheit in den letzten 40 Jahren ein Zehntel der Erdoberfläche unbewohnbar gemacht hat, dann wird es Zeit, aufzuhorchen und wahrzunehmen, wohin das alles führt in allerkürzester Zeit. Hierzu sind offene Augen gefragt und ein Abwenden vom Alltagsgezeter. Denken wir an die Worte des einst in Überlingen seßhaften Dichters der Blumen und Schmetterlinge, Friedrich Schnack, Schutz und Erhalten haben stets Vorrang vor Nutzung oder gar Ausrottung. Ein beschädigtes Leben können wir uns nicht mehr leisten, wollen wir selbst überleben.

Literatur:

Alt, Helmut: Kampf ums Vogelparadies, Thiemann-Verlag, 1963

v. Blotzheim, Urs.: Handbuch der Vögel Mitteleuropas, Akadem. Verlagsanst. Frankf., 1969, S. 8–28

Reichenow, Anton: Die Kennzeichen der Vögel Deutschlands, Verlag Neumann, 1920, S. 42

Schuster Wilhelm: Das Bodenseebuch, 1921, S. 84

IM GERÖLL
DEN KOSTBARKEITEN
AUF DER SPUR

VEREIN DER MINERALIENFREUNDE NEUKIRCH ALS JÄGER DES VERBORGENEN SCHATZES

JOACHIM HOSSFELD

Begonnen hat alles im Frühjahr 1977. Joachim Hoßfeld hielt im Auftrag der VHS Bodenseekreis in Neukirch, wo er seit einem halben Jahr als „Neubürger" wohnte, einen Dia-Vortrag über das Mineraliensammeln in den Alpen. Wie es ist, in extremerer Höhe nach Kristallen zu graben und zu klopfen, darüber wollte er aus eigener Erfahrung erzählen, und daß ihn vor allem das Südtiroler Pfitschtal schon von Kindheit an fasziniert habe, als Ziel vom Münchner Vorort Waldtrudering aus.

Im Pfitschtal sei er mit seinem Münchner Freund und dessen Vater schon 1961 unterwegs gewesen, zusammen mit dem legendenumwobenen Strahler Max Obermüller aus Kematen/Pfitsch, einem liebenswerten Bergbauern, aber auch weit über das Hobbysammeln hinaus gebildeten Kristallästheten. Der hatte mit den zwei Buben aus München damals viel Geduld und führte sie hinauf zur „Rotbachlspitze" nahe dem Pfitscher Joch oder hinein in den „Glidergang", eine wilde düstere Schlucht und zugleich seit Jahrhunderten gepriesener Fundort seltsamster Quarzkristalle.

Was der Referent damals nicht wissen konnte – unter den Zuhörern waren auch zwei Neukircher Mineraliensammler, der Boldt Hans und der Sommer Rudi.

Beim anschließenden gemütlichen Umtrunk kam man in der Fachrunde überein, doch einen Mineralienverein in Neukirch zu gründen.

Gesagt, getan, nach Zeitungsinserat und Mund zu Mund Propaganda unter den Sammelwütigen wurde im April 1977 der VEREIN DER MINERALIENFREUNDE NEUKIRCH gegründet.

Man gab sich eine Satzung und strebte alsbald die Gemeinnützigkeit an. Ziel des Vereins war es, das Mineraliensammeln und die dazugehörige Wissenschaft in Verbindung zu bringen, so, daß es auch der Laie versteht und daran Freude hat. Sammeltouren sollten organisiert werden und Vorträge sollte es geben. Bald hatten sich schon 40 Mitglieder eingetragen, aus Wangen, Ravensburg, Friedrichshafen, Tettnang und Lindau – ein stattliches Einzugsgebiet. Der erste Mineralienverein im östlichen Bodenseegebiet, mit „hartem Kern" in Neukirch.

Vorsitzender wurde Joachim Hoßfeld, von Hans Boldt und Rudolf Sommer unterstützt. Der Walter Mohrhauser, auch aus Neukirch, wurde zum Kassierer bestimmt, und gemeinsam plante man alsbald die erste Vereinsexkursion für die Sommersaison 1977.

Sie führte, angefeuert durch die Berichte vom Vorsitzenden, ins Südtiroler Pfitschtal. Rund zwanzig Mineralienfreunde samt Kind und Kegel weilten zehn Tage lang im Gasthof „Alpenrose" in Kematen/Pfitsch und lauschten abends den verheißungsvollen Berichten Einheimischer und des Vorsitzenden, was alles zu finden sei auf der „Burgumer Alpe" oder im „Glidergang" oder rund ums „Pfitscher Joch". Was der legendäre Maler und Schriftsteller Georg Gasser um die Jahrhundertwende und Max Obermüller Mitte dieses Jahrhunderts schon alles gefunden habe, wurde ausgeschmückt in Erwartung größerer Touren.

Freilich waren die realen Fundmöglichkeiten 1977 (wie heute) eher dürftig.

Dreifarbiger Zirkon-Kristall,
12 mm lang, auf grünem Chloritschiefer
von der „Burgumer Alpe", Pfitschtal in Südtirol.
Ein seltener Edelsteinfund aus den Alpen, 1982.
Finder: Andi Gartner, Sterzing in Italien.

Eingeweihten, die jahrelange Erfahrung im Fundgebiet gesammelt hatten, blieben größere Funde vorbehalten. Aber schön war's und lustig, auch weil die Frauen die Kinder im Griff hatten und schöne Steinpilze fanden, während die Männer bergwärts schürften...

Weitere Vereinsexkursionen führte man durch, so 1981 ins berühmte Binntal im Wallis. Dort gibt es einen großen Zeltplatz, wo lustige Gruppen im weiten Areal nicht so auffallen, und da ließ man sich nieder, die einen im Zelt, andere sehr naturnah im abseitigen Heuschober. Und in den Morgenstunden traf man sich auf der legendären Dolomithalde der „Grube Lengenbach", um nach den seltenen, wiewohl auch meist winzigen Sulfosalzen zu suchen. Da waren die Neukircher aber nicht allein, denn da wühlten auch andere Leute aus allen mitteleuropäischen Ländern samt ihrer Kinder recht gierig. Wer Hammer und Meißel nicht zur Hand hatte, kam mit dem Eßbesteck. Es herrschte grimmiger Tatendrang im Geröll, weil die Füllungen der einzig aktiven Kipplore oben im geschützten Bruch (der Schweizer Studiengruppe Lengenbach) nur sparsam auf Halde geschüttet wurden. Da kam pro Kopf der sehnsüchtig Wartenden höchstens ein Dolomitbrocken herunter. Im hochalpinen Binntaler Gelände aber war es still und fundträchtig. Bergkristall und viele Begleitmineralien wurden im Gneis geborgen.

Die Jahre darauf wurde die Rauris zum Ziel der Vereinsexkursionen. Rudolf Sommer hatte allen immer von seinem kristallreichen Rauriser Tal vorgeschwärmt, vor allem von den beiden Gneisbrüchen „Kaiserer" und „Lohninger", die mitten im hinteren Talboden liegen. Dort bricht man Gneisplatten für allerlei Zwecke, Grabsteine, Zier, Wegeplatten und Fensterstöcke. In diesen meist grünlichen Gneis-Gesteinen finden sich mitunter kleine Hohlräume mit außerordentlicher Vielfalt an Mineralien. Und unterm Binokular erweisen sich viele dieser Mineralkristalle als Augenweide in höchster Ästhetik!

Also rein in die Brüche!, hieß es, aber es war immer ein staubiges Geschäft. Auch hier galt die Regel: Dem Unermüdlichen winkt durchaus der eine oder andere Fund. Und so war es vor allem Rudi Sommer selbst, der über die Jahre hin schöne Funde in den Brüchen machte. Darüber berichtete er immer wieder im Verein. Sagenhaftes wurde erzählt von Einheimischen; Gold und Aquamarine seien in den Brüchen gefunden worden. Einer aus Salzburg oder einer aus dem Pinzgau, dann wieder: Einer aus Berlin sei der Glückliche gewesen. Tatsächlich wurden kleine Aquamarine gefunden vom vereinseignen Boldt Hans in den 70er Jahren. Freilich, „Tauern-Gold" von den nahen mittelalterlichen Stollenregionen fand der Verein nicht. Aber informieren konnte man sich über den Goldbergbau unterm „Hohen Sonnblick" im Dorf Rauris selbst. Und damals schon gab's die ersten Goldwaschanlagen im Tal unten beim „Bodenhaus". Goldwaschen – ein Geschäft für den Veranstalter. Oben in die „Rauriser Ache" Goldflitter wirft er hinein, und unten waschen es die Touristen, in Wildweststiefeln steckend, bei Westernklängen wieder mit den Leihpfannen heraus. Und dann abends gibt's Steaks vom stilechten Grill. Eine Gaudi ist es auf jeden Fall, am meisten bringt's dem Veranstalter.

Andere stiegen hinauf in die üppigen Fundzonen am „Kruml-Kees" oder unterm „Leistriedl". Da lohnte sich der schweißtreibende Aufstieg in einer atemberaubenden Landschaft, da wurden unter anderem riesige Periklin-Kristalle geborgen (eine Feldspat-Art), oder auf der „unteren" wie „oberen Grieswies" hielt

Vesuvian-Kristalle,
6 mm lang, im Chloritschiefer der „Burgumer Alpe",
dem Fundort vieler seltener Kleinmineralien.
Finder: Joachim Hoßfeld

man Ausschau nach den hohlraumträchtigen Quarzzonen. Da hatten immer wieder einheimische Sammler (Strahler) große Zerklüfte geöffnet und wunderschöne Bergkristalle gefunden. Ein großer wasserklarer Bergkristall ist ja überhaupt für den Alpinsammler der Maßstab aller Dinge und immer Grund zur Freude. Und im „Lechnerhäusl" beim „Kaisererbruch" saß der harte Vereinskern manche Abende und schwärmte sich gegenseitig vor, was man durchaus nahe der Gletscher und in den Brüchen finden könne, wenn...

Dann kam man weg von der Großexkursion. Kleinere Gruppen besuchten die Eifel und immer wieder die „Grube Clara" bei Wolfach im Schwarzwald. Der inzwischen unter Naturschutz gestellte Vulkanbruch „Höwenegg" im Hegau wurde besucht, und plötzlich herabstürzende Felsmassen aus der Nordwestwand hätten 1980 fast eine Katastrophe verursacht. Immerhin hatten Sekunden vorher neun Leute des Vereins die Wand passiert. Nicht weniger gefährlich ging's im Steinbruch bei Eigeltingen zu. Aber immer waren genügend Schutzengel zur Stelle.

Und 1988 entschloß man sich zur professionell geführten Exkursion in der Gotthard-Region. Der studierte Strahler Peter Amacher aus Amsteg (Uri) wurde für eine Woche angeheuert, und man logierte im Massenlager des Gotthard-Hospizes, eine noble, aber nicht gerade preisgünstige Adresse. Vom Standort aus wurden Touren in alle Himmelsrichtungen unternommen, zum „Piz Lucendro" und zur „Fibbia", wo es Eisenrosen gibt, oder zur „Alpe Vinci", wo man Anastase und Rutile suchte. Jeden Morgen war ein anderes Tal von der Schweizer Armee abgesperrt worden für das Zivilvolk, weil man da militärisch übte und die Schweizer Artillerie eifrig auf die talhinteren

Gletscher schoß. Gespenstisch öffneten sich an jenen Abenden unterm „Monte Prosa" zu Geröllpassagen getarnte große Tore, und alpine Infantriegruppen huschten, gefolgt von Mannschaftswagen, ins Freie und arbeiteten sich, das Gelände ausnutzend, bis zu unserem Standort vor. Eisiger Wind pfiff ums Haus. Gemütlicher war's später in der guten Stube, und eifrig wurde die Fachliteratur studiert. Freilich blieben die Gotthardfunde für die meisten bescheiden. Die dortige Granitregion läßt Zufallsfunde zu, beschert dem wackeren Sammler mit gewöhnlichem Handwerkszeug aber kaum Grandioses.

Was gefunden werden kann, das zeigte der Verein der Öffentlichkeit bei drei großen Ausstellungen 1979, 1981 und 1983. Zuerst in Neukirch, in drangvoller Enge im Nebenraum des „Café Central", dann 1981 im frischrenovierten Dorfgemeinschaftshaus in Tannau. Die Präsentation in großen Vitrinen war da besonders gelungen, viel Lob erhielten die Veranstalter vom Publikum. Und die aktiven Sammler hatten auch aus ihren Sammlungen durchweg Prunkstücke zur Verfügung gestellt. Wochenlang war eine vereinsinterne Jury unterwegs gewesen, um bei den Mitgliedern aus deren Sammlungen auszuwählen, von Wangen bis Friedrichshafen und von Ravensburg bis Lindau.

1983 war im ehemaligen Kolpingssaal in Friedrichshafen die Ausstellung besonders fachgerecht arrangiert worden. Beste Kristall-Qualität in den Vitrinen, Binokulare waren aufgestellt worden für groß und klein, um die „mikromounts", die Kleinmineralien, vergrößert bei Licht betrachten zu können. Die Verantwortlichen standen alle herausgeputzt parat, aber die Besucher blieben aus. Vielleicht lag es an der wabernden Hitze damals im Juli in FN? Während vorne auf der Uferpromenade sich die Einheimischen mit den Touristen drängelten, blieb unsere Straße menschenleer. Nur die Familienangehörigen kamen und brachten Kaffee und Kuchen, und mit dünnen Witzen wurde versucht, die peinliche Stimmung zu kaschieren. Dennoch übernachteten jeweils zwei Leute im angrenzenden Hotelgastraum auf dem Boden im Schlafsack, um die Ausstellung zu schützen.

Man kam dann ernüchtert durch diese Erfahrungen überein, so kostbare und oft empfindliche Kristallgruppen nicht mehr auszustellen. Viel Risiko und so großer Aufwand bei so wenig Resonanz? – Dann lieber keine Großausstellung mehr!

Themengebunden aber seit Gründung des Vereins waren die abendlichen Kleinausstellungen – das blieb bis heute so.

Entweder hält jemand aus dem Verein einen Vortrag, oder man lädt eine Fachperson ein. Etliche Spezialisten sind schon öfters gekommen. So der Achim Demsky aus dem Kleinwalsertal (Juwelier von Beruf), der schon viele Edelstein-Minen überall in der Welt besucht hat.

Gern gesehene Gäste sind auch der Rudolf Rykart aus der Schweiz, sicher der größte inneralpine Quarzspezialist, oder der Erich Offermann (Basel), der über Kristallstrukturen berichtet und das fotografische 3-D-Verfahren entwickelt hat, – seit zwei Jahren auch konstruiert und zeichnet er Kristalle mit dem Computer, oder die beiden Berufsstrahler Peter Amacher und Carl Bodenmann aus der Schweiz, die über das Binntal, den St. Gotthard oder das Bedrettogebiet im Tessin berichtet haben.

Kontakte pflegt man von Vereinsseite zudem schon lange über die Ländergrenze hinweg mit den St. Galler und Dornbirner Mineralienfreunden. Auch mit den Kemptnern arrangierte man sich schon. Mitglieder der Neukircher hielten

Vorträge quasi außer Haus bei diesen befreundeten Vereinen.

Ebenso willkommen sind die Spezialisten für die mineralreichen Fundorte „Grube Clara" oder die „Eifel". Da kommen die Foto-Künstler zur Geltung, winzige Kristalle, aufgenommen 60fach bei fantastischer Bildschärfe!

Kommentierend für das Sammelgeschehen im Verein sind immer wieder ganz hervorragende Beiträge aus den eigenen Reihen. Berichte, Fundortbeschreibungen, Meldungen. Kommentare zu Neuerscheinungen. Der Verein verfügt über eine gutsortierte Leihbücherei. Das Vereinsgeschehen hat auch seinen Niederschlag gefunden in den beiden Buchveröffentlichungen „Wir entdecken Mineralien" 1984, ein Jugendsachbuch (erschienen bei Otto Maier/Ravensburg) und im 3. Kapitel des Abenteuer-Bildbandes „Jäger des verborgenen Schatzes" 1990, (erschienen bei R. Gessler Verlag/ Friedrichshafen), das sich mit den Erlebnissen 1988 am St. Gotthard beschäftigt (beide Bücher von Joachim Hoßfeld). Um die Kristallografie bemüht man sich im Verein intern, plant Jahresausflüge zu Museen. So wurden die berühmten Mineralienkabinette in Zürich, Bern und Basel besichtigt, von Mineralogie-Professoren der ersten Garnitur wurde der Verein durch die Ausstellungen geführt. Fachliches zu Bestimmungswünschen steuerte per Brief der Prof. Stalder aus Bern bei.

Und im Frühjahr 1988 besuchte man das Schaubergwerk am „Gonzen" in der Nordost-Schweiz. Ein besonderes Vergnügen ist das, mit der kleinen engen Grubenbahn rumpelnd in den Berg hineinzufahren. Da wurde früher Eisen abgebaut, und in den 60er Jahren entdeckten die Bergleute bei einer Sprengung eine riesige Calcit-Kluft mitten im Berg, metergroße Kristalle wurden sorgfältig herausgelöst und als originalgetreue Kristallgruppe (2 t schwer!) wieder zusammengesetzt, für das Museum in Bern. Für die Neukircher war die Befahrung des seit prähistorischer Zeit bekannten Eisenbergbaues „Gonzen" ein Abenteuer. Man muß sich nur schon ein Jahr vorher anmelden!

Dazwischen das Gesellige, in den Anfangsjahren die allseits beliebten „Garagenfeste"

Bertold Schaffrath (Neukirch) im Januar 1991 zum 1. und Dr. Dieter Gräf (Ravensburg/Berg) zum 2. Vorsitzenden gewählt. Walter Mohrhauser (Neukirch), schon seit vielen Jahren Kassierer und Organisator manch gelungener Vereins-Jahresfahrten, wurde wieder im Amt bestätigt, wie auch Rolf Schütt (Bad Wurzach) als umsichtiger Schriftwart. Hans

Rast am „Pizz Tuff"
im Graubündner Land, auf
etwa 2500 m Höhe.

genfeste" in Neukirch, später die jährlichen Feste auf weitläufigem Grund von Bauernhöfen.

Die Vorbereitungsarbeit hierfür war stets aufgeteilt worden. Ein Kurzweil-Programm gab es für Kinder wie Erwachsene, wofür der Vorsitzende immer verantwortlich war.

Der Vorsitzende verunglückte dabei im September tragisch und sitzt seitdem im Rollstuhl. Der damalige 2. Vorsitzende, Peter Wittwer (Lindau), übernahm danach den Vereinsvorsitz. Er hatte J.H. die vielen vergangenen Jahre über mit dem Vorstandsteam tatkräftig zur Seite gestanden. Aber für längere Zeit, so bat sich Peter Wittwer aus, könne er den Vorsitz nicht übernehmen, und so wurde

Bucher (Haslach) und Lothar Meckel (Liebenweiler), beides geschätzte Ideenlieferanten, Organisatoren der fachbezogenen Leihbücherei und ersterer der Kristallfachmann in der Vereinsrunde, unterstützen als Beisitzer Bertold Schaffrath nach Kräften. Wie überhaupt die Vorstandsarbeit nicht hierarchisch gegliedert ist, sondern von Zeit zu Zeit als aktiver, offener Diskussionskreis tagt, um die Vereinsarbeit attraktiv zu gestalten.

Zu groß wurde die Mitgliederzahl nie, in den Anfangsjahren war es ein fast großfamiliärer Charakter. Und seit 1977 tagte der Neukircher Mineralienverein in fast allen Gaststätten des Neukircher Gemeindegebietes. Ein eigener Vereinsraum ist seit Jahren der Traum für die Verantwortlichen, da käme die Fachbücherei und manche kleine Langzeit-Ausstellung unter. Dafür aber bräuchte man die finanzielle Unterstützung der Gemeinde, die Jahresbeiträge würden bei weitem nicht die Kosten einer geeigneten Raum-Anmietung decken.

So gibt man sich zufrieden im nahegelegenen Gasthaus, derzeit ist es das „Lamm" in Oberrussenried, wo sich der Verein immer am 1. Freitag im Monat ab 19.30 Uhr trifft, zu Tausch- und Bestimmungsabenden, zu Vorträgen und zur anschließenden Tourenorganisation.

Junger Nachwuchs täte gut, wird seit Jahren gewünscht, gleichwohl ist er offensichtlich nur schwer zu gewinnen. Mineraliensammeln – nur ein Hobby von älteren Ehepaaren oder Junggesellen? Ob man dieses Hobby so dynamisch gestalten kann, daß auch Jugendliche daran Ge-

fallen finden? Sicher, die Großstadt – Mineralienvereine in München oder Basel haben ihre Jugendabteilung. Da wird ernstlich gefachsimpelt und für sie gibt's spezielle Tourenprogramme.

Aber im kleinen Neukircher Verein? Wie man hier jugendlichen Nachwuchs für die Beschäftigung mit Mineralien und Kristallen begeistern könnte, für ein Sammeln, das sich mit der Natur verträgt auf längere Sicht hin –, da sind im Verein der Neukircher Mineralienfreunde etliche Fragen offen! Ein Informationsstand bei der Friedrichshafener Börse 1991 gab dazu erste Anstöße. Werbung muß es sein – ohne sich Leuten anzudienen, die Mineralien allein nur als Handelsware betrachten. Denn die Leute vom VEREIN DER MINERALIENFREUNDE NEUKIRCH möchten sich als Naturliebhaber verstehen.

SEEBERGE

SCHESAPLANA UND ZIMBA

RAINER BARTH

Zaluanda, Sarotla, Salaruel, Gavallina... – das kommt mit südlichem Anklang ans Ohr wie aus einer fernen, fremden Welt. Aber es sind Bestandteile von Flur- und Bergnamen im alemannischen Sprachraum und in unserer Sichtweite. Es sind willkürlich auf der Karte zusammengesuchte Begriffe rund um das Brandnertal im „alpenschwäbischen" Vorarlberg, die sich bunt gemischt neben Wildberg, Seekopf oder Pfannenknechtle befinden. Bekannter klingen da schon Namen wie Schesaplana oder Zimba, unter Bergsteigern sind es gar Berühmtheiten. Und im „seeschwäbischen" Alpenpanorama sind es zwei Glanzpunkte. Da steht die elegante, edelgeformte Pyramide der Zimba (italienisch Cima, Spitze) neben dem breiten, aber mächtig herausgehobenen Massiv der Schesaplana (ebener Stein). Wenn sie an Föhntagen frisch verschneit unterm hellen Silberstreif stehen und sich in ihrer harten Kristallhaftigkeit gegen die geschwungene, weiche Seelandschaft absetzen, dann ist ihr Anblick so fern und fremd wie der Klang ihrer Namen.

Rätikon heißt die Gebirgsgruppe, und auch das klingt fremd, erlaubt aber doch Anknüpfungen an das antike Volk der Räter etwa oder an die römische Provinz Rätia. Seine Verwendung für diese Berge allerdings ist auf einen Irrtum des Schweizer Humanisten Vadian zu Beginn des 16. Jahrhunderts zurückzuführen. Immerhin, der Name hat auch fast 500 Jahre später noch Bestand, wie es mit Irrtümern so zu sein pflegt.

Und obwohl die Spur falsch ist, stimmt die Richtung, denn die Räter waren das in diesen Tälern lebende Volk am Beginn der 500jährigen römischen Herrschaft. Sie wurden nach und nach romanisiert, Bestandteile ihrer alten Sprache blieben jedoch erhalten. Jahrhunderte später wurde das Römische Reich von den heranstürmenden Alemannen Stück um Stück nach Süden geschoben, aber bei den Rätern in ihren versteckten Alpentälern hielt sich dieses rätischrömische Gemisch noch viele Jahrhunderte lang und hat in einigen Tälern Graubündens bis heute überlebt. 50.000 Menschen etwa sprechen das exotisch klingende Rätoromanisch, das seit 1938 offiziell die vierte Schweizer Landessprache ist.

In Vorarlberg wurde das Rätoromanische allerdings weitgehend von der Sprache der alemannischen Siedler verdrängt. Nur im Walgau, das heißt im Illtal zwischen Feldkirch und Bludenz, und im Montafon (mont = Berg, tovun = Tobel) war die vollständige Alemannisierung erst im hohen Mittelalter abgeschlossen.

Dafür sorgte eine nochmalige „kleine" Völkerwanderung im 13. und 14. Jahrhundert. Wieder waren es Alemannen, nur diesmal kamen sie nicht aus Norden, sondern aus Südwesten. Ihre Herkunft war das Wallis, genauer das obere Rhônetal, und Walser wurden sie deshalb genannt. Sie zogen in oberitalienische Bergtäler, nach Graubünden und in vorarlbergische und tirolische Gebiete. Sie kamen in einzelnen Gruppen, siedelten sich in Hochlagen an und bildeten nach außen abgeschottete Kolonien. So bewahrten sie ihre Kultur und ihren ausgeprägten Dialekt bis in die Neuzeit hinein, mancherorts bis in unsere Tage. Ursachen der Wanderbewegung waren Überbevölkerung und Klimaveränderungen, aber auch das Interesse vieler Feudalherren an walserischen Neusiedlern, die für ihre Fähigkeiten bei der Urbarmachung unwirtlicher Hochlagen bekannt waren. Als Gegenleistung erhielten sie Rechte und Freiheiten, die häufig weit über das der altansässigen Bevölkerung in den niedrigeren Tallagen gewährte Maß hinausgingen. Stolz nannten sie sich „Freie Walser".

Groß ist die Bedrohung ihrer Kultur, je nach dem Ausmaß der touristischen Erschließung und der verkehrsmäßigen Anbindung ist die Auflösung im modernen Einheitsbrei fortgeschritten. Im berühm-

Blick vom
Schesaplanagipfel
nach Osten.

ten und übererschlossenen Kleinen Walsertal beispielsweise haben sich die walserischen Reste ins Museum zurückgezogen, nicht weit davon, im abgeschiedenen Großen Walsertal ist das Alte noch in vielen Formen lebendig. In den letzten Jahren ist bei den Walsern ein neues Selbstbewußtsein entstanden, sie besinnen sich verstärkt auf ihre Kultur und ihre Eigenheiten. Ob zu spät, das wird sich erst zeigen. Auch Brand, am Fuß des gewaltigen Schesaplanastocks gelegen, ist eine walserische Gründung. Zwölf Familien kamen im Jahr 1347 ins Tal und kultivierten es. Ganz unbewohnt kann es indessen nicht gewesen sein, wenngleich wir keine Kenntnisse einer früheren Besiedlung haben. Aber das Vorhandensein von rätoromanischen Flurnamen wie Amatschon, Freschlua, Foppa oder der eingangs erwähnten Bezeichnungen belegt, daß man rätoromanische Siedler angetroffen hatte und zumindest für eine gewisse Zeit mit ihnen oder neben ihnen lebte. Nur so ist die Existenz von Begriffen zu erklären, die sich über hunderte von Jahren hinweg hielten, obwohl deren Bedeutung den Walsern von Anfang an vollkommen rätselhaft gewesen sein dürfte.

Von ganz anderer Art ist die Geschichte des Bergsteigens. Sie ist nicht geprägt von materiellen Erfordernissen, sondern ganz im Gegenteil von Leistungen, die in materieller Hinsicht vollkommen sinnlos und ohne jeden Nutzen sind. Die Besteigung der Schesaplana (2964m) nimmt in dieser Geschichte eine ganz besondere Stellung ein, denn ihre Erstbesteigung fällt noch in die Zeit vor dem Beginn des modernen Alpinismus, der ein Produkt der Aufklärung vom Ende des 18. Jahrhunderts ist. Sie erfolgte um das Jahr 1730 durch den Schweizer Pfarrer Nicolaus Sererhard und erlangte

Berühmtheit durch die Chronik, die der Erstbesteiger von seiner „Bergreiss" verfaßte. Dieses außergewöhnliche Dokument ist eine überaus köstliche Lektüre.

Sererhard und seine Begleiter „pernoctierten auf dem wilden Heu" in der Alp Fasons, stiegen anderntags „eine gäche Felsenkehle hinauf", staunten über „den entsetzlich großen Gletscher" und dessen „ungeheure Gletscherspält" und sahen, auf dem Gipfel angekommen, „viel mirabilia", so etwa Gebirge, in „fünf Rayen hinter einandern in einer recht wundersamen concatenation." Höhepunkt seiner Beschreibung des Panoramas ist der Blick hinaus zum Bodensee: „Man siehet so weit als es das Auge ertragen mag, nichts als Bergen und Bergen, eine unglaubliche Weite rings umher, aussert bey einer einzigen Oeffnung über den Lindauer See hinaus ins Schwabenland, da praesentiert sich das schönste Ansehen von der Welt; die Städte Lindau, Constanz, die Insel Reichenau, Arbon, Hochen-Ems etc. scheinen einem ganz nach zu seyn, mit dem Perspektiv kann man die Tächer und Gebäu gar wohl distinguieren." Aber so freigiebig ist die Schesaplana nicht immer, mir war sie eine sehr strenge Lehrmeisterin. Mein erster Besuch jedenfalls erstickte in Neuschneemassen. Der zweite ertrank im Regen, der während der gesamten Überschreitung auf uns niederprasselte. Erst beim dritten Anlauf, nach einer reinigenden Gewitternacht, boten sich die unabsehbaren Weiten dem Blick dar: vom Monte Rosa bis zum Ortler, von der Bernina bis zum Schwarzwald, „nichts als Bergen und Bergen."

Die Schesaplana wurde aus gutem Grund zum begehrten Bergziel, und an Hochsommerwochenenden ist der Trubel entsprechend groß. Benutzt man die Seilbahn zum Lünersee, sind es zum Gipfel gerade noch drei Stunden. Länger, aber auch ungleich interessanter ist der Anstieg von Brand über die Oberzalimhütte und die Mannheimer Hütte, die in 2679m Höhe am Rand des Brandner Gletschers liegt, dem einzigen im Rätikon. Seine weißen Firnflächen glänzen an klaren Sommertagen bis ans nördliche Bodenseeufer. Die Lage der Hütte hart am nordseitigen Abbruch mit dem freien Blick hinaus ins schwäbische Land und mit der arktischen Szenerie in unmittelbarer Nähe ist unvergleichlich schön. Über der sanft ansteigenden Gletscherfläche steht das ebenmäßig geformte Felsdreieck des Schesaplanagipfels, ein Bild äußerster Strenge. Zeitig sollte man hier aufbrechen, denn die frühen Morgenstunden bieten die besten Lichtverhältnisse für die großen Fernsichten. Nur in der Frühe stellt sich die Vision des Urwelthaften ein, wenn noch die blassen Schleier des Dunstes zwischen den Bergketten liegen. Dann hat man trotz der tatsächlichen Nähe zur Welt der Menschen das rauschartige Gefühl, als flöge man über die ungezähmten Weiten eines endlosen Meeres.

Ein Blickfang unter all diesen Spitzen ist die Zimba (2643m), das kecke Horn ganz in der Nähe, dem man den überflüssigen Beinamen „Matterhorn Vorarlbergs" gegeben hat. Solche Anleihen hat die Zimba nicht nötig, stolz und eigenwillig präsentiert sie sich nach allen Richtungen. Sie ist einer der Berge, die eine magische Anziehungskraft ausüben, auf die man aber dennoch nicht gleich rennt, wenn man sie zum ersten Mal sieht. Man beschnuppert sie von allen Seiten, nähert sich sachte an. Die Zeit wäre an sich reif, aber jetzt müssen wir warten, bis Václav wieder kommt. Ohne ihn hinaufzusteigen wäre ein Frevel. Warum, das versucht die folgende Geschichte zu erklären...

Václav ist aus Prag. Er ist ein Mekkapilger. Nach langem Warten durfte er im Sommer '88 für zehn Tage in die Schweiz. Er wallfahrtete nach Grindelwald und nach Zermatt zum Matterhorn. Und weil Václav kein Geld hatte, tat er es in Büßermanier – mit Nächten unter freiem Himmel und als Anhalter. Deutschland hatte er in 24 Stunden zu passieren. Alois gabelte ihn völlig durchnäßt in Ravensburg auf und brachte ihn auf schnellstem Weg nach Meersburg zur Fähre, denn die Frist für die Durchreise drohte abzulaufen. Aus dieser Zufallsbegegnung entstand eine Freundschaft.

Zwei Jahre später ist Václav wieder da. Er kann jetzt kommen so oft er will, aber er hat nur wenig Urlaub und noch immer kein Geld. Und Alois hat keine Ahnung von den Bergen. Also werde ich auf Václav losgelassen und ich erlebe mein Wunder. Er hat nämlich etwas, wovon ich sofort begeistert bin: eine durchdringende Neugier an der Welt, die weit über das früher in seinem Land Erlaubte hinausgeht. Als Autodidakt plagt er sich seit vier Jahren mit der deutschen Sprache herum.

„Václav, Franz Kafka war doch Prager, hast du etwas von ihm gelesen?"

„Ja, aber heimlich. Seine Bücher waren verboten. Ein paar Erzählungen habe ich mit der Schreibmaschine abgetippt, um sie bei mir zu haben."

„Rilke ist auch aus Prag."

„Seine Bücher gab es aber nicht zu kaufen."

„Kennst du Skvoreckys ‚Feiglinge'?"

„Das Buch war verboten, ich konnte es nur für eine Nacht bekommen, und ich war zu müde, um es ganz zu lesen."

Václav schwärmt von der venezianischen Malerei. Tizian, Tintoretto, Veronese, er kennt sie alle. Schon die Wirklichkeit Venedigs ist ein Traum. Václav aber muß den Traum vom Traum träumen. Václav tut mir leid.

Wir stehen am Bodensee im abendlich satten Herbstlicht. Die Farben der Wasserfläche schwanken zwischen kräftigem türkis und schwerem bleigrau. Die Berge haben sich aus den Wolken geschält und stehen hinter dem Ufer als scharf profilierte Massen. Václav schaut und schweigt. Nur gelegentlich die Frage nach einem Bergnamen.

„Diese Pyramide? Das ist die Zimba. Man nennt sie das Vorarlberger Matterhorn." Er lächelt und denkt wohl an sein Pilgerziel von einst. Der Himmel, meint er, hätte das Blau, das Canaletto gemalt hat. Es stimmt nicht, was er sagt, es ist das Blau seiner leuchtenden Augen. Und Václav tut mir leid, so unsinnig das auch ist. Er sitzt in meinem Wohnzimmer und bestaunt die Bücher. Ihr Besitz ist mir plötzlich peinlich. Er hat eine unersättliche Gier nach Bildern, am liebsten möchte er „hohe Berge" sehen. Es treten auf: Finsteraarhorn, Piz Platta, Monte Pelmo... Václav hat das Staunen eines Kindes. Je mehr ich ihm zeige, und seine Sehlust scheint grenzenlos zu sein, um so mehr schäme ich mich. Ich bin ganz einfach zu den Plätzen gefahren, an denen ich sein wollte; er wollte auch, aber er durfte nur träumen. Ich habe ihm nichts genommen, aber ich fühle mich wie ein Dieb.

Es bleibt nicht viel Zeit, ich muß aber Václav unter allen Umständen in die Berge bringen, ihm ein wenig von dem Gestohlenen zurückgeben. Welcher Berg vermag das Äußerste zu geben, wenn nur ein Tag Zeit zur Verfügung steht, in den Hochlagen schon Schnee liegt und die Versuche, ihm kurzfristig Bergschuhe zu besorgen, gescheitert sind? Noch auf der Fahrt durch das Rheintal wäge ich die Möglichkeiten gegeneinander ab.

Blick vom Mutschensattel im Alpstein über die Kreuzberge zum Rätikon. Durch die Bildmitte fließt der Rhein. Am Horizont in der Mitte die Zimba, rechts das Schesaplanamassiv.

Ja, genau, der Hochgerach da oben: freie Lage, weiter Blick, der Weg gratentlang, notfalls auch mit Turnschuhen zu machen. Was macht es schon, daß ich sonst darüber schimpfe. Jeder Schritt am Westgrat ist ein Schritt weiter aus der Welt heraus. Draußen glänzt matt die Scheibe des Bodensees, dann sanft ansteigendes Gelände, aus dem sich der Säntis hinaufschwingt, davor die weite Rheinebene. Mächtig herausgehoben im

strahlenden Weiß der Tödi, der König der „Seeberge". Über dem tiefen Einschnitt des Walgaus, uns direkt gegenüber im Süden die Rätikonberge, aufgestellt unterm Silberlicht. Neben der Schesaplanabastion die Zimba, dahinter meine Fluhen. Prächtig herausgeputzt über dem dunstgefüllten Einschnitt des Montafons das nervöse, weiß überzuckerte Zackengewoge der Silvretta. Wir fliegen. Und Václav schweigt. Er wird jetzt ganz Rilkes Cornet: „Und einer steht und schaut in diese Pracht..." Nur von Zeit zu Zeit die Frage nach einem Bergnamen oder nach einer Besteigungsmöglichkeit.

Ich glaube, Václav hat sich verliebt. Es ist diese schlanke, verführerische Dame da drüben mit dem exotischen Namen – Zimba. Beim Abstieg bleibt er immer wieder stehen, schaut schweigend hinüber und rennt dann hinterher.

„Václav, such dir etwas für den nächsten Sommer, mir ist alles recht."

„Jaaa?" Er hat wohl schon gewählt, denn seine Augen leuchten wieder im Canalettoblau: Zimba, mein Mädchen...

JENSEITS DER ARGEN LIEGT PREUSSEN

EIN GRENZSTEIN AN DER ÖSTLICHEN KREISGRENZE ERZÄHLT

GISBERT HOFFMANN

Während der napoleonischen Wirren zu Beginn des 19. Jahrhunderts wurde in unmittelbarer Nachbarschaft zum heutigen Bodenseekreis ein territoriales Mikrogebilde etabliert, das bis 1969 als Kuriosum bestehen blieb. Die heutige Gemeinde Achberg – südlich der Gemeinde Neukirch und von dort aus „jenseits der Argen" gelegen, sowie östlicher Nachbar der Stadt Tettnang – hat eine Ausdehnung von kaum 4 × 4 Kilometern, kann aber auf einen ungewöhnlichen Geschichtsverlauf und als Folge davon auf einige „Histörchen" verweisen, die uns heute zum Schmunzeln verleiten. Nur wenige sichtbare Zeugen sind geblieben aus jenen Tagen, als noch die Fürsten von Hohenzollern und nachher die Könige von Preußen unsere unmittelbaren Nachbarn im Osten waren.

Fährt man von Tettnang-Hiltensweiler auf der Kreisstraße K 7703 in Richtung Achberg, so verläßt man etwa 800 m vor Siberatsweiler den Bodenseekreis und kommt in den Landkreis Ravensburg. Die Kreisgrenze ist hier gleichzeitig auch die historische Grenze zwischen dem früheren Königreich Württemberg und der ehemals hohenzollernschen, später preußischen Herrschaft Achberg. Der Grenzverlauf läßt sich heute noch auf weiten Strecken verfolgen; denn über Wiesen, durch Wälder und entlang von Wegen, Wasserläufen oder Zäunen ist noch eine stattliche Anzahl von alten Grenzsteinen erhalten. Sie sind meist auf der einen Seite mit „KW" (für Königreich Württemberg), auf der Gegenseite mit „KP" (für Königreich Preußen) sowie jeweils einer laufenden Nummer, teilweise auch noch mit einer Jahreszahl, bezeichnet. Direkt an der Straße nach Siberatsweiler aber, links am Ende eines kleinen Wäldchens, steht ein Grenzstein noch aus vorpreußischer Zeit. Auf der dem Bodenseekreis zugewandten Seite ist das königlich-württembergische Wappen, gekrönt und unten begleitet von der Jahreszahl 1841, eingemeißelt. Auf der gegenüberliegenden Seite befindet sich, ebenfalls im ovalen Schild und gekrönt, das hohenzollernsche Wappen und die Jahreszahl 1841, wobei der Stein bei der „8" stark beschädigt ist. Auch die zwei Felder im Wappen, die bei farbigen Darstellungen schwarz sind, und hier ganzflächig tiefer gesetzt wurden, sind stark verwittert. Auf der der Straße zugewandten Seite wurde die (laufende) Nr. 43 eingeschlagen. Oben auf dem Stein ist der Grenzverlauf – er knickt hier um 90 Grad ab – eingemeißelt. Der Grenzstein mißt 28,5 cm im Quadrat und ragt im Mittel 65 cm aus dem Erdreich heraus. Vier derartige Wappensteine wurden nach Unterlagen des Staatsarchivs in Sigmaringen im Jahre 1841 gesetzt. Außer dem oben Beschriebenen existiert noch der Stumpf des Steins Nr. 10, der heute auf dem Anwesen des Landwirts Anton Wetzel in Sassenweiler an einen Baum gelehnt steht.

Soweit die nüchterne Beschreibung dessen, was uns vergangene Tage als steinernes Zeugnis überlassen haben. Wie aber stellt sich die Geschichte der kleinen Herrschaft Achberg dar? Wie kamen die Hohenzollern, wie die Preußen in den Besitz von Achberg?

Für die später reichsritterschaftliche Herrschaft Achberg ist von 1194 bis

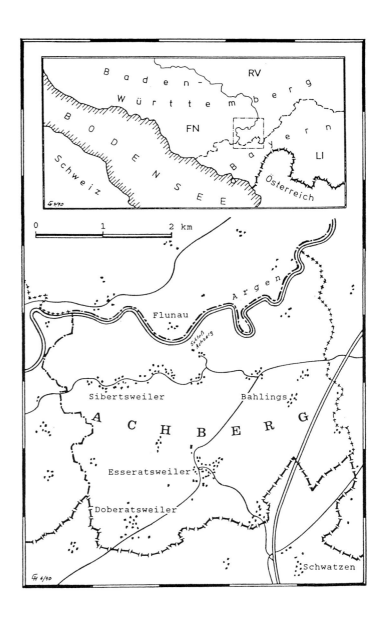

Geographische Lage
der einst preußischen
Gemeinde Achberg.

1239 ein ortsadeliges Geschlecht nachgewiesen. Von ihm kam Achberg in den folgenden Jahrhunderten nacheinander in die Hände verschiedener Besitzer. Unter Hans von Molpertshaus wurde die Herrschaft österreichisches Lehen. Franz von Sürgenstein verkaufte Achberg schließlich 1691 an den Deutschen Orden. Dieser erwarb 1700 von den Grafen von Montfort die hohe Gerichtsbarkeit sowie die Forst- und Geleitrechte und unterstellte die Herrschaft Achberg dem Land-

überlebte das Alte Reich nicht. Als Folge dieses Geschehens kam Achberg im Jahre 1805 an Bayern.

Wie seinerzeit oftmals politische Geschichte geschrieben wurde, zeigt als nahezu romanhaftes Beispiel der Übergang der Herrschaft Achberg an das Haus Hohenzollern. Fürstin Amalie Zephyrine von Hohenzollern-Sigmaringen hatte während der Französischen Revolution einer Familie de Beauharnais Zuflucht gewährt, wodurch allerdings nicht verhindert werden konnte, daß das Haupt der Familie, der Marquis Alexandre de Beauharnais, 1794 unter der Guillotine endete. Seine Witwe, Josephine Tascher de la Pagerie, heiratete im März 1796 einen gewissen Napoleon Bonaparte und fand sich an dessen Seite bald darauf als Kaiserin von Frankreich wieder (Josephine, 1809 von Napoleon geschieden, starb 1814; ihren Platz nahm Marie Louise von Österreich, Herzogin von Parma ein). Die Macht der freundschaftlichen Beziehungen zwischen Amalie von Hohenzollern und der französischen Kaiserin brachte dem Hause Hohenzollern beachtliche Vorteile. So konnte der Fortbestand der beiden Fürstentümer Sigmaringen und Hechingen erhalten, die volle Souveränität sichergestellt und beträchtliche Gebiete hinzugewonnen werden. Diese Auswirkungen einer familiären Beziehung bekam auch das Königreich Bayern zu spüren, das 1806 seine gerade erst erworbene Herrschaft Achberg auf Druck Napoleons an das Fürstentum Hohenzollern-Sigmaringen abtreten mußte.

Doch allzulang sollte auch die Selbständigkeit der beiden hohenzollernschen Fürstentümer nicht währen. Unter dem Eindruck der revolutionären Erschütterungen von 1848/49 traten die Fürsten Karl Anton von Hohenzollern-Sigmaringen und Friedrich Wilhelm von Hohenzollern-Hechingen am 7. Dezember 1849

komtur der Ballei Elsaß-Burgund in Althausen. Die Deutschordensritter ließen um 1700 die Burg Achberg zu einem äußerlich zwar schlichten, innen jedoch kunstvoll ausgestalteten Schloß von Grund auf erneuern. Der viergeschossige Bau hoch über dem Argental zeichnet sich durch Stuckarbeiten der Wessobrunner Schule aus. (Der Landkreis Ravensburg will als heutiger Besitzer des Schlosses 3 Mio. DM aufwenden, um den stark sanierungsbedürftigen Bau zu renovieren.)

Die Französiche Revolution von 1789 und die folgenden napoleonischen Kriege waren die Ausgangspunkte für radikale Veränderungen der politischen Situation und der territorialen Gegebenheiten in Mitteleuropa und damit auch in Oberschwaben. Geistliche Gebiete, die Reichsstädte und die Ordensgebiete verloren ihre Reichsunmittelbarkeit. Auch das Territorium des Deutschen Ordens

ihre Länder an ihre Vettern aus dem Hause Brandenburg-Preußen ab. Somit fanden sich die Bewohner der Herrschaft Achberg unvermittelt und – wie üblich – ohne eigenes Zutun (sicherlich auch gegen ihren Willen) als Preußen wieder. Die beiden Fürstentümer Sigmaringen und Hechingen bildeten von 1850 bis 1945 unter der Bezeichnung „Hohenzollernsche Lande" den der Rheinprovinz angegliederten preußischen Regierungsbezirk Sigmaringen. Die zunächst eigenständige Obervogtei Achberg wurde 1854 dem Oberamt (später Landkreis) Sigmaringen eingegliedert.

Der Deutsche Krieg von 1866, in dem Preußen und Österreich um die Vorherrschaft in Deutschland rangen, hatte auch einen „Kriegsschauplatz Achberg"! Am 20. Juni marschierten sieben bewaffnete bayerische Untertanen aus Lindau (Bayern stand an der Seite Österreichs) unter Führung des Advokaten Beckh in Esseratsweiler ein. Das preußische Hoheitszeichen an der Grenze wurde umgerissen. An die Ortstafel hefteten die „Befreier" ein Bild Bismarcks und verbrannten es. Nach dem Verlesen einer Proklamation folgte die Erklärung, daß Achberg nun zu Bayern gehöre. Die Teilnehmer der „Annektion" mußten sich am 5. September vor dem Obersten Gerichtshof in München wegen Eigentumsbeschädigung, ungesetzlicher Bewaffnung, Bildung eines bewaffneten Haufens und Anmaßung eines gesetzlichen Amtes verantworten. Sie kamen jedoch frei, war doch bereits am 22. August der Friedensvertrag zwischen Preußen und Bayern geschlossen worden.

Erst 1969 kam die Einsicht, daß eine Exklave wie Achberg, rund 80 km von der Kreisstadt Sigmaringen entfernt, verwaltungstechnisch nur ein sinnloses Relikt früherer Jahrhunderte sein kann: die Gemeinde wurde dem benachbarten Landkreis Wangen zugeteilt. Seit der

Wappen der Fürsten von Hohenzollern (links) und des Königreichs Württemberg auf den Grenzsteinen bei Achberg.

Auflösung dieses Landkreises 1973 ist Achberg die südlichste Gemeinde des im Rahmen der Verwaltungsreform vergrößerten Landkreises Ravensburg.

Achberg, ein Sonderfall der Geschichte? Nein, ein typisches Beispiel für die Kleinstaaterei in Oberschwaben bis hinein ins 19. Jahrhundert. Heute, wo „der" Grenzfall als historisches Ereignis gefeiert werden darf, zeigen einige Dutzend Grenzsteine zwischen dem Bodenseekreis und dem Landkreis Ravensburg, daß es vor nicht allzu langer Zeit noch enger gezogene Grenzen zwischen den Menschen gab, deren Überwindung allerdings längst vollzogen ist.

ALS VORARLBERG UND WÜRTTEMBERG SICH ZU EINEM STAAT VEREINEN WOLLTEN

WERNER DOBRAS

Erst im Jahre 1938 sollte das Wirklichkeit werden, was so mancher sich zwei Jahrzehnte zuvor schon gewünscht hatte, freilich ganz anders, als er sich das früher gedacht haben mag. 1938 erfolgte der Anschluß Österreichs und damit auch Vorarlbergs an das Großdeutsche Reich. Genau der Anschluß des „Musterländles" an Schwaben war schon nach dem Ende des Ersten Weltkrieges ins Auge gefaßt worden und dann doch nicht Wirklichkeit geworden.

Als am 12. November 1918 die provisorische Nationalversammlung in Wien die Republik ausrief, stand auch der Anschluß des neuen Staates an Deutschland zur Diskussion, ebenso die Bildung eines Alpenstaates wie auch der Übergang einzelner Bundesländer an die nördlichen oder südlichen Nachbarstaaten. In Vorarlberg sprach man schon vor Kriegsende von einem Anschluß an die Schweiz als selbständiger Kanton. Der Gedanke wurde nach dem Zusammenbruch zur fixen Idee, von der die Eidgenossen freilich nicht viel wissen wollten. An ihrer ablehnenden Haltung sollte dann auch bald der Wunschtraum der Vorarlberger scheitern. Um die Wünsche der Vorarlberger zunächst einmal zu konkretisieren, wurde am 22. November 1918 in Lustenau eine Werbeveranstaltung abgehalten, in der es um die Frage nach einer selbständigen Republik, dem Anschluß an Deutschland oder an die Schweiz

ging. Wie nicht anders zu erwarten, war die große Mehrheit für die Bildung eines Kantons.

Auch in Deutschland, vor allem in Württemberg und Bayern, wurde damals viel über die Zukunft Vorarlbergs diskutiert, was nichts anderes hieß, als dessen Anschluß an Schwaben zu erreichen. In Württemberg erschien schon zum Jahresende ein Flugblatt mit dem vielsagenden Titel „Schwaben. Jetzt oder nie mehr". Darin empfand man es als besonders bitter, daß gerade der schwäbische Stamm im Laufe der Jahrhunderte politisch immer mehr auseinandergefallen sei. Nun also sei die Stunde gekommen, die Geschichte zu korrigieren. Man wollte einen neuen Staat, zusammen mit Vorarlberg begründen. Als Regierungssitz wurde sogleich auch Donaueschingen oder ein anderer kleinerer Ort am Donau- oder Neckaroberlauf ins Auge gefaßt. „Also die alten Namen Württemberg, Baden usw. in allen Ehren, der neue Reichsstand aber heiße Schwaben", hieß es dann. Schon hier merkt man bereits den später stärker werdenden Konkurrenzkampf zwischen Württemberg und Bayern, der noch kräftigere Formen annehmen sollte. Ein im Januar 1919 erschienenes Flugblatt gab bereits die Gründung eines Schwabenkapitels bekannt und nannte die Gesamtheit derer, die den Zielen des Kapitels zustimmten, Schwabengenossenschaft oder Schwabenschaft. Vorerst, so heißt es dann allerdings einschränkend, sei ein Zusammentritt des Schwabenkapitels als Vertretung der Gemeinden, Körperschaften, Schriftleitungen, Ortsgruppen, Firmen oder Einzelpersonen noch nicht möglich. Intern aber sei die Vereinigung bereits unter dem Vorsitz des Rektors Dr. Karl Magirus und dessen Stellvertreter und Schriftführer Rechtsanwalt Max Oßwald tätig geworden. Daß auch die Bayern nicht untätig

Tagesordnung der Herbsttagung des Wirtschaftsverbandes Schwaben-Vorarlberg in Ravensburg, 1926.

waren, zeigte schon allein eine vertrauliche Sitzung im Bregenzer Rathaus am 10. Januar, bei der sich die bayerische Gruppe aus Lindau und Weiler um einen Anschluß an Bayern bemühte und sich damit als Konkurrenzunternehmen zum Schwabenkapitel erwies.

Beide Gruppen erhielten bald eine erste, ernüchternde Absage. Bei einer Unterschriftensammlung Anfang März stimmten im politischen Bezirk Bregenz ziemlich genau die Hälfte der Stimmberechtigten für den Anschluß an die Schweiz, in Bludenz erreichten die Befürworter gar 82,3%, und ähnlich sah es im Bezirk Feldkirch aus. Übertrug man das auf das gesamte Vorarlberg, so wollten fast 71% schweizerisch werden! Die Stimmung schlug erst um, als man von der Abneigung der Schweizer erfuhr, in Bern war man sogar gegen eine offizielle Einladung einer Vorarlberger Delegation.

Bayern und Württemberger wußten die Stunde zu nutzen: Vorträge, Werbeveranstaltungen wurden durchgeführt, „milde Gaben" ins Nachbarland gebracht. Offensichtlich senkte sich die politische Waage nun wieder zugunsten Deutschlands. Aus einem Schreiben des Württembergischen Ernährungsministeriums vom 21. März 1919 an die Staatsregierung in Stuttgart geht hervor, daß dort ein Beauftragter aus Vorarlberg erschienen sei, der von einer erkennbaren Strömung zugunsten Württembergs sprach und von dort Lebensmittellieferungen forderte, um so die Sympathien zu fördern. Stuttgart ging aber auf die Wünsche nicht ein. In einem Konzept heißt es lediglich: „Verbindung Vorarlbergs mit Württemberg wohl nur möglich, wenn Schwaben-Neuburg sich an Württemberg anschließt." Eine Abstimmung in Vorarlberg am 11. Mai 1919 ließ freilich von einer veränderten Stimmung nichts erkennen.

In den deutschen Ländern hatte man für dieses vernichtende Wahlergebnis alle möglichen Ausreden parat, so etwa, indem man die Nichtwähler den Neinsagern zurechnete. Da es um eine Pflichtabstimmung ging, wird man diese Interpretation wohl nicht gelten lassen können. Trotzdem rechnete man sich in Bayern und in Württemberg Chancen aus. Von Stuttgart aus gingen Anfang Oktober 1919 immerhin 30 Waggons Kartoffeln nach Vorarlberg, mit denen man erneut seinen guten Willen zeigen wollte. Nicht ohne Nachhall blieb auch eine weih-nachtliche Lindauer Hilfsaktion, bestehend aus Lebensmitteln und Bargeld.

Als man politisch nicht mehr so recht vorankam, wich man schließlich auf die wirtschaftliche Ebene aus. Am 7. Juli 1920 fand die konstituierende Versammlung des Wirtschaftsverbandes Schwaben-Vorarlberg statt, zu der 25 Vertreter der Handelskammern und verschiedener anderer Organisationen wie auch Gemeinden erschienen waren. In den sogleich gegründeten Arbeitsausschuß wurden Mitglieder nahestehender Körperschaften, Verbände und Vereine berufen. Unter ihnen waren die Alpenvereinssektionen Schwaben, Kempten und Lindau, die Bürgermeister von Konstanz, Sigmaringen, Kempten, Lindau, Lindenberg und Memmingen und der Landwirtschaftliche Bezirksverein Lindau. Als Sitz des im Vereinsregister einzutragenden Vereins wurde Biberach bestimmt, wo auch diese erste Versammlung stattfand. Das gab natürlich dem Verein von vorne herein eine „württembergische" Note. §2 der Satzung nennt den Zweck des Wirtschaftsverbandes: „Dieser stellt sich die Aufgabe, die wirtschaftlichen Beziehungen zwischen Schwaben und Vorarlberg wieder fester zu knüpfen und zu pflegen."

Obwohl die Lindauer von der hier eingeschlagenen Richtung nicht so recht begeistert waren, traten sie vierzehn Tage später doch bei. Den persönlichen Kontakt mit Vorarlberg hielt man durch eigens arrangierte gegenseitige Besuche. Auf der nächsten Sitzung am 18. November in Aulendorf waren befremdlicherweise überhaupt keine Vertreter der Augsburger Handelskammer und Handwerkskammer erschienen, mit anderen Worten: Der Bereich Industrie, Handel und Gewerbe war bayerischerseits überhaupt nicht vertreten. Trotzdem beschloß

Titelblatt der Monatsbeilage des ‚Vorarlberger Volksboten' vom März 1989.
Das Schlagwort vom ‚Kanton übrig' war eine propagandistische Erfindung der Anschluß-
gegner an die Schweiz und der Befürworter eines Anschlusses an Schwaben
bzw. Deutschland. Die Karikatur symbolisiert die starken wirtschaftlichen Interessen im
Zusammenhang mit den politischen Entscheidungen.

man in Aulendorf die Gründung von Fachausschüssen für Industrie, Handel und Gewerbe, für Landwirtschaft und Ernährungswesen, schließlich aber auch für Verkehr, Propaganda, Sport und Fremdenverkehr sowie zur Förderung kultureller Beziehungen. Hier bahnte sich also schon an, was dem Verein später seine eigentliche Note geben sollte: die Aufrechterhaltung kultureller Gemeinsamkeiten.

Über die im September 1921 in Bregenz stattgefundene Tagung notierte sich der Kemptener Bürgermeister Dr. Otto Merkt als Vorsitzender des Kreistages Schwaben-Neuburg seine Bedenken: „Die Württemberger stellen die meisten reichsdeutschen Mitglieder (und auch der Leiter des Verbandes, Studienrat Maurer, ist schließlich aus Biberach). Aus den beiden letzterwähnten Gründen hat der Verband einigermaßen württembergische Richtung." Schließlich schreibt er sich mit dem Ton der Verärgerung auf, daß das vorgelegte Gutachten eines Stuttgarter Beamten zwischen den Zeilen für eine direkte Güterverbindung Bregenz-Friedrichshafen eingetreten sei. Bayerische Bahnbeamte hatten auch festgestellt, daß diese Verbindung längst verstärkt worden sei, während der bayerische Trajektverkehr ständig abnehme. Schließlich meldete sich Merkt zu Wort, er wollte wissen, wie es mit der Gründung einer bayerischen Geschäftsstelle aussehe, „deren Sitz Lindau und deren Leiter Bürgermeister Siebert sein müßte." Nachdem sich Merkt aber nicht durchsetzen konnte, hoffte man, den Plan demnächst in Lindau selbst in die Tat umzusetzen, wo am 18. April 1922 eine ordentliche Mitgliederversammlung stattfand. Als dort aber die Württemberger in übergroßer Zahl erschienen, vermied man lieber gleich die Erörterung dieser Frage.

Wie sehr inzwischen ein gewisser Konkurrenzkampf zwischen Württemberg und Bayern aufgekommen war, ersieht man aus so manchem Wortgefecht. Als beispielsweise die Handelskammer Augsburg sich erbot, künftig alle Mitteilungen des Verbandes auf ihre eigenen Kosten zu drucken und zu versenden, wehrte sich der Ulmer Oberbürgermeister dagegen, daß man dann ja an einer bayerischen Stelle die Geschäfte des Verbandes abwickele, wo doch die Vereinigung ihren Sitz in Württemberg habe. Den bayerischen Teilnehmern blieb angesichts dieser Haltung nur übrig, möglichst bald auf die Wahl einer Persönlichkeit aus ihren Reihen in die engste Vorstandschaft zu drängen. Selbst eine Dissertation von Werner Sörgel über die „Wirtschaftsbeziehungen zwischen Schwaben und Vorarlberg", die insbesondere die Beziehungen zwischen Vorarlberg und Bayern und ganz speziell zu Lindau herausstrich, sollte Hilfestellung geben.

Ohne indes allzuviel zu erreichen, hielt der Wirtschaftsverband weiterhin in schöner Regelmäßigkeit seine alljährlichen Herbsttagungen ab. Aber schon auf der Tagung 1924 in Schruns mußten sich die Mitglieder ernstlich fragen, ob durch die veränderten Verhältnisse für sie überhaupt noch ein genügendes Betätigungsfeld gegeben sei. In dieser Versammlung nun erreichte es der Lindauer Bürgermeister Ludwig Siebert schließlich, als stellvertretender Vorsitzender gewählt zu werden, denn nun sollte jedes Mitgliedsland einen Stellvertreter bekommen. Auf der Herbsttagung 1925 in Egg stand die Frage des Austausches von Kulturgütern im Vordergrund. Insbesondere die Namen Ludwig Finckh und August Lämmle wurden, da sie einen guten Klang in Vorarlberg hatten, herausgestrichen, während umgekehrt die Autoren Gunz-Tisis und

Pommer-Bregenz im Schwabenland bekannt seien. Letzterer vor allem habe sich mit seiner Sängerrunde „Deutsches Volkslied" die Aufgabe gestellt, geistliches und weltliches Volkslied des deutschen Alpengebietes zu sammeln und es so zu Ehren zu bringen. Diese Autoren nun sollten durch die schwäbischen Lande reisen und hier das gemeinsame Kulturgut verbreiten. Empfohlen wurde auch die Lektüre der Zeitschrift „Heimat", bedauert hingegen die Einstellung der Zeitschrift „Schwäbischer Bund". Das, was der Verein bei seiner Gründung wollte, war längst in den Hintergrund getreten. Kein Wunder also, daß der Bezirkstag Lindau-Weiler im März 1926 seine Mitgliedschaft aufkündete.

Auch die Herbsttagung dieses Jahres in Ravensburg strich die neue Richtung stark heraus. Beim Begrüßungsabend wurden Volkslieder zu sogenannten „Lebenden Bildern" gesungen, und selbst der Willkommensgruß war in schwäbischer Mundart gehalten. Auf der Mitgliederversammlung in Dornbirn, 1927, wurde dem veränderten Aufgabengebiet Rechnung getragen und auch die Satzung geändert. Der §1 erhielt folgende Fassung: „Die Arbeitsgemeinschaft Schwaben-Vorarlberg e.V. stellt sich die Aufgabe, die alten Beziehungen zwischen den schwäbisch-alemannischen Gebietsteilen von Baden, Bayern, Preußen und Württemberg einerseits und Vorarlberg andererseits in wirtschaftlicher, kultureller und politischer Hinsicht zu pflegen." So standen denn auch in Dornbirn Fragen sportlicher Veranstaltungen, insbesondere des Wintersports und des Jugendwanderns, aber auch die Anlegung einer Lichtbildersammlung (die schon in Ravensburg beschlossen worden war) und der Zusammenschluß von Volksbildungsvereinen im Vordergrund. Daß freilich der politische Zusammenschluß noch nicht ganz

vergessen war, bewies ein Vortrag im Oktober 1927 über „Politik und Wirtschaft unter Berücksichtigung der Anschlußfrage", wobei sogar noch der alte Gedanke des Zollvereins hereinspielte. Provokativ war auch die „bedeutsame Rede des österreichischen Nationalrates Dr. Drexel-Dornbirn", der bei der öffentlichen Kundgebung im Konstanzer Konzilsgebäude den Zusammenschluß mit historischen Argumenten zu untermauern suchte.

Schließlich wurde es aber doch immer stiller um die Vereinigung. In einem Lindauer Aktenbündel findet sich eine Aktennotiz vom November 1934, in der es heißt: „An die Arbeitsgemeinschaft Schwaben-Vorarlberg wurden von der Stadt Lindau bereits seit 1932 keine Beiträge mehr geleistet, auch für die Jahre 1933 und 1934 stehen Etatmittel nicht zur Verfügung. Bei der heutigen politischen Lage kommt dem Verband wohl keine große Bedeutung zu und dürfte keine Veranlassung bestehen, für denselben außeretatmäßige Mittel zu genehmigen." Damit sprachen die Lindauer wohl das aus, was längst alle anderen Mitglieder auch dachten.

Literatur:

Zum gesamten Thema ist erschienen: „Eidgenossen helft Euern Brüdern in der Not!" Vorarlbergs Beziehungen zu seinen Nachbarstaaten 1918 bis 1922. Herausgegeben vom Arbeitskreis für regionale Geschichte, Feldkirch 1990.

Benutzt wurden außerdem:

Stadtarchiv Lindau, Bayerische Akten BII 2/11.

Bilgeri, Benedikt: Geschichte Vorarlbergs. Bd. 5. Wien-Köln-Graz 1987.

Lindauer Tagblatt 18.3.1919.

Deutsche Bodenseezeitung 8.10.1928.

„SCHWABEN UND ALEMANNEN (WIEDER)VEREINT"

HANS-GEORG WEHLING

Ein Zusammenschluß von Stammesherzogtümern war es nicht, was hier im deutschen Südwesten vor 40 Jahren vollzogen worden ist. Es war auch nicht die Vereinigung zweier Mundartgebiete: Alemannisch spricht man auch im südlichen Oberschwaben, nördlich der Murg dafür Pfälzisch oder genauer eine bestimmte Spielart des Fränkischen; ein eigenes Fränkisch ist das Idiom, das man im Hohenlohischen benutzt. Baden, so wie es rund hundertfünfzig Jahre bestanden hat, war letztlich doch eine „Staatsnation": zusammengehalten durch gemeinsame Grenzen durch ein (zumeist aufgeklärtes) Herrenhaus, durch eine Bürokratie, liberal, leistungsfähig, reformfreudig, durch eine Politik, die dem Land bald den Ehrentitel des „Musterländles" eintrug. Eine Fülle von Identifikationssymbolen machte deutlich, daß man im Badischen war: von den Kirchen im Weinbrenner-Stil über die bruchsteinernen Amts- und Schulhäuser, Gefängnisse und Bahnhöfe bis zum Rothausbier aus der Badischen Staatsbrauerei in den Wartesälen. Badener-sein war eine Bewußtseinssache, wenn nicht gar ein Bekenntnis, aber keine Frage der Mundart oder einer Stammeszugehörigkeit.

Eigentlich ist es erstaunlich, ja eine bewundernswerte Leistung, daß dieser so heterogene badische Staat sich so fest im Bewußtsein seiner Menschen verankern konnte, reichte er doch „Vom See bis an des Maines Strand", wie es im Badnerlied heißt, war er aus einer Vielzahl kleinerer und kleinster ehemals selbständiger Herrschaften zusammengefügt worden, geboren aus französischem Sicherheitsinteresse, ein militärisches Glacis an der Rheingrenze zu errichten, gertenschlank mit einer Wespentaille, mit komplizierten konfessionellen Verhältnissen in einer eigentümlichen Gemengelage, die sich dann im Kulturkampf so heftig entluden wie in keinem anderen deutschen Staat.

Württemberg hatte da bessere Ausgangsbedingungen. Während Baden faktisch eine Staatsneugründung der Napoleonzeit darstellt, haben wir es hier eher mit der Annektion neuer Gebiete in ein höchst vitales, bereits bestehendes, für süddeutsche Verhältnisse vergleichsweise großes Staatswesen zu tun. Entsprechend führten sich die neuen württembergischen Herren auf, was tiefe Wunden hinterlassen hat. Sie, die Beamten, Schulmeister und Militärs, meinten, es müsse überall so sein wie im alten Herzogtum. Die Abneigung gegen „Stuttgart", womit nicht nur eine Stadt gemeint ist, war gleich groß im Hohenlohischen wie in Oberschwaben. Doch bei allen bis heute bestehengebliebenen Animositäten bildete sich auch hier mit der Zeit ein württembergisches Zusammengehörigkeitsbewußtsein heraus, wenn auch garniert mit gewissen Inferioritätsgefühlen: So war man – in Absetzung von den Altwürttembergern – Oberschwabe, aber innerhalb Württembergs, ja man konnte sich nur in bezug auf Altwürttemberg als Oberschwabe definieren, weshalb es jenseits der Grenzen zu Bayern und Baden eben keine Oberschwaben gibt! Und das, obwohl die Grenzziehungen willkürlich vorgenommen worden waren und man mit den Nachbarn in ein und demselben historisch-kulturellen Raum lebt. Diese Willkürlichkeit war nirgendwo so deutlich wie hier am Bodensee. Trotzdem

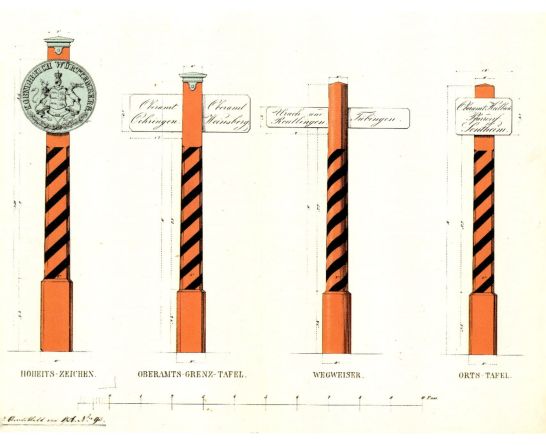

HOHEITS-ZEICHEN. OBERAMTS-GRENZ-TAFEL. WEGWEISER. ORTS-TAFEL.

Württembergische Grenztafel.
Lithographie 1856.

verstehen sich die Häfler bis heute als Württemberger, die Meersburger jedoch als Badener. Auch bei Kluftern war eben eine Kluft entstanden, die es vorher so nicht gab.

Die Bildung des Südweststaates vor vierzig Jahren war nicht nur ökonomisch eine sinnvolle Maßnahme. Es gibt gemeinsame Traditionen, auf denen dieses neue Bundesland aufliegt. Ein Musterbeispiel im kleinen stellt der Bodenseekreis dar.

Im alten Reich, wie es über Jahrhunderte hinweg bis 1806 bestanden hat, war der deutsche Südwesten das „klassische" Gebiet der Kleinstaaterei, von der gerade auch der Bodenseeraum betroffen war: mit geistlichen Territorien wie das Hochstift Konstanz mit seiner Residenz hier in Meersburg, dem Gebiet der Zisterzienserabtei Salem oder das des Klosters Weingarten einschließlich Priorat Hofen (Friedrichshafen), Deutschordensgebieten wie die Mainau und Hohenfels, mit österreichischem Besitz wie Konstanz und Radolfzell, die Grafschaft Nellenburg (Stockach), die Grafschaft Montfort (Tettnang, Langenargen), dem einsamen württembergischen Vorposten

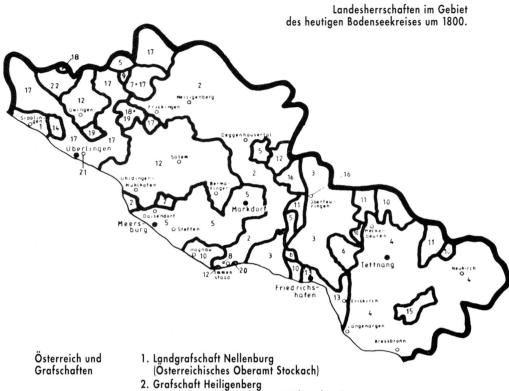

Landesherrschaften im Gebiet
des heutigen Bodenseekreises um 1800.

Österreich und Grafschaften	1. Landgrafschaft Nellenburg (Österreichisches Oberamt Stockach)
	2. Grafschaft Heiligenberg (Fürstenbergisches Oberamt Heiligenberg)
	3. Österreichische Landvogtei (Österreichisches Oberamt Altdorf)
	4. Grafschaft Montfort-Tettnang (Österreichisches Oberamt Tettnang)
Fürstbistum	5. Fürstbistum Konstanz
Klöster	6. Kreuzlingen
	7. Stift Lindau
	8. Ochsenhausen
	9. Petershausen
	10 Weingarten
	11. Weißenau
	12. Salem
Reichsstädte	13. Buchhorn
	14. Konstanz
	15. Lindau
	16. Ravensburg
	17. Überlingen
Niederadel und Ritterorden	18. Deutschordenskommende Mainau
	19. Johanniterkommende Überlingen
	20. Freiherr von Laßberg
	21. Freiherr von Lenz
	22. Freiherr Roth von Schreckenstein

Hohentwiel, Fürstenbergischen Gebieten wie Heiligenberg, Reichsstädten wie Überlingen und Buchhorn (Friedrichshafen) und reichsritterschaftlichen Territorien wie das der Freiherrn von Bodman.

Was bedeutet eine solche Zersplitterung, welche Nachwirkungen hat sie, möglicherweise bis in unsere Tage? Eine – scheinbar – äußerliche wird sofort sichtbar: Viele Herrscher bedeuten viele Residenzen und damit prachtvolle Schlösser, Abteien, Residenzstädte und -dörfer. Denn Herrschaft will sich immer auch darstellen. Der Darstellungswille beschränkt sich nicht auf den eigentlichen Residenzort. Die Dorfkirchen profitieren davon wie die dazugehörigen Pfarrhäuser. Prachtvolle Wallfahrtskirchen werden gebaut: Jedermann kennt die Birnau als ein Kunstwerk von europäischem Rang, aber auch verborgenere Schätze wie die Kirche in Baitenhausen verdanken ihre Existenz nicht nur der Frömmigkeit. Die einzigartige Bedeutung der Bodenseelandschaft, ihren unvergleichlichen Reiz macht gerade dieses Ineinander von Natur und Kunst aus – was wäre diese Landschaft ohne ihre Residenzen, Klöster, Wallfahrtskirchen, Reichsstädte? Davon lebt nicht zuletzt der Fremdenverkehr bis in unsere Tage. Viele Herrschaftszentren bedeuten aber nicht nur Gebäude: Architektur, Malerei, Plastik. Die Residenzen kannten ein ausgeprägtes Musikleben, das in seiner Eigenart bis in unsere Tage vergessen schien. Barockkirchen waren Gesamtkunstwerke, in denen die ihnen eigene (und für sie komponierte) Musik erklang – eben nicht Buxtehude, Telemann, Johann Sebastian Bach aus dem protestantischen Norden, für deren Musik sind die Orgeln von Gabler oder Holzhey gar nicht gebaut. Allmählich erst werden die Komponisten dieses, unseres, südwestdeutschen Raumes wiederentdeckt, ihre Musikwerke rekonstruiert – es war bei der Auflösung der Klöster ja so vieles verloren gegangen; eine norddeutsch-protestantisch dominierte Kultur hatte ohnehin keinen Sinn dafür. Stellvertretend sei hier nur der geniale Nikolaus Betscher (1745–1811) genannt, der letzte Abt von Rot an der Rot, dessen Werke jetzt wieder aufgeführt werden.

Musik in den Klöstern und Residenzen bedeutete auch breite musikalische Schulung. Darüber hinaus waren die Residenzen und Klöster Pflegestätten der Wissenschaft und Pflanzstätten der Bildung, verwiesen sei nur auf die Klosterschulen. Von einem „katholischen Bildungsdefizit" konnte im alten Reich nicht die Rede sein. Vielen Menschen bäuerlicher und vor allem auch handwerkerlicher Herkunft wurden so Aufstiegschancen eröffnet, bis in den Rang von Reichsfürsten hinein.

Eine ästhetische Erziehung durch Anschauung kam für alle Menschen hinzu. So betrachtet war die napoleonische Neuordnung für den deutschen Südwesten ein Unglück, nicht zuletzt auch die Aufhebung der Klöster.

Eine andere, betont politische Folge hatte die territoriale Zersplitterung im deutschen Südwesten noch: Die Intensität von Herrschaft nimmt mit der Größe des Territoriums ab. Kleine Staaten verfügen einfach nicht über genügend Machtmittel – Geld, Büttel, Soldaten –, um sich auch gegen widerborstige Untertanen durchsetzen zu können. Nicht nur die Untertanen, auch die Herrschenden müssen sich da arrangieren. So kommt es im deutschen Südwesten nahezu überall zu einem Dualismus von Herrschaft und Landschaft, ein Arrangement der Machtteilung, vielfach vertraglich abgesichert. Württemberg, dessen Dualismus zwischen Herzog und Landschaft allgemein bekannt ist, stellt eben keinen Sonderfall dar, sondern ist nur ein herausragendes Beispiel wegen seiner ausgeprägten Formalisierung und Institutionalisierung, was wiederum lediglich eine Folge der größeren Dimensionen ist. Die Menschen im deutschen Südwesten erweisen sich so als ausgesprochen mündig und partizipationsfreudig, sind im Umgang mit den Regierenden konfliktfähig und konfliktfreudig, nutzen – wenn's sein muß – die ganze Palette des Widerstandes von der Steuerverweigerung (wenn ihrer Meinung nach Steuern ohne ausreichenden Grund erhoben werden sollen) und Huldigungsverweigerung (bei Amtsantritt eines neuen Herrschers) über den Rückzug ganzer Dörfer über die Grenze (da die Territorien klein sind, ist die nächste Grenze nie weit) bis hin zu juristischen Auseinandersetzungen (etwa vor dem Reichshofrat in Wien oder dem Reichskammergericht in Wetzlar).

Ein mündiges Bauerntum zeigte sich zudem zu erstaunlichen Innovationen fähig: ablesbar am Prozeß der Vereinödung, der vom Gebiet des Fürststifts Kempten ausging und bis in den Bodenseeraum reichte. Diese große landwirtschaftliche Strukturreform (Besitzarrondierung, Aussiedlung der Höfe) war eine rein bäuerliche Maßnahme, von den Herrschaften lediglich wohlwollend unterstützt und gefördert.

Wenn man wie ich der Meinung ist, daß eine Demokratie nur dann gelingen kann, wenn die Menschen mündig und bereit sind, sich politisch zu beteiligen, dann sind hierzulande die Voraussetzungen dafür nicht schlecht.

Bis zum Ende des alten Reiches verlief die historische Entwicklung am Bodensee überall ziemlich gleich. Erst als die Territorien willkürlich Baden oder Württemberg (oder auch Bayern) zugeschlagen wurden, ergaben sich Abgrenzungen, die sich auch in den Mentalitäten niederschlugen. Was man so an Verhaltensdispositionen unter dem Begriff der politischen Kultur zusammenfaßt, ist das Ergebnis des Lebens in gemeinsamen Grenzen, ist Produkt auch kollektiver Schlüsselerlebnisse, ist eine Folge von Konflikten etwa mit der jeweiligen Obrigkeit, die für ein bestimmtes (Staats-) Gebiet typisch sind. Und darin unterschieden sich Baden und Württemberg vor allem im 19. Jahrhundert dann doch erheblich.

Baden war das heterogenere Land, das von daher auch viel verletzlicher war. Nehmen wir die konfessionellen Verhältnisse: Altwürttemberg war ein geschlossen protestantisches Land, zudem ausgesprochen rigide, das von seinen Menschen ein hohes Maß an Selbstdisziplin verlangte: religiös legitimiert, in einem Land arm an natürlichem Reichtum sicherlich auch ökonomisch sinnvoll. Die Erbsitte der Realteilung hatte viele kleine selbständige Existenzen ermöglicht, doch man wohnte in den altwürttembergischen Dörfern beengt, hatte man doch sogar Häuser immer wieder geteilt, selbst die Nutzung von Gerätschaften. Großzügigkeit im Umgang miteinander, einen Liberalismus des Alltags konnte man sich hier nicht leisten – anders als in den Anerbengebieten des Hochschwarzwaldes oder Oberschwabens, wo jeder Bauer auf seinem Hof König sein konnte (oder auch Tyrann) und wo der Bauer selbst seinem Herrgott hoch zu Roß begegnen konnte – nämlich am Blutfreitag in Weingarten etwa. Während die überzähligen Kinder auf den Höfen der Anerbengebiete in „städtische" Berufe oder ins Kloster abwandern konnten (die Klöster hatten immer auch die Funktion, ein Übermaß an menschlicher Fruchtbarkeit zu absorbieren!), wurde in Altwürttemberg weiter geteilt. Um überhaupt existieren zu können, mußte man fleißig sein und sich etwas einfallen lassen. Lebensgenuß war verpönt. Eine wohlmeinende Obrigkeit hat das nach Kräften unterstützt, indem sie streng reglementierend und kontrollierend eingriff. Erinnert sei hier nur an die typisch altwürttembergischen Sittengerichte der Kirchenkonvente, die seit 1644 bis zum Ende des 19. Jahrhunderts bestanden und die unter Vorsitz von Pfarrer und Schultheiß regelmäßig über die kleinen menschlichen Verfehlungen zu Gericht saßen. Man arbeitete da sogar mit „verdeckten Ermittlern"! Das Endergebnis war ein ungeheuer fleißiger und disziplinierter (und sich auch wechselseitig disziplinierender) Menschenschlag, voller Skrupel und allem Luxus abhold, konservativ und ohne Risikobereitschaft (weil die kleine Existenz nur allzu leicht zu gefährden war). Not hatte sowohl beten gelehrt als auch erfinderisch gemacht. Im Zeitalter der Industrialisierung waren das alles Tugenden, die man zum wirtschaftlichen Erfolg brauchte. Dieser Typ von Schwabe ist es eigentlich, gegen den sich im Zuge der Südweststaatsbildung badische Animositäten richteten, vor dessen Tüchtigkeit man sich fürchtete und dessen Unfähigkeit zum Lebensgenuß unheimlich war. Es waren – und sind vielleicht immer noch – die Schwaben aus dem Mittleren Neckarraum, allenfalls noch die aus Tuttlingen, die per Autobahn am Wochenende an den Bodensee kommen (und auch noch das eigene Vesper mitbringen), gegen die sich der „Nächstenhaß" richtet, nicht die Schwaben aus dem Oberland, denen man sich hier am See doch sehr verwandt vorkommt. Das alles hat also nichts mit irgendwelchen irgendwie gearteten Stammeseigenschaften zu tun, sondern hat angebbare historische Gründe. Diese historischen Zusammenhänge muß man sehen, um zu begreifen, warum der „Wiedervereinigungsprozeß" zwischen Südbaden und Württemberg sich so schwierig gestaltete, nicht aber in gleicher Weise hier in der Bodenseeregion. So waren die württembergischen Neuerwerbungen südlich der Donau zu meisten Teilen katholisch. Konfessionen sind ja mehr als unterschiedliche Glaubensgrundsätze und unterschiedliche gottesdienstliche Riten – Konfessionen sind Lebensformen, Kulturen, die sich bis ins Alltagsverhalten und die Denkgewohnheiten erstrecken, auch nach einem formalen Kirchenaustritt übrigens. Die Gründung des württembergischen Bistums Rottenburg stützte organisatorisch diese Zusamengehörigkeit ab, eine eigene katholische Partei, das Zentrum, vermochte gerade auch die regionalen Interessen dieses Raumes in Stuttgart zur Geltung zu bringen. Insgesamt blieben die Katholiken in Württemberg in der Minderheit.

In Baden hingegen bildeten die Katholiken zeitweilig sogar eine Zwei-Drittel-Mehrheit, der ein protestantisches Herrscherhaus und eine liberale und vorwiegend protestantische Beamtenschaft gegenüberstanden. Die räumliche Verteilung auf der Konfessionskarte war nicht so großflächig – arrondiert wie in Württemberg, die Situation insgesamt verwickelter. Zudem wohnte der katholische Bevölkerungsteil vorwiegend auf dem Land, war wirtschaftlich der schwächere Part, wurde bei der Sitzverteilung zur Zweiten Kammer faktisch benachteiligt, dazu in der Rekrutierung der Beamtenschaft. Der konfessionelle Gegensatz wurde so durch einen sozialen und einen Stadt-Land-Gegensatz verstärkt, der obendrein politisch akzentuiert war. „Evangelisch zu sein bedeutete in Baden lange Zeit ‚großherzoglich' und ‚nationalliberal' zu sein, katholisch zu sein, bedeutete ‚demokratisch' und ‚Zentrum' zu sein" (Paul-Ludwig Weinacht). Merk-

Neu-Würtembergischer   Altwürtembergischer
Fall-Lehen Bauer   Grund-Besitzer

Gouache von Johann Baptist Pflug,
frühes 19. Jahrhundert.

würdigerweise hatten sich nach 1945 und vor allem im Prozeß der Südweststaatsbildung die Fronten scheinbar verkehrt: Wenn man einmal von den Ausnahmen am Bodensee absieht, waren die Protestanten eher die Anhänger eines Südweststaates, die Katholiken Verteidiger des alten Landes Baden. Dieses Muster tritt noch um so mehr hervor, wenn sich eine Gemeinde in einer Diasporasituation befand. Vereinfacht gesagt: Die Protestanten fürchteten sich vor einer katholischen Dominanz in einem wiederhergestellten Land Baden, die Katholiken vor einer evangelischen in einem Land, wo die Altwürttemberger den Ton angeben würden. Pointiert hat es Klaus-Jürgen Matz formuliert: „Ein Hauptgrund für das Scheitern Badens ist mithin die noch virulente konfessionelle Zwietracht, die auch als Fernwirkung des Kulturkampfes begriffen werden kann." – Viel ausgeprägter als in Württemberg also folgen in Baden politische Scheidelinien den konfessionellen. Das alles ist Folge des Kulturkampfes, den Württemberg so gut wie nicht kannte, der aber in Baden so heftig tobte wie nirgendwo sonst. Kulturkampf – das ist die Auseinandersetzung um die Abgrenzung zwischen (liberalem) Staat und (ultramontan gewordener) katholischer Kirche. Der Staat beanspruchte, das letzte Wort auch in allen kirchlichen Fragen zu sprechen, deswegen hatte man eine eigene Landeskirche in Gestalt des Erzbistums Freiburg gewollt und die Auflösung des übernationalen Bistums Konstanz betrieben. Demgegenüber erhob die Kirche ihren Autonomieanspruch, mit einer Rückbindung über die einengenden Staatsgrenzen hinaus (über die Berge hinweg – ultra montes – nach Rom) und mit einer betont antiaufklärerischen, antiliberalen Stoßrichtung (weil man die kirchenfeindliche Französische Revolution als ein Produkt der Aufklärung ansah). In einer solchen Kirche hatte ein aufgeklärter Kirchenfürst wie Ignatz Freiherr von Wessenberg (1774–1860) keinen Platz mehr, aus dessen Priesterseminar in Meersburg eine Generation aufgeklärter Priester hervorgegangen war. – Dieser Kulturkampf hat nachhaltig die Denk- und Verhaltensstrukturen in Baden geprägt, bis zum heutigen Tage. Er hat in Baden zu ausgeprägten parteipolitischen Strukturen geführt, die Württemberg bis zum heutigen Tage fremd sind. Das läßt sich nicht zuletzt auf dem Gebiet der Kommunalpolitik nachweisen. Ein weiterer Unterschied zu Baden besteht darin, daß Württemberg 1848/49 eine Revolution, die diesen Namen verdiente, eigentlich nicht kannte. Baden hingegen erlebte die einzige erfolgreiche Revolution in Deutschland, die nur mit Truppen von außen niedergeschlagen werden konnte. Wie diese Revolutionserfahrung sich auf das kollektive Bewußtsein der Badener ausgewirkt hat, bedarf noch der genaueren Untersuchung. Mag sein, daß auch sie ihren Anteil an einem stärker ausgeprägten kämpferischen Zug hat.

Der Bodenseeraum, über Jahrhunderte hinweg bei aller territorialen Zersplitterung doch eine Einheit – kulturell, aber auch wirtschaftlich und sozial –, wurde vor allem im Zuge der napoleonischen Neuordnung zerschlagen. Zudem geriet er in eine Randlage, wurde auf die neuen Zentren Stuttgart, Karlsruhe, aber auch München und Wien ausgerichtet. Man verfolge nur einmal den Verlauf der Eisenbahnlinien! Die Herrschaft nahm im 19. Jahrhundert in einer Intensität zu, daß die Bewohner in den benachbarten, ja stammesgleichen Gebieten einander entfremdet werden konnten. Der Zusammenschluß von Baden und Württemberg stellt somit wenigstens teilweise einen begrüßenswerten Neuanfang dar.

DAS ENDE DER NACHKRIEGSZEIT

ABZUG DER FRANZOSEN AUS FRIEDRICHSHAFEN

Am 20. Mai 1992 übergab der französische Standortkommandant Lieutenant-Colonel Gillet symbolisch die Schlüssel der Kasernengebäude an Oberbürgermeister Dr. Wiedmann. Mit dem Abzug der französischen Soldaten geht für die Stadt eine Ära, die Nachkriegszeit in ihren letzten Folgeerscheinungen, zu Ende. Aus der Dankesrede des Oberbürgermeisters am Zeppelin-Denkmal werden in den folgenden Ausschnitten Rückblick und Würdigung dokumentiert.

DR. BERND WIEDMANN

Sie, die französischen Soldaten, verabschieden sich nach mehr als 47jähriger Anwesenheit aus unserer Stadt. In dieser Stunde des offiziellen Abschiedes ist ein kleiner geschichtlicher Rückblick unvermeidlich, um noch einmal die wichtigsten und bemerkenswertesten Begebenheiten während der Anwesenheit des französischen Militärs in Friedrichshafen aufscheinen zu lassen.

Als am Sonntag, dem 29.4.1945, um 17.45 Uhr der damalige Bürgermeister Bärlin die Stadt Friedrichshafen kampflos den heranrückenden französischen Truppen übergab, begann die Zeit der Besatzung unserer Stadt. Die Einwohner von Friedrichshafen sahen den heranrückenden Truppen verständlicherweise mit gemischten Gefühlen entgegen:

Zwar brachten die Franzosen die Befreiung von der Gewaltherrschaft des Nationalsozialismus; doch hatten sich beide Völker – Deutsche wie Franzosen – über einen so langen Zeitraum der Geschichte hinweg unversöhnlich und feindselig gegenübergestanden, daß die Sorge groß war, die Franzosen würden jetzt als Sieger des von Deutschland vom Zaun gebrochenen Krieges die einheimische Bevölkerung ihre gewonnene Macht spüren lassen.

Und so begann die Besatzungszeit auch mit der rigoros durchgezogenen Requirierung des ohnehin äußerst knappen Wohnraumes, was selbstverständlich die ablehnende Stimmung gegen die Besatzung anheizte.

In diesen Anfangsjahren war es für unsere Stadt ein besonders glückhafter Umstand, daß von 1947 bis zu seiner Versetzung im Jahre 1950 mit Capitaine Merglen ein französischer Gouverneur für den Kreis Tettnang zuständig war, der die Tugend der Versöhnung und der Nächstenliebe auf beeindruckende Weise praktizierte.

Er hat sich in dieser schwierigen Zeit um die Leiden der Bevölkerung angenommen, vielen Menschen bei der Arbeitsplatzsuche geholfen und sich auf vielerlei Gebieten selbstlos für die Belange der deutschen Bevölkerung hier in Friedrichshafen eingesetzt.

Persönlichkeiten wie Capitaine Merglen legten so den Grundstein für eine Entwicklung in unserer Stadt, in der aus Besatzern zunächst hilfsbereite Partner und dann geschätzte Freunde wurden. Je länger die Anwesenheit der Franzosen in Friedrichshafen dauerte, um so mehr normalisierte sich das Verhältnis, man lernte sich gegenseitig kennen und erkannte, daß der jeweils andere ein Mensch ist wie du und ich. Diese Entwicklung wäre freilich kaum möglich gewesen, wenn nicht die politische Großwetterlage sich insgesamt verändert hätte:

Die weitgehende Auflösung der alliierten Kontrollrechte im Jahre 1955 und der Eintritt der Bundesrepublik in die NATO führten dazu, daß die westlichen Siegermächte unsere Verbündeten wurden. Damit wandelte sich auch der Auftrag ihrer Truppen, die nun das westliche Bündnis an der Nahtstelle zum Osten hin zu schützen hatten.

Diese Änderung der Aufgabenstellung begünstigte auch in Friedrichshafen die Entkrampfung des Verhältnisses zwischen französischer und einheimischer Bevölkerung. Ein weiterer wichtiger Schritt war die Besiegelung der deutsch-

Präsenz der französischen Garnison stark mitgeprägt war. Und doch haben die Häfler die französischen Mitbürger im Laufe der Zeit nicht mehr als Fremde empfunden, weil das Verhältnis zu ihnen nicht nur unproblematischer, sondern geradezu vorbildlich wurde.

Einen großen Beitrag zu diesem ausgezeichneten Verhältnis haben die jeweiligen Standortkommandanten geleistet. So unterschiedlich sie auch in Charakter und

Symbolische Schlüsselübergabe.
Lieutenant Colonel Gillet
und Oberbürgermeister Dr. Wiedmann.

französischen Freundschaft durch Konrad Adenauer und General Charles de Gaulle durch den Vertrag vom 22.1.1963, den es auf der zwischenmenschlichen Ebene mit Inhalt und Leben zu erfüllen galt.

Unsere Nachforschungen haben ergeben, daß von 1945 bis heute insgesamt etwa 45.000 französische Staatsangehörige in Friedrichshafen gewohnt haben. Diese eindrucksvolle Zahl belegt, daß das Leben in unserer Stadt von der

Wesensart gewesen sind, alle haben zur Stadt ein außerordentlich vertrauensvolles, konstruktives, freundschaftliches Klima gepflegt.

In der Gesamtschau der Dinge läßt sich feststellen, daß sich auch in unserer Stadt das Pflänzchen Versöhnung zwischen dem französischen und dem deutschen Volk nach anfänglichen Wachstumsschwierigkeiten prächtig entwickelt hat und nun zu einer stattlichen Pflanze herangewachsen ist, auf die wir alle stolz sein können.

Aber – so schmerzlich für viele von uns der Abschied auch sein mag, es sollte die Freude darüber überwiegen, daß durch die Veränderung der weltpolitischen Lage, die nicht zuletzt durch den Dienst der Soldaten des westlichen Bündnisses und damit auch durch Ihren Dienst erreicht wurde, Ihr Einsatz in Friedrichshafen nicht mehr erforderlich ist. Dies darf Sie mit berechtigtem Stolz erfüllen!

CAPITAINE ALBERT MERGLEN

Protokoll der 3. Sitzung der Kreisversammlung am 17.6.1947

Alsdann ergriff der Herr Kreisdelegierte das Wort, er dankte für die Einladung. Das Jahr 1947 sei sehr schwer und werde noch schwerer werden. Das sei die Folge von sechs Jahren Vernichtung und Zerstörung. Die Schwierigkeiten seien auch in Frankreich und im übrigen Europa. Die Not in Deutschland sei sehr groß, im Kreis Tettnang (außer der Stadt Friedrichshafen) seien die Verhältnisse noch etwas besser wie im übrigen

Nach mehr als 40 Jahren kam General a. D. Merglen 1991 wieder nach Friedrichshafen.

„Ohne Sie sähe die Welt bei uns heute anders aus", dankte OB Dr. Wiedmann General a. D. Merglen.

Der von Dr. Wiedmann erwähnte Militärgouverneur bzw. Kreisdelegierte Capitaine Merglen hielt jeweils zu Beginn der Sitzungen der Kreisversammlung und (ab 1949) des Kreistags Tettnang vom 17.6.1947 bis zum 4.8.1950 eine kurze Ansprache, in der er über die Grundlinien der Besatzungspolitik informierte. Die im folgenden wiedergegebenen Ausschnitte aus zwei Reden vermitteln Eindrücke von den Problemen der Nachkriegszeit, aber auch von den frühen Bemühungen Merglens um eine Völkerverständigung.

Reichsgebiet. Bezüglich der Beschlagnahme von Wohnungen führte der Herr Kreisdelegierte aus, daß in Friedrichshafen und Langenargen keine Beschlagnahmen mehr erfolgen würden. Wegen der schlechten Ernährungslage müsse versucht werden, so viel als möglich Getreide aufzubringen. Er gebe zu, daß die Bauern viel arbeiten und deshalb auch ein anständiges Essen haben müssen, die Bauern sollten aber auch verstehen, daß es in der Stadt mit der Ernährung schlecht stehe. Die z.Zt. laufende Getreideaktion komme nur Südwürttemberg und Hohenzollern zugute. Es sei zu erwarten, daß in etwa 3–4 Wochen eine größere Zuteilung an Getreide (etwa 2000t) für Südwürttemberg und Hohenzollern aus Armeelagern vorgenommen werden könne. Das Ablieferungssoll an die französische Besatzung sei manchmal sehr groß (z.B. Gemüse und Obst). Auf Vorstellungen seitens der Militärregierung in Tettnang werde in Tübingen entgegnet, daß das Ablieferungssoll aufgrund der von der Landesdirektion für Ernährung und Landwirtschaft gelieferten Unterlagen (Statistiken) festgesetzt werde. Durch die neue Verfassung, die sich die Bevölkerung selbst gegeben habe, und durch die Bildung einer Regierung sei ein sehr großer Schritt vorwärts gemacht worden. Von der Arbeit der Regierung und deren Zusammenarbeit mit der Besatzungsmacht hänge viel ab. Der Herr Kreisdelegierte gab schließlich seinem Wunsch Ausdruck, daß eine Verständigung zwischen Deutschland und Frankreich kommen möge. Dies müsse sogar kommen, da andernfalls ein Aufstieg nicht möglich sei. Die Übergangsperiode sei zwar sehr hart und schwer, jedoch im Hinblick auf die Zukunft unserer Kinder müsse das ertragen und überwunden werden. Zum Schluß bemerkte der Herr Kreisdelegierte, daß er jederzeit bereit sei, in Besprechungen Anliegen und Beschwerden entgegenzunehmen. Er wünsche eine offene Aussprache und sei bemüht, alle Fragen möglichst gerecht zu lösen. Die Besatzung sei da, um einen wirklichen Frieden zu schaffen.

Protokoll der 7. Sitzung der Kreisversammlung am 9. November 1948

Der Herr Kreisdelegierte teilt mit, daß er die Arbeit der Kreisversammlung überprüft habe, wie es seine Pflicht als Kontrollbehörde sei. Dabei habe er festgestellt, daß die Kreisversammlung ihre Aufgaben in sehr korrekter und demokratischer Weise durchgeführt habe. Zu bemängeln sei nur, daß aus der Mitte der Kreisversammlung nicht noch mehr gute und praktische Vorschläge gekommen seien, was sicher möglich gewesen wäre. Wenn man die Besatzung sehe, dürfe man nicht vergessen, daß Krieg und Morden gewesen sei. Er wisse besser als jeder andere, daß auch Schlechtes gemacht worden sei, er persönlich sei jedoch immer dafür eingetreten, zu helfen und Ordnung zu schaffen. Es gebe eben überall gute und verständige und auch schlechte Menschen. Der Herr Kreisdelegierte bedauert, daß über die Besatzung so viel Schlechtes zwischen den Zeilen geschrieben und auch offen ausgesprochen werde. Es werde übersehen, was von der Besatzung Gutes geleistet worden sei und daß die Ruhe und Sicherheit hergestellt worden sei. Viele Mißstände seien von den Deutschen hervorgerufen worden, und Frankreich habe während sechs Jahren Krieg viel verloren. Der Herr Kreisdelegierte hebt hervor, daß das Jahr 1948 politisch und wirtschaftlich viel gezeitigt habe. Die Wirtschaft und die Demontage habe Erleichterungen erfahren, ab 1.10.1948 sei die Entnahme von Lebensmitteln weggefallen, was fast keine deutsche Zeitung vermerkt habe. Er glaube, daß im Ganzen gesehen, die Besatzung nicht das Schlimmste sei, sondern daß aus ihr etwas gutes entstehe, da er sonst nicht hier wäre. Der Herr Kreisdelegierte spricht der Verständigung das Wort und wendet sich gegen eine chronische Kriegspsychose zwischen Frankreich und Deutschland. Der Wille hierzu müsse aber vorhanden sein. Nur so könne eines Tages Frieden auf Erden werden und Verständnis zwischen den Völkern entstehen. Er sei bereit, für jede Person und jede Sache einzustehen, wenn er die Notwendigkeit erkannt habe. Nur der Weg des guten Willens sei gut.

NOCH MEHR DECKSTÜHLE AUF DER TITANIC?

ÜBER NEUE IMPULSE IN DER GRENZÜBERSCHREITENDEN ZUSAMMENARBEIT IM BODENSEERAUM

BRIGITTE RITTER-KUHN

„Pro Euregio Bodensee" – mit diesem Aufruf überschreibt Landrat Dr. Walter Münch aus Wangen seinen Beitrag in der Novemberausgabe der Bodenseehefte des Jahres 1971. Doch zu der damaligen Zeit, als die Regio Basiliensis bereits etabliert und die Euregio an der deutsch-belgisch-holländischen Grenze im Werden begriffen war, kam Landrat Münch mit seiner Initiative zu einer „Internationalen Vereinigung für grenzüberschreitende Regionalplanung im Bodenseegebiet" für diese Region offenbar viel zu früh. Walter Münch am 29. April 1992:

„Da haben Sie recht. Ich habe damals einen Fragebogen an alle politischen Gemeinden verschickt, die Antworten auf diese Fragen waren hochinteressant, das Bewußtsein für eine Euregio aber noch unterentwickelt, und ich fürchte, wenn es ans Konkrete geht, ist es heute nicht anders."

Dennoch wurde die Euregio Anfang 1972 in Bregenz gegründet, kam aber in einer im Juni desselben Jahres in Konstanz abgehaltenen Informationstagung zum letzten Mal zusammen.

Nur wenig später folgte dieser Initiative aus der Region die Neugründung „Bodenseekonferenz für Regionalplanung und Umweltschutz", eine informelle Plattform der Regierungsvertreter der Bodenseeanrainer, ins Leben gerufen vom amtierenden Ministerpräsident und Münch-Gegenspieler Filbinger. Doch in der Folge spielte auch diese in der Planungslandschaft des Bodenseeraumes eine untergeordnete Rolle.

Fast genau 20 Jahre später, im September 1991, treten die vom Konstanzer Landrat Dr. Maus und Prof. Dr. Sund selbst benannten Mitglieder des Gründungsforums für den Bodenseerat zusammen. Obwohl ohne Legitimation (Prof. Sund: „Mut zu unkonventionellen Lösungen"), wird diese Gründung von der Bodenseekonferenz begrüßt und eine partnerschaftliche Zusammenarbeit angeboten. Man ist sich darin einig, so schreibt das Protokoll, daß „...der Bodenseerat als parlamentarische Basis fungieren soll und gegenüber der Bodenseekonferenz initiativ und beratend tätig werden soll."

Die konstituierende Sitzung zwei Monate später stellt bereits ein erweitertes Gremium von über 40 Männern und einer Frau vor (Ständerat Onken in der Diskussion: „Ich stelle fest, daß wir hier eine Männervereinigung sind."). In seinen Ausführungen über Aufgaben und Perspektiven des Bodenseerates fragt sich Bodenseerat-Präsidiumsvorsitzender Landrat Maus, ob die Menschen am Bodensee es hinnehmen wollen, daß die wirtschaftliche Entwicklung und die damit in Zusammenhang stehenden EG-Förderungsmittel am Bodenseeraum vorbeigehen. Wie immer unbestritten bleibt bei allen wirtschaftlichen Entwicklungsvorstellungen die Funktion des Bodensees als Trinkwasserspeicher und die der Region als Erholungsraum.

Hier Entwicklung und Ausbau des Wirtschaftsraumes – dort Erhaltung und Bewahrung des Kultur- und Erholungsraumes. Von diesen Zielvorstellungen wurden die letzten 30 Jahre Planungsgeschichte zumindest von den deutschen Bodenseeanrainern geprägt. „Sowohl-als-auch"-Leitbilder nennt sie Andreas Me-

Euregio Bodensee und Verwaltungsgrenzen: Bundesland Vorarlberg

Fürstentum Liechtenstein

Kanton Thurgau
Kanton St. Gallen
Halbkanton Appenzell-Außerrhoden
Halbkanton Appenzell-Innerrhoden
Kanton Schaffhausen

Landkreis Konstanz
Bodenseekreis
Landkreis Sigmaringen
Landkreis Ravensburg
Landkreis Oberallgäu

Landkreis Lindau

(Gestrichelte Linie: Kennzeichnung des
Raumes entsprechend dem Kulturhandbuch
1992, Deutschland-Liechtenstein-Österreich-
Schweiz)

gerle. Angefangen mit den ‚Hinweisen für die langfristige Planung im Bodenseegebiet' (1962) über das „Gesamtkonzept für den Bodenseeraum" (1975), den „Regionalplan" für Bodensee-Oberschwaben (1981), den „Bodenseeuferplan" (1984) bis hin zum ‚Internationalen Leitbild für das Bodenseegebiet von der gemeinsamen Raumordnungs-Kommission Bundesrepublik Deutschland, Schweizer Eidgenossenschaft und Republik Österreich' (1983) –, immer wurde eine „tragfähige wirtschaftliche Eigenentwicklung" bei „Erhaltung der Kulturlandschaft" gewünscht, „größere Chancen für eine wirtschaftliche Weiterentwicklung" unter Bewahrung der „landschaftlichen Schönheit", ein „Siedlungs- und Wirtschaftsraum" gleichzeitig ein „Erholungsraum" mit reizvoller landschaftlicher Eigenart" in Aussicht gestellt. Sowohl-als-auch ist eben auf einer allgemein formulierten Ebene immer konsensfähig, sowohl-als-auch gehört zum Politiker-Alltag. Doch ermöglicht erst die Gewichtung des Sowohl-als-auch eine Aussage über die Qualität des Ganzen. „Man kann nicht

Ware und Geld zugleich haben", so lapidar sagt es Goethe.

Grenzüberschreitende Zusammenarbeit hat heute Hochkonjunktur, und die von der EG im Rahmen des INTERREG-Programms bereitgestellten 800 Mio. Ecu (ca. 1.6 Mrd. DM; für 1990–1993) sind die Triebfeder für längst überfälliges Tun. In internationalen Gremien anderswo scheut man sich nicht, dies zuzugeben, und im Sinne von INTERREG gibt es zweifelsohne genug Aufgaben.

Zum Beispiel: Eine Studie des Europäischen Parlaments sagt eine langsame Verlagerung sensibler Industriebereiche wie Forschung und Entwicklung bzw. High-Tech in südlichere Regionen voraus, so an den Alpenrand, also auch in den Bodenseeraum. Und das Strategiedokument der EG zur Raumordnung nennt den Faktor Lebensqualität, definiert durch klimatische Bedingungen, soziale Einrichtungen, saubere Umwelt, Infrastruktur für Erziehung, Freizeitge-

Gründungsforum für den Bodenseerat am 25. September 1991 auf der „MS Mainau".

staltung und Erholungsmöglichkeiten, bei der Standortwahl von Unternehmen als zunehmend gewichtig, insbesondere für neue wissensintensive Tätigkeiten. In diesem Bereich sind gut ausgebildete Fachkräfte knapp, sie können daher Bedingungen an ihren Arbeitsplatz stellen, dies wiederum stärkt Firmen in standortbegünstigten, attraktiven Regionen. Sind diese Prognosen nun ein Trost oder eine neue Herausforderung für die Bodenseeregion? – Eine Quantifizierung des Sowohl-als-auch darf nicht länger gescheut werden, hat man wirklich etwas mit Selbstbestimmung im Sinn.

Der Bodenseerat hat inzwischen seine Arbeit in sieben Arbeitsgruppen aufgenommen: Umwelt und Ökologie – Verkehr und Raumplanung – Wirtschaftliche Zusammenarbeit und Technologietransfer – Wissenschaftliche Zusammenarbeit – Tourismus – Kultur – Medienverbund. Dort soll Wissen angesammelt, produziert und begutachtet werden. Man mag sich bisweilen zurecht fragen, inwieweit nun ausgerechnet die neuen Euregio-Bestrebungen, nach 20, ja 30 Jahren Papierproduktion zu diesem Thema mit oft bis zur Bedeutungslosigkeit herunterformulierten Zielvorstellungen und vor dem Hintergrund üblicher Vollzugpraxis, warum nun also ausgerechnet diese neuen Aktivitäten zu Hoffnungen berechtigen.

Vielleicht, weil jede Veränderung ihre Zeit hat, und für uns jetzt die Zeit reif geworden ist für eine ganzheitliche Erfassung, Bewertung und Beeinflußung unserer Lebenswelt.

Indes fällt es nicht leicht, von alten Strukturen neue Ideen und Lösungen zu erhoffen. Warum nicht auch für die immateriellen Werte ein Forum mit politischem Gewicht schaffen?

Literatur:

Bullinger, Dieter: Grenzüberschreitende Zusammenarbeit in der Regionalpolitik. Theoretische Ansätze und ihre Bedeutung für das Bodenseegebiet. Diplomarbeit. Universität Konstanz, 1977.

Drexler, Albert-Maria: Umweltpolitik am Bodensee Baden-Württemberg. Dr. Neinhaus Verlag GmbH Konstanz, 1980.

Megerle, Andreas: Probleme bei der Implementation von Erfordernissen der Landes- und Regionalplanung auf der Ebene der Gemeinden – das Beispiel Bodensee. Diplomarbeit. Universität Tübingen, 1989.

POSITIONEN

MIT REGIONALEN AKTEUREN IM GESPRÄCH ÜBER DIE EUREGIO BODENSEE

BRIGITTE RITTER-KUHN

Erster Gesprächspartner ist Prof. Dr. Horst Sund, Ordinarius für Biochemie, von 1976–1991 Rektor der Universität Konstanz, Mitinitiator und Gründungsmitglied des Bodenseerates im Jahre 1991. Prof. Dr. Sund lebt seit 25 Jahren in der Region.

Welche Überlegungen haben zur Wiederbelebung der Euregio Bodensee geführt?

In Baden-Württemberg gibt es zwei bedeutende Entwicklungslinien, eine sehr intensive Entwicklungslinie der Wirtschaft und auch der Wissenschaft am Oberrhein, da ist Basel dabei als Schweizer Partner, und die Universitätsstädte Mühlhausen, Freiburg, Karlsruhe, Straßburg, und dann im mittleren Neckarraum, der beginnt bei Karlsruhe über Stuttgart nach Ulm, Augsburg, München. Wir sind am Bodensee randständig von Deutschland, der Thurgau, St. Gallen sind es von der Schweiz her gesehen. Vorarlberg von Österreich. Uns ist das bewußt geworden, als mal eine Karte veröffentlicht wurde über die Glasfaserverkabelung, da war der Bodenseeraum wunderbar ausgespart. Damit war klar, wir müssen irgendetwas tun, damit wir hier am Bodensee nicht völlig zurückfallen. Es gibt zwar die Bodenseekonferenz als Konferenz der Regierungschefs. Da wird von München, von Stuttgart, von Wien und von Bern aus bestimmt, was hier gemacht wird. Und das sind natürlich dann auch Festle-

gungen durch Beamte, Politiker, die unsere Probleme nicht kennen, die in zentralen Verwaltungen tätig sind. Ich bin der Meinung, wir müssen das selber in die Hand nehmen und uns nicht von außen her bestimmen lassen. Es sollte für die Zukunft ganz undenkbar sein, daß ein Bodenseepreis in München vergeben wird, wie letztens geschehen.

Sie sprechen von Befürchtungen, den Anschluß an die wirtschaftliche Entwicklung zu verlieren.

Es ist ganz klar, daß dadurch, daß die Schweiz und Österreich nicht zur EG gehören, die wirtschaftliche Entwicklung in diesem Raum stark beeinflußt ist. Dabei haben wir insbesondere für die „intelligente" Wirtschaft eine gute Basis, weil die Landschaft und ihre Kultur kreative Bedingungen schaffen. Denn nicht von ungefähr gehört ja Konstanz mit zu den Städten mit einer sehr hohen Konzentration an High-Tech-Firmen. Als wir das Technologie-Zentrum hier gegründet haben, hat uns jedermann gesagt, das ist nichts für Konstanz, Konstanz ist kein technischer Standort. Das ist aber gar nicht richtig, denn Wissenschaftler und Wissenschaftlerinnen, die Ideen haben, die was umsetzen und keine schmutzige Industrie betreiben wollen, kommen gerne hierher, eben wegen des landschaftlichen und intellektuellen Umfelds. Einen wichtigen Anteil daran hat die Universität: Hier sollen Köpfe und keine Schlote rauchen, diesen Ausspruch finde ich gut. Wir leben in einem Paradies; um aber unser Landschafts- und Kulturkapital zu erhalten, müssen wir uns gewisse materielle Grundlagen schaffen. Nur vom Tourismus können wir hier nicht leben, wir müssen schon eine Region schaffen, die selber produziert in einer sanften Industrie und damit zum Erhalt der Region beiträgt.

Wenn man was durchsetzen will, braucht man die Politiker, die Landtage, braucht die Verbindung zur Regierung. Wir müssen aber auch aufpassen, daß der Bodenseerat kein parteipolitisches Gremium wird, wohl aber ein politisches Gremium.

Haben Sie eine Traumvorstellung vom Bodensee für das Jahr 2010?

Traumvorstellung wäre, daß sich die Euregio Bodensee zu einer Region in Europa entwickelt hat, die sich auch als Region fühlt, die innerhalb Europas Beachtung findet, die für die regionale Entwicklung Europas eine Schrittmacherfunktion übernommen hat.

Man spricht von einem gesellschaftlichen Wertewandel in Richtung immaterieller Werte. Darin könnte doch eine Vorbildfunktion bestehen.
Dazu wäre dieser Raum geradezu prädestiniert.

Wenn es sich um Kultur dreht, dann ist das ja immateriell. Die Beschäftigung mit Kultur, Geschichte, das sind ja Dinge, die da hineinpassen. Sicher ist bei der Euregio Bodensee ein ganz starker Anteil immateriell begründet. Wenn wir zum Beispiel vom alemannischen Kulturraum reden mit seinem vielen Facetten, dann ist das nichts, was man materiell begründen kann, unterstützen schon, aber ohne materielle Vorteile.

Eine Horrorvision?

Horror wäre natürlich, wenn noch mehr Stuttgarter hierherkommen – Stichwort Zweitwohnungen, Motorboote auf dem See ...

Udo Haupt ist ebenfalls Gründungsmitglied des Bodenseerates und dort Mitglied in der Arbeitsgruppe Tourismus. Herr Haupt, gebürtig aus Radolfzell, ist Geschäftsführer der Messe Friedrichshafen, war vorher Verkehrsdirektor in Friedrichshafen und jahrelang im Bereich Tourismus tätig.

Welche Rolle soll die Euregio Bodensee und der Bodenseerat übernehmen?

Mit der Euregio Bodensee hat man nichts geschaffen, wofür es einen starken oder dringenden Bedarf gibt. Wenn aber schon Euregio Bodensee, dann Schaffung eines Leitbildes, Schaffung von Zukunftsperspektiven, Schaffung einer Philosophie entsprechend den Anliegen der Bevölkerung dieser Region, nicht ferngesteuert. Für die Zukunft werden die Aufgaben eher im Bereich der Realisierung von Vorhaben liegen, nicht in der Philosophie. Realisierung im Alltag – wir haben schon genügend Diskussionspapiere rund um den See, aber wenig tatsächliche partnerschaftliche Abwicklung. Zum Beispiel beim Tourismus: In Zukunft sollten wir unsere Angebote mit unseren Nachbarn abstimmen, gleiche Interessen und Konflikte berücksichtigen. Das war in der Vergangenheit selbst im IVB (Internationaler Bodensee Verkehrsverein) nicht oft der Fall. Auch die Umsetzung sollen Leute aus der Region übernehmen. Hier sehe ich ein weites Betätigungsfeld für den Bodenseerat. Wobei die Bodenseekonferenz sich natürlich weiterhin mit umfassenderen Strategien beschäftigen kann. Ich befürchte nur, daß man in der Region Angst hat vor einer Steuerung aus Stuttgart, Bern oder Wien und dieser Angst mit dem Bodenseerat entgegenwirken will.

Die Arbeit des Rates findet zunächst in den Arbeitsgruppen statt, der geistige und trotz aller Sachzwänge notwendige Überbau zur Orientierung in der Praxis-

arbeit ist vorerst nicht erkennbar.
Diese Konstruktion könnte für eine
ganzheitliche regionale Betrachtungs-
weise hinderlich sein.

Vermutlich wird davon ausgegangen, daß mit den beiden Bodenseeformen, also Bodenseekonferenz und Bodenseerat, die Leitbildfrage abgedeckt ist. Ich persönlich sehe derzeit jedoch gerade beim Bodenseerat noch keine Ansätze für ein Leitbild. Bei der Bodenseekonferenz ist es nicht anders. Natürlich kann man versuchen, aus den Ergebnissen der Arbeitsgruppen ein Leitbild herauszufiltern, gefällt mir aber als Weg nicht so gut.

Ein solches Zukunftsleitbild sollte versuchen, bis ans Ende unserer Vorstellungen zu gehen, und das ist nicht weit.

Das Leitbild muß über die momentane Situation hinausgehen und eine Zukunftsperspektive erarbeiten, die aber ständig in Bewegung bleiben muß und zum Beispiel alle zwei Jahre auf ihre Gültigkeit hin überprüft wird. Dies wäre ein gesonderter Auftrag für einen kreativen Kreis.

Die Diskussion über die Sicherung des Wirtschaftsstandorts Bodensee macht deutlich, daß gegenüber dem Investor klare Rahmenvorstellungen wichtiger sind als mögliche Restriktionen. Dies umso mehr vor dem Hintergrund, als die bislang verbreitete Maxime „Optimierung der Deckstuhlzahl auf der Titanic" einer ökologischen und sozio-ökonomischen Handlungsweise weichen muß.

Klare Rahmenbedingungen, genau das ist es. Ein gutes Beispiel ist dafür auch der Tourismus: Wieviel wollen wir, welchen Tourismus wollen wir, bzw. wollen wir überhaupt Tourismus. Solche Problemstellungen müßten in eine Leitbilddiskussion eingehen. Daß wir keinen Massentourismus haben, keine Großhotellerie, keine Ferienzentren, die wir absolut

auch haben könnten, liegt daran, daß wir Glück hatten und Planung vielleicht schon damals eingegriffen hat. Gott sei Dank, das ist aber, glaube ich, ein Zufall, es könnte alles viel schlimmer sein als es ist, auch was den Umweltschutz angeht. Vielleicht ist die derzeitige Situation im Tourismus auch unserer unbewußten Aufmerksamkeit zuzuschreiben. Es gab ja einmal Pläne, große Ferienzentren an den See zu machen, selbst vom Lande Baden-Würtemberg. Die Pläne sind dann hier in der Landschaft auf Unverständnis gestoßen und abgebogen worden. So wollte man zum Beispiel die Zone zwischen Uhldingen und Meersburg zu einem Auffangplatz für die Erholungssuchenden aus dem Bereich Autobahn Westlicher Bodensee machen. In Radolfzell wollte man ein Freizeitzentrum von großem Ausmaß bauen, um ebenfalls Touristen, die über die Autobahn an den Bodensee gelangen, abzufangen. Heute können wir nichts mehr dem Zufall und Glück überlassen, sondern müssen uns an Zielvorstellungen orientieren.

Verkehrsplanung, Straßenplanung, Bauplanung, Siedlungspolitik, wir haben ja als Touristiker viele Dinge zu verantworten, die wir gar nicht beeinflußen können, bisher nicht beeinflußen konnten. Wir müssen schauen, daß wir im Alltag mehr Stimme und Gewicht bekommen. Fremdenverkehr hat keine Lobby in anderen Institutionen, und wir müssen vielleicht auch mal versuchen, die wirtschaftlichen Folgen von Tourismus klarzumachen. Das kann ins Positive wie ins Negative gehen.

Vorarlberg hat es verstanden, die Themen frühzeitig so zu plazieren, wie sie heute aktuell sind, hat die Bevölkerung für den Umweltschutz sensibilisiert und den Umweltschutz stärker ins Fremdenverkehrsangebot einbezogen. Für die Vorarlberger hat der Fremdenverkehr einen ganz anderen wirtschaftlichen Stellenwert. Die Schweiz steht mit dem Rücken zum Bodensee, orientiert sich touristisch stark nach Süden und hat in der Vergangeheit noch nicht viel Engagement für eine touristische Nutzung des Bodenseeraumes gezeigt.

Jürgen Resch ist seit 1988 Bundesgeschäftsführer der Deutschen Umwelthilfe (DUH) und ist seit über 15 Jahren im Naturschutz im Bodenseeraum aktiv.

Vorab eine Behauptung: Weichenstellungen für zukünftige Entwicklungen finden auf der Programmebene statt.

Nein und wird nie. Programme sind zu dem Zeitpunkt, zu dem sie veröffentlicht werden, nicht mehr aktuell.

Es gibt so viele Programme am Bodensee, das Rad ist zumindest in den Programmen hier schon mindestens fünfmal erfunden worden, es ist wichtiger, umzusetzen. Und zum Umsetzen braucht man kein Programm, sondern eine gute Idee, um an ingendeinem Punkt mal anzufangen und alles aufzudröseln.

Nichts ist erfolgreicher als der Erfolg. Ein erfolgreiches Projekt wird Kreise ziehen und eine günstige Entwicklung beschleunigen, ohne Programm.

Die meisten Programme scheitern an der Umsetzungsphase. Unser Ziel ist, Definitionen zu finden, die konsensfähig sind, um damit ein Wir-Gefühl zu stärken, mehr mit Lob als mit Tadel zu arbeiten, zu versuchen, bei gesellschaftlichen Gruppen zu einem positiven Wettbewerb untereinander beizutragen. Ein Beispiel ist unser Wettbewerb „umweltfreundliche Gemeinde". Wir versuchen, aus dem Umweltschutzghetto auszubrechen, indem wir mit den Fremdenverkehrs-

ämtern, den Bauernverbänden, dem Seglerverband, also mit traditionell eingestuften Gegnern, kooperieren und Aktionen zum positiven Miteinander durchführen.

Und um im Bodenseerat der Ghettosituation zu entgehen, haben die Umweltverbände selbst einen Umweltrat Bodensee gegründet, der seit eineinhalb Jahren unter dem Namen Steuerungsgruppe Bodensee-Umweltschutzprojekt auftritt. Dieser Umweltrat wird dann konstruktiv-kritisch zu den Verlautbarungen des Bodenseerates Stellung beziehen. Wir brauchen eine gemeinsame Sprache, die laut wird und die man hört zu allen umweltrelevanten Entwickungen am See.

Aber die DUH will Lobbyarbeit leisten wie andere auch, und wir denken, am Bodensee wird da zu wenig gemacht. Wir brauchen mehr Ideen und Ziele.

Programme sind Ziele.

Wenn man Programme als Entwicklungsvorgaben für den Bodenseeraum definiert, dann brauchen wir sie tatsächlich. Wir sollten eine Idee entwickeln, wie der Bodenseeraum im Jahr 2000 oder 2010 aussehen soll, und eine Vorstellung davon haben, wie sich der Raum entwickelt, wenn wir ihn so weiterlaufen lassen. Es geht mir auch darum, daß ich mich in 30 Jahren noch wohlfühlen kann, und ich denke, wenn mehr Menschen diesen Egoismus aufbringen würden, daß es dann der Landschaft besser gehen würde.

Stecken unsere Zielvorstellungen in einer Krise?

Natürlich, denn wir versuchen tatsächlich nur eine Schadensbegrenzung vorzunehmen, wir gehen auch nur von dem aus, was im Moment realistisch erscheint und versuchen, die allerschlimmsten Macken zu beheben. Uns fehlen die weiten Würfe, die Utopie, wie eine für uns idyllische Situation in 20, 30 Jahren aussehen könnte. Solche Gedanken entwickeln sich häufig aus der Arbeit mit Kindern. Bodenseelandschaft ohne Autos, warum kann man das zum Beispiel auf der Höri nicht verwirklichen? Meine Zielvorstellungen gehen dahin, die absehbaren Zusatzbelastungen abzubremsen, die negativen Entwicklungen zu verlangsamen oder vielleicht zu stoppen. Das sind schon sehr mutige Menschen, die meinen, man könne die heutige Belastung reduzieren.

Haben Sie eine Vision für den Bodensee?

Meine Vision wäre tatsächlich, daß sich hier am Bodensee ein ganz starkes Wir-Gefühl in allen Bereichen etabliert, daß wir uns als Bewohner eines Zentrums in Europa fühlen und versuchen, Modell zu sein für andere, daß wir versuchen, anderen Ecken in Europa voraus zu sein, was die Abfallvermeidung, die Energieeinsparung angeht usw. Und für mich wäre als Meßlatte, ob diese Utopie auch tatsächlich erfolgreich ist, ob es uns gelingen würde, den Artentod zu stoppen und gar umzukehren. Sobald bei uns am Bodensee die Artenlisten gleich bleiben und keine Arten mehr aussterben, dann hätte ich das Gefühl, daß wir in einem Gleichgewicht mit der Umwelt leben würden.

Es existiert eine Tendenz in Richtung immaterieller Werte, ein gesellschaftlicher Wertewandel.

Im Moment scheint tatsächlich wieder eine gegenläufige Entwicklung stattzufinden, beim Essen ist es auch so, nicht nur Verköstigung, sondern auch Ästhetik.

Vielleicht ist es aber auch nur die Hoffnung. Denn auf der anderen Seite erleben wir jetzt eine Konsumgesellschaft wie nie zuvor. Das Erleben findet im

Kaufhaus statt, Kaufen wird als Erlebnis angeboten.

Was können regionale Akteure in den angesprochenen Bereichen überhaupt bewirken? Lohnt sich für diese, eine Ziel- und Wertediskussion zu führen, aktiv zu werden, mitzumischen?

Ich würde sagen, alles liegt in den Händen der Region. Die Bundesrepublik besteht aus Regionen, diese aus Gemeinden, alles ist irgendeinem Zuständigkeitsbereich auf der unteren Ebene zugeordnet, es gibt keine gemeindefreie Fläche, und wenn sich die Bevölkerung sicher ist, was sie will, dann kann sie hier sehr viel auf der unteren Ebene durchsetzen. Die regionalen Akteure sollten sich Partner suchen und mitmischen.

„Nicht umsonst habe ich den Kunstverein gegründet und das Literarische Forum Oberschwaben, um darauf aufmerksam zu machen, daß es wichtigere Dinge gibt und echtere Gemeinschaften im Sinne einer Multikultur, zu der wir doch vorbestimmt sind."
So Walter Münch am 29. April 1992, wenige Wochen vor seinem Tod.

SEE, SÄNTIS, SPÄTBURGUNDER – ODER: VERSUCH ÜBER DAS HEIMATGEFÜHL

STEFAN WAGGERSHAUSEN

KERSTIN AURICH

„Stefan W. am B'see anrufen."

So steht's an der Pinwand der Berliner Audio-Tonstudios. Ich gucke etwas ratlos – ich hatte mir das anders vorgestellt. „Ja, weißt Du", versucht mich der Mensch, der mir den Studio-Termin zugesagt hat, zu trösten, „ja, weißt Du, der wohnt nämlich gar nicht mehr hier, der wohnt in Konstanz." Meersburg, hätte ich bald gesagt. Meersburg! Und daß ich aus Hagnau komme. Aber was soll ich einem Berliner hier was von Konstanz, Meersburg und Hagnau erzählen. Und ihm nachher womöglich noch erklären, warum ich nach Berlin komme, wo ‚wir' doch am See, relativ, nebeneinander wohnen. „Ich mach' so was nur, wenn ich Lust dazu habe – aber wir können uns ruhig mal zusammensetzen." Vielleicht schon das erste Zeichen einer „tiefen Heimatverbundenheit", von der er gleich beim ersten Telefonat gesprochen hatte. Stefan Waggershausen, seit über 15 Jahren eine Instanz in der deutschen Musikszene: Singer, Songwriter, Produzent, zwischenzeitlich auch Rundfunkmoderator. Solche Leute vermutet man in Köln, Hamburg, München – ihn wußte ich in Berlin. Nun also Meersburg. Bodensee. Rock'n' Roll und Heimatgefühl? Großstadtdesperado im Ländle?

1949 in Friedrichshafen geboren, wächst er dort auf, besucht das Graf-Zeppelin-Gymnasium, wenn auch nicht ganz bis zum guten Schluß (die Reifeprüfung legt er in Ravensburg ab), ist anfangs eher auf dem sportlichen Sektor aktiv: als Fußballer und Leichtathlet beim VfB.

Parallel dazu aber wirken die Veränderungen in der Jugendkultur, vor allem die Strömungen in der Musik. Fast unbemerkt rutscht er vom Sport langsam, aber um so sicherer hinüber zur Musik. „Es ist einfach passiert, ich würde das noch nicht einmal dem mangelnden Talent als Fußballspieler oder Leichtathlet unterjubeln."

Das Ende der 60er – Flower-Power, Hippie-Music, Woodstock-Feeling. Scott McKenzie, Crosby, Stills, Nash & Young, zum Beispiel. Und, immer schon, Beatles, Stones und Bob Dylan. Da klinkt er sich ein. Die Gitarre unter den Arm geklemmt und dann im Uferpavillon gespielt, die Sommer lang. Er fängt an, erste Songs zu schreiben. Aber es gelingt ihm nicht, wirklich Fuß zu fassen. Zwar gibt es durchaus einige Bands, die auch schon in den Clubs auftreten, aber „die Tatsache, daß ich jeden Morgen um sieben oder acht wieder im Gymnasium sein mußte, war der Sache nicht unbedingt zuträglich." Er hilft ab und zu mal aus, spielt mit der Schulband auf Schulfesten, aber seine „heimlichen Versuche", eigene Songs anzubringen, gestalten sich schwierig. Angesagt ist halt das gängige Repertoire, eben Beatles, Stones...

1969 geht er – aber nicht „ohne Gruß", wie er später in dem Song „Sie haben uns geimpft gegen Rock'n' Roll" intoniert – dem einzigen übrigens, in dem er den See, seine Herkunft, direkt anspricht. Streng genommen würgt er der Stadt ganz schön eine 'rein, aber das darf man alles nicht so eng, vor allem nicht so wörtlich sehen: Da seien viele Überzeichnungen drin – einfach, um die Sache deutlicher zu machen. Dichterische Freiheit. „Wenn da wirklich dermaßen bad vibrations gewesen wären, wäre ich doch nicht immer wieder zurückgekommen, oder?"

Klingt einleuchtend. Nein, er hat weggemußt, es war tief in ihm drin – wie ein Ruf, der an ihn erging. Ein Ruf, dem er folgt. Nach eineinhalb Semestern in Tübingen kommt er Ende 1970 an – in Berlin. Nicht nur wer beides kennt, mag den Umsturz ahnen. Hier die 40.000-Seelen-Stadt, der See, die Weite, dort die Metropole, Straßenschluchten, obendrein noch die Mauer drumherum. Wer sich jetzt den Jungen vom Bodensee vorstellt, wie er heimwehgeplagt an den Wannsee flüchtet, muß umdenken. Während einige Freunde aus dem Schwabenland tatsächlich nach einigen Monaten aufgeben, ist er entschlossen – „das Ding zieh' ich durch."

Berlin zu den Zeiten ist „Die attraktive Metropole". Dort geht alles ein bißchen früher los – oder fängt überhaupt alles eigentlich in Berlin an? Der Inselcharakter als eine gute Grundlage für die Entstehung der unterschiedlichsten Kulturen und Subkulturen, – „das mag ein Grund gewesen sein, warum man dort vom Zeitgefühl her immer eine leichte Nase voraus war." Die Stadt als Motor, auch für ihn; am See hätte er „gar nicht die Chancen gehabt, die Dinge zu realisieren" – sei es nun Studium oder Musik. Er läßt sich fallen. Berlin ist das wilde Leben, das wilde Abenteuer – „Science Fiction und Fantasy zusammen." Er zieht durch die Kneipen, hängt in den Discos, geht in die Off-Kinos, besucht die ‚großen' Konzerte, lernt die Club-Szenerie kennen – kurz: er testet alles, was es am See nicht gab. „Ich war jung, wild und hungrig, wollte was erleben, am besten alles auf einmal." An den Wannsee gerät er höchstens mal im Rahmen einer Fete. „Der Wannsee zum Kompensieren, methadonmäßig, Ersatzdroge zum Bodensee – wäre ich nie auf die Idee gekommen." Noch über 20 Jahre später löst diese Vorstellung glattes Unverständnis aus. „Nach allem stand mir der Sinn, nur nicht nach Wannsee!"

Er studiert Psychologie, arbeitet nebenher beim RIAS, beim SFB, auch als Regieassistent, bastelt still und leise an seinem Traum. Nimmt deutsche Coverversionen auf (1972 Neil Youngs ‚Heart of Gold'), übersetzt Dylan-Songs, wartet monatelang auf das o.k. des großen Meisters – ‚Desolation Row'. Es wird der Titelsong seiner ersten LP ‚Traumtanzzeit', 1974. Ein kurzer Tanz: die Platte erhält zwar aus Fachkreisen gute Kritiken, hat aber (verkaufs-)zahlenmäßig nicht viel aufzuweisen. Mehr aus diesem Frust heraus macht sich Stefan Waggershausen an seine Diplom-Arbeit und schließt 1976 sein Studium erfolgreich ab, obwohl der Zug Psychologie schon lange abgefahren ist. Er arbeitet weiter als Rundfunkmoderator, als Bierzapfer in einer Kreuzberger Kneipe; nimmt 1978 mit ‚Verzeih'n Sie, Madame' an der Vorausscheidung zum Grand Prix d'Eurovision de la Chanson teil und macht 1979 dann endlich die alles entscheidende Bekanntschaft: ‚Hallo, Engel'. Dieser weist ihm, sozusagen, den Weg zum Licht. Goldene Schallplatte, Goldene Europa, Deutscher Schallplattenpreis.

Herbst am Bodensee. Der angrenzende Yachthafen ist verlassen, die Boote eher auf den Straßen als auf dem Wasser; Geschäfte, Restaurants und Hotels machen zu, und ich bin wieder einmal erstaunt, daß sie nicht auch die Meersburg zusammenfalten, die Weinberge wegräumen, bis nächstes Frühjahr – alles Kulisse.

Wir haben uns getroffen, an der Haltnau, unter schweren Regenwolken. Noch ist nicht Winter, noch kann man draußen sitzen und das endlich wieder in der Ruhe, die man dieser Gegend eigentlich zuschreibt. Es atmet sich leichter, wenn man mal wieder am See stehen und keinen Menschen sehen kann. „Die Touristen sprechen in einer Art ja für die Landschaft", aber im Grunde versetzt es ihn jedesmal wieder regelrecht in Depressionen, zu erleben, wie „dieses Land völkerwanderungsmäßig von den Touristenmassen überrannt" wird.

Stefan Waggershausen ist zurück. Seit Beginn der 90er versteht er sich als Pendler zwischen „purer Arbeit" und „auch Entspannung", zwischen Studio und Haus, zwischen Kollegen und Familie, zwischen Berlin und Bodensee. Streng genommen ist er immer schon gependelt. „Ich mußte immer wieder zurück, zwischendurch." Das Schweizer Hinterland bis Oberschwaben, das nennt er seine Heimatregion. Erzählt von den Heimfahrten. „Spätestens ab Waldsee hat der Mann einfach schon viel freier geatmet." Nach Hause kommen. Später dann, mit den Jungs, mit der Band, im Tourneebus. „Sobald ich den See erblickte, hatte ich ein ganz anderes Leuchten in den Augen. Die haben sich jedesmal totgelacht."

Nun also ist er wieder hier. Vielleicht auch jetzt erst so richtig hier. Früher hat er die Gegend nicht so bewußt empfunden. „In dem Alter hat man andere Interessen, da laufen andere Filme im Kopf ab. Heute kann ich diesen Blick auf den sich am Tag dreimal verändernden See, auf den Fujiyama herrlich genießen; ich weiß, was ein guter Tropfen Spätburgunder ist." Der Säntis als sein Fujiyama, der See als seine ganz persönliche, gesunde Droge. „Der hat manchmal eine Ruhe, die schmeckt so nach toten Ferientagen, wo du glaubst, die Zeit steht still; da spielt sich nichts mehr ab. Ich denke da wirklich, das ist ein überdimensionales Zeitloch, und wahrscheinlich altert drumherum die Welt um 10.000 Jahre, und hier steht alles still." Da haben wir's – „Heimat scheint es vor allem in Süddeutschland zu geben... Heimat, das ist sicher der schönste Name für Zurückgebliebenheit." (Martin Walser). Auch wenn ich mich vielleicht nahe am Tatbestand des aus dem Zusammenhang gerissenen Zitates befinde: das ist sie, die Vorlage; der Ball kommt geradezu von ihm – und ich wage kaum, ihn anzunehmen.

Die Heimatfrage. Zu oft schon Gegenstand unserer ‚Vorab-Telefonate'. Auch heute noch, kurz vor dem Treffen, hat er mir erklärt, ich müsse das schon geschickt anstellen – das Thema habe ihn immer abgeschreckt. Es ist ihm nicht geheuer, das hat er noch nie gemacht. Was er da große Worte finden soll – er sei nun mal Südstaatler, immer schon gewesen. Er habe keine Erfahrungen mit so einem Thema, und dann auch noch für das Jahrbuch... In so einer TV-Zeitschrift, das ginge ja noch. Aber das Jahrbuch. Wo er hier wohnt.

Heimatland. „Ich habe noch nie bewußt über dieses Thema nachgedacht."

Ich bin ganz froh, daß ich mich bei meinen Thesen auf Martin Walser und Werner Dürrson berufen kann und mich so dem Vorwurf entziehe, so etwas könne „auch nur jemandem aus dem Norden einfallen." Stefan Waggershausen hat die Bodenseeregion nie als Provinz empfunden, früher nicht und heute auch nicht. Und Zurückgebliebenheit? Er schaut mich an, lächelt – fast ein bißchen fujiyamaweise – und erklärt Zurückgebliebenheit zum positiven Begriff. Spricht von alten Völkern, alten Stämmen und ihrer ganz besonderen Beziehung zu ihrer Kultur, ihrem Boden, ihrem Baum, Sonne, Mond und Sterne... Zurückgebliebenheit in dem Sinne, nicht jeden Trend mitzumachen, sich selbst treuzubleiben. Mir fällt da durchaus noch eine andere Definition ein, aber die sage ich nicht. Friede, Freude, Bodensee, und wir mittendrin. Heimattümelei nennt man das. „Heimat-was?" Stefan fragt nach. „So was kann auch nur Euch..." – jaja, das hatten wir schon. Er läßt sich das Wort geradezu auf der Zunge zergehen, pure Lautmalerei, er kann damit nichts anfangen. „Laß es doch dämmern", besänftigt er mich, als ich ihm mit einer Textzeile aus dem Dürrsonschen ‚Schwanengesang' komme: „... hier dämmert Deutschland am schönsten.' Räumt aber ein, daß er manches sicher auch anders sähe, wäre er ständig hier.

Bisher aber hat er nach wie vor Europas große Städte im Terminkalender. Früher, das heißt in diesem Fall bis Mitte der 80er, noch sehr viel intensiver. Da gab es keine Zweifel: „Ich brauche die Großstadt, ich brauche mein Berlin – mit ein bißchen Athen, Rom, Paris oder London zwischendurch." In den Phasen, in denen er Songs geschrieben hat, ist er immer wieder los; was sich dann auch in seinen Texten spiegelt. ‚Ich kauf' mir ein Ticket, München-Lissabon, Ziel ganz egal, irgendwo land' ich schon. Grad' noch in Madrid', weiter nach Marrakesh oder Casablanca – und dann die Geschichte mit dem Panamahut... Damals war klar: „Hier (am See) kann ich nichts machen." Heute hat er einen anderen Fundus. Heute schreibt er seine Texte (auch) am See, die Themen sind „großstadtunabhängig" geworden, die Stadt ist nur noch „ganz nützlich, von der Anonymität her."

Stefan erzählt wieder vom See. Von

den vielen Farben, den unterschiedlichen Gesichtern und einer gewissen Seelenverwandtschaft. Er muß es wissen, er muß es beurteilen können. Hat ein tolles Plätzchen – Panoramablick über den See in die Berge auf den Säntis. Eine ganz besondere Art künstlerischer Freiheit. „Ich sitz' dann da und lasse das einfach auf mich einwirken, der See meditiert mich." ‚Es wäscht die Seele mir frei', möchte ich hinzufügen, aber diese Textzeile hat er an Portugals Küste angesiedelt.

Der See ist kein Thema – für seine Songs. Mit dem Walserschen Satz, jeder schreibe früher oder später (nur noch) über den See, hat er nachweislich wenig zu tun. „Es waren alles Fremde, die hierhergekommen, diesem Virus verfallen sind und darüber schreiben. Ich habe ihn

Da war'n noch'n paar andre Verrückte
Im Club wo wir uns trafen
Dort unten tief im Süden
Am Ufer von Friedrichshafen
Doch sie lachten uns aus und sie sagten
Ihr liegt total daneben
Heut weiß ich dieser Sommer war trotzdem
Der schönste in meinem Leben.

Sie hab'n uns von der Schule gefeuert
Ich ging irgendwann ohne Gruß
Die meisten haben gegrinst und die andern
Hab'n es schon immer gewußt
Manche sagen wir waren damals
Das Mark in den Knochen der Stadt
Doch sie halten die Tips von gestern
für die Jungs von heute parat.

in mir und bin weggegangen." Da schwingt der Stolz des Ureinwohners mit, das hat er Hesse und Co. voraus.

Aber nun mal ehrlich – ist er dagegen immun? In gewisser Weise schon. „Das liegt in der Natur der Musik, die ich mache. In dem Genre, in dem ich zu Hause bin, in der Sprache zwischen Lyrik und Straßenslang, würde es niemanden interessieren, mich wahrscheinlich auch nicht." Wahrscheinlich. Sicher kann sich da keiner sein. (Als wir uns nach ein paar Wochen ein weiteres Mal treffen – er steckt gerade mitten in den Arbeiten für sein neues, sein neuntes Studioalbum – kommt es 'raus. Auf dieser Platte wird sich ein „richtiges Bodenseelied" befinden, entstanden am See, inspiriert von See und Säntis. Allerdings, Zeichen vorsichtiger Annäherung, erst einmal rein in-

Sie haben uns geimpft gegen Rock 'n 'Roll. Auszug Songtext von Stefan Waggershausen.
Die musikalische Aufarbeitung der Jugend am See, erschienen 1985 auf der LP „Touché d'amour". Miau Musikverlag, Berlin.

strumental. Getreu der bekannten These, was er denn da große Worte finden soll...) Zudem hat er Harald Kloser kennengelernt, einen Vorarlberger, der viel in Los Angeles lebt, Filmmusiken schreibt. Die beiden haben ihre See- und Heimatverbundenheit als Gemeinsamkeit entdeckt und beschlossen, doch mal was „aus der Region" zu machen. Man hat sich auch schon einige Male am See getroffen, aber bisher sind die Überlegungen, welche Formen das Projekt denn annehmen soll, „meist im trockenen Müller-Thurgau oder im Spätburgunder ertrunken." Man will aber „der Sache auf den Grund gehen."

Ein langgezogenes Wolkenloch spendiert uns ein bißchen Abendrot. Dann kommt der Regen. Wir ziehen uns in die Haltnau zurück. Stefan Waggershausen lehnt entspannt in der Ecke, ‚das Schlimmste' ist überstanden. Was jetzt noch kommen könnte in Sachen Musikszene, „das kann ich" – er lacht bei der Durchsicht meines restlichen Fragenkataloges. „Im Grunde", eröffnet er mir dann recht unvermittelt, „im Grunde bin ich für diesen Job gar nicht geschaffen. Ich bin eigentlich eher ein Einzelgänger, einer, den Menschenmassen eher abschrecken. Das ist ja das Irre, daß ich dann trotzdem immer wieder in irgendeiner großen Halle vor Tausenden von Menschen stehe." Wo er doch viel lieber durch die Wälder laufen, am See sitzen oder auf die Berge steigen möchte, ganz für sich und mit sich – „und wochenlang keinen Menschen sehen."

Aber da ist er wieder, der Ruf. Auch wenn er jammert, wenn er von einem ruhigeren Leben träumt und sogar ans Aufhören denkt: Er hat bisher immer wieder seinen „Rucksack gepackt und der Heimat ade gesagt. Und ich könnte nicht behaupten, daß ich sehr ungern gegangen bin." Auch wenn das viele Reisen merklich an die Substanz geht.

„Wie auf Montage", hat er an anderer Stelle seinen Beruf charakterisiert. „Du bist pausenlos auf der Überholspur." Lange Arbeitstage im Studio, nachts nach Hause kommen, ein paar Blicke in die Zeitung, ein bißchen fernsehen, abschalten halt. Stefan Waggershausen macht ja auch mehr oder weniger alles allein: Text, Komposition, Produktion, Gestaltung der Cover. Und ist die Platte dann fertig, geht's erst richtig los – Promotion: Medienabende, Radio- und Fernsehpro-

duktionen, Interviews... „Ich bin so ausgelastet, seit Jahren mache ich nichts Anderes mehr." Da bleibt also auch kaum Zeit, ‚die Tips von gestern für die Jungs von heute parat' zu halten. Am Interesse, an der Bereitschaft zu helfen, mangelt es nicht. „Letztendlich arbeite ich mit einem Musikverlag, mit einem Studio zusammen, da kann man immer was tun. Bloß komme ich viel zu selten dazu, weil es viel zu arbeitsintensiv ist, das eigene Ding durchzuziehen." „Und wenn ich hier bin, bin ich zu Hause, vergrab' mich und habe meine meditativen Phasen."

Ein richtiges Schlußwort, ein schönes obendrein. Dennoch – ganz glücklich wirkt Stefan nicht, als das Mikrofon endlich abgeschaltet ist. Die Skepsis diesem Projekt gegenüber ist geblieben. „Ich hab' das Gefühl – und das ist kein Vorwurf – ich habe das Gefühl, Du verstehst das einfach nicht. Entweder man hat es, oder man hat es wahrscheinlich nicht." Heimatland.

Literatur:

Walser, Martin: Heimatkunde. Frankfurt a.M.: Suhrkamp, 1968. (edition Suhrkamp; 269) S. 40 und S. 48

Dürrson, Werner: Ausleben. Baden-Baden (u.a.): Elster, 1988. S. 156

WO DER PHANTASIE FLÜGEL WACHSEN...

UTA KANIS-SEYFRIED

Das Friedrichshafener „Kulturufer" – ein sommerlicher Kulturreigen für jung und alt.

Ein Hauch Jahrmarktsatmosphäre, ein Schuß Zirkusluft, eine Prise gute Laune und jede Menge Spaß an ein paar lauen Sommerabenden – immer wenn die letzte Woche der großen Schulferien anbricht und der Alltagstrott den faulen Tagen bald ein Ende macht, ist die Zeit des Friedrichshafener „Kulturufers" gekommen. Zehn Tage lang können sich jung und alt noch einmal richtig austoben und sich die Aussicht auf den kommenden Schul- und Arbeitsbeginn versüßen lassen. Austausch und Miteinander – bei Straßentheater, Pantomime, Kabarett, Akrobatik, Tanz und Clownereien, im Uferpark und an der Promenade, unter bunten Zeltdächern oder freiem Himmel läßt man es sich ganz nach Lust und Laune wohl sein.

Nach dem Motto „Was beliebt, ist auch erlaubt" hat sich die Uferkultur jenseits feudaler Konzerthäuser und hochherrschaftlicher Theater zu einem kaum noch zu bremsenden Selbstläufer entwickelt. Was ursprünglich einmal dazu gedacht war, das kulturelle Häfler Sommerloch ein bißchen zu stopfen, ist zu einer Institution geworden, deren positive Bilanz für sich spricht: 83 Veranstaltungen und rund 50.000 Besucher zählten das Städtische Jugendreferat und das Kulturamt im vergangenen Jahr – ein Ergebnis, mit dem man durchaus zufrieden sein kann.

Im Städtischen Jugendreferat, wo 1985 die Idee des Festivals geboren wurde, rauchten den Pläne schmiedenden Organisatoren tagelang die Köpfe, bis das Premierenprogramm zusammen mit den Mitarbeitern des Jugendzentrums Molke und des Spielehauses ausgetüftelt war. Schließlich wollte man ein attraktives Angebot auf die Beine stellen, das für jeden, ob Kleinkind oder Senior, etwas zu bieten hat. Nicht ungern erinnert sich der damalige Jugendreferent Claudius Beck an die bescheidenen, fünf Tage dauernden Anfänge mit Spielaktionen, Filmvorführungen, Kabarett und Konzerten. Damals ließ sich die Zahl der Veranstaltungen noch an zwei Händen abzählen, zu den ersten Gästen zählten aber immerhin schon so bekannte Künstler wie Eisi Gulp, Uli Keuler und die afrikanische Musikgruppe „Susu Bilibi".

Ursprünglich, erzählte Beck, war für das kleine Sommerfest im Zelt ein Platz beim Fischbacher Negerbad ausgesucht worden. „An den Uferpark habe ich nicht mal im Traum gedacht", gestand er freimütig. Doch Udo Haupt, der ehemalige Friedrichshafener Verkehrsdirektor hatte weniger Hemmungen, als er von den ausgefallenen Plänen hörte. Seinem Befürworten hat das „Kulturufer" den jetzigen Standort mitten in der Stadt zu verdanken. Mit 27.000 Mark Gesamtausgaben und 11.000 Mark Einnahmen bestand das erste Sommerfest dieser Art seine Feuerprobe – heute ist es der Stadtverwaltung einen sehr viel großzügigeren Griff ins städtische Säckel wert: Rund 350.000 Mark kostete der bunte Kulturreigen am See im vergangenen Jahr, die Zuschüsse beliefen sich auf über 200.000 Mark. An dieser Größenordnung dürfte sich auch in Zukunft nicht viel ändern, werden doch über Dreiviertel der Veranstaltungen kostenlos angeboten. Lediglich für die Abendvorstellungen in den beiden Zelten wird Eintrittsgeld verlangt. Zu bewältigen ist der beachtliche organisatorische Aufwand nur noch mit der tatkräftigen Hilfe von über 40 Mitarbeitern, die zum größten Teil extra angeheuert werden müssen.

Mit den Jahren hat sich ein festes „Kulturufer"-Stammpublikum entwickelt, und glaubt man den Gerüchten, streicht es sich der eine oder andere Besucher schon zu Jahresbeginn mit Rotstift im Kalender an und richtet seine Urlaubspläne danach ein. Gelegt hat sich auch die anfängliche Skepsis des Friedrichshafener Gemeinderats wie der Anwohner des Uferparks, die nicht nur die Lärmbelästigung bei Konzerten, sondern auch den Besucheransturm und die damit verbundene Unruhe fürchteten. Einen für alle Beteiligten akzeptablen Kompromiß habe man, sagt Kulturbürgermeister Kurt Brotzer, mit festen Schlußzeiten bei Musikveranstaltungen und in der Gastronomie gefunden.

Mit dem Städtischen Kulturamt, das bereits im zweiten Jahr als Mitveranstalter eingestiegen war, teilte sich das Jugendreferat zunächst tageweise das große Zirkuszelt, bis 1989 aus Platzgründen erstmals eine zweite Spielstätte aufgebaut wurde. Das „Palais Lumiere", eine reizvolle Konstruktion aus Weidengeflecht, war von der Gruppe „Sanfte Strukturen" und dem Architekten Marcel Kalberer entworfen und gebaut worden. Zweimal fanden hier Konzerte, Kabarett und sogar ein mittelalterlicher Bazar statt, dann wurde das „Palais" zugunsten eines festen Zeltes aufgegeben. Mit ihrer im Bodenseewasser dümpelnden Kulturinsel setzten die alternativen Baumeister aus Herdwangen bei Überlingen 1991 ihre traditionelle Beteiligung am „Kulturufer" fort. Um ausgefallene Ideen nicht verlegen, sorgten Kalberer und seine Mitarbeiter schon 1988 mit einem riesigen selbstgebastelten Solar-Zeppelin für Aufsehen. Vom Wasser aus sollte er in die Lüfte über die Uferwiese steigen, undichte Luftkammern ließen das kühne Unternehmen zur großen Enttäuschung der vielen Schaulustigen jedoch scheitern.

Nach acht „Kulturufern" hat sich die ungezwungene Atmosphäre und das hohe künstlerische Niveau der Veranstaltungen herumgesprochen, selbst die Straßenkünstler haben meist etwas besonderes zu bieten und werden, wenn sie von den Organisatoren zur Teilnahme eingeladen sind, auch bezahlt. Unabhängig davon kommen viele ohne Aufforderung, suchen sich ein Plätzchen entlang der Ufermeile und führen ihre Künste vor. Etliche dieser Zauberer, Jongleure, Feuerspucker und -schlucker, Marionettenspieler, Clowns und sonstigen Spaßmacher sind Stammgäste in Friedrichshafen, als wahre Besuchermagneten gelten beipielsweise die Vorführungen der Schweizer Akrobaten von „Karls kühner Gassenschau" oder die Performance der Berliner Gruppe „Pan Optikum" mit ihren fantasievollen Großfiguren aus Stoff.

Beim „Kulturufer", das sich bewußt als Gegenprogramm zum herkömmlichen Kulturangebot im Graf-Zeppelin-Haus versteht, sollen vor allem freie Ensembles und Theatergruppen aus dem In- und Ausland zum Zug kommen, die ohne staatliche Subventionen arbeiten. Avantgardistisches, Experimentelles, Innovatives in höchster künstlerischer Vollendung – wer immer dergleichen zu bieten hat, bekommt in Friedrichshafen seine Chance. Vollbesetzte Zelte brachte so manches Exclusivgastspiel, das erst nach langwierigen Verhandlungen zustande kam. Auf die Vorstellung der „Zvi Gotheiner Dance Group" aus New York (1991), die Konzerte von Ingrid Caven und Mory Kante (1987) oder die wiederholten Auftritte der „Laokoon Dance

Group", des französischen „Théâtre de la mie de pain", des „Biracher Zelt-Ensembles" oder der amerikanischen Performancekünstlerin Kathy Rose ist der stellvertretende Kulturamtsleiter Franz Hoben heute noch stolz. Daß dabei die einheimischen künstlerischen Kräfte nicht vergessen werden, ist dem Jugendreferat ein besonderes Anliegen. Für Rockgruppen aus der Region gibt es sogar ein eigenes Musiker-Nachwuchsfestival in der Musikmuschel, wo sie sich dem Publikum vorstellen dürfen.

Ein Sommer ohne „Kulturufer" – nicht auszudenken! Dennoch gab es auch hier schon Zeiten, in denen sich die Organisatoren das Ende sehnlichst herbeigewünscht haben. Der 15. August 1987 war

so ein Tag. Damals machte sich eine aus Lindau angereiste Hundertschaft rechtsradikaler Skinheads randalierend am „Kulturufer" breit und vergiftete die friedliche Atmosphäre. Um eine Eskalation der bedrohlichen Situation zu verhindern, mußten nicht nur Polizeikräfte aus dem gesamten Bodenseekreis anrücken, es wurde auch eine Spezialeinheit per Hubschrauber aus Göttingen eingeflogen. Nach stundenlangen Bemühungen gelang es den Beamten, die meist jugendlichen Glatzköpfe zum Bahnhof zu eskortieren und in den nächsten Zug zu setzen.

Für Aufruhr einer ganz anderen Art sorgte 1990 die Performance des Schweizer Künstlers und Documenta-Teilnehmers Roman Signer. Dessen „Aktion mit 50 Fässern" war der „Kulturufer"-Beitrag des Friedrichshafener Zeppelin-Museums unter seinem damaligen Leiter Dr. Lutz Tittel. 25.000 Mark kostete die umstrittene, wenige Sekunden dauernde eidgenössische Kunst, bei der in einer Kettenreaktion die Deckel von 50 hintereinander gestellten blauen Fässern gesprengt wurden. Während sich die verdutzten Zuschauer angesichts der Rauchwolken lachend davonmachten, verging dasselbe den Häfler Ratsherren, als der enorme Preis dafür offenbar wurde. „Viel Rauch um nichts" war wochenlang Stadtgespräch und Anlaß für hitzige Debatten in den Gemeinderatssitzungen.

Uferkulturen für jedermann, wer hierher kommt, darf nicht nur zuschauen, sondern auch mitmachen – in den zahlreichen Werkstätten der „Aktionswiese" etwa, wo unter Aufsicht und Anleitung des Spielehausteams der Stadt die jüngsten Besucher ab drei Jahren kostenlos basteln, spielen, toben und turnen dürfen. 2000 Buben und Mädchen kommen durchschnittlich pro Tag in das „Kinderparadies" der 25 größtenteils ehrenamtlichen Betreuer. Daß letztere dabei alle Hände voll zu tun haben, um die quicklebendige Rasselbande im Zaum zu halten, versteht sich eigentlich von selbst – für die meisten Eltern jedenfalls, die ihre Kinder hier abliefern.

Doch während die einen durchaus mal tatkräftig mit anpacken, lassen es sich andere nicht nehmen, den „Aktionswiese"-Mitarbeitern bei jeder Gelegenheit das Leben schwer zu machen. Nach dem Motto „wenn schon alles kostenlos ist, will man auch möglichst viel davon haben", versuchen die gefürchteten „schwarzen Schafe" rücksichtslos ihre eigenen Vorstellungen und Maßstäbe durchzusetzen. Und so wird dann ein Drama daraus gemacht, wenn der Sprößling mal mit einer stumpfen Schere sein Sonnenschildchen ausschneiden muß oder die hübsche rote Farbe ausgeht, bevor das Bübchen oder Mädel seinen Pinsel hineintauchen konnte. Was die eifrig werkelnden Knirpse nicht im mindesten stört – schließlich ist die grüne Farbe gleich daneben genauso schön –, ist den Erwachsenen Anlaß zu vielerlei Klagen und Beschwerden. Daß sie sich dabei häufig noch im Ton vergreifen, vergällt dem Betreuerteam so manchen schönen Tag. Vor allem, wenn sich Mütter oder Väter auch noch ungeniert bedienen und Bastelmaterial oder Werkzeug in der mitgebrachten Tasche verschwinden lassen – damit das Kind daheim weiterwerkeln kann, gell?

Mit der Anzahl der Veranstaltungen wie der Besucher ist das Spektakel am Bodenseeufer jetzt an die Grenzen seiner Möglichkeiten gestoßen. Damit es nicht zum „Volksfest verkommt" und statt Kunst und Kultur der Biergenuß im Vordergrund steht, soll, darin sind sich alle Beteiligten einig, der bisherige, gerade noch überschaubare Rahmen beibehalten werden. Das hohe Niveau und eine anspruchsvolle, bühnentechnisch einwandfreie Aufführungsqualität sollen in Zukunft an erster Stelle stehen und gezielt seriöses, kunstinteressiertes Publikum ansprechen. Dieses Konzept hat sich bewährt und entscheidend zur ungeheuren Popularität des „Kulturufers" beigetragen. Ein gutes Beispiel, das offensichtlich Schule macht, wollen doch die Städte Karlsruhe und Schwäbisch Gmünd ihre Sommerlöcher mit einem ähnlichen Festival stopfen. Schon mehrfach holten sich die Verantwortlichen deshalb Tips und Rat in Friedrichshafen.

Am Horizont ziehen die ersten dunklen Wolken auf, ein frischer Wind wirbelt Staub und bunte Blätter an der Ufer-

promenade durcheinander. Noch einmal drängeln sich die Menschenmassen auf Zuschauertribünen, um Straßenkünstler und vor den Tresen des Verpflegungszeltes. Auf diesen Sonntag, den letzten Tag des „Kulturufers", haben die eingefleischten Fans zehn Tage lang warten müssen. Wie jedes Jahr – mehr oder weniger pünktlich um 17 Uhr – öffnen sich jetzt die bunten Vorhänge des Mitmachzirkus „Luftikus". Seit dem späten Vormittag haben 150 Kinder unermüdlich Kunststückchen eingeübt, um sie nun „Zirkusdirektor" Claudius Beck und einer vielköpfigen, mit Beifall nicht sparenden Zuschauerschar vorzuführen. Vom ersten „Kulturufer" an war der Mitmachzirkus des Spielehauses *der* Renner unter den Spielaktionen. Jedes Jahr kommen noch mehr Buben und Mädchen, um auf die Schnelle Stelzenlaufen oder Seiltanzen zu lernen, Diabolos kreisen zu lassen, mit Bällen zu jonglieren oder sich in lustigen Tiernummern als Störche, Mäuse und Pinguine im Rampenlicht zu sonnen. Lange vor dem Beginn der Vorstellungen sind die Bänke vor der feuerroten Plane der Manege besetzt, während hinter den Kulissen die aufgeregte Schar der Artisten geschminkt und in die selbstgenähten Kostüme gesteckt wird. Bis alle Kinder ihre Nummern gezeigt haben, vergehen fast drei Stunden – doch langweilig wird es dem Publikum nicht. Vor allem nicht jenen kleinen Hosenmätzen, die diesmal noch als Zuschauer auf dem elterlichen Schoß ausharren müssen, im nächsten Jahr aber vielleicht schon mit von der Partie sein werden...

Das erste Zeppelin-Museum in der Luftfahrtbau Zeppelin GmbH wurde im Juli 1938 eröffnet. Das Museum stand an der Stelle des heutigen „Karl-Maybach-Hauses".

„MAN MUSS NUR WOLLEN UND DARAN GLAUBEN"

DER FREUNDESKREIS ZUR FÖRDERUNG DES ZEPPELIN-MUSEUMS IST SEINEM ZIEL EIN STÜCK NÄHER GEKOMMEN

MANFRED A. SAUTER

Es war am 65. Todestag des Grafen Ferdinand von Zeppelin, am 8. März 1982, als in einer schlichten Feier in der damaligen Zeppelin-Abteilung des städtischen Bodenseemuseums Friedrichshafen der „Freundeskreis zur Förderung des Zeppelin-Museums e.V. Friedrichshafen" gegründet wurde.

Der Verein hat es sich zur Aufgabe gemacht, die Persönlichkeit des Grafen Ferdinand von Zeppelin, sein Wirken und seine Werke sowie seine Hinterlassenschaft einem würdigen und angemessenen Angedenken zu erhalten, Mittel für den Kauf von Exponaten sowie für die Errichtung einer angemessenen Erinnerungstätte zu beschaffen und mit diesen Mitteln die Errichtung einer solchen Erinnerungsstätte, nämlich eines Zeppelin-Museums, zu fördern.

Dabei stand auch die Bedeutung im Mittelpunkt, die das Lebenswerk des Grafen für die wirtschaftliche Struktur des Bodenseeraumes hat; eine Reihe im Friedrichshafener Raum ansässiger Unternehmen hat sich als Nachfolgebetriebe der von Zeppelin ins Leben gerufenen Industrie zu ihrer heutigen Größe mit insgesamt mehr als 20.000 Arbeitsplätzen am Bodensee entwickelt; weltweit dürfte diese Zahl bei mehr als 50.000 liegen.

Neben einer überschaubaren Gruppe engagierter Bürger, ehemaliger Mitarbeiter der Luftschiffbau Zeppelin GmbH und Besatzungsangehörigen von Zeppelin Luftschiffen, waren auch der damalige Oberbürgermeister Martin Herzog und Landrat Dr. Bernd Wiedmann, heutiger Oberbürgermeister der Stadt Friedrichshafen, bei der Gründungsversammlung anwesend und sind dem Verein beigetreten.

Zum 1. Vorsitzenden des Fördervereins wurde Messedirektor i.R. Otto P. W. Hüni gewählt, der seit Jahren als großer Verfechter des Gedankens zum Bau eines neuen Zeppelin-Museums galt und bis zu seinem plötzlichen Tod im Jahre 1986 die Geschicke des Vereins geleitet hat. Als weitere Mitglieder in den Gründungsvorstand wurden gewählt Albrecht von Brandenstein-Zeppelin, ein Urenkel des Grafen Ferdinand von Zeppelin sowie Karl-Heinz Stemmer, Werner Bogner, Prof. Dipl.-Ing. Siegfried Krauß und Hans-Joachim Bartel.

Wie in einem an die Gründungsversammlung anschließenden Pressegespräch mitgeteilt wurde, war an eine konkrete Inangriffnahme der Baumaßnahmen für das neue Zeppelin-Museum Mitte des Jahrzehnts, also 1985, gedacht.

Die Trägerschaft für dieses Museum, welches nach seinerzeitlichen Planvarianten noch als Neubau auf der grünen Wiese entstehen sollte, werde, wie der damalige Oberbürgermeister Martin Herzog erklärte, die Stadt Friedrichshafen übernehmen.

Nun, so schnell ging es leider nicht, ein Neubau auf der grünen Wiese war nicht finanzierbar, und wir müssen wohl noch einige Zeit froh sein an unserer jetzigen, bescheidenen Zeppelin-Abteilung im Nordflügel des Rathauses von Friedrichshafen, welche Anlaß zu einem kurzen geschichtlichen Rückblick und zu einem Dankeschön an die alten Zeppeliner sein soll, die nach dem unseligen Zweiten Weltkrieg als erste wieder daran dachten, „ihren Grafen" mit einer den damaligen Umständen entsprechenden Erinnerungsstätte zu ehren.

Viele von ihnen kannten noch das alte Werksmuseum der zwanziger Jahre und hatten vor allem das am 8. Juli 1938, dem 100. Geburtstag des Grafen, eröffnete Museum der Luftschiffbau Zeppelin GmbH Friedrichshafen, in welchem auf rund 1000 Quadratmetern das gesamte Spektrum der Luftschiffahrt – insbesondere der Zeppelingeschichte – gezeigt wurde, in bester Erinnerung. Das Museum stand an der Stelle des heutigen „Karl-Maybach-Hauses" und wurde in Personalunion durch die Pförtner der über einen Verbindungtrakt angeschlossenen LZ-Hauptpforte beaufsichtigt. Hauptattraktion damaliger Zeit war der simulierte Blick aus der Führergondel eines Luftschiffes auf das Panorama der Bucht von Rio de Janeiro. Der Panoramaraum hatte eine Grundfläche von 150 Quadratmetern. Leider wurde dieses sehr aussagefähige, auf historischem Boden stehende Zeppelin-Museum bei Fliegerangriffen im Zweiten Weltkrieg zerstört und nicht wieder aufgebaut.

Daß Friedrichshafen trotzdem ein kleines Zeppelin-Museum hat, haben wir, wie bereits erwähnt, in der Hauptsache den alten Zeppelinern und vielen ihrer nicht mehr unter uns weilenden Freunde zu verdanken. Sie waren es, die unter großem persönlichen Einsatz in ihrer Freizeit Modelle gebaut, Altes gesammelt und restauriert und das Zeppelin-Museum im obersten Geschoß, das von der Stadt Friedrichshafen im neu entstandenen Nordflügel des Rathauses zur Verfügung gestellt wurde, eingerichtet haben.

Bereits 1954 haben sie damit begonnen, am 26. Mai 1960 wurde mittels eines Baukrans das Großmodell des Luftschiffes LZ 129 „Hindenburg" in das Obergeschoß eingebracht, und am 6. August desselben Jahres war die feierliche

Eröffnung der noch heute bestehenden Zeppelin-Abteilung im Museum für Technik und Kunst der Stadt Friedrichshafen. Leider wurde die Räumlichkeit während der Ära des früheren, zum 31. Dezember 1991 ausgeschiedenen Museumsdirektors Dr. Lutz Tittel „modernisiert" und verkleinert. Eine Verkleinerung, bei welcher viele liebenswürdige und erinnerungsträchtige Kleinigkeiten im Museumskeller verschwanden, so daß abgesehen von einer neuen Filmvideothek heute weniger gezeigt wird, als bei der zuvor von den alten Zeppelinern erdachten und verwirklichten Ausstellungskonzeption. Auch der erste Anstoß zur Wiedergründung eines Zeppelin-Museums nach 1945 kam von derselben Personengruppe und fand bei einer Sonderausstellung in der ehemaligen Baracke der IBO-Messeleitung auf dem Schulplatz an der Scheffelstraße seine Ver-

wirklichung. Die Ausstellungsfläche mit 213 Quadratmetern war so groß wie die im heutigen Zeppelin-Museum und so dicht belegt, daß die Ehrengäste während der Eröffnungsfeier auf Holzstühlen im Freien Platz nehmen mußten. Die Eröffnung war, wie könnte es anders sein, an einem Geburtstag des Grafen, am 8. Juli 1950. Verbunden damit war zugleich das erste, von Philipp Lenz und Paul Sauer organisierte, offizielle Nachkriegs-Zeppelinertreffen.

Wie ich meine, galt unser Vereinszweck nicht nur der Bewältigung eingangs genannter Ziele, sondern auch der

Wahrung eines Vermächtnisses von Personen, die zum Teil noch den Grafen Zeppelin persönlich kannten, mithalfen, seine Luftschiffe zu konstruieren und zu bauen, oder aber als Besatzungsmitglieder mit diesen Luftschiffen den Namen Zeppelin und den der Stadt Friedrichshafen in aller Welt bekannt zu machen.

Unter diesen Prämissen konnten wir bereits im Jahre 1984 das 1000. Mitglied begrüßen: Norbert Heis, ehemaliger Maschinist auf LZ 127 „Graf Zeppelin"; der derzeitige Mitgliederstand liegt bei rund 1770 Personen und Institutionen. Mit dem Rückhalt und positiven Wirken dieser Mitglieder betrachten wir es mit als einen Erfolg unserer Bemühungen, daß durch die Stadt Friedrichshafen zwischenzeitlich der Hafenbahnhof erworben und im Gemeinderat mit großer Mehrheit dem Aus- und Umbau dieses denkmalgeschützten Gebäudes als künftiges Zeppelin-Museum zugestimmt wurde.

Nach dem Umbau dieses Gebäudes wird sich die Ausstellungsfläche gegenüber dem jetzigen Zeppelin-Museum ungefähr verzehnfachen. Als besondere Attraktion gilt schon jetzt der naturgetreue Nachbau eines ca. 33 Meter langen Kreisausschnitts der Steuerbordseite des Luftschiffes LZ 129 „Hindenburg", mit begehbarem „A"- und „B"-Deck, welcher auf der Nordseite des Hafenbahnhofs in das Gebäude integriert wird. Fertigung und Einbau dieser bei den Zeppelin Metallwerken GmbH in Friedrichshafen in Arbeit befindlichen Rekonstruktion soll bis zur geplanten Museumseröffnung, die um die Jahreswende 1995/96 liegen dürfte, abgeschlossen sein. Mit der ähnlichen Mehrheit, wie dem Um- und Ausbau des Hafenbahnhofs, hat der Gemeinderat auch unseren schon vor Jahren vorgetragenen Wunsch, nämlich das Bodenseemuseum in Zeppelin-Museum umzuwidmen, entsprochen.

All dies, sonstige Neuheiten zum Thema Zeppelin sowie aktuelle Vereinsnachrichten werden unseren Mitgliedern und der Allgemeinheit in den jährlich mindestens zweimal erscheinenden, jeweils mehrseitigen „Zeppelin Briefen" berichtet. Als weitere große Aufgabe betrachtet der Verein das Sammeln von Exponaten, Literatur und Belegen, – kurz alles, was den Fundus unseres künftigen Zeppelin-Museums bereichern kann. Dazu zählen natürlich auch Gegenstände und Archivalien aus der Geschichte heutiger und ehemaliger Stiftungsbetriebe wie z. B. der Zeppelin Wohlfahrt GmbH, der ZF AG, Dornier, Maybach, Delag oder der früher im Raum Berlin angesiedelten Werke.

Nach Fertigstellung der entsprechenden Räumlichkeiten im künftigen Zeppelin-Museum wird der zwischenzeitlich im Archiv der Luftschiffbau Zeppelin aufbewahrte Fundus des Freundeskreises zur Förderung des Zeppelin-Museums e.V. als Leihgabe an das Zeppelin-Museum Friedrichshafen übergeben. Die Mittel zur Mehrung unseres Archivalienfundus entstammen Mitgliedsbeiträgen, Spenden von Mitgliedern und Gönnern sowie aus Verkaufsaktionen von Ballonpost und ähnlichem. Mehrfach schon waren wir mit eigenen Verkaufs- und Informationsständen auf der IBO-Messe, der RMF und bei Jubiläumsveranstaltungen im Graf-Zeppelin-Haus vertreten. In diesem Zusammenhang muß auch das ausgesprochen gute Einvernehmen zu den Stiftungsbetrieben Luftschiffbau Zeppelin GmbH, Zeppelin Metallwerke GmbH und ZF Friedrichshafen AG erwähnt werden; sie sind immer dann eingesprungen, wenn bei einem besonders interessanten Angebot die Eigenmittel des Vereins gerade erschöpft waren. Eine unserer letzten Aktionen war der Verkauf von Ballonpost, die bei der Fahrt des neuen

Freiballons „Graf Zeppelin" am 7. März 1992 von Friedrichshafen nach Pfyn/Schweiz mitgeführt und am 8. März 1992, dem 75. Todestag des Grafen Zeppelin, in Friedrichshafen mit einem Sonderstempel versehen wurde.

Am selben Tag war eine Kranzniederlegung am Zeppelin-Denkmal durch die Stadt Friedrichshafen, die LZ GmbH und durch die gräfliche Familie. Im Anschluß daran hat unser engagiertes Mitglied Professor Dr. Peter Kleinheins im Ludwig-Dürr-Saal des Graf-Zeppelin-Hauses Friedrichshafen, in einer von unserem Verein initiierten Gedenkfeier, einen Vortrag über „Das Werk des Grafen Zeppelin" gehalten.

Unter den interessierten Gästen befand sich neben Alexa Baronin von König-Warthausen, einer Enkelin des Grafen Zeppelin, auch Albrecht von Brandenstein-Zeppelin, der von 1986 bis 1990 die Geschicke unseres Vereins geleitet hat. Der heutige Vereinsvorstand besteht aus dem Vorsitzenden Manfred A. Sauter,

seinem Stellvertreter Hans-Joachim Bartel, Schatzmeister Karl-Heinz Stemmer, Schriftführer Hubert Horn, Manfred Bauer und Prof. Dipl.-Ing. Siegfried Krauß.

Sie alle sind ein wenig stolz auf das in zehn Jahren ehrenamtlicher Vereinsarbeit Geleistete, sie sind sich aber auch bewußt darüber, daß bis zur Eröffnung unseres neuen, in der Welt wohl einmaligen Zeppelin-Museums, und weit darüber hinaus noch vieles zu tun ist und noch viele Aufgaben auf uns und unsere Mitglieder warten werden.

Doch getreu und im Gedenken an den Grafen Ferdinand von Zeppelin halten auch wir es mit seinem Wahlspruch:

„Man muß nur wollen und daran glauben, dann wird es gelingen."

Ein Ziel des Fördervereins ist erreicht:
Entsprechend dem Modell wird der
Hafenbahnhof zum Zeppelin-Museum
umgebaut.

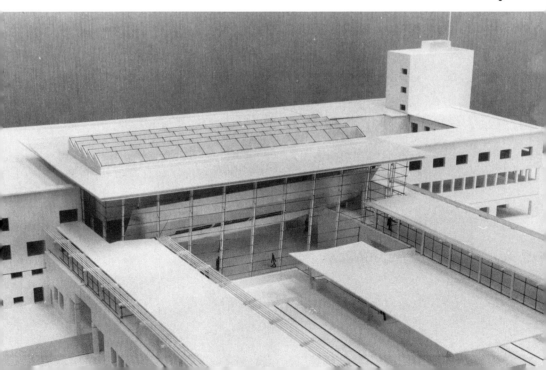

Ludwig Stilhart zugeschrieben,
Wappenscheibe der Stadt Überlingen, 1528. Überlingen, Rathaus.

LEUCHTENDE ZEITDOKUMENTE

KABINETTSCHEIBEN IM BODENSEERAUM

BARBARA U. GIESICKE

Die historischen Glasmalereien, mit denen wir eine Aufsatzreihe eröffnen wollen, gehören einem Kunstzweig an, der während des 16. und 17. Jahrhunderts in Süddeutschland, weit mehr noch in der Schweiz, seine stärkste Ausprägung fand: der Kabinettglasmalerei. Daher sei zunächst ein Blick auf die Gattung geworfen, die für die süddeutsche und schweizerische Kulturgeschichte von so herausragender Bedeutung ist: Der Begriff Kabinettscheiben bezeichnet im Gegensatz zur monumentalen Glasmalerei gotischer Kathedral- und Kirchenbauten kleinformatige, auf intime Wirkung und Nahsicht angelegte Glasgemälde. Eingebunden in eine eigene Charakteristik von Komposition und ikonographischem Programm, tragen sie in der Regel Namen und Wappen des Auftraggebers und werden daher auch Wappenscheiben genannt. Sie waren zur Ausschmückung von Räumen nicht monumentalen Ausmaßes bestimmt, wie Kreuzgänge, Rats- und Zunftstuben, Wirts-, Trink- und Badestuben, nicht zu vergessen Schützen- und Rittersäle und natürlich auch Bürgerstuben, also insbesondere von profanen Räumen.

Bei der Entstehung und Entwicklung der Kabinettglasmalerei spielten verschiedene Faktoren eine Rolle: In erster Linie wohl die politisch-sozialen und geistigen Wandlungen seit der zweiten Hälfte des 15.Jahrhunderts, die ein neues bürgerliches Selbstverständnis schufen.

Ihren Durchbruch als Massenprodukt erlebte die Kabinettscheibe an der Wende vom Mittelalter zur Neuzeit, als Renaissance und Humanismus die Verselbständigung des Individuums forderten, und sich im städtischen Handel und Gewerbe ein wirtschaftlicher Aufschwung vollzog, der manche luxuriöse Veränderung ermöglichte, so auch im Bereich der Wohnkultur: Viele der bis dahin aus Holz gebauten Häuser wurden durch feuersicherere Steinbauten ersetzt, und die Fensteröffnungen, früher mit ölgetränkten Tierhäuten, Papier, Pergament, Stoffen oder Holzbrettern versehen, erhielten nun kostspielige Glasfenster. Natürlich trug die Reformation Wesentliches zur Verbreitung der Kabinettscheibe bei, verlor doch die Glasmalerei ihre bis zu diesem Zeitpunkt vorrangige Aufgabe: als Teil der Architektur sakrale Innenräume mit überirdischem Licht zu durchfluten und den Gläubigen die Lehren der Kirche, das Evangelium und die Legenden der Heiligen vor Augen zu führen.

All diese Umstände mögen die Entstehung und Ausübung einer Sitte begünstigt haben, die das öffentliche und private Leben zwei Jahrhunderte lang ergriff, die Sitte der Fenster- und Wappenschenkung. Sie kam bereits um die Mitte des 15. Jahrhunderts auf, erreichte im 16. ihren Höhepunkt, ging im 17. zwar stark zurück, wird aber in der Schweiz bis auf den heutigen Tag praktiziert: Eidgenössische Stände, Städte, Klöster, Bürger, Zünfte, Bauern und Adlige beschenkten sich gegenseitig mit kleinen, beweglichen Glasgemälden, eben den Kabinettscheiben. Anlässe gab es genug: die Errichtung eines Neubaus, eine Hochzeit, die Bekräftigung einer Freundschaft oder die Kennzeichnung des Hoheitsgebietes in einem grenznahen Wirtshaus. Indem die Sitte immer weitere Kreise zog, nahm auch die Vielfalt der

Bildinhalte zu, und zwar derart, daß sich in den Kabinettscheiben seit Mitte des 16. Jahrhunderts das gesamte städtische und ländliche Leben widerspiegelt. Sie sind leuchtende Zeitdokumente. - Ihre begriffliche Fixierung als Fenster- und Wappenschenkung verdankt die Sitte wohl ihrem urkundlich am häufigsten bezeugten Anlaß, nämlich der finanziellen Unterstützung für den Bauherrn: Während erstere die bloße Verglasung mit Butzen- oder Rautengläsern beinhaltete, legte die zweite, die den oberen Teil des Fensters füllende Wappenscheibe, Zeugnis darüber ab, wer die Kosten des Fensters getragen und damit den Neubau unterstützt hatte. Der finanzielle Aspekt konnte bei dem Schenkungsakt aber auch ganz unwichtig sein - dann war die Wappenschenkung als reine Ehrensache aufzufassen, als sichtbares Zeichen von Ehre und Gunst, Einigkeit, Freundschaft und Ansehen. In demselben Maße, wie der Beschenkte dem Besucher mittels einer möglichst großen Anzahl Wappenscheiben seinen gesellschaftlichen Rang signalisierte, wuchs die Reputation des Donators, der tunlichst an vielen achtbaren Örtlichkeiten mit seinem Wappen vertreten sein wollte. Ob es sich primär um eine Fenster- oder Wappenschenkung handelte, diese Frage hing gewiß mit den spezifischen Neigungen und Bedürfnissen von Schenker und Beschenktem zusammen, und so wird bei der Ausübung der Sitte einmal das eine, einmal das andere überwogen haben. Im 19.Jahrhundert war das finanzielle Moment der Schenkung völlig in den Hintergrund getreten - was blieb, war und ist die Wappenschenkung als repräsentativer Raumschmuck, ein Ehren- und Freundschaftszeichen, eine Geste der Courtoisie.

Das in Glas gebrannte Wappen war keine Erfindung der Neuzeit. Die Heraldik, seit dem 13. Jahrhundert in der Glasmalerei Europas in großer Vielfalt zu beobachten, eignete sich durch ihre Klarheit in Farbe und Gestaltung, die von ihrer ursprünglichen Aufgabe, der leichten Erkennung auf dem Schlachtfeld herrührt, vorzüglich für diese Kunstform. In der Glasmalerei des Mittelalters ist das Wappen als Bestandteil des gestifteten Kirchenfensters bekannt. Hier war es das Abzeichen, mit dem sich die Stifter, insbesondere hochgestellte Persönlichkeiten aus Adel und gehobenem Bürgertum und die Zünfte stolz zu erkennen gaben. Seit dem 14.Jahrhundert sind Wappen auch in Rathausfenstern zu finden, hier Ausdruck eines durch Handwerk und Handel vermögend und selbstbewußt werdenden bürgerlichen Gemeinwesens. Sie demonstrierten Herrschafts-, Bündnis- und Amtsverhältnisse, zeugten von oft weitreichenden politischen und freundschaftlichen Verbindungen mit Fürsten, Städten und Klöstern. Von den ursprünglich reichen Rathausbeständen ist nur ein Bruchteil erhalten, weit weniger am ursprünglichen Standort. Die meisten Glasgemäldezyklen sind zerstört, wurden Opfer von Steinwürfen, Unwettern, politisch bedingten Zerstörungen oder einfach verkauft.

Nun wollen wir endlich zum eigentlichen Thema kommen, den Städtescheiben im Bodenseeraum, wo doch eine ganze Reihe prachtvoller Exemplare aufbewahrt werden.

Beginnen wir mit Pfullendorf. Wie durch ein Wunder hat dort im Rathaus der Fensterschmuck überdauert, der 1524/25 anläßlich des Neubaus von den umliegenden Herrschaften, Städten und Klöstern gestiftet wurde. Die prächtige Scheibenserie, an Größe, Originalität und künstlerischer Einheitlichkeit kaum zu übertreffen, ist zusammen mit der Serie in Endingen (Kaiserstuhl) die einzige

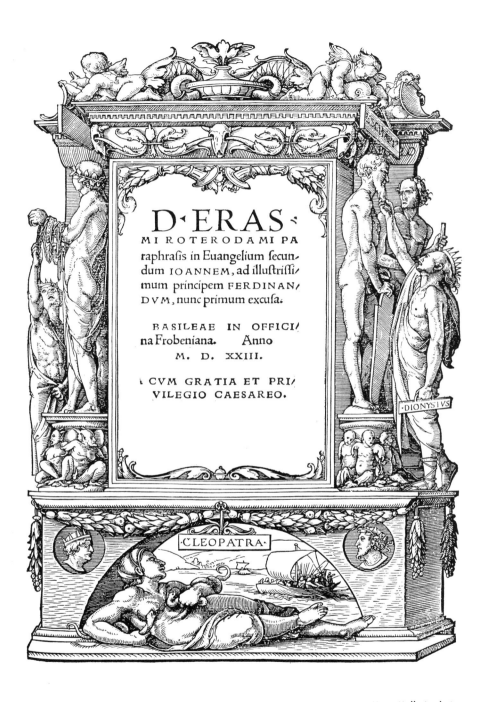

D·ERAS·
MI ROTERODAMI PA
raphrasis in Euangelium secun‑
dum IOANNEM, ad illustrissi‑
mum principem FERDINAN‑
DVM, nunc primum excusa.

BASILEAE IN OFFICI‑
na Frobeniana.   Anno
M. D. XXIII.

ᴵ CVM GRATIA ET PRI‑
VILEGIO CAESAREO.

DIONYSIVS

·CLEOPATRA·

Hans Holbein d. J.
Titeleinfassung der von Erasmus von Rotterdam
verfaßten Paraphrase des Johannes-Evangeliums,
erschienen bei Johannes Froben, Basel 1523.

auf bundesrepublikanischem Gebiet, die aus dieser frühen Zeit und in diesem Umfang in einem süddeutschen Rathaus erhalten blieb. Wer an Kabinettglasmalerei interessiert ist, wird sich an die großartige farbige Schau im Rahmen der Ausstellung „Die Renaissance im Deutschen Südwesten zwischen Reformation und Dreißigjährigem Krieg" erinnern. Dort wurden 1986 erstmals in Deutschland nach dem Zweiten Weltkrieg 57 ausgewählte süddeutsche Kabinettscheiben präsentiert, darunter gleich drei aus Pfullendorf. Obwohl der Scheibenbestand nicht unbekannt ist und sogar mehrfach in der Literatur behandelt wurde, steht eine umfassende wissenschaftliche Bearbeitung noch immer aus. Warum wäre dies wünschenswert, da doch Klarheit über den Urheber der Glasgemälde herrscht, da man doch weiß, daß er ein Meister seines Fachs war, der den heutigen Betrachter über die Güte von Zeichnung und technischer Ausführung staunen läßt? Nun, die Gründe dafür sind in einer Vielfalt von Fragestellungen zu suchen, die die kleinformatige Kabinettscheibe grundsätzlich aufgibt und die auch in anderen Sammlungen bisher kaum berücksichtigt wurde. Sie betrifft sowohl die inhaltlichen Anliegen als auch die materiellen und technischen Belange. Denn die Bildaussage ist nicht nur das Ergebnis von Darstellungsabsicht, Bildtraditionen und Vorlagen, sondern ebenso des künstlerischen und technischen Vermögens des Glasmalers. Darüber hinaus ist sie abhängig von oft einschneidenden Restaurierungen, ohne deren Kenntnis jede Beurteilung fragwürdig bleibt und sogar zu schweren kunsthistorischen Fehlurteilen führt. Wir wollen uns weitgehend auf die inhaltlichen Anliegen beschränken:

Das Gestaltungsprinzip der Wappenscheibe besteht aus einem Verfahren, das additiv realistische und unrealistische Einzelelemente von oft großer Aussagekraft zu einer unrealistischen Gesamtkomposition verbindet: Wie zum Beispiel Schildhalter in zeitgemäßer Kleidung, mit ihren Attributen, vor strahlende Damastgründe oder Landschaften gestellt, das Ganze gerahmt von phantastischen Architekturen; diese wiederum reichlich verziert mit Symbolen, Ornamenten, Allegorien, historischen Ereignissen, Legenden und Gleichnissen. Häufig sind uns die ikonographischen Schlüssel nicht mehr so ohne weiteres zugänglich. In Literatur, Geschichte und Volksbrauchtum gilt es, Spuren ausfindig zu machen, die manches inhaltlich bestimmen lassen, Sinnzusammenhänge aufzeigen und uns einen Einblick in jene ergötzende vergangene Kleinwelt gestatten.

Betrachten wir die Landsknecht-Figuren auf den Städtescheiben in Pfullendorf: Sie stehen vor einer phantasievollen Holbein-Architektur mit farbigen Damastgründen und halten den Wappenschild ihrer jeweiligen Stadt (Pfullendorf, Ravensburg, Überlingen, Mengen). Die schnauzbärtigen Waffenbrüder verkörpern so die kriegerische Macht und Tüchtigkeit ihrer Städte. Zwar tragen sie keine habsburgisch-kaiserlichen Parteizeichen (das Wams mit Andreaskreuzen des Überlinger Schildhalters ist eine Ergänzung des 19. Jahrhunderts), dennoch läßt die Ausrüstung auf ihre Herkunft schließen: modisch reich geschlitzte Kleidung mit gebauschten Ärmeln und abgehauenem linkem Hosenbein, teilweise mit gezacktem Panzerhemdkragen, auf dem Kopf Lederkappen mit aufschlagbaren Ohrenklappen, an der Hüfte das kurzbreite Landsknechtschwert. Ihre Schrittstellung ist eigenartig bewegt, etwas gewollt-tänzerisch, sie erinnert an Ballettpositionen. Mit dieser geziert-heldischen Posenhaftigkeit, ein Eindruck,

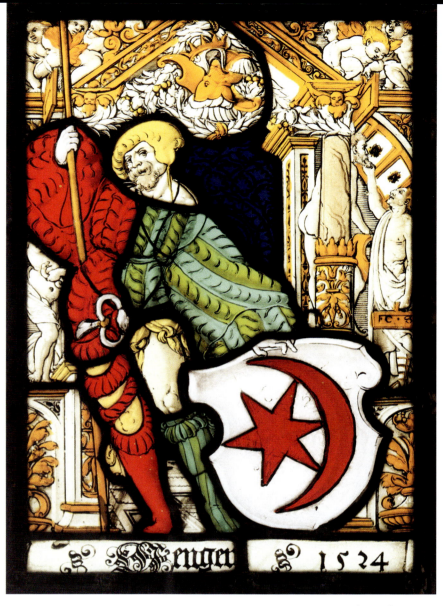

und Mengen 1524

Christoph Stimmer,
Wappenscheibe der Stadt Mengen,
1524, signiert.
Rathaus Pfullendorf.

der auf den Scheiben von Ravensburg und Überlingen durch zusätzliche Allüren, wie etwa die leicht affektierte Kopfneigung, verstärkt wird, dürfte zweifellos eine bestimmte Darstellungsabsicht verbunden gewesen sein. Aber welche? Vielleicht hilft ein Blick auf die historischen Modalitäten weiter: Die benachbarte Eidgenossenschaft war ja bekanntlich seit den Burgunderkriegen (1476) zu einer führenden europäischen Militär-

macht herangewachsen, erfüllt von nationalem Selbstbewußtsein. In den Schwabenkriegen (1499) und den Feldzügen gegen die Franzosen in die Lombardei (1510-1512) hatten die Schweizer ihre militärische Überlegenheit bewiesen, vor allem über die kaiserlichen Truppen.

Dies führte zum Aufbau von gegenseitigem Haß, Feind- und Spottbildern, wie schriftliche Zeugnisse belegen, wie sie aber insbesondere die zeitgenössische Graphik von Urs Graf (um 1485-1527) und Niklaus Manuel Deutsch (um 1484–1530) widerspiegelt. In den Schlachten von Marignano (1515) und Bicocca (1522) gelang den Landsknechten nun zum ersten Mal der Sieg über die Eidgenossen und damit wohl auch die Rehabilitierung des kaiserlichen Kriegertums. Und so könnten Haltung und Mimik der Schildhalter auf den Pfullendorfer Städtescheiben durchaus auf dieses neu errungene Selbstwertgefühl hinweisen.

Stilistisch überraschen die Scheiben durch zu dieser Zeit ungewöhnliche manieristische Tendenzen, wie die Überschneidung von Kompositionselementen oder die Wendung der Schildhalter aus der Bildmitte heraus. Der Glasmaler Christoph Stimmer († 1562), Stammvater der berühmten Schaffhauser Künstlerfamilie, hinterließ nicht nur auf fast allen Scheiben sein Monogramm (Ligatur CS), damals noch eine Seltenheit, sondern er stiftete sogar selbst ein prachtvolles Stück mit seinem Wappen, dem eine kurvenreiche Schildhalterin „im Paradieszustand" zur Seite steht und mit einer Inschrift darunter, teils in lateinischer, teils in griechischer Sprache, die ihn als Urheber der Scheiben ausweist. Er stammte aus Burghausen bei Salzburg und soll in der Werkstatt des Konstanzers Ludwig Stilhart (um 1480/90–1536/37) gelernt haben. Stimmer war ein vielseitiger Mann: Nachdem er 1535 das Bürgerrecht in Schaffhausen erworben hatte, war er dort Schönschreiber, Buchbinder, Fernmesser und Schulmeister, was dem Unterhalt seiner großen Familie sehr zustatten kam. Über die Zeit vor seinem Erscheinen in Schaffhausen, über Ausbildung und künstlerischen Werdegang wissen wir bis heute nichts. Die Wappenscheiben im Pfullendorfer Rathaus sind wohl die einzigen Zeugen seiner frühen Existenz im Bodenseeraum und seiner glasmalerischen Tätigkeit überhaupt. Ob Stimmer auch die künstlerischen Vorarbeiten zu den Glasgemälden leistete, das heißt, die Vorzeichnungen anfertigte, die sogenannten „Scheibenrisse" im Maßstab 1:1, die Kabinettscheiben allgemein zugrunde liegen, diese Frage muß solange offen bleiben, bis tiefgreifendere Nachforschungen mehr Licht in seine Biographie und sein Werk gebracht haben. Jedenfalls sind Impulse von Schweizer Zeichnern wie Urs Graf, Niklaus Manuel Deutsch, Conrad Schnitt († 1541) und Hans Holbein d. J. (1497/98-1543) während seines Basler Aufenthaltes, nicht zu übersehen. So erscheinen auf der Stadtscheibe Mengen Rahmenmotive, die deutliche Zusammenhänge mit einer Holzschnitt-Einfassung erkennen lassen, die Holbein 1523 für die von Erasmus von Rotterdam (1469-1536) verfaßte Paraphrase des Johannes-Evangeliums schuf. Dieses Beispiel gewährt einen kleinen Einblick in die bislang noch spärlich erforschte Arbeitsweise nachmittelalterlicher Glasmalerwerkstätten. Denn Entlehnungen dieser Art dürften als Indiz dafür gelten, daß Vorzeichnungen und Glasgemälde in ein und derselben Werkstatt entstanden sind. In den meisten Werkstätten sollen Bildvorlagen stoßweise herumgelegen haben, angefangen bei ganzen Scheibenrissen über umfangreiche Bildszenen bis hin zu Einzelmotiven und Ornamenten. Diese wurden über Generationen weitergegeben, nach Bedarf verändert oder mit anderen Motiven neu kombiniert.

Das Rosgartenmuseum in Konstanz besitzt eine brillante Wappenscheibe der Stadt aus dem Jahr 1526. Sie trägt die

Signatur des bereits erwähnten Glasmalers Ludwig Stilhart (1507-1535 tätig) und entstand nach dem Vorbild von Schweizer Standesscheiben. Deren Kompositionsschema war seit der Entstehung des zehnteiligen Scheibenzyklus im Tagsatzungssaal in Baden um 1501 durch Lukas Zeiner (vor 1479– um 1515) sozusagen normativ festgelegt: im Bildzentrum ein Wappenschild oder, wie auf unserer Scheibe, eine Wappenpyramide, mit einem oder zwei Schildhaltern zur Seite. Die Szenerie ist von einer Säulen- oder Pfeilerarchitektur symmetrisch gerahmt. – Kurz zur Wappenpyramide: Sie bestand zumeist aus zwei einander nach den heraldischen Höflichkeitsregeln zugeneigten Standes- oder Stadtschilden. Von Reichsschild und -krone überhöht, war sie ursprünglich Zeichen der Reichsunmittelbarkeit und der vom Kaiser verliehenen Rechte. Selbst nach dem Frieden von Basel (1499), nachdem die Habsburger die Unabhängigkeit der Eidgenossen von den Reichsordnungen weitgehend anerkannt hatten, fühlten sich die Stände der Darstellung auf ihren Scheibenschenkungen weiterhin verpflichtet – wohl aus Gründen der Pietät und Tradition. Darüber hinaus hätten Veränderungen sicherlich einen enormen Prestigeverlust der Schenkung zur Folge gehabt. – Kurz zu den Schildhaltern: Als solche finden sich, je nach Stiftungsintention, im sakralen Bereich Heilige und Engel, gelegentlich auch die Muttergottes, im profanen Bereich Bannerträger und Hellebardiers, Krieger in Wehr und Waffen, Ritter und Edelfräulein, Kurtisanen und Marketenderinnen, vornehme Bürger und Bürgerinnen, Bauern und Bäuerinnen, aber auch Bären, Greifen, Löwen und Wildleute oder, wie auf der Konstanzer Stadtscheibe, die Stadtpatrone: Ihre Attribute weisen sie als St. Konrad (links) und St. Pelagius (rechts) aus: Ersterer ist in pon-

tifikaler Meßkleidung mit Mitra und Stab dargestellt, hält in der Linken einen Kelch, auf dem allerdings die Spinne, sein bedeutsamstes Attribut, fehlt. Denn die Legende des Heiligen, der 934 Bischof von Konstanz wurde, berichtet in diesem Zusammenhang von seiner außerordentlichen Selbstbeherrschung, die er bewies, als während eines österlichen Pontifikalamtes eine Spinne in seinen Kelch gefallen war, er aber trotzdem ohne Scheu trank. Später, bei Tisch, kam die Spinne wieder aus seinem Munde hervor. Der zweite, St. Pelagius, gab in Istrien sein Leben für den christlichen Glauben hin. Bischof Salomon brachte 904 seine Gebeine nach Konstanz, infolgedessen er Mitpatron des dortigen Münsters und des ehemaligen Bistums Konstanz wurde. Er trägt eine weite Schaube mit großzügigem Pelzkragen, einen Palmenzweig in der Rechten und ein Schwert in der Linken, Hinweise auf sein Martyrium und die Art desselben. Daß den Figuren die Gesichtszüge der damaligen Stadtoberhäupter, des Bischofs Hugo von Hohenlandenberg und des Bürgermeisters Jakob Gaisberg verliehen wurden, wie Hans Rott aufgrund einer gewissen Porträthaftigkeit zu erkennen glaubte, ist unwahrscheinlich: Die erhaltenen Bildnisse des Bischofs in Karlsruhe (Staatliche Kunsthalle) weisen mit keiner der beiden Heiligenfiguren auf unserer Scheibe die geringste Ähnlichkeit auf. - Der Architekturrahmen ist mit leuchtenden Szenen in Grisaillemalerei gefüllt, die auf reizvollste Weise den Ablauf eines zeitgenössischen Gesellenschießens thematisieren: Auf der linken Seite laden Schützen ihre Gewehre und steigen in einem Treppenhaus dem volkstümlichen Ereignis entgegen, das in hügeliger Landschaft bereits tüchtig im Gange ist: Links das Schützenhaus, davor Trommler und Pfeifer, die auf keiner Schützenveranstal-

tung fehlten, und eine Gruppe junger Männer beim Kegelspiel. Rechts davon Zelte mit dem Konstanzer Wappenschild, davor Männer, die sich an einer Gewehrbank prüfend über Büchsen beugen, daneben der Schießstand, wo gerade ein Schütze zum Schuß auf die im Hintergrund aufgestellten Scheiben anlegt. Hinter ihm wahrscheinlich der Schützenmeister, der die Schußabgabe überwacht, vor ihm ein Markör, der auf einer aufgehängten Schiefertafel die Ergebnisse notiert. Rechts ein Schütze, damit beschäftigt, den Pulverrauch aus dem Lauf seines Gewehres zu blasen, im Rücken eine Gruppe schwatzender Schützen. Neben ihm wird gewürfelt, und unter einem aus Holz gezimmerten Unterstand sitzen Männer um einen Tisch, die entweder Munition ausgeben oder Startgeld kassieren (die Szene konnte bisher nicht eindeutig identifiziert werden). Im rechten Treppenhaus Szenen, die auf den Ausgang des Gesellenschießens schließen lassen: Die Schützen verstauen ihre Büchsen wieder in Truhen, Wein wird in großen Kannen hinaufgetragen und die Damen werden zum Tanz geführt.

Die Bestimmung der Scheibe, 1924 aus englischem Besitz erworben, wurde in der neueren Literatur mit einer Eintragung in den Ausgabebüchern der Stadt in Zusammenhang gebracht. Derzufolge verehrte der Rat 1526 den St. Galler Büchsenschützen eine Scheibe, und es wird vermutet, daß dies anläßlich ihres bevorstehenden großen Gesellenschießens im folgenden Jahr geschah. Die Verbindung St. Gallen-Konstanz war zu dem Zeitpunkt zwar alt - sie reichte bis in die Karolingerzeit zurück, als die Konstanzer Bischöfe auch Äbte von St.Gallen waren. Und trotz der Loslösung von Stadt und Kloster vom Reich blieben sich die Städte auf kulturellem Gebiet freundschaftlich verbunden. Aber ob die Darstellung des Gesellenschießens gerade diesen Eintrag betrifft, scheint sehr fraglich, denn die Szenen weisen keinerlei überregionale Zeichen auf, wie sie gerade bei solch einem Anlaß zu erwarten wären: Zum Beispiel ein Zelt mit dem St. Gallischen Wappen oder den Wappen anderer befreundeter Städte, waren doch die Gesellenschießen gesellschaftliche Ereignisse, bei denen sich Bürger aus nah und fern ein Stelldichein gaben. Und dies wurde auch auf den Scheiben dokumentiert. Darüber hinaus sind Scheibenstiftungen als Vorausschenkungen unüblich. Wahrscheinlicher ist, daß der Rat der Stadt Konstanz die Scheibe in ihr eigenes Schützenhaus schenkte, das 1524 auf dem Brüel vor dem Lienhardstor neu errichtet worden war. So ist es auch für andere Städte bezeugt.

Dank der Forschungen von Hans Rott sind wir über die Tätigkeit von Ludwig Stilhart recht gut unterrichtet. Er lernte in der Werkstatt seines Vaters Hans, der 1483 aus Tann im Elsaß zugewandert war. Von 1506 bis 1536/37 arbeitete er als selbständiger Meister im väterlichen Haus am Fischmarkt. Seine Auftraggeber waren der Bischof, die Stadt und das Domkapitel, auch die benachbarte Schweiz nahm seine Glasmalerkunst in

Anspruch. Die für das Konstanzer Münster geschaffenen Glasgemälde gingen im Bildersturm 1527 zugrunde.

Signierte Arbeiten sind rar. So gibt es eine im Landesmuseum in Zürich und eine weitere im Regierungsgebäude in Frauenfeld. Dagegen sind ihm reichlich Scheiben zugeschrieben worden - in den Museen von Basel, Zürich und Karlsruhe, in den Schlössern Altenklingen und Heiligenberg, in privatem und öffentlichem Besitz, wie etwa eine prächtige Folge im Rathaus zu Stein am Rhein.

Von seiner Hand dürfte auch die herrliche Wappenscheibe der damaligen Reichsstadt Überlingen mit der Jahreszahl 1528 stammen, die seit Ende der 1960er Jahre im Ratssaal des Überlinger Rathauses eingebaut ist. Der Engländer Alec Eden hatte sie unter recht abenteuerlichen Umständen auf einer Schweizer Kunstauktion ersteigert und der Stadt Überlingen großzügig zum Geschenk gemacht. Somit hatte sie, zusammen mit der Scheibe im Rosgartenmuseum, das Schicksal von abertausenden Scheiben geteilt, die insbesondere im 18. Jahrhundert dem Wunsch nach Licht zum Opfer gefallen und, wenn nicht zerstört, als Kuriositäten in alle Welt verkauft worden waren. Auf diese Weise entstanden im ausgehenden 18. und im Verlauf des 19. Jahrhunderts bedeutende fürstliche und bürgerliche Sammlungen, vorwiegend in Deutschland, England und Frankreich, später auch in Amerika. Viele gelangten vor oder um die Jahrhundertwende zur Auktion, darunter auch die berühmte Sammlung des Konstanzer Kaufmanns Johann Nikolaus Vincent mit nahezu 600 erlesenen Exemplaren. Die Überlinger Stadtscheibe ist in mehrfacher Hinsicht ein hochinteressantes Stück. In erster Linie ist sie eine leuchtende Geschichtsurkunde. Die das Wappen rahmenden Szenen in hinreißender Grisaille-manier sind trotz der abgewitterten Stellen in der oberen Mitte leicht zu erkennen: der Bauernkrieg, der 1524 im Klettgau ausgebrochen war, sich rasch im ganzen Bodenseeraum ausgebreitet hatte und in seinem westlichen Teil mit dem Sieg der Grundherren und Städter über die Bauern am 16. Juli 1525 bei Hilzingen zu Ende ging. Die Reichsstadt Überlingen hatte Wesentliches dazu beigetragen, die Vereinigung der Allgäuer und Seebauern mit den Schwarzwälder und Hegauer Haufen zu verhindern. Ihre Stellung in dieser gewaltigen sozialen Bewegung des 16. Jahrhunderts war konsequent bauernfeindlich, im Gegensatz zu vielen anderen Städten, und so hatten das Haus Österreich und der Schwäbische Bund an Überlingen eine feste Stütze. An der Spitze der aus den Städten Markdorf, Meersburg, Pfullendorf, Überlingen, Salem und aus weiteren Gemeinden zusammengezogenen Truppen trat bei Hilzingen der Überlinger Bürgermeister Jakob Kessenring den aufständischen Bauern entgegen. Möglicherweise stellen die Kampfszenen auf der Scheibe diese letzte, entscheidende Begegnung dar: Unter dem Schriftband mit der Jahreszahl 1525 sind links voranstürmende, berittene St. Georgs-Ritter mit dem Kreuzbanner zu erkennen, rechts Bauern zu Fuß mit der Fahne des Bundschuhs, mit Gewehren und Spießen bewaffnet, teilweise bereits auf dem Rückmarsch. Die Umkehrer tragen ein Banner mit Pflug. Darunter sind zu beiden Seiten Kanonen aufgefahren. Begleitet wird das Schlachtgetümmel von Militärmusikern beider Parteien. Ihre Instrumente unterscheiden sich auffällig voneinander: links das noble „Feldspiel", bestehend aus Trommel und Querflöte, eine schweizerische Erfindung, die durch die fremden Kriegsdienste auch außerhalb der Schweiz große

Verbreitung fand; rechts die volkstümliche Flöte und Sackpfeife (Dudelsack), letztere als Militärinstrument vor allem im späten Mittelalter gebräuchlich, bis sie etwa um 1530 vom Feldspiel abgelöst wurde. In den zweigeschossigen Seitenstreifen erscheinen links die siegreichen Vertreter des Bundes in Landsknechttracht. Triumphierend schwingen sie die Fahnen, unter denen sie gesiegt haben: der kaiserlichen mit dem Andreaskreuz – die andere konnte bisher nicht eindeutig identifiziert werden. Darunter eine Machtdemonstration: ein geharnischter Spießer steht breitbeinig vor einem Pulverfaß. Alle blicken nach rechts auf die niedergeschlagenen Bauern in ihren einfachen Kitteln, die gedemütigt abziehen, der ein oder andere sieht noch einmal verängstigt, so scheint es, zurück. Der vermeintliche Mönch im Vordergrund führte zu der Ansicht, es handle sich hier um die Darstellung der Überlinger Prozession. Dem widersprechen jedoch die etlichen Stangen im Hintergrund der Gruppe, die eindeutig Spießen zuzuordnen sind. Und warum sollte sich nicht ein Mönch am Rande des Kampfgeschehens aufgehalten haben, wenn auch nur, um für die Sache der Bauern zu beten? Darunter symbolisiert ein niedergestreckter bäuerlicher Spießer neben einem Geschütz und toten Pferd die Niederlage seines Standes.

Für seine tapfere Haltung wurde Überlingen von Kaiser Karl V. am 3. Februar 1528 durch die Verleihung eines neuen, gebesserten Wappens ausgezeichnet. So ist es auf unserer Scheibe dargestellt – allerdings mit einer gravierenden Abweichung: Der Herzschild auf der Brust des schwarzen Adlers zeigt nicht den roten, steigenden Löwen mit gezücktem Reichsschwert, wie ihn der Wappenbrief aus Burgos an dieser Stelle vorschreibt, und wie er auch auf der Überlinger Wappenscheibe von 1568 im Rittersaal von Schloß Heiligenberg richtig erscheint, sondern in Schwarz einen goldenen Adler mit offenem Flug. Dieses Bild konnte im Wappen Überlingens bisher zu keiner Zeit nachgewiesen werden, ganz abgesehen davon, daß der Überlinger Adler vor der Wappenbesserung überhaupt keinen Herzschild trug. Wahrscheinlich ist ein Irrtum anläßlich einer früheren Restaurierung. Da ein festes Milchglas den Blick auf die Rückseite der Scheibe verwehrt, ist eine eingehende Materialuntersuchung zur Zeit nicht möglich und die Klärung dieser Frage somit aufzuschieben. In diesem Zusammenhang ist festzuhalten, daß das Überlinger Wappenschild auf der Scheibe in Pfullendorf eine Ergänzung des 19. Jahrhunderts ist. Denn erstens ist das Erscheinen des Löwen im Herzschild auf einer Scheibe von 1524, also vor der Wappenbesserung (1528) nicht möglich und zweitens weist das Materialstück die typischen Merkmale des 19. Jahrhunderts auf. – Nun, von Fragen zur Restaurierung sollte hier ja eigentlich nicht die Rede

sein, aber wie man sieht, führt in vielen Fällen, wie in anderen Bereichen der Kunst, kein Weg um sie herum. Restaurierungen sind Teil der Geschichtlichkeit eines Werkes – ohne sie wäre gewiß manches unwiederbringlich verloren.

Literatur:

Hans Rott, Beiträge zur Geschichte der oberrheinisch-schwäbischen Glasmalerei, A) Konstanzer Glasmaler und Glasmalerei in der ersten Hälfte des 16.Jahrhunderts, in: Oberrheinische Kunst 1925/26, S. 31-32

Hans Lehmann, Zur Geschichte der Oberrheinischen Glasmalerei im 16.Jahrhundert, in: Zeitschrift für Schweizerische Archäologie und Kunstgeschichte 2 (1940), S. 37

Die Renaissance im Deutschen Südwesten zwischen Reformation und Dreißigjährigem Krieg. Eine Ausstellung des Badischen Landesmuseums Karlsruhe im Heidelberger Schloß, Karlsruhe 1986, Bd.1, S. 267-269

Franz Bächtiger, Andreaskreuz und Eidgenossen, in: Jahrbuch des Bernischen Historischen Museums, 51. und 52. Jahrgang, 1971 und 1972

Wolfgang Bühler, Zur Überlinger Wappenscheibe. Privatdruck o.Ort, o.Jahr

VERBORGEN IN DIE FALTEN EINES BODENSEEHÜGELS..."

KÜNSTLERVEREINIGUNG IN EINER GRENZREGION: "DER KREIS" 1925–1938

EVA MOSER

Nach vielen Jahrzehnten hingen ihre Bilder, standen ihre Plastiken einmal wieder beieinander, die Werke der Maler und Bildhauer jener Künstlervereinigung, die sich 1925 unter dem Vorsitz des Schriftstellers Norbert Jacques in Lindau konstituiert hatte und in den folgenden Jahren eine erstaunliche Aktivität entfaltete: „Der Kreis". Eine Ausstellung des Bodenseekreises in Schloß Maurach, die anschließend vom Vorarlberger Landesmuseum in Bregenz und vom Seemuseum in Kreuzlingen übernommen wurde, war ihrem Gedächtnis gewidmet.

Da hing die seitdem niemals mehr ausgestellte Frühlingslandschaft Maria Caspar-Filsers, das einzige Bodenseemotiv der Malerin in hellem Licht und intensiv strahlenden Farben – gezeigt auf einer „Kreis"-Ausstellung in Friedrichshafen 1928. Ebenfalls niemals mehr öffentlich zu sehen war Felixmüllers „Luca im Winterfenster" seit den Ausstellungen der Vereinigung in Friedrichshafen 1928 und Ulm 1929, das beispielhaft die radikale Wende des durch seine gesellschaftskritischen expressiven Holzschnitte bekannt gewordenen Künstlers hin zu einer beruhigten, schönfarbigen Malerei mit intimen Motiven demonstriert. Gezeigt wurde Wackers „Schnabel-Hafen", das erste Bild, das der bedeutendste Maler der Neuen Sachlichkeit in

Österreich in eine öffentliche Sammlung verkaufen konnte. Erwerber war 1926 der Ulmer Museumsdirektor Julius Baum, zugleich Leiter der Ausstellungskommission des „Kreis". Und schließlich gab es Bilder des Schweizer „Naiven", des Berlinger Tagelöhners und Rebarbeiters Adolf Dietrich, eine zarte Unterseelandschaft und einen leuchtend bunten Pfeffervogel, den die Konstanzer Wessenberg-Galerie 1927 aus einer „Kreis"-Ausstellung angekauft hatte. Die in schweren kubistischen Formen gearbeiteten Figuren des Vorarlbergers Albert Bechtold zeigten wie die zurückhaltend idealisierenden Skulpturen des Schwaben Jakob W.Fehrle Möglichkeiten plastischen Arbeitens der Zeit um 1930.

Doch rund 40 Mitglieder zählte der „Kreis". Prominente wie die erwähnten – auch Purrmann gehörte dazu, dessen römischer „Monte Pincio" in der Ausstellung der Vereinigung 1932 in Lindau zu sehen war; das Ehepaar Caspar, die Professoren Körner, Gustav Wolf, Adolf Hildenbrand, der hierzulande bekannte Konstanzer Maler Karl Einhart, aber auch eine große Anzahl heute nahezu Vergessener.

Zu diesen Vergessenen gehörte Otto Tillkes, dessen bildliche und persönliche Lebensspuren nur noch per Inserat erkundet werden konnten. Die einzige Anruferin, die uns zu seinen Bildern führen konnte, starb wenige Tage nach ihrem Telefonat. Diese Erfahrung blieb nicht die einzige derartige während der Vorbereitung von Buch und Ausstellung: Spuren verlieren sich, denn auch die Generation der Nachkommen der „Kreis"-Künstler ist heute mehrheitlich in fortgeschrittenem Alter. Sogar an seinem Geburtsort, den Julius Müller-Salem seinem Namen hinzugefügt hatte, war dieser Maler ein Unbekannter. Aufgespürt wurde er über ein Lexikon Münchner

Maler des 19.Jahrhunderts, wo man einen regionalen Künstler der 20er Jahre nicht unbedingt suchen würde. Ebenso fast vergessen war Georg Haid, lange in Nonnenhorn ansässig, wo heute noch seine Jugendstilvilla unverändert steht. Wenig bekannt waren noch Gertrud Bernays aus Uttwil oder Etienne Tach, von dem fast keine Werke mehr aufgefunden wurden.

Wieder einmal zu zeigen waren die Überlinger „Kreis"-Mitglieder, die für sich auf ihrem „Hügel" schon so etwas wie eine Künstlerkolonie bildeten: Herbert Jaegerhuber mit seinen Sehnsuchtsbildern aus Haiti, Georg Schulz mit seinen groß gesehenen Blumenbildern und Landschaften, der Architekt Heinrich Palm mit leuchtend farbigen Aquarellen

aus seinem Malerei-Jahrzehnt, den 20er Jahren, „Liso" Goetz mit ihren zartsinnigen Phantasien.

Fünf Ausstellungen realisierte „Der Kreis" im Jahr nach seiner Gründung 1926, über dreißig in den kommenden drei Jahren, und zwar nicht nur hier rund um den See, sondern bis nach Zürich, Stuttgart, Kassel, Frankfurt sowie in Bregenz. Die Zeitungsrezensionen waren überwiegend positiv. Dennoch ist der „Kreis" nahezu vergessen, in der überregionalen Kunstgeschichtsschreibung wird er nicht genannt, obwohl gerade die Literatur der jüngsten Zeit sich verstärkt dem

Phänomen „Künstlervereinigung" zuwendet.

Dieses Vergessen kann an der Bedeutung seiner Mitglieder, Prominenz zum Teil schon zur Zeit der Gemeinschaftsgründung, kaum liegen. Und auch die Zusammensetzung im Ganzen aus Professoren, Anfängern, Spätberufenen, Autodidakten – dieses „Aneinander-Emporranken, wie es den kleineren Mitgliedern des Kreises möglich ist durch die Wirkung der Großen", wie ein zeitgenössischer Kritiker schrieb, war von der anderer Gemeinschaften nicht so sehr verschieden.

Natürlich spielte bei diesem Vergessen oder Mißachten das Faktum eine Rolle, mit dem hiesige Kulturarbeit noch heute leben muß, daß das, was „da hinten am Bodensee" geschieht, aus einer überregionalen Perspektive als provinziell abgewertet wird. Doch die eigentliche Bedeutung des „Kreis" liegt in Qualitäten, die tatsächlich nur aus der regionalen Situation zu gewichten und von ferne schwer zu würdigen sind.

Da ist einmal die regionalistische Perspektive: Der „Kreis" nannte als eines seiner Ziele die „Pflege der Kunst, und zwar im Bewußtsein der alten Volks- und Kultureinheit des westlichen oberdeutschen Kulturgebiets." Seine Mitglieder stammten aus den drei Ländern am See, aus Deutschland, Österreich und der Schweiz, und auch der Vorstand und die gesamte Organisation entsprachen dieser Zusammensetzung. Der beschworenen kulturgeografischen Einheit, allerdings weitgehend wirtschaftspolitischen Gesichtspunkten untergeordnet, war man sich hier in den 20er Jahren noch stark bewußt, auch wenn der Weltkrieg tiefe Gräben zwischen den Nachbarländern aufgerissen hatte. Noch 1919 plädierte eine Mehrheit der Vorarlberger für den Anschluß an die Schweiz, und 1923 überlegte man auch in Konstanz eine Zollunion mit der Schweiz nach dem Beispiel Liechtensteins. Wirtschaftsgeografische Gesichtspunkte spielen ja auch in der heutigen Diskussion um eine Euregio Bodensee eine zentrale Rolle.

In der Selbstdarstellung des „Kreis" allerdings rückte die regionalistische Perspektive im Laufe seines Bestehens immer mehr in den Hintergrund, um den eigentlichen Charakter der Gemeinschaft unverhüllt zu zeigen: den einer Notgemeinschaft. Man muß sich nur die historischen Eckdaten der 20er und 30er Jahre vergegenwärtigen, um die Geschichte von Erfolg und Niedergang dieser Künstlervereinigung zu verstehen: Da ist das Gründungsdatum 1925. Nach Jahren der Inflation haben sich die Grenzen zu den Nachbarländern mit stabiler Währung wieder geöffnet. Politisch und wirtschaftlich tritt eine leichte Beruhigung ein. Hier am Bodensee, wohin sich viele Künstler aus den Großstädten vor den Folgen der Inflation geflüchtet haben, eröffnet der neuerdings freie Grenzverkehr die Aussicht auf eine Expansion durch Ausstellungen über den engen regionalen Rahmen hinaus in die drei Heimatländer der „Kreis"-Mitglieder. Hoffnungsvoll setzen 1926 die Aktivitäten des „Kreis" mit fünf Ausstellungen ein, steigern sich bis 1929 auf mehr als 30 Ausstellungen in Deutschland, Österreich und der Schweiz.

Doch dann lassen sie abrupt nach: 1930 nur noch eine, bis 1933 dann noch zusammen sieben Ausstellungen. Die Weltwirtschaftskrise trifft den Kunstmarkt mit aller Härte. Viele Mitglieder können nur dank eines außerkünstlerischen Brotberufs überleben: mit Etikettenschreiben im Warenhaus (Felixmüller), als Requisitenmaler (Flaig), durch Aufnahme von Sommergästen (Waentig).

In den Rundbriefen an die „Kreis"-Mitglieder wird eine Formulierung stereotyp: die von der „Not der Zeit".

Zwar galten solche Bedingungen für die Mehrzahl der Künstler in Deutschland und Österreich, auf regionaler Ebene hatten sie jedoch ein ganz anderes Gewicht. Zwar waren hier im ländlich strukturierten Bodenseeraum die puren Überlebensbedingungen etwas besser als in den vom „Besen der Not" leergefegten Großstädten, doch für Kunst gab es weder Markt noch wirklich potente Vermittlungsinstitutionen, und die städtischen Zentren lagen weit entfernt. Im Verhältnis zu diesen beschränkten Möglichkeiten war die Zahl der Künstler am See ungeheuer groß. „Der Kreis" ist der angemessene Versuch, die Enge des Raumes, die Schärfe der Konkurrenz unter den vielen Künstlern, durch Expansion über

Bilder und Bauten

Albert Bechtold,
Bildnisbüste
Rudolf Wacker, 1924 ,
Vorarlberger
Landesmuseum Bregenz.

die Grenzen und weit nach Deutschland hinein zu durchbrechen. Öffnung der Grenzen 1925 und deren fortschreitende Abdichtung in den 30er Jahren werden somit existenzbestimmend.

Ab 1930 legt sich der Schatten zunehmender Ideologisierung im Zeichen des Nationalsozialismus über die kaum errungene Freizügigkeit. Begriffe wie „Kulturbolschewismus", das Gegensatzpaar „gesund/entartet" beherrschen zunehmend die Diskussion, und zwar in allen drei Anrainerländern des Bodensees. 1932 findet die letzte „Kreis"-Ausstellung auf deutschem Boden statt. Grenzkontrollen behindern ab 1933 die Verbindungen zwischen Kreuzlingen und Konstanz; und die Erhebung einer Gebühr von 1000 RM für deutsche Österreich-Reisende tut das übrige, um grenzüberschreitenden Kunstaustausch zu behindern. Der Österreicher Wacker, der

Schweizer Adolf Dietrich verlieren ihre wichtige deutsche Kundschaft.

Und ab 1933 trifft die bekannte ideologische Disziplinierung bis hin zur Verfolgung der Kunstschaffenden die Mehrzahl der deutschen und österreichischen „Kreis"-Künstler. Sei es, daß sie sich permanenten Angriffen ausgesetzt sehen wie der Bregenzer Rudolf Wacker, ihres Professoren-Amtes enthoben werden wie Bechtold in Wien, die Caspars in München, Hildenbrand in Pforzheim; daß ihre Bilder beschlagnahmt und vernichtet werden, was z.B. Purrmann, die Caspars, Felixmüller, Fehrle, Flaig, Szadurska und Hildenbrand trifft; daß sie sich den Nachstellungen durch Flucht entziehen müssen wie Badt und Wolf.

Der letzte Versuch einer „Kreis"-Ausstellung im Jahre 1937 ist angesichts dieser Fakten schon ein anachronistisches Unternehmen. Doch ohne „das Prinzip

Hoffnung" ließe sich die Geschichte des „Kreis" ohnehin nicht schreiben.

Auf einen Ehrenplatz in der traditionellen Kunstgeschichte wird man für den „Kreis" nicht rechnen dürfen. Dazu fehlen ihm die entscheidenden Merkmale, die die berühmten Künstlervereinigungen unseres Jahrhunderts auszeichnen: eine durch Manifeste und Aktionen herausgestellte avantgardistische oder gesellschaftspolitische Programmatik. Weder wollten seine Mitglieder einer bestimmten Stilrichtung zum Durchbruch verhelfen, noch setzten sie auf die gesellschaftsverändernde Macht der Kunst.

Zu unterschiedlich sind die künstlerischen Voraussetzungen: Mehr als 40 Jahre trennen die ältesten und jüngsten Mitglieder voneinander. Stilgeschichtlich gesehen heißt das, daß im Rahmen der „Kreis"-Ausstellungen ein im 19.Jahrhundert wurzelnder Künstler wie J.Müller-Salem seine Bilder gemeinsam mit einem Maler der Neuen Sachlichkeit wie Rudolf Wacker zeigt, der die wichtigste Stilentwicklung der späteren 20er Jahre vertritt; daß das Spätwerk des Impressionisten Schlobach gleichberechtigt neben den ersten Arbeiten der jungen A.G.Colsman zu sehen ist. Eine wertende Betrachtung muß die stillen Bilder des Tagelöhners und Waldarbeiters Adolf Dietrich neben denen der Professoren und arrivierten Klassiker der Moderne wie Bechtold, Caspar und Purrmann verstehen können. Und sie muß mit Nachsicht und Respekt die Werke der Spätberufenen (Grieder), der Laienmaler (Steiger) und des gepflegt dilettierenden Berufsoffiziers (Haid) akzeptieren.

Dem heutigen Betrachter der Bilder und Plastiken freilich – und dieser Eindruck wurde uns durch Besucher der Ausstellung bestätigt – scheinen die Gemeinsamkeiten zwischen den Werken der „Kreis"-Künstler auffälliger als die Divergenzen. Dieser Eindruck wird schon durch die allen gemeinsame Treue zum Gegenständlichen bewirkt: Stilleben, Landschaften, Porträts, aber auch legenden- oder märchenhafte Motive bestimmen das Bild. Hinzu kommt eine allen Werken gemeinsame Mäßigung in den künstlerischen Mitteln: Weder in der formalen noch in der farblichen Gestaltung kommt es zu grellen Kontrasten, heftigen Gesten, lauten Klängen.

Nach Zeugnissen der „Not der Zeit" sucht man hier vergebens. Still und sonnenüberschienen zeigen sich die Landschaften; es leuchten Blumen und Früchte in üppigen Stilleben; in Interieurs sehen wir Musizierende oder Damen beim Ankleiden; ein Reiter trifft ein Mädchen in schneebedeckter Natur; und Wein wird geerntet. Wären da nicht die Stilleben Wackers mit ihren isolierten, wie versteinert wirkenden Gegenständen, sein beklemmender Blick aus der roten Enge seines Zimmers auf das spielzeugbunt gemalte Bregenz, sein lebloser „Schnabel-Hafen", man ahnte nichts von den möglichen Hintergründen der versammelten „kleinen Fluchten". Um 1930, aus welcher Zeit die Mehrzahl der Bilder stammt, die wir zeigen konnten, ist eine so maßvolle Kunst kein Reflex der immer noch „heileren Welt" der Provinz. Eine Ausstellung des gleichen Zeitraums in München, in Karlsruhe, gäbe vermutlich kein grundsätzlich anderes Bild. Müde der heftigen Aufbrüche nach dem Ende des Ersten Weltkriegs, die sich in expressiven, konstruktivistischen oder dadaistischen Experimenten geäußert hatten, müde der politischen Unruhen und ohne Hoffnung auf eine Mitwirkung der Kultur an einer neuen Ordnung, müde der Notzeiten der Inflation und in der vorübergehend berechtigten Erwartung einer Verbesserung der Zustände, fanden überall in Europa Maler und Bildhauer zurück zu einer inhaltlich durch Alltagsbezug, formal durch realistische Gestaltungsmittel gekennzeichneten Kunst. Überall sprechen die Bilder von der Sehnsucht nach Dauerhaftigkeit der Dinge, nach der Verläßlichkeit von Traditionen und menschlichen Bindungen, nach Schönheit. So gesehen stehen die Werke der „Kreis"-Künstler nicht für ein Abseits vom Weltgeschehen, sondern legen Zeugnis ab von ihrer Zeit. Nach dem Zweiten Weltkrieg soll es Versuche gegeben haben, den „Kreis" als Künstlervereinigung wieder zu beleben. Offensichtlich hatte sein Bemühen trotz seines letztendlichen Scheiterns Spuren in der regionalen Kulturgeschichte hinterlassen. Als kunstgeschichtliches Phänomen mag er erneut in Vergessenheit geraten, als ein Versuch mutiger grenzüberschreitender künstlerischer Solidarität verdient er ein ehrendes Gedenken.

Literatur:

Christoph Bertsch u.a.: Die Künstlervereinigung „Der Kreis". Maler und Bildhauer am Bodensee 1925–1938. Friedrichshafen: Verlag Gessler 1992 (Kunst am See Bd.24).

Conrad Felixmüller,
Luca am Winterfenster, 1927,
Privatbesitz.

EIN KULTURDENKMAL WANDERT INS MUSEUM

DAS KLEINBAUERNHAUS MENNWANGEN

WOLFGANG KRAMER

„Dieses Kleinbauernhaus ist in seinem Kern wohl das älteste und bedeutendste noch erhaltene Bauernhaus im Deggenhausertal überhaupt", schreibt Petra Sachs in ihrem Buch über die „Bauernhäuser im Bodenseekreis" zum Gebäude Mennwangen Haus 13. – „An der Erhaltung dieses Kleinbauernhauses, mittlerweile im Linzgau ein selten gewordenes Zeugnis von der Hausform und der Lebensweise jener spezifischen Schicht von Kleinbauern, und außerdem aufgrund seiner Konstruktionsweise ein wichtiges Beispiel für die Hausforschung, besteht aus wissenschaftlichen Gründen ein öffentliches Interesse", so äußerten sich Denkmalpfleger zum Entwurf der Liste der Kulturdenkmale in der Gemeinde Deggenhausertal.

Das öffentliche Interesse war zwar vorhanden, doch die Erhaltung vor Ort in Mennwangen erschien dann, da nach „Freilegungen der Bausubstanz sowie nach ergänzenden Untersuchungen (...) der fortgeschrittene Zustand des Verfalls erkennbar" wurde, „im denkmalpflegerischen Sinne unzumutbar." Das Denkmalamt stimmte dem Abbruch zu, wenn das Gebäude, das nach § 2 Denkmalschutzgesetz als geschütztes Kulturdenkmal eingestuft wurde, ins Bauernhausmuseum Wolfegg transloziert würde. Doch Wolfegg sah sich außerstande, das Gebäude zu übernehmen. Das Freilichtmuseum Neuhausen ob Eck, zu dessen Einzugsbereich das westliche Bodenseegebiet gehört,

griff nach kurzer Überlegungsphase zu und eröffnet nun mit diesem Kleinbauernhaus aus Mennwangen seinen zweiten Bauabschnitt im hinteren Museumsteil, wo vor allem Häuser vom Bodensee und vom Hegau zu sehen sein werden.

„Das Haus war im Ursprungszustand ein zweigeschossiger Ständerbau mit drei durchgehenden Quergefachen für Stube/Küche, Flur, Tenne/Stall. Das steile Satteldach wird von einem stehenden Stuhl getragen, dessen Hölzer ebenso wie das Dachgebälk zu einem erheblichen Teil wiederverwendetes älteres Material sind", beschreibt Hansjörg Schmid das Haus. Das Besondere an diesem Gebäude ist, daß es sich um einen Vollholzbau gehandelt hatte, der in seiner bewegten Geschichte zu einem überwiegenden Fachwerkbau umgestaltet wurde. Insgesamt sieben Bauphasen ließen sich feststellen.

Schmid sieht im Deggenhausertal und in der Region Markdorf ein Übergangsgebiet zwischen den zweigeschossigen Fachwerkbauten des westlichen und den eingeschossigen Vollholzbauten auf einem Kellersockel des östlichen Bodenseegebietes. Er schließt jedoch nicht aus, daß es sich unter Umständen um eine eigenständige Hausform handeln könnte, die mit der besonderen Wirtschaftsweise dieser Gegend in Zusammenhang stehen könnte.

Die Bauzeit des Hauses liegt im Dunkeln. Die Angaben schwanken zwischen dem Jahr 1669, dem Fälldatum des Holzes für das Gebäude, wie dendrochronologische Untersuchungen ergaben, und dem Jahr 1726, das die Einschätzungstabellen zur Gebäudebrandversicherung als Baudatum nennen. Auf alle Fälle handelt es sich nicht um das erste Haus an dieser Stelle. Archivalisch läßt sich dieses Vorgängerhaus zwar nicht greifen, doch wurde das Gerüst des Hauses Nr. 13 auf

Das Kleinbauernhaus an seinem ursprünglichen Standort in Mennwangen, 1984.

einen vorhandenen Keller gesetzt. Mit 4,6 m Breite und einer Mindestlänge von 10 m hatte dieser Keller selbst für das Bodenseegebiet eine ungewöhnliche Größe. Meist diente nur ein wenige Quadratmeter großes Keller„loch" vollauf zur Aufbewahrung von Vorräten. So wurde im Mennwanger Haus auch nur ein kleiner Teil des Kellers benutzt.

Wurde das Vorgängerhaus durch einen Brand zerstört oder gar durch kriegerische Einwirkungen im Laufe des 30jährigen Krieges? Hauskundler Schmid, der auch als Archäologe bekannt ist, konnte „zwar keinen durchgehenden Brandhorizont" feststellen, fand „aber mehrfach Linsen mit feinem, wie eingeschwemmt wirkendem Bauschutt sowie kleine Reste verkohlten Holzes." Als „unser" Haus auf den vorhandenen Keller aufgesetzt wurde, waren dessen Mauern zum Teil schon verfallen.

Wer dieses zweite Haus erbaute, ließ sich wie beim ersten nicht ermitteln. Das als „Hauß, so 3-khärig" erstmals im Urbar von 1755 in Archivalien genannte

Gebäude befand sich in der ersten Hälfte des 18. Jahrhunderts im Besitz des Matheus Ehrne. 1755 ist ein Mathias Beck Eigentümer. Seine Realitäten werden wie folgt beschrieben: „Ein Hauß, so 3-khärig, Hofreithe, Krauth- und Baumgarten, oben im Dorf gelegen, 1 Vierling 94 Ruten." Daneben besaß er noch 2 Vierling 107 Ruten Waldboden, der zur Rodung vorgesehen war.

Das spätere Mennwanger Haus Nr. 13 war eine Seldnerstelle, somit kein Lehen, sondern bäuerliches Eigentum. Fidel Löhle, der bis zu seinem Tode im Jahre 1803 als Besitzer erscheint, entrichtete jährlich 12 Kreuzer Grundzins an die Herrschaft Heiligenberg. Seine Witwe Juditha Schlegel heiratete kurz darauf Konrad Kleemann. Am 24. Juni 1817 starb auch der zweite Mann, der als Bürger und „Söldner", also Inhaber der Selde, in den Archivalien auftaucht. Bei seinem Tode wurde eine Vermögensbeschreibung seiner Verlassenschaft vorgenommen, die ein anschauliches Bild vom

Leben in einem Seldnerhaus in jener Zeit gibt.

Der Grundbesitz war bescheiden geblieben: 1 Vierling 32 Ruten Garten und 2 Jauchert 1 Vierling 1 Rute Ackerland (ca. 1,2 Hektar), alles zusammen mit dem Haus wurde er auf 485 Gulden veranschlagt. Wieviele Menschen im Haus wohnten, wissen wir nicht genau. Aus der Ehe mit Fidel Löhle waren zwei der drei Kinder noch unmündig, und mit Konrad Kleemann hatte Juditha ein weiteres Kind, die 1807 geborene Kreszentia.

Drei „Bettenstatt", davon eine „schlechtere", standen in den Kammern des kleinen Hauses, eine Wiege war 1817 noch vorhanden. In der Stube befanden sich ein Stubenkasten, Tisch und Stühle, die jedoch als Bestandteil des Hauses angesehen wurden und deshalb nicht in der Inventur erscheinen. Zwei „Küchenkasten", drei alte „Trög" und zwei Kästen,

die in den Schlafkammern standen, komplettierten neben einer Backmulde das Mobiliar, das unter „Schreinwerk" in der Aufstellung erscheint. Die „Bauerei" im Hause war klein, an Vieh werden nur eine rote Kuh und eine Geiß genannt, doch die Ausstattung an bäuerlichen Geräten war für eine Selde recht umfangreich. So waren 3 Sensen, 5 Sicheln, 2 „Habergeschirr", 1 Blähmühle, 2 Dreschflegel, 4 Äxte und vieles andere mehr im Haus. Zwar gab es nur eine Heugabel, dafür aber drei Heurechen. An „Fuhr- und Baurengeschirr", also Fahrzeugen, war nichts vorhanden. Bei der Feldbestellung war der Seldner auf Bauern angewiesen, die einen „Zug" besaßen. Wie in vielen anderen Häusern wurde im Hause der Witwe Löhle das Leinen selbst hergestellt. Unter „Gemeiner Hausrath" finden sich 2 Brechen, 2 Schwingstöcke und 1 Hechelstuhl für die Flachsverarbeitung sowie 2 Kunkeln, 1 Haspel und 1 Spinn-

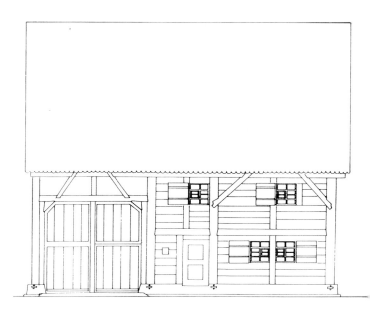

Trauf- und Giebelansichten
der Wiederaufbaupläne
für das Mennwanger Bauernhaus
im Freilichtmuseum.

rad zum Verspinnen der Fasern. Der Vorrat an Stoff war mit 39 Ellen verschiedener Qualitäten beachtlich und belief sich auf einen Wert von über 20 Gulden. Sohn Josef, der das Gebäude bekam, wurde 1837 als „Weber" und „Söldner" bezeichnet. Ein weiterer Hinweis, daß die Textilherstellung wohl schon zu Beginn des 19. Jahrhunderts eine wichtige Rolle im Hause spielte. An „Luxus"-Gegenständen im Hause wäre vielleicht die Stubenuhr zu nennen. Der mit 24 Gulden veranschlagte „Brennhafen samt Zugehör" unter der Rubrik „Kupfergeschirr" weist auf eine weitere Nebeneinkunft hin: die Schnapsbrennerei.

Der verstorbene Konrad Kleemann besaß zwei Hosen, ein paar Strümpfe, ein Paar Schuhe, ein „scharlachenes Leible" und einen blauen Rock. Drei Hemden, ein schwarzer Filzhut, ein Halstuch und das, was ihm ins Grab mitgegeben wurde, komplettierten seine Garderobe.

Viele Möglichkeiten zum Wäsche- und Kleiderwechsel hatte auch die Witwe nicht. Für ein Haus, in dem Leinenfasern versponnen wurden, war die Wäscheausstattung bescheiden. Die „Fahrnissen" beliefen sich auf 231 Gulden und summierten sich mit den Liegenschaften zu 716 Gulden auf der Habenseite. Demgegenüber belief sich der „Schuldenstand" auf 636 Gulden und 40 Kreuzer. Kleemann und seine Witwe schuldeten allein der „Kapellen-Fabrik zu Altenbeuren" mit Zins 311 Gulden und dem Johannes Bär von Mennwangen ebenfalls mit Zins 148 Gulden. Mangels Banken verliehen weltliche und kirchliche Institutionen Geld, und bei Handwerkern und Händlern ließen die Kleemanns anschreiben, selbst dem Lehrer Rock von Untersiggingen blieben sie 2 Gulden und 52 Kreuzer Schullohn schuldig. Von dem Saldo von 80 Gulden bekamen die drei Kinder aus

Künftige Heimat des Bauernhauses aus Mennwangen: Freilichtmuseum Neuhausen ob Eck. Am rechten Bildrand die bereits nach dorthin versetzte, ehemalige Scheuer des Stiefelhofes in Salem-Haberstenweiler, erbaut 1796.

erster Ehe je 15 Gulden. Die restlichen 35 Gulden blieben noch zur Verteilung.

Nach dem Tode des Stiefvaters übernahm der 1796 geborene Josef Löhle das „Sach". Dieser wird später als Weber, aber auch ausdrücklich als „Landwirt" bezeichnet. Zu seinen Lebzeiten wurde das Haus im Feuerversicherungsbuch 1831 erstmals etwas ausführlicher beschrieben: „Ein zweistockig von Holz erbautes Wohnhaus mit Scheuer und Stallung", das mit 400 Gulden veranschlagt wurde. Von der Bedachung wurde nichts erwähnt. Die vage Vermutung der Baufachleute, daß das Gebäude zu der Zeit, als es noch ein Vollholzbau war, mit Stroh gedeckt gewesen war, konnte keine Bestätigung in den Archivalien finden. Mit 41 Jahren starb Josef Löhle 1837, seine Frau folgte ihm 1844. Das Anwesen ging auf den Sohn Johann über, den seine Mutter mit in die Ehe gebracht hatte. Der Landwirt Johann Löhle erweiterte das Gebäude durch die Errichtung eines einstöckigen Speichers als Wie-

derkehr, der mit Steinriegeln 1855 auf einem Balkenkeller erbaut wurde. Das Gesicht des Hauses änderte sich entscheidend und bekam jene Form, die es bis zu seiner Abtragung beibehielt.

Warum nahm Johann Löhle diese umfangreiche Erweiterung vor? Noch ist der landwirtschaftliche Betrieb klein. 1844 wurden eine Kuh - sie war die wertvollste Fahrnis mit 38 Gulden -, eine Geiß, ein Schwein und zwei Hühner genannt. Für landwirtschaftliche Zwecke wurde der Speicher wohl nicht benötigt, da sich auch der Besitz an Äckern und Wiesen kaum vergrößert hatte.

Was die Bauleute vermutet hatten, bestätigten die Akten. Der Begriff „Speicher" wird in weiten Teilen Oberschwabens mit „Altenteiler-Wohnung" gleichgesetzt, und in der Einschätzungstabelle von 1896 fand sich ein weiteres Indiz dieser Vermutung. Dort wurde von zwei Herdstellen berichtet, von denen eine sicherlich im „Speicher" stand.

In jener Zeit, Mitte des 19. Jahrhunderts, wurde nicht nur die Wiederkehr angebaut, sondern auch die Hausfront entscheidend verändert. Die vordere Stubenwand, so fanden die Bauleute beim Abbau heraus, war samt der darunterliegenden Kellerwand nach einer „tiefreichenden Zerstörung" in Feldsteinmauerwerk neu aufgeführt worden. Wahrscheinlich hat ein Hochwasser dieses Zerstörungswerk verursacht. Das ganze Hausgerüst neigte sich, nachdem die alte Kellerwand unterspült worden war. Die Handwerker behalfen sich, indem sie die Bauflucht um 27 cm nach vorne verlegten, um die geneigte Hauswand durch eine neue, lotrechte Wand ersetzen zu können. Dadurch war die Wand wieder gerade, und die Stubenfläche blieb erhalten. Bei den 1895/96 vorgenommenen Baumaßnahmen an Wohnhaus, Stall und Scheune wurden größere Wandflächen ausgewechselt, so daß in den Einschätzungstabellen zur Gebäudebrandversicherung das Haus als „teils neu" bezeichnet wurde. Die Bohlenwände im Bereich der Stube und der Kammer dürften schon bei den Umbauten in der Jahrhundertmitte durch Fachwerk ersetzt worden sein. 1876 wurde es als aus zwei Dritteln Holz und einem Drittel Stein bestehend beschrieben. Dann, kurz vor der Jahrhundertwende, verschwanden Holz- und Fachwerkwände unter Putz, die Fenster wurden auf die heutige Form vergrößert, der Stall um 90 cm nach hinten verlängert. Das Haus erhielt damals sein heutiges Aussehen. Vieles, was es besonders interessant machte, wurde verdeckt. Zu Beginn des Ersten Weltkriegs 1914 erfolgte die Übergabe an die Tochter Kreszentia Löhle, die mit dem Schuster Martin Lorenz verheiratet war. 1931 wurde das Gebäude in der Einschätzungstabelle zur Gebäudebrandversicherung als „landwirtschaftliches Gebäude", zweigeschos-

sig mit Wohnung, Tenne und Stall, nicht massiv, ausgemauertes Holzfachwerk, Ziegeldach, Abortanhang, Holzschopf und Schweinestallanhang" beschrieben. Beim „Speichergebäude mit Schienenkeller" erschien ausdrücklich nun der Begriff „Wohnung".

Welchen Bauzustand zeigt nun das Freilichtmuseum? Nach intensiver Diskussion entschied sich die Wissenschaftliche Kommission des Museums, den Vollholzbau zu zeigen. Dazu Hansjörg Schmid: „Unser Haus ist keinesfalls eine zufällig zustandegekommene Individuallösung, sondern offensichtlich durchaus signifikant für den Hausbau in dieser Kleinregion. Dahinter steht sicherlich der relativ große Waldreichtum des Tales, der – zumindest für die ältere Formenschicht – den Vollholzbau nahelegte." Wie so oft bei der Translozierung von Gebäuden gingen die Verantwortlichen einen Kompromiß ein und werden den erst 1855 errichteten Speicher mit Altenteilerwohnung wiederaufbauen. Schmid: „Dieser Anbau ist nicht nur besonders liebenswert, sondern repräsentiert auch eine wichtige sozialgeschichtliche Situation der Eigentümer des Anwesens. Außerdem ist er ein seltenes Beispiel für diese Art der Kleinstwohnungen mit ihren winzigen „Flurküchen".

Literatur und Quellen:

Sachs, Petra: Bauernhäuser im Bodenseekreis. Friedrichshafen 1985.

Freilichtmuseum Neuhausen ob Eck, Hausakte D1, vor allem: Entwurf zur Liste der Kulturdenkmale, Bodenseekreis, Gemeinde Deggenhausertal, vom 31. 3. 1984; Schreiben des Landesdenkmalamts an den Gemeindeverwaltungsverband Markdorf; Hansjörg Schmid: Grundsätzliches zum Haus 13 in Mennwangen-Wittenhofen; Derselbe: Das Bauernhaus 13 aus Mennwangen-Wittenhofen, Vorbericht der Untersuchungen beim Abbau und Vorschlag für den Wiederaufbau im Museum.

Gemeindearchiv Deggenhausertal-Wittenhofen.

EINE ARCHITEKTONISCHE RARITÄT

DIE ÜBERLINGER TURN- UND FESTHALLE VON 1876

MICHAEL RUHLAND

An der Westseite des Überlinger Mantelhafens, unmittelbar hinter den Schulhäusern am See, erhebt sich ein architektonisch reizvoller, eingeschossiger Sandsteinbau mit flachem Satteldach und aufwendiger Lisenengliederung. Es handelt sich um die Städtische Turn- und Festhalle, die 1876 zusammen mit dem westlich angebauten zweigeschossigen Kindergarten errichtet wurde und den Abschluß des Schulbautensembles bildet. Seit einigen Jahren ungenutzt, schien sie bis vor kurzem dem Untergang geweiht durch den Bau einer Tiefgarage für Anlieger. Dabei war die Bedeutung des in Baden nahezu einzigartigen Schulviertels zwischen Mantelhafen und See schon vor längerer Zeit vom Landesdenkmalamt durch Aufnahme als Sachgesamtheit in die Liste der Überlinger Kulturdenkmale gewürdigt worden. Doch auch für sich genommen ist der Hallenbau von architekturhistorischem Rang: Er gehört zu den ersten Turnhallen, die im ehemaligen Großherzogtum Baden gebaut wurden, und ist heute eine der ältesten erhaltenen Turn- und Festhallen Süddeutschlands.

Das Schulviertel, das Überlingens Seefront so markant abrundet, entstand zwischen 1865 und 1876. Zu dieser Zeit war die Errichtung größerer Schulhäuser ganz allgemein noch eine vergleichsweise neue Bauaufgabe. Vor allem die alten Städte hatten bis dahin zumeist die Möglichkeit, ältere Gebäude, häufig säkularisierte Klöster, für Unterrichtszwecke umzunutzen. Dementsprechend konnten die ersten großen städtischen Schulneubauten, die vor 1870 in Baden entstanden, an keine nennenswerte Tradition anknüpfen. In den Anfangsjahren hatten die Architekten vor allem noch mit den besonderen pädagogischen und hygienischen Anforderungen an den Grundriß und die betriebstechnischen Einrichtungen zu kämpfen. Auch ein spezieller Schulbaustil hatte sich noch nicht ausgebildet. Da die Errichtung eines Schulhauses zu jener Zeit für fast alle Gemeinden die erste gewichtige öffentliche Bauaufgabe seit vielen Jahrzehnten und somit ein Prestigeobjekt war, orientierte man sich bei der Fassadengestaltung an Repräsentationsbauten. Namentlich altbewährte architektonische Würdeformen wie etwa Säulen, Pilaster, Rundbogen oder Dreiecksgiebel finden sich daher immer wieder an den frühen Schulhäusern – so auch in Überlingen. Zunächst errichtete man 1865/67 nach den Plänen des Konstanzer Stadtbaumeisters Merk das zweigeschossige Volksschulgebäude. Es zeichnet sich vor allem durch gute Proportionen, fein gearbeitete Details und eine noble, giebelgeschmückte Seefassade aus. Daneben erhebt sich die beinahe zehn Jahre später errichtete ehemalige Höhere Bürgerschule, ein dreigeschossiger Kubus, dessen Hauptfassade gleichfalls nach Süden gerichtet ist und am Mittelrisalit eine prunkvolle architektonische Durchbildung aus dem klassischen Formenrepertoire von Antike und Renaissance aufweist: gleichzeitig Zeichen des Respekts vor der „Schauseite" der Stadt am See und Ausdruck des Selbstverständnisses der Gemeinde als Bauherrin. Das Gebäude entstand nach Entwürfen des Überlinger Gewerbelehrers und Stadtbaumeisters Schwab und wurde 1875 von dessen Nachfolger im Amt, dem Architekten August Ilg, vollendet. Das jüngste Ge-

Die 1876 erbaute Turn- und Festhalle in Überlingen.
Ausschnitt einer Postkarte um 1900.

bäude des Ensembles, die 1876 entstandene Turnhalle, fügt sich mit ihrer ebenfalls der Antikentradition verpflichteten Architektur vollständig in die Anlage ein.

Ihr Bau hatte verschiedene Ursachen: Zum einen war 1868 der Turnunterricht an den badischen Volksschulen per Gesetz eingeführt worden, während die höheren Schulen schon vorher Turnstunden in ihrem Lehrplan gehabt hatten. Doch erst nach und nach konnte man daran denken, die gesetzliche Regelung auch in die Praxis umzusetzen, da es zunächst allerorten an ausgebildeten Turnlehrern fehlte. Erste Bestrebungen, das Turnen zum Allgemeingut zu machen, lassen sich zwar in Baden und namentlich auch in Überlingen während des Vormärz feststellen; 1847 plante man sogar kurzfristig die Einrichtung eines Turnsaales im Zeughaus am Seeufer, doch kam es wohl nicht zur Ausführung. Einen allgemein anerkannten Bautypus

für diese Aufgabe gab es damals noch nicht, da der Turnunterricht in Schulen und Vereinen sich bis weit in die 1870er Jahre hinein auf Übungen im Freien beschränkte. Erst während des letzten Viertels des 19. Jahrhunderts entstanden Schulturnhallen in größerer Zahl, von denen die meisten allerdings heute nicht mehr existieren. Die erste freistehende Turnhalle im Großherzogtum Baden wurde seit 1861 projektiert und 1868/69 in Karlsruhe erbaut. Sie war das architektonische Kernstück der damals ins Leben gerufenen Turnlehrerbildungsanstalt. Ihr Architekt Heinrich Lang gehörte zu den herausragenden Vertretern seines Fachs in Baden; er unterrichtete an der Polytechnischen Schule in Karlsruhe und gehörte der Badischen Baudirektion an, dem obersten Aufsichtsgremium in der Staatlichen Bauverwaltung. Sein reiches

Werk umfaßt unter anderem Entwürfe für Normalschulhäuser, mehrere Schul- und Universitätsgebäude sowie auch einige Turnhallen. Mit der Karlsruher Zentralturnhalle, wie die Sporteinrichtung der Turnlehrerbildungsanstalt bald hieß, schuf er den für die 1870er Jahre gültigen Prototyp, dem auch die Überlinger Halle nahe verwandt ist: ein eingeschossiger Baukörper mit Querschnittfassade, vortretendem Mittelrisalit und flachem Satteldach.

Erst mit der Gründung der Turnlehrerbildungsanstalt 1869 und der gleichzeitigen Berufung des überregional anerkannten Pädagogen Alfred Maul zu ihrem Direktor gerieten die staatlichen Vorstellungen von einem geregelten Turnunterricht in ein konkreteres Stadium. Besonders im Jahre 1874 drängte man die Gemeinden zur Einrichtung von Turnplätzen und Turnhallen. Für die Gymnasien von Freiburg und Mannheim wurden eigene Hallenbauten geplant, an anderen Orten behalf man sich mit Umbaumaßnahmen. In Überlingen sorgten die zuständigen Verwaltungsstellen 1874 für den Einbau eines ersten provisorischen Turnsaals im Torkelgebäude am Steinhaus. – Dabei wäre es sicher lange geblieben, wenn nicht schon bald darauf ein konkretes Ereignis den Boden für die Errichtung eines festen Hallenbaus bereitet hätte.

Im Jahre 1875 feierte nämlich der Überlinger Sängerverein sein fünfundzwanzigjähriges Bestehen und verband damit die Einladung zu einem Gausängertag. Das zunächst in bescheidenem Maßstab geplante Fest entwickelte sich jedoch zu einer großen, weit über den Bodenseeraum hinaus beachteten Feier, da das für jenes Jahr eigentlich in Karlsruhe vorgesehene Sängerfest des badischen Sängerbundes ausfallen mußte. Infolgedessen bekam das Überlinger Jubiläum den Charakter einer regionalen Ersatzveranstaltung; darüber hinaus wurde zumindest für das badische Oberland die Stadt am See auch noch durch die gleichzeitig dort stattfindende Haupt-

Giebelansicht des
Bauplans von
Stadtbaumeister Ilg
mit westlich
anschließendem
Kinderschul-
gebäude, 1875.
Stadtarchiv
Überlingen.

Fassadendetail
mit Klötzchenfries und
Ornamentband.

versammlung des Sängerbundes ausgezeichnet. Die Veranstaltung stand somit in der Tradition der Sängerfeste, die bereits im Vormärz zu den wichtigsten allgemeinen Feiern in den Staaten des nachmaligen Deutschen Reichs gehörten, und für die am Bodensee die Sängertage von Konstanz 1836 und Überlingen 1838 Beispiele boten. Diese rasch in ihrer Bedeutung wachsenden Feiern erforderten schon früh eigene große Festhallen. Es handelte sich zunächst um leicht auf- und abzuschlagende Bauten aus Holz und Leinwand; permanente Festlokale waren bis dahin, mit Ausnahme der mittelalterlichen Tanz- und Gesellschaftshäuser, weitgehend unbekannt. Lediglich gesellige Vereine, Lesegesellschaften und dergleichen mit Namen wie „Eintracht", „Museum" oder „Harmonie" hatten manchmal eigene geräumige Festsäle. Daneben gab es an vergleichbaren Gebäuden nur die einer begüterten Gesellschaftsschicht vorbehaltenen Kursäle und Konversationshäuser. Mit den Sänger-, Turn- und Festhallen entstanden erstmals

Festlokale für das ganze Volk – zunächst nur zu bestimmten Ereignissen und auf wenige Tage beschränkt, seit der Jahrhundertmitte gelegentlich auch schon als massive Bauten. Im Bereich des heutigen Baden-Württemberg zählten die Freiburger Kunst- und Festhalle (1854 fertiggestellt), die Stuttgarter Liederhalle (1863) und die Karlsruher Festhalle von 1877 (alle drei im Zweiten Weltkrieg zerstört) zu den frühesten Beispielen. In kleineren Städten gab es derartige Festlokale, abgesehen von Wirtshaussälen, nicht.

Zur Unterbringung der weit über 1000 Sänger und ihrer Gäste, die zum Überlinger Sängertag vom 7. bis zum 9. August 1875 anreisten, errichtete Stadtbaumeister August Ilg direkt am Landungsplatz eine provisorische Festhalle.

Sie war immerhin 48 Meter lang, 20 Meter breit und 15 Meter hoch, die Hauptfront bestand aus zwei längeren Seitenflügeln und einem vorspringenden, bedeutend überhöhten Mittelbau mit dem Hauptportal; die äußere Hülle war mit Tannenreisig verkleidet. Den Hauptschmuck dieser Halle bildeten zahlreiche Sinnsprüche, die sich auf das Sängerfest bezogen. Dessen Festfolge läßt sich noch heute sehr lebendig bei der Lektüre des Überlinger „Seeboten" nachvollziehen, der das große Ereignis und seinen zeittypischen patriotischen Charakter mit einer Artikelserie würdigte. Den hochgestimmten Ton derartiger Feste macht die Dankadresse deutlich, die der Präsident des Badischen Sängerbundes, Gustav Hammetter, am 15. August 1875 in den „Seeboten" setzen ließ, und die mit den Worten schloß: „So möge man denn für alle Hinkunft in den Mauern Überlingens singen, von allem Hohen, was die Menschenbrust bewegt, von Lenz und Liebe, von Treue und Heiligkeit, von Freiheit und Manneswürde, von Fürst und Vaterland!"

Offenbar war der Eindruck jener Augusttage von 1875 so nachhaltig, daß sich schon bald der damals noch ungewöhnliche Gedanke durchsetzte, die See- und Kurstadt benötige einen dauerhaften Veranstaltungsort. Dieser Wunsch ließ sich am ehesten mit dem Bau einer Turnhalle verbinden, wie sie, trotz des Provisoriums im Steinhaus, schon lange für den Schulunterricht benötigt wurde. Am 27. August, also nur knapp drei Wochen nach dem Sängerfest, beauftragte der Gemeinderat daher die Spital- und Spendverwaltung mit der Finanzierung eines derartigen Gebäudes. Der doppelte Beweggrund geht deutlich aus einem Gemeinderatsbericht vom 19. September 1875 hervor, in dem es heißt: „Die Turnhalle soll aber auch noch zu anderen Zwecken, nemlich zu Bürgerversammlungen, Theater u. Conzerten dienen, da es uns an Räumlichkeiten hierzu ebenfalls gänzlich gebricht und doch letzters beide in einem Badeorte wie der hiesige nicht fehlen sollten."

Stadtbaumeister Ilg, der bereits durch den Bau der provisorischen Festhalle Erfahrungen auf diesem Gebiet gesammelt hatte, stellte noch im Herbst 1875 die Pläne für den Turnhallenbau fertig. Dabei arbeitete Ilg offenbar eng mit dem Leiter der Karlsruher Turnlehrerbildungsanstalt zusammen, denn am 7. September 1875 schrieb er an die Spitalverwaltung: „Die Grösse der Turnhalle ... ist nach Angabe des Herrn Turndirectors Maul von Carlsruhe, die übrigen Räume nach mündlicher Übereinkunft mit Herrn Bürgermeister Beck hier von mir entworfen und in der Anlage des Ganzen hauptsächlich auch darauf Rücksicht genommen worden, daß besagte Halle nicht nur zum Turnunterricht, sondern auch zu sonstigen Zwecken, als Bürgerversammlungen, Bällen, Theater etc benützt werden kann. Das Lokal der Kleinkinderschule würde in letztgenannten Fällen zur Restauration dienen."

Am 13. Dezember 1875 wurden dem Gemeinderat bereits die fertigen Pläne zugestellt, und der Grundstein konnte im April 1876 gelegt werden. Schon im Sommer stand das Gebäude äußerlich vollendet da.

Es handelt sich um eine 25,5 Meter lange und 13 Meter breite einschiffige Halle. Ihre Außenwände werden in regelmäßigen Abständen durch Rundbogenfenster im Wechsel mit senkrechten Wandvorlagen gegliedert; letztere sind gequadert und in ihren unteren zwei Dritteln als Pilaster ausgebildet mit kleinen antikisierenden Schmuckelementen, sogenannten Akroterien, auf den Kapitellen; die einzelnen Fensterachsen grenzt ein Klötzchenfries nach oben ab. Ein mehrfarbiges, in Schablonenmalerei hergestelltes Ornamentband ziert die östliche Langseite. Der Haupteingang in die Halle befindet sich im vorgezogenen Mittelteil der südlichen Querschnittfassade und ist durch die Anbringung eines Wappensteins mit den vier „F", den Anfangsbuchstaben des Turnermottos "Frisch, Frei, Fröhlich, Fromm", gekennzeichnet. Doch die aufwendige Rahmung des Rundbogenportals mit Hilfe von Pilastern und einem Dreiecksgiebel, Würdeformen, die ihren Ursprung in der Sakral- und Repräsentationsarchitektur haben, weist darüber hinaus auf die Bedeutung des Hauses als städtischer Festsaal hin. Zur wichtigsten Ansicht wurde die Ostfassade ausgestaltet, da sie dem Mantelhafen zugewandt ist und somit bereits in vergleichsweise großer Entfernung über den Wasserspiegel hinweg wahrgenommen werden kann. Hier ließ sich die Bauherrin gebührend darstellen: In der durch einen Dreiecksgiebel überhöhten Mittelachse der langgestreckten Front prangt ihr Symbol, das Überlinger Stadtwappen.

Auf der Westseite der Halle steht das gleichzeitig erbaute, zweigeschossige Kinderschulgebäude, das untrennbar zum Gesamtkomplex gehört, denn während sich die eigentlichen Kindergartenräume samt der Wohnung für eine Kindergärtnerin im Obergeschoß befanden, diente das Erdgeschoß als Foyer und Garderobentrakt für die Turn- und Festhalle. Deren Innenarchitektur wird wesentlich durch das Stützsystem ihrer Dachkonstruktion bestimmt: Kräftige Ständer, die sich jeweils zwischen den Fenstern befinden und in ihrem unteren Teil als kannelierte Pilaster gestaltet sind, gliedern den Raum rhythmisch. Von ihnen geht das farbig gefaßte Sprengwerk aus. Die verbleibenden Zwickel zwischen Binderbalken und Sparren waren ursprünglich mit durchbrochen gearbeiteten Ornamenten geschmückt, von denen noch einige erhalten sind. Auch die Ventilationsöffnungen in der Decke zeigen Schmuckelemente. Mit einigem architektonischem

Aufwand ist die Musikempore über dem Haupteingang im Süden gestaltet, die auf kannelierten Pilastern ruht und eine Balustrade besitzt. Eine ehemals gegenüberliegende zweite Empore wurde von Säulen getragen und ist nur noch auf historischen Fotos zu erkennen.

Offenbar war die Halle während der Sommermonate 1876 soweit fertiggestellt worden, daß der Turnunterricht des folgenden Schuljahrs bereits dort stattfinden konnte. Zuvor aber wurde der Bau durch eine Feier eingeweiht, die deutlich auf seine vielseitige Verwendbarkeit hinwies. Am 20. August 1876, weniger als ein Jahr nach dem Baubeschluß des Gemeinderats, fand hier das Fest der Fahnenübergabe des Kriegervereins Überlingen statt. Dafür wurde die Turnhalle prachtvoll dekoriert mit Wappen, Fahnen und Inschriften, über dem Portal prangte der Reichsadler, über der Bühne hing ein Transparent mit der Personifikation Germanias.

Doch mit vergänglichen und jeweils neu anzufertigenden Dekorationen wollte man sich nicht begnügen. Die getünchte Halle wirkte offenbar zu nüchtern, um einen würdigen Rahmen für derartige Feste abzugeben. So beschloß der Gemeinderat im Juli 1877 eine großzügige Ausmalung. Zur Wahl der Bildmotive wurde eine Sachverständigenkommission eingesetzt, die sich schließlich, ganz im Sinne der durch Sängerfest und Fahnenweihe anschaulich gewordenen patriotischen und nationalen Stimmung jener Tage, für Wappenschmuck an den Wänden sowie für eine Reihe von Porträts namhafter Persönlichkeiten aus Politik und Kunst entschied und damit die unterschiedlichen Zwecke betonte, denen die Halle zu dienen hatte. Im einzelnen entstanden damals an der Decke 14 Medaillons mit den Bildern von Kaiser Wilhelm I., Kronprinz Friedrich Wilhelm, Großherzog Friedrich I. von Baden und Großherzogin Luise, außerdem die Porträts von Bismarck, Moltke und General von Werder; natürlich durfte Friedrich Ludwig Jahn nicht fehlen, der „Turnvater", und die weitere Zweckbestimmung der Halle als Musentempel betonte man mit den Bildnissen der Dichter Arndt, Goethe und Schiller sowie, auf Vorschlag der Sachverständigenkommission, Kerner oder Scheffel.

Schließlich stellten die Porträts des einstigen Konstanzer Bistumsverwesers Wessenberg und des ehemaligen Überlinger Pfarrers Wocheler den Bezug zur Bodenseeregion her. Die Ausführung übernahm zunächst ein Maler aus Pfullendorf, im Oktober 1877 wurde sie durch den Karlsruher Kunstmaler Richard Orth vollendet. Heute ist die Turnhalle innen hell gestrichen; auf Fotos der Jahrhundertwende kann man den malerischen Schmuck jedoch gut erkennen. Vielleicht befindet sich die ursprüngliche Ausstattung noch unter der Tünche.

Schon vor der endgültigen Fertigstellung aller Arbeiten wurde der ausgemalte Bau am 23. September 1877 erstmals als Festhalle genutzt: Wieder stand eine Fahnenweihe auf dem Programm. Im „Seeboten" hieß es darüber: „Um 9 1/2 Uhr begaben sich sämmtliche Festtheilnehmer, der Festausschuß mit den Festfräulein, die hiesigen Vereine, die Gäste etc. in stattlichem Zuge mit Musik in die mit prachtvollen Dekorationen neu ausgestattete Festhalle, wo der Akt der Ueberreichung der Fahne an den Arbeiterfortbildungsverein stattfand."

Die endgültige Einweihung geschah schließlich vor dem Hintergrund der Wahl zur Ständeversammlung, dem badischen Landtag. Aufgrund des indirekten Wahlverfahrens mit Hilfe von Wahlmännern stand schon vor der eigentlichen Entscheidung fest, daß der Überlinger Bürgermeister Beck zum Abgeordneten gewählt werden würde. Stadtbaumeister Ilg schlug deshalb am 16. Oktober 1877 vor, „die Halle durch Abhaltung eines grossen Bankets und zwar am 25.d.M. Abends zu eröffnen. An diesem Tage wird bekanntlich seit langer Zeit endlich wieder einmal ein Überlinger als Vertreter des hiesigen Bezirks zum Landtagsabgeordneten gewählt und behaupten wir, daß es wohl keine richtigere u. schönere Gelegenheit geben kann, als an diesem Tage zur Feier dieses wichtigen politischen Aktes unseren Festsaal zu eröffnen."

Dieser Vorschlag wurde aufgegriffen und so kam es, daß nicht etwa ein aufwendiges Schauturnen den Rahmen der Halleneröffnung bildete, sondern ein politisches Fest, über das der „Seebote" am 28. Oktober berichtete: „... Abends 7 Uhr veranstaltete das Feuerwehrkorps einen Fackelzug mit Musik unter Betheiligung des Fest-Komites, des Sänger-, Arbeiter-Fortbildungs- und Krieger-Vereins etc. Dem neugewählten Abgeordneten Hrn. Bürgermeister Beck wurde nun eine Ovation gebracht, worauf man sich in die Turn- und Festhalle begab, welche an diesem Abend gewissermaßen ihre eigentliche Eröffnungsweihe erhielt. Das in diesem prachtvoll mit Dekorationen ausgestatteten Saale abgehaltene Banket bildete den würdigen Schluß des Tages; die Räumlichkeiten, so groß sie sind, vermochten kaum die Festgenossen aufzunehmen. ..."

In den folgenden Monaten zeigte sich auch die Tauglichkeit der Turnhalle als Theatersaal. So annoncierte zum Beispiel am 21. November 1877 der Theaterdirektor Georg Korb im „Seeboten" die Ankunft seiner aus fünf Herren und sechs Damen bestehenden Theatergesellschaft u.a. mit den Worten: „Ich habe das hohe

Innenansicht anläßlich einer Obstausstellung 1903
mit der ehemals vorhandenen Ausmalung.

Innenansicht heute.

Glück, durch die Güte des Herrn Bürgermeisters und des resp. Gemeinderaths, die mir die neue Turnhalle zur Aufstellung meiner Bühne bereitwillig überließen, in den Stand gesetzt zu sein, dem hochgeehrten Publikum durch ganz neue Dekorationen, sehr reiche Garderobe sowohl, als auch durch einheitliches Zusammenspiel meiner Gesellschaft und pünktliches Studium, in jeder Beziehung die Abende, die ich zu meinen Aufführungen gewählt, zu so Genußreichen zu gestalten, wie es wohl bis jetzt noch keinem meiner Vorgänger gelungen sein wird."

Die bis in die ersten Wochen des folgenden Jahres gespielten Stücke waren, nach Ausweis ihrer Titel (z.B. „Dir wie mir – oder: Den Herren ein Glas Wasser", „Monsieur Herkules – oder: Alles muß Kunstreiter sein", „Der Sammtschuh oder: Deutsche Frauentreue") sowie den im „Seeboten" nachzulesenden Inhaltsangaben und Rezensionen recht anspruchslos, sie befriedigten aber offenbar die Schaulust der Bevölkerung. In diesem Zusammenhang muß wohl auch „Blondin's Arena" genannt werden, die damals ebenfalls Auftritte in der Halle plante und „Salon-Gymnastik, Equilibristik, Entree comique, Nationaltänze u. Pantomimen" ankündigte.

Daneben diente die Turn- und Festhalle gelegentlich auch als Ausstellungslokal, wie eine aus dem Jahre 1903 überlieferte Fotografie beweist, die den kunstvollen Aufbau einer damals stattfindenden Obstbau-Ausstellung dokumentiert. Doch unter allen öffentlichen Veranstaltungen fehlen solche, die ausdrücklich dem Turnen gewidmet waren. Das liegt im wesentlichen daran, daß die Halle zunächst nur für den Schulturnunterricht genutzt wurde. Den Überlinger Turnverein, dessen Mitglieder später

gerne für Gruppenaufnahmen vor der Turnhalle posierten, gab es erst seit 1885.

Schon zur Zeit der Fertigstellung war der Überlinger Hallenbau ein wichtiges Ereignis – handelte es sich bei ihm doch um eine der ersten im Lande Baden errichteten Schulturnhallen. Als älteste der unversehrt aus den Zerstörungen des Zweiten Weltkriegs hervorgegangenen Hallen ist sie heute ein besonders kostbares Dokument für die Entwicklung des Turnunterrichts im letzten Viertel des 19. Jahrhunderts. Das frühe Entstehungsdatum und die aufwendige künstlerische Gestaltung der Halle zeugen außerdem vom fortschrittlichen Denken und vom Repräsentationswillen der damaligen Gemeinderäte und Bürgerausschußmitglieder zu einer Zeit, in der selbst viel größere Städte noch nicht über Turn- und Festhallen verfügten.

Das Stadtarchiv Überlingen bewahrt Pläne und Bauakten zur Turnhalle sowie die in Jahrgängen gebundenen Nummern des „Seeboten".

Literatur:

Badischer Sängerbund e.V.: Werden und Wirken. Festgabe zum 100jährigen Bestehen am 14. September 1962.

Düding, Dieter, Friedemann, Peter, Münch, Paul (Hrsg.): Öffentliche Festkultur. Politische Feste in Deutschland von der Aufklärung bis zum Ersten Weltkrieg. Reinbek 1988.

DENKMAL CONTRA TIEFGARAGE

VOLKER CAESAR

Gestützt auf vorbereitende Untersuchungen und einen Sanierungsrahmenplan für die östliche Überlinger Altstadt beantragte die Stadt Überlingen 1989 die Erteilung eines Bauvorbescheides zum

Abbruch der Turnhalle und Neubau einer zentralen Quartiersgarage. Da diese Maßnahme unabhängig vom Abbruch des Kulturdenkmals die großflächige Zerstörung wertvoller Bodenurkunden im Bereich der mittelalterlichen Stadt bedeutet hätte, andererseits die unbebauten Flächen hinter den Seeschulen und der Turnhalle als wertvolle Reserve zur Unterbringung des ruhenden Verkehrs angesehen werden mußten, war das Landesdenkmalamt bereit, seine Bedenken unter folgenden Prämissen zurückzustellen: Die Tiefgarage sollte in ihrem baulichen Umfang so reduziert werden, daß die Turnhalle erhalten und allenfalls ihr westlicher Anbau (ehemalige Kleinkinderschule) geopfert werden sollte; die Archäologische Denkmalpflege sollte eine ausreichende Grabungsfrist erhalten, um die mittelalterlichen Funde und Befunde im Baugrund des geplanten Garagenbaues zu erforschen und zu bergen.

Nach langwierigen Beratungen scheiterte ein für alle Beteiligten fachlich und sachlich befriedigender Kompromiß letztlich an den nach Auffassung der Stadt überhöhten Herstellungskosten pro Stellplatz, die eine verkleinerte Garagenlösung und die Einhaltung eines Grabungsvorlaufes nach sich zögen. Angesichts der widerstreitenden Zielsetzungen war das Regierungspräsidium Tübingen als Höhere Denkmalschutzbehörde veranlaßt, 1992 eine Entscheidung herbeizuführen. Diese bestätigte das öffentliche Interesse an der Erhaltung der Turnhalle und die Gewährung einer angemessenen Grabungszeit zur Erforschung der archäologischen Funde und Befunde vor deren weitgehender Zerstörung durch den geplanten Neubau und hielt es unter Würdigung aller Möglichkeiten der Finanzierbarkeit für zumutbar, eine entsprechend verkleinerte Quartiersgarage auszuführen.

SAKRAL: DIE ARCHITEKTUR VON IMRE MAKOVECZ

IN ÜBERLINGEN „WÄCHST" EIN GEBÄUDE DES WELTBERÜHMTEN ARCHITEKTEN

KATJA GOLDBECK-HÖRZ

Ein Juwel entsteht. In Überlingen baut der ungarische Architekt Imre Makovecz sein erstes Gebäude auf deutschem Boden. Ein ungewöhnliches Projekt in jeder Hinsicht. Naturkostladen, Hotel und Restaurant, respekt- und liebevoll integriert in eine Bauweise, die weltweit als „organisch" bezeichnet wird. Der Architekt ist ein Poet, Philosoph und gleichzeitig überzeugter Baumeister organischer Architektur. Die Innenarchitektur wird gestaltet von dem feinsinnigen Künstler Dieter Zimmermann. Er ist bekannt für seine außergewöhnlichen Möbelobjekte voll Witz und Ironie, die immer auch funktional und bequem sind.

Auftraggeber ist die „Naturata", Mitglied des Stuttgarter Verbunds Freier Unternehmerinitiativen, der auch als Bauherr auftritt. Naturata ist im Bodenseegebiet bekannt als Naturkostladen, in dem Lebensmittel angeboten werden, die noch unter natürlichen Bedingungen heranwachsen dürfen. Die Philosophie des Hauses beinhaltet das anthroposophische Gedankengut Rudolf Steiners. „Zur Produktqualität gehört auch die soziale Qualität", sagt Geschäftsführer Heinz Knauss. „Wichtig ist nicht nur was, sondern auch wie wir handeln, in allem was wir tun. Mensch und Natur sind zu wertvoll, um achtlos damit um-

zugehen." Dieser Gedanke verbindet sie alle drei. Bauherr, Architekt und Innenarchitekt wuchsen zu einem Kleeblatt zusammen, von dem Großes erwartet werden darf.

„Gerne will ich für Sie bauen." Dieser schlichte Satz war der ganze Brief von Imre Makovecz als Antwort auf die bescheidene Anfrage von Heinz Knauss. Durch eine Fachzeitschrift wurde er auf den Architekten aufmerksam, noch nicht bewußt, welche Persönlichkeit er angesprochen hatte. Imre Makovecz ist berühmt für seine eigenwillige Bauweise und mit den höchsten Kulturauszeichnungen dekoriert. Seine Vorbilder sind Rudolf Steiner und Frank Lloyd Wright. Kirchen, Konzertsäle, Pavillons finden sich in Budapest, Sevilla, Wien und Amsterdam. Wie ein Dom aus Holz und Licht wirkt das Innere der Kirche im ungarischen Paks. Holz ist das wichtigste Baumaterial; Bäume haben für ihn seit seiner frühesten Kindheit nie an Faszination verloren. Daß der Wald stirbt, schmerzt ihn bis in die tiefste Seele. „Die organische Denkart weiß soviel über sich selbst wie die Bäume über die Sonne und die Erde", erklärt er poetisch den Begriff der organischen Architektur. „Das Leben, das Leben des Menschen ist das Gebiet der organischen Architektur. Ihre Gegenstände und Gebäude setzen die lebendige Welt fort und lassen das uralte Gesicht des Menschen erscheinen. Die organische Architektur hat keine Geometrie, sie drückt keine Gesetzmäßigkeit aus. Das organische Gebäude will ein Lebewesen sein. Sein Modell nimmt es aus der Lebenswelt."

Das Gebäude in Überlingen wächst. Noch wirkt es wie das Gerippe eines umgestülpten Schiffskörpers, getragen von starken Baumstützen, die im Überlinger Wald gefällt wurden. Die Baum-

Kunstvolle Handwerksarbeit.

krone besteht aus einem filigranen Strebewerk aus verleimten Bindern; eine sakrale Atmosphäre wird schon im Rohbau spürbar. Das seltsame Gebäude lockt Besucher aus nah und fern, und viele verstehen nicht, was hier entsteht. Spöttische und begeisterte Äußerungen wechseln sich ab angesichts der schiefen Mauern und asymmetrischen Gewölbe. Den Handwerkstrupp ungarischer Maurer und Zimmerleute stört das nicht im geringsten. Die außergewöhnlichen Wünsche des Architekten sind ihnen vertraut, und eigens deswegen wurden sie nach Deutschland geholt. Sie wohnen in selbst gebauten Unterkünften direkt an der Baustelle. Als „Selfmademen" fertigen sie Werkzeuge, Flaschenzüge und Gerüste und mauern frei,

ohne Schalungen, die von Makovecz so gewollten, windschiefen Mauern hoch. Schon jetzt ähneln sie überraschend der alten, halbverfallenen Überlinger Stadtmauer. Sind sie einmal von üppigen Pflanzen bewachsen, wird diese Analogie noch deutlicher.

Im Spätherbst 1992 wird voraussichtlich das neue Naturata-Gebäude eingeweiht. Heinz Knauss freut sich darauf, seine Waren im Ladenbereich auf einer Fläche von 300 Quadratmetern zu präsentieren. Die Naturprodukte als „Lebens-Mittel" bekommen in solchem Rahmen eine ganz andere Bedeutung. Das Restaurant mit 100 Quadratmetern wird Delikatessen aus natürlich gewachsenen Lebensmitteln anbieten und für Seminare, Kurse und Veranstaltungen genutzt werden. Die sechs Gästezimmer im Dachgeschoß werden frei vermietet. Mit Neugier darf man das Resultat der Innenarchitektur erwarten. Dieter Zimmermann nennt die Möbel „unbequeme Untermieter". Aus weggeworfenen, scheinbar wertlosen Resten unserer Wohlstandsgesellschaft baut er Schränke, Regale und Stühle. Die verwitterten Hölzer erwachen zu neuem Leben, wirken fröhlich durch farbige Kanten; rostige Metallteile werden behutsam in Blattgold eingehüllt. Sie sind ganz eigene Persönlichkeiten, spannend und herausfordernd, und doch verbreiten sie eine überraschend heitere Stimmung. Aus der Verbindung zur organischen Architektur des Imre Makovecz und zur Nutzung als Naturkostladen wird sich mit Sicherheit eine faszinierende Symbiose ergeben.

Licht und Holz.
Poesie des ungarischen Architekten
Imre Makovecz.

CHRONIK DES BODENSEEKREISES

VOM 1. JULI 1991 BIS 30. JUNI 1992

DIETER BUCHER

Die zweite Hälfte des Jahres 1991 war vom Zusammenbruch der Sowjetunion geprägt. Der Drang der Völker nach Eigenständigkeit ist nun in vollem Gang, und wir beobachten mit Sorge, daß diese Eigenständigkeit, wie am Beispiel Jugoslawien, zu einem Bürgerkrieg führen kann.

Gerade die Ereignisse in Jugoslawien und der demokratische Aufbruch in den Nachfolgestaaten der ehemaligen Sowjetunion verlangen unsere Hilfe, und wir spüren diese Ereignisse bei uns im Bodenseekreis durch steigende Asylbewerberzahlen. Auch ist damit zu rechnen, daß der Rückgang des Aussiedlerstroms nicht anhält, denn es warten rund 2 Mio. Rußland-Deutsche auf ihre Zuzugsgenehmigung nach Deutschland.

Ende 1991 wohnten 18.095 ausländische Mitbürger im Bodenseekreis. Das sind 9,9% der Gesamtbevölkerung. Den stärksten Anteil stellen dabei die türkischen Staatsangehörigen mit 4.882 Personen, gefolgt von den jugoslawischen Staatsangehörigen mit 3.698 Personen und den italienischen Staatsangehörigen mit 3.174 Personen.

Und die Probleme im Bodenseekreis?

Zum Beispiel die Abfallbeseitigung oder die Verkehrsprobleme. Mit der Lösung dieser Aufgaben entscheidet sich, wie es um die Lebensqualität in der Bodenseelandschaft künftig bestellt ist.

Inzwischen nehmen von allen Punkten die Beratungen zur Abfallwirtschaft den Kreistag die meiste Zeit in Anspruch, und mancher Kreisrat stöhnt bereits, daß es nichts Erfreulicheres mehr zu beraten gäbe als den Müll. Dies ist nicht verwunderlich, da die Auswirkungen von Beschlüssen in Sachen „Abfall" sehr bald im Geldbeutel der Bürger zu spüren sind. Der letzte Beschluß des Kreistags vom 26.Mai 1992 sieht vor, ab 1.1.1993 den Bio-Müll im gesamten Bodenseekreis getrennt einzusammeln. Dadurch soll die Zentraldeponie Weiherberg ganz wesentlich entlastet werden und die Laufzeit voraussichtlich bis zum Jahre 2015 verlängert werden.

Ebenso vordringlich – und für die Bodenseelandschaft lebenswichtig – ist die Lösung der Verkehrsprobleme. Unser Bestand an Kraftfahrzeugen wächst und wächst und hat am 1.1.1992 bereits 119.212 Fahrzeuge erreicht; das sind ca. 640 Fahrzeuge je 1.000 Einwohner. Zwar sind davon bereits über die Hälfte schadstoffarme Fahrzeuge, gleichwohl droht ein Verkehrsinfarkt, vor allem während der Fremdenverkehrszeit im Sommer.

Deshalb wollen der Bodenseekreis, der Landkreis Ravensburg, die Städte Friedrichshafen und Ravensburg sowie die Gemeinde Meckenbeuren dem Abbau des Schienenpersonennahverkehrs zwischen Ravensburg und Friedrichshafen durch die Deutsche Bundesbahn mit dem Konzept der eigenständigen Bodensee-Oberschwaben-Bahn GmbH begegnen. Diese kommunale Eisenbahngesellschaft, ohne vergleichbare Vorläufer, will zwei Züge kaufen und den Zugbetrieb in der zweiten Hälfte des Jahres 1993 aufnehmen.

„Noch mehr Personen zum Umstieg auf Bahn und Bus zu bringen", heißt das Stichwort bei der Lösung der Verkehrsprobleme. Unter diesem Aspekt sind Verbesserungen im Zugangebot auf der Strecke Friedrichshafen-Radolfzell zu sehen. Der Autofahrer wird aber nur dann umsteigen, wenn ein attraktives Angebot besteht.

Weitere herausragende Ereignisse:

UMWELTSCHUTZ

Der Kreistag und der Gemeinderat Eriskirch beschlossen am 18./19.2.1992, gemeinsam mit dem Land Baden-Württemberg die Stiftung „Naturschutzzentrum Eriskirch" zu errichten. Die Gründung der Stiftung erfolgte am 1.4.1992 durch die Unterzeichnung der Stiftungsurkunde. Die Stiftung soll vor allem das Naturschutzgebiet „Eriskircher Ried" betreuen, das mit 552ha zu den größten Naturschutzgebieten in Baden-Württemberg zählt.

Seit der Vorstellung des ersten Umweltberichts im Jahre 1984 hat der Umweltschutz in unserem Bewußtsein noch mehr an Bedeutung gewonnen. Sowohl in der Bundes- als auch in der Landespolitik hat der Umweltschutz erste Priorität. Diesen Stellenwert macht auch der Umweltbericht 1992 – der zweite des Landratsamts Bodenseekreis – deutlich, der vom Kreistag am 26.5.1992 verabschiedet wurde.

Nach 7jähriger Verfahrensdauer gab es durch das Bundesverwaltungsgericht endlich grünes Licht, und die Erweiterung des Yachthafens um 70 Liegeplätze konnte von Dezember 1991 bis Mai 1992 vorgenommen werden. Bei den Baumaßnahmen gab es aber Probleme mit ölverseuchtem Schlamm, der an Land bisher nicht abgelagert werden kann, weil es dafür noch kein geeignetes Zwischenlager gibt. So muß dieser Schlamm vorläufig im Hafen verbleiben, bis es eine Sanierungsmöglichkeit gibt.

JUGEND, SCHULEN, SOZIALES

Die Arbeit des Kreisjugendamts ist zum einem vom Gesetzgeber im Kinder- und Jugendhilfegesetz konkret vorgegeben, zum anderen aber ist Phantasie und Initiative gefragt, um vorbeugend, d.h. ursachenverhindernd tätig zu werden.

Mit pädagogischer und finanzieller Hilfe des Kreisjugendamts schloß sich in der Stadt Tettnang eine Gruppe alleinerziehender Mütter zusammen, gründete einen Verein und legte damit den Grundstein für eine Einrichtung, in der sich Mütter, Väter und Kinder treffen können. Inzwischen ist in Tettnang unter dem Namen „Familienzentrum Spatzennest" ein Treff entstanden, in dem sich regelmäßig ca. 100 Mütter und Väter mit ihren Kindern treffen und der gemeinschaftlich auch von anderen Gruppen (z.B. kirchliche Müttergruppen, Stillgruppen) regelmäßig genutzt wird.

Ziel des Zentrums ist es, auf verschiedenste Weise Eltern in ihrem Erziehungsalltag zu unterstützen.

Im Dezember 1991 war es soweit. Nach 3jähriger Bauzeit konnte der Erweiterungsbau der Elektronik-Schule mit einem Kostenaufwand von rund 23,2 Mio. DM bezogen werden.

Die Arbeit des Sozialamts war hauptsächlich geprägt von der Zunahme von Asylbewerbern, der Hilfe für kroatische Flüchtlinge aufgrund der Kriegssituation in Jugoslawien und von der schwierigen Wohnungssituation im Bodenseekreis. Hier ging das Sozialamt einen nicht alltäglichen Weg mit der Einrichtung einer Wohnungsvermittlungsstelle. Damit ist es gelungen, rund 1.700 Personen einen Wohnraum zu vermitteln. Am 1.1.1992 gab es jedoch immer noch 1.880 Wohnungssuchende.

KULTUR

1925–1938 bestand als erste „Bodensee-Internationale der Kunst" die Künstlervereinigung „Der Kreis", in der sich ca. 40 Künstler/innen zusammengeschlossen hatten, unter ihnen als bekannteste Namen Karl Caspar, Adolf Dietrich, Conrad Felixmüller, Hans Purrmann, Rudolf Wacker. In seiner Jahresausstellung 1992 im neu renovierten ehemaligen Ökonomiegebäude des Schlosses Maurach unterhalb der Birnau zeigte der Bodenseekreis erstmals wieder Bilder aller Mitglieder des „Kreises" und vermittelte damit einen repräsentativen Überblick über die Kunst der 20er und 30er Jahre am Bodensee. Dazu waren vorher umfangreiche Forschungen notwendig, deren Ergebnisse in einem Band der Reihe „Kunst am See" veröffentlicht wurden.

Aus Privatbesitz konnte der Bodenseekreis einen Bestand von ca. 100 wertvollen und wichtigen Urkunden erwerben. Damit wurde die bereits im 19.Jahrhundert zusammengetragene, im wesentlichen aus der Grafschaft Montfort-Tettnang stammende Sammlung, zum größten Teil vor der Zerstreuung gerettet und kann der Forschung zugänglich gemacht werden. Zu den wertvollsten Stücken zählen eine Kaiserurkunde von 1360, eine Verkaufsurkunde der Herrschaft Schomburg von 1696 und ein Montfortscher Zunftbrief von 1694/1764.

KREISTAG UND LANDRATSAMT

Im zweiten Halbjahr 1991 sind die Kreisräte August Entringer (CDU) und Andreas Hacker (SPD) sowie die Kreisrätin Renate Köster (FWV) aus dem Kreistag ausgeschieden. Dafür haben die Herren Clemens Brugger (CDU), Karl-Heinz Mommerz (SPD) und Ernst Reisch (FWV) die Nachfolge angetreten.

Die aus dem Kreistag ausgeschiedene Frau Köster wurde vom Kreistag zur Beauftragten für Frauen- und Familienfragen gewählt und trat ihren Dienst am 1.12.1991 an.

Am 3.10.1991, dem Tag der Deutschen Einheit, weilte erstmals eine Delegation des Kreistags des Bodenseekreises in Grimma. Höhepunkt war dabei der Festakt zum Tag der Deutschen Einheit im Jagdschloß Kössern in der Nähe von Grimma. Dies war im übrigen der Gegenbesuch zum Besuch einer Delegation des Kreistags von Grimma im Bodenseekreis während des Seehasenfestes in Friedrichshafen.

Neuer Kreiskämmerer wurde Harald Rilk aus Oberkochen, der damit die Nachfolge des zur Stadt Friedrichshafen als Baubürgermeister gewechselten Dieter Hornung antrat.

Zur neuen Leiterin der Kreisvolkshochschule wählte der Kreistag Daniela Lüders. Sie ist Nachfolgerin des im Mai 1992 in Ruhestand getretenen Dieter Blümel.

Der Bodenseekreis hat im Dezember 1991 von der Firma Dornier das ehemalige IBM-Haus, Albrechtstraße 75, in Friedrichshafen gekauft, das nun in Stufen bezogen werden kann. Den Anfang machte das Sozialamt, das am April 1992 im Erdgeschoß einzog. Im Jahre 1993 kann der 1.Stock, im Jahre 1994 der 2.Stock und im Jahre 1998 das Gesamtgebäude übernommen werden.

CHRONIK DER STÄDTE UND GEMEINDEN VOM 1. APRIL BIS 31. DEZEMBER 1991

Bermatingen

Ende Februar: Bürgermeister Schönherr aus Rabenau/Sachsen besucht die Gemeinde. Seither bestehen zwischen den Verwaltungen freundschaftliche Beziehungen. Ende Mai: Mitglieder des Heimatkreises und des Kulturausschusses stellen in Eigenarbeit 70 Tontafeln mit den ehemaligen Hausnamen der alten Bermatinger Häuser her, die auf Wunsch an den Häusern angebracht werden können. 22./23. Juni: Der Heimatkreis präsentiert eine von den Mitgliedern zusammengestellte Ausstellung über die Geschichte von Ahausen im dortigen Schulhaus. 25. Juni: Die Bezirkskommission des Wettbewerbs „Unser Dorf soll schöner werden" besichtigt die Gemeinde. Bermatingen erhält im Landesentscheid eine Bronzemedaille. Ende Juni: Im Gemeindegebiet werden zwölf Geschichtstafeln aufgestellt, die auf sehenswerte geschichtliche und kulturelle Zeugnisse wie auch auf Plastiken und Wandbilder des Künstlers und Ehrenbürgers Erich Kaiser hinweisen. Mitte August: Abschluß der Sanierungsarbeiten am Giebel des Feuerwehrgerätehauses in Ahausen. 5. September: Die neuen Räumlichkeiten im Kindergarten können ihrer Bestimmung übergeben werden. 28. September: Ein ehemals aus Bermatingen stammender alter Weintorkel konnte von der Stadt Konstanz zurückgekauft werden und wurde wieder in der Gemeinde aufgebaut. Seine offizielle Übergabe an die Öffentlichkeit erfolgt im Rahmen eines Torkelfestes. 7. Dezember: Feierlichkeiten zum 25jährigen Bestehen der Schule in Ahausen. 13. Dezember: Den Gemeinderäten Herbert Ehinger und Bertold Frei sowie Ortschaftsrat Fritz Ziegler werden für ihre Verdienste in der Kommunalpolitik über 20 Jahre hinweg die Ehrenmedaillen des Baden-Württembergischen Gemeindetages überreicht.

Daisendorf

Sommer: Weiterführung der Sanierung und Restaurierung der St.-Martin-Kapelle mit Säuberung und Sicherung der wertvollen Freskenmalereien aus dem 16. Jahrhundert sowie Trockenlegung der Fundamente an der Friedhofseite. Herbst: Restaurierung der Ausstattung der Kapelle (Barockaltar). 14. September: Kinderfest „20 Jahre Kindergarten Daisendorf" im neugestalteten Spielgarten an der Schulstraße. 19. September: Abschluß des Umlegungsverfahrens zum Baugebiet „Wohrenberg II". 1. November: Einführung von „Tempo 30" in ganz Daisendorf nach Durchführung des ersten Bauabschnittes der Verkehrsberuhigungsmaßnahmen in den Wohnstraßen.

Deggenhausertal

30. Mai bis 4. Juni: Besuch einer Delegation der befreundeten ungarischen Stadt Csaszartöltes. 9. September: Der neue kommunale Kindergarten im Ortsteil Deggenhausen wird eröffnet. November: Den Vereinen des Ortsteils Homberg-Limpach kann das neuerbaute Dorfgemeinschaftshaus übergeben werden.

Eriskirch

25. Mai: Mit einem kleinen Fest feiert die Peilzentrale IV die 20jährige Zugehörigkeit zur Gemeinde Eriskirch und den damaligen Bezug des Unterkunftsgebäudeneubaues. 23. August: Badeverbot fürs Freibad wegen Belastung des Wassers von Schussen und Bodensee.

14. September: Die Kläranlage des Abwasserzweckverbandes Unteres Schussental in Eriskirch wird um eine vierte Klärstufe erweitert und übernimmt damit in Sachen Klärtechnik eine Vorreiterrolle. Das Ereignis, das mit Gesamtkosten von ca. 9 Millionen DM zu Buche schlägt, wird beim Richtfest entsprechend gewürdigt. 20. November: Die Krieger- und Soldatenkameradschaft feiert ihr 110jähriges Bestehen. 23. November: Das Postamt Eriskirch bezieht die neuen Räume im ehemaligen Kaufhaus Zodel. Der Umzug war dringend notwendig, da im alten Gebäude zu wenig Platz für die Dienstgeschäfte und das notwendige Personal vorhanden war. 6. Dezember: Es erscheint eine Schallplatte bzw. Musikkassette mit Aufnahmen der Musikkapelle Eriskirch, die sofort Anklang als beliebtes Weihnachtsgeschenk findet. Im darauffolgenden Februar nimmt Radio Südwestfunk die Platte zum Anlaß, die Musikkapelle Eriskirch in der Sendung „Heimatmusikanten" vorzustellen.

Frickingen

20./21. April: Besuch aus der Partnergemeinde Frick in der Schweiz, im Rahmen dessen über den offiziellen Charakter hinaus auch die Bindungen zwischen den örtlichen Gruppen und Vereinen gestärkt werden. 24. April: 10jähriges Bestehen der katholischen Frauengemeinschaft Frickingen mit Jubiläumsveranstaltung. 4. Mai: 100jähriger Geburtstag des Schnupfvereins Frickingen. Frau Ganter, „Alt-Löwenwirtin" und Initiatorin der Festveranstaltung, kann unter den Ehrengästen auch den Präsidenten des Deutschen Schnupfvereins und den amtierenden Schnupfweltmeister begrüßen. 27. bis 29. Juni: Einer Einladung der Gemeinde Stürza-Dobra folgend, unternimmt eine Delegation des Gemeinderates einen Gegenbesuch in der Sächsischen Schweiz. Eine Intensivierung der Kontakte auf offizieller- und Vereinsebene wird beschlossen. 27. November: Der Heimatkreis lädt zu einem Vortrag „Der Linzgau im Bauernkrieg 1524/1525" von Franz Späth, Schulamtsdirektor i. R. und Leiter des Heimatkreises Überlingen, ein. 13. November: Verleihung des Bundesverdienstkreuzes an den langjährigen Gemeinderat und Bürgermeister-Stellvertreter Walter Unger für seine Verdienste in der Gemeinde und sein unternehmerisches Wirken.

Friedrichshafen

10. April: Rainer Kapellen als Nachfolger von Edwin Weiß neuer Ortsvorsteher von Ailingen. 22. April: Der Gemeinderat stimmte dem Entwurf und der Kostenberechnung für das Zeppelin-Museum im Hafenbahnhof zu. 23. April: Tourist-Information verzeichnete im Vorjahr 430 149 Übernachtungen, das ist seit 1983 eine Steigerung von 50%. 3. Mai: Warnstreik in der ZF. Bundesverdienstkreuz für Stadtrat Wolfgang Stuckenbrock. 6. Mai: Mit Peoria (USA) wurde 15jährige Partnerschaft gefeiert, Ehrenbriefe für Rex Linder und Margret Wetzel. 13. Mai: Kurt Brotzer zum Bürgermeister für Soziales, Kultur und Sport wiedergewählt und Dieter Hornung, bislang Kreiskämmerer, neuer Baubürgermeister. 17. Mai: Zeppelin-Metallwerke erzielten Rekordumsatz von über 1,2 Milliarden DM. 30. Mai: Gemeinderat genehmigte Pläne der Stiftung Liebenau zum Bau eines Sozialzentrums an der Eugenstraße. 5. Juni: „Zeppi" ist das Markenzeichen der neuen Stadtverkehr Friedrichshafen GmbH. 7. Juni: Modell eines Luftschiffs neuer Technologie vorgestellt. 8. Juni: „Tag der offenen Tür" im Rathaus mit rund 4000 Besuchern. 13. Juni: Ausbau der Friedrichstraße beginnt. Demonstration gegen Fällung der

Linden. 15. Juni: Angolaner von Skinhead erstochen. 19. Juni: Kultur-Ehrenbrief an Walter Rehfuß. 22. Juni: Trauermarsch für den erstochenen Angolaner. 1. Juli: ZF Brandenburg GmbH neue Tochterfirma der ZF. 6. Juli: Bürgerinformation Neugestaltung des Adenauerplatzes. 18. Juli: Bundesverdienstkreuz für den Zahnarzt Gerhard Herriegel. 22. Juli: ZF eröffnet Werk in Brandenburg. 8. August: Friedrichshafen verfügt in der erweiterten Innenstadt über 5130 Parkplätze, 2352 davon sind gebührenpflichtig, 2778 gebührenfrei. 28. August: Bürgermeister Erwin Schorpp verabschiedet. 29. August: Bürgerinformation über das neue Zeppelin-Museum im Hafenbahnhof. 1. September: Fest auf dem neuen Hohenstaufenplatz für das „runderneuerte" Stadtviertel Schreienesch-Nord. Die Kosten für diese Sanierung beliefen sich auf rund 10 Millionen Mark. 3. September: Bundesverdienstkreuz für Hugo Müller. 7. September: Zum „Tag des ausländischen Mitbürgers" kamen 5000 Besucher. 16. Oktober: Bundesverdienstkreuz 1. Klasse und Goldene Ehrennadel des Handwerks für Kreishandwerksmeister Albert Brauchle. 22. Oktober: Bodensee-Oberschwaben-Bahn (BOB) von den Städten Friedrichshafen und Ravensburg, der Gemeinde Meckenbeuren und den Landkreisen Bodensee und Ravensburg gegründet. 6. November: Förderpreise der Zeppelin-Jugendstiftung vergeben. 10. November: Orchesterverein: 75jähriges Bestehen, 40000 Besucher sahen Otto-Dix-Ausstellung. 22. November: Erster Spatenstich für 44 Altenwohnungen an der Ehlersstraße. 11. Dezember: Hilfskonvoi in die weißrussische Partnerstadt Polozk. 18. Dezember: Erweiterung des Jachthafens beginnt.

Hagnau

27. Juni: Frau Renate Meichle wird in Freiburg zur Badischen Weinprinzessin 1991/92 gewählt. 13. Oktober: Suserfest unter dem Torkel – Wiederaufnahme einer alten Tradition. November: Beginn der Straßenbauarbeiten in der Hansjakobstraße, ebenso Bau und Fertigstellung des Kirchwegs.

Heiligenberg

6. Mai: Bernhard Hölderl aus Wolfegg-Alttann tritt sein neues Amt als Bürgermeister in Heiligenberg an. Sommer: Der Um- bzw. Neubau des Sanitär-, Umkleide- und Kassenbereiches im Freibad wird zur Badesaison 1991 fertiggestellt. Herbst: Der Fürstenbrunnen sowie das Krieger-Ehrenmal in Röhrenbach werden renoviert. Oktober: Beim Besuch des Regierungspräsidenten Dr. Max Gögler werden erste Gespräche über die Errichtung eines Abbundzentrums geführt. Die anschließenden Verfahren zur Änderung und Erweiterung des entsprechenden Bebauungsplanes und zur Erteilung der Baugenehmigung werden beschleunigt, so daß mit dem Bau dieses Projektes voraussichtlich im Frühjahr 1992 begonnen werden kann. Das Zentrum, dem verschiedene Zimmereien der Innung angeschlossen sind, ermöglicht die maschinelle Bearbeitung von Bauhölzern, z. B. zur Fertigung von Dachstühlen, und deren Zusammensetzung auf Probe. Es ist die zweite Anlage dieser Art in Baden-Württemberg. Winter: Die Planung für den Ausbau der Röhrenbacher Straße, Hauptverbindung zur gleichnamigen Ansiedlung, wird erstellt.

Immenstaad

11. Mai: Als Abschluß der Neugestaltung des Landestegbereiches wird die vom Überlinger Künstler Dreiseitl entworfene Brunnenanlage in einer kleinen

Feierstunde eingeweiht. 19. Mai: Der Immenstaader Bürgersohn Peter Birkhofer wird am 11. Mai im Konstanzer Münster zum Priester geweiht und feiert seine Primiz an Pfingsten in der Pfarrkirche St. Jodokus in Immenstaad. 28. Mai: Bürgermeister Heinz Finkbeiner wird bei der Vertreterversammlung der Volksbank eG (Überlingen, Markdorf, Immenstaad) für seine 20jährige Mitarbeit im Aufsichtsrat mit der silbernen Ehrennadel des Badischen Genossenschaftsverbandes geehrt. 15. Juni: Die Stephan-Brodmann-Schule führt ein sportliches Sommerfest durch. Sommer: Beim Kreiswettbewerb „Unser Dorf soll schöner werden" erhält der Ortsteil Kippenhausen wieder einen ersten Preis unter insgesamt zehn teilnehmenden Gemeinden. In der Sommersaison werden erstmals die Bachstraße, Seestraße Ost und West (bis Wattgraben) an Sonn- und Feiertagen für den Kraftfahrzeugverkehr gesperrt. 1. Juli: Zur Entlastung des innerörtlichen Individualverkehrs beschließt der Gemeinderat den Probebetrieb eines Ortsbusses. Der Ortsbus ist erstmals am 15. August im Einsatz. 1. August: Bürgermeister Heinz Finkbeiner feiert sein 40jähriges Jubiläum im öffentlichen Dienst. 31. Juli bis 2. August: Zur Beratung der Verwaltung in Dossow besuchen Bürgermeister Finkbeiner und Ortsbaumeister Klauser die neuen Bundesländer. 26. August: Die Gemeinde vergrößert mit Beginn des Schul- und Kindergartenjahres ihr Angebot in der Kinder- und Grundschulbetreuung mit der Errichtung einer Langzeitgruppe im Kindergarten und einer Grundschülerbetreuung (Kernzeitregelung) an der Stephan-Brodmann-Schule. 2. September: Der neue Kindergarten im Ferienwohnpark wird, verbunden mit einer Sonderausgabe der Immenstaader Nachrichten, eingeweiht. 25. bis 27. Oktober: Die ersten Immenstaader Umwelttage

werden veranstaltet. 1. November: Pfarrvikar Peter Grampp wird vom Landesbischof Prof. Dr. Engelhart zum Pfarrer der evangelischen Kirchengemeinde berufen. 9. November: Der Surfclub feiert sein 10jähriges Bestehen. 24. November: Einweihung des erweiterten Friedhofs und Weihe der neuen Friedhofsglocke. Das Jahr 1991 war für die Gemeinde ein Jahr zahlreicher Planungen. So wurden die Planungen für die Abwasserbeseitigung des Teilorts Frenkenbach abgeschlossen, das Umweltprogramm der Gemeinde beschlossen und zahlreiche Straßen im Rahmen der Zonengeschwindigkeitsbeschränkung umgeplant.

Kressbronn

April: Prälat Ludwig Jung feiert diamantenes Priesterjubiläum. 4. Mai: Einweihung der renovierten Gemeinderäume der katholischen Kirchengemeinde unter der Kirche. Mai: Kressbronner Turner sind aktiv auf Erfolgskurs. Schülerturner und Erwachsene werden Württembergische Bezirks- und Mannschaftsmeister. 16. Mai: Kressbronner Parkrealschule gewinnt Wettbewerb „Das lebende Klassenzimmer" unter 800 Schulklassen aus ganz Deutschland. Juni: Strömungsverhältnisse im Bodensee und anhaltender Regen führen zur Überschwemmung der Kressbronner Bucht mit Treibholz. 9. Juni: Tag der offenen Tür in der ehemaligen Schule Betznau. Die Renovierungsarbeiten sind abgeschlossen. Die alte Schule wird nun als Dorfgemeinschaftshaus genutzt. 15. Juni: Im Hallberger Haus, dem Übergangswohnheim für Aussiedler, findet ein Sommer- und Spielfest statt, zu dem die ganze Gemeinde eingeladen ist. 1. Juli: Die Theater-AG der Parkschule gewinnt den ersten Preis vom Börsenverein des deutschen Buchhandels für ihr Stück „Der Ruf des Baumes". 5. Juli: Die Firma

Transbeton besteht 25 Jahre. Als Gastredner wird der baden-württembergische Verkehrsminister Thomas Schäuble empfangen. 23. Juli: Ehrenbürgerin Emily Müller-Oerlinghausen feiert ihren 90. Geburtstag. Die Gemeinde gibt am Vorabend dieses Ereignisses einen Empfang in der Lände. August: Zum Monatsanfang besucht eine Delegation das Paten-U-Boot U17 in Eckernförde. Anlaß ist die Eröffnung einer Ausstellung mit Schiffsmodellen des Kressbronners Ivan Trtanj und die offizielle Schiffsübergabe des umgebauten U-Bootes. Die Mannschaft kommt dann im September zum Gegenbesuch in die Gemeinde. 31. August: Der Tennisclub feiert sein 20jähriges Bestehen. 5. September: Florian Deusch wird Württembergischer Meister im Bahnradfahren. 13. September: 40jähriges Dienstjubiläum von Rektor Hans Lang in der Parkschule, im November wird er für 20jährige Gemeinderatstätigkeit geehrt. 8. November: 20 Jahre Parkrealschule Kressbronn. Bunter Abend mit Schülern, Ehemaligen und Lehrern sowie einer Delegation aus der Partnerstadt Maîche. 24. November: Eröffnung einer Ausstellung bislang unbekannter Werke von Hilde Broer und Präsentation des Buches „Hilde Broer: Bilder und Sinnbilder". 6. Dezember: Der neue Weihbischof der Diözese Rottenburg/Stuttgart, Dr. Johannes Kreidler, spendet 88 Jugendlichen das Sakrament der Firmung.

Langenargen

2. April: Die Bauarbeiten der zweigeschossigen Tiefgarage beim Schloß Montfort beginnen. 14. April: Das Museum feiert sein 15jähriges Bestehen und eröffnet mit der Sommerausstellung „Friedrich Hechelmann – Tafelbilder und Zeichnungen". 27. April: Aus der Hand des Ministerpräsidenten Teufel erhält Museumsleiter Eduard Hindelang die Ehrenmedaille des Landes Baden-Württemberg. 24. Mai: Der Württembergische Fischereiverband feiert sein 100jähriges Bestehen. 31. Mai: Diether F. Domes erhält in Nürnberg den sudetendeutschen Kulturpreis 1991 für Bildende Kunst und Architektur. 5. Juni: Alois Mandalka erhält für seine Verdienste die höchste Auszeichnung des Deutschen Roten Kreuzes: das Ehrenzeichen. 11. Juni: Aus dem Schloß Montfort überträgt der Südwestfunk im Rahmen des Bodensee-Festivals ein Konzert mit Werken von Langenargens Ehrenbürger Peter Josef Lindpaintner, der vor 200 Jahren geboren wurde. 14.–16. Juni: Festakt anläßlich 25 Jahre Patenschaft mit U-Jagdboot „Hermes". Juli: Die Renovierungsarbeiten an der St.-Anna-Kapelle sind abgeschlossen. 25. August: Monsignore Erwin Knam feiert sein 40jähriges Priesterjubiläum in seiner Heimatgemeinde Langenargen. 23. August: Wegen Überschreitung der Bakterien- und Salmonellengrenzwerte im Schussen- und Argenwasser wird Badeverbot für das Freibad verfügt. 14. September: 500 Jahre Stiftung „Hospital zum Hl. Geist". Es wird mit umfangreichem Programm gefeiert. Beim Festakt stellen Bürgermeister Müller und Prof. Dr. Fix den 6. Band der „Langenargener Geschichte(n)" vor, der Geschichte und Bedeutung des Hospitals zum Thema hat. 22. Oktober: Erich Zell wird die Verdienstmedaille des Verdienstordens der Bundesrepublik Deutschland verliehen. 8.–10. November: Jumelage mit dem französischen Bois-le-Roi. Bürgermeister Guyot und Bürgermeister Müller besiegeln die deutsch-französische Städtepartnerschaft. Im Rahmen der Feierlichkeiten finden u.a. eine Baumpflanzung an der Franz-Anton-Maulbertsch-Schule und die Taufe des „Platzes Bois-le-Roi" statt. 16. Dezember: In einer öffentlichen Ge-

meinderatssitzung werden die Gemeinderäte Erhard Bücheler und Andreas Göppinger für ihre 20jährige Zugehörigkeit zum Gremium mit der Ehrennadel des Gemeindetages von Baden-Württemberg ausgezeichnet.

Markdorf

11./18. März: Beginn des Neubaues der Grundschule in Riedheim und des Um- und Erweiterungsbaues der Jakob-Gretser-Schule in Markdorf. 3. April: Der Gemeinschaftsleiter der Siedlergemeinschaft Markdorf, Herr Anton Ernst, erhält die Ehrennadel des Landes Baden-Württemberg. 2. Juni: Frühschoppen-Wunschkonzert zum 70jährigen Bestehen des Musikvereins Ittendorf. 7. Juli: Im 2. Wahlgang wird Herr Bernd Gerber zum neuen Bürgermeister der Stadt Markdorf gewählt. 19. Juli: Herr Geistlicher Rat Johannes Würth, Ehrenbürger der Stadt Markdorf, verstarb im 89. Lebensjahr. 31. August: Nachdem Herr Bürgermeister Eugen Baur auf eine erneute Kandidatur verzichtet hat, beendet er seine Amtszeit nach 16 Jahren. 2. September: Amtsantritt des neugewählten Bürgermeisters. 3. September: Feierliche Amtseinführung mit Vereidigung und Verpflichtung von Herrn Bürgermeister Bernd Gerber in öffentlicher Sitzung des Gemeinderates in der vollbesetzten Stadthalle. 4. September: Brand auf der Ölförderanlage im Gewann „Bohl", südlich von Hepbach an der Gemarkungsgrenze zu Oberteuringen. 7./8. September: Die Segelfliegergruppe Markdorf feiert auf dem Fluggelände ihr 40jähriges Jubiläum. 15. Oktober: Baubeginn eines Sammlers im Süden der Stadt (Kanalisation) mit einem Investitionsvolumen von rd. 11 Millionen DM.

Meckenbeuren

1. April: Die bisherige Wertstreifen-Regelung für Einpersonen-Haushalte wird allen Haushalten angeboten, um eine weitere Reduzierung der Abfallmengen zu erreichen. 2. April: Eröffnung des Recyclinghofes an der Eckenerstraße. 26. April: Städtebaulicher Ideen- und Realisierungswettbewerb Bahnhofsbereich in Meckenbeuren. 29. April: Die Asylantenunterkunft Bahnhofplatz 7 (ehemals Gasthof Baur) wird durch ein Feuer so zerstört, daß sie nicht mehr bewohnt werden kann. Ein Asylbewerber aus Somalia kommt dabei ums Leben. 1. Mai: Bezug der ersten von 24 öffentlich geförderten Wohnungen im Gebäude Hauptstraße 120. 17. Juni: Vorstellung des Entwurfes für ein Entwicklungskonzept Obermeckenbeuren. 19. Juni: Regierungspräsident Dr. Max Gögler weilt zu Besuch in Meckenbeuren. 10. Juli: Einweihung des neugestalteten Wochenmarktplatzes. 16. August: Offizielle Übergabe der renovierten Sportanlagen mit neuem Sportplatz an der Tettnanger Straße an den Turn- und Sportverein. 23. September: Inbetriebnahme der neuen Musikschule im alten Lehrerwohnhaus in Meckenbeuren. 23. September: Der Schienenverkehr Friedrichshafen-Ravensburg wird kommunal organisiert. Gemeinderat stimmt dem Gesellschaftsvertrag der „Bodensee-Oberschwaben-Bahn GmbH" zu. 27. September: Einweihung der neuen Humpishalle in Brochenzell nach 18monatiger Bauzeit. 11. Oktober: Richtfest am neuen Kindergarten mit Kindertagesstätte („Kinderhaus") in Buch. 12./13. Oktober: Der Männergesangverein Harmonia feiert sein 70jähriges Vereinsbestehen. Oktober/November: Erwerb von ca. 12 ha landwirtschaftlicher Flächen zur Einrichtung des Naturschutzgebietes „Knellesberger Moos". 27. November: Beginn der Bauarbeiten an der Erweiterung der Wilhelm-Schussen-Grundschule in Kehlen. 1. Dezem-

ber: Jubiläumskonzert der Musikschule Kehlen. Xaver Benz feiert sein 30jähriges Dirigentenjubiläum. 6. Dezember: Einweihung der neuen, renovierten und sanierten Eugen-Bolz-Grundschule in Brochenzell.

Meersburg

12.–14. April: Partnerschaftsfeier in Louveciennes. 20.–27. April: 50 Senioren aus Hohnstein eine Woche in Meersburg. 10.–12. Mai: Partnerschaftsfeier mit Louveciennes in Meersburg. 26. Mai: Droste-Preis an Jenny Aloni. 30. Mai–23. Juni: Meersburg beteiligt sich zum 1. Mal am Internat. Bodensee-Festival. 7.–9. Juni: 1. Jugend-Kulturfestival von Stadt, Jugendkunstschule und Jugendamt Bodenseekreis. 15. Juni – 22. Juli: Sommertheater spielt „Die Glückshaut" von Peter Renz. 25. Juni – 27. Juli: „Noch ist Polen nicht verloren" von Jürgen Hofmann und 26. Juni – 6. Juli: „Das Phantömchen der Oper" von und mit Gabriele Erler und Volker Langeneck. 23. Juni: Europaflagge für Umweltmaßnahmen verliehen. 28. – 30. Juni: Partnerschaftsfeier und 1. Burgfest in Hohnstein mit Teilnahme der Meersburger Stadtkapelle. Anfang Juni: In der Stadtbücherei wird das Buch „Jan und Jo besuchen Meersburg" vorgestellt, das Viertkläßler mit ihrer Klassenlehrerin Monika Taubitz schrieben. 5. Juli: Chefarzt Dr. Schimmel erhält das Bundesverdienstkreuz. 5. Juli – 25. August: Ausstellung „Kinder sehen Meersburg". 6. Juli: Toto-Lotto-Fußballgala zugunsten der Kapelle Riedetsweiler. 11. – 23. Juli: Konzertreise der Knabenmusik nach Südengland. 12. Juli: Richtfest im Baugebiet Heppach mit 23 Wohneinheiten. 15. – 19. Juli: Kinderferienprogramm erstmals in städtischer Regie. 18. Juli: Vorstellung des Modells für den Schloßplatzbrunnen. 30. August – 30. September: Ausstellung „Religiöse

Motive aus städtischem Besitz". 31. August: Erster Spatenstich für die Kapelle Riedetsweiler. 2. Oktober: Skateboard-Bahn auf dem Töbele-Parkplatz übergeben. 3.–5. Oktober: Partnerschaftsfeier mit Hohnstein. 17.–18. Oktober: Tagung des Kulturausschusses des Deutschen Städtetages in Meersburg. 1. Dezember: Johanna Dieter, Witwe des Malers Hans Dieter, mit 89 Jahren verstorben. 17. Dezember: Die Stadträte Johann Kessler und Helmut Hinterseh erhalten die Ehrenmedaille des Gemeindetages Baden-Württemberg.

Neukirch

9./10. März: Die Neukircher Post feiert ihren 100. Geburtstag mit einer Ausstellung zur Geschichte des Postamtes. 6./7. Juli: Sommernachtsfest der Musikkapelle Goppertsweiler, verbunden mit der 100-Jahr-Feier der Kapelle. Landrat Tann überreicht bei diesem Anlaß die Pro-Musica-Plakette. 24. August: Freigabe des Geh- und Radweges Elmenau. Die Elmenauer feiern dieses Ereignis mit einem Dorfhock. 1. September: Als Nachfolger von Pater Hilarius, der im November 1990 in Ruhestand gegangen war, wird Pfarrer Pierluigi Bianchi als neuer Pfarrer für die Pfarreien Neukirch, Wildpoltsweiler und Goppertsweiler investiert. 8. November: Im Gebäude Schulstraße 10 wird die erste Apotheke in Neukirch, die „Bären-Apotheke", eröffnet.

Oberteuringen

21. – 26. Januar: Bürgermeister Mildner aus der Partnergemeinde Lohmen/Sachsen informiert sich mit zwei Mitarbeiterinnen über die hiesige Verwaltung. 16. März: Für 40 Jahre aktiven Dienst bei der Feuerwehr erhalten Josef Kramer, Erwin Hillebrand, Josef Staudacher, Josef Katzenmaier, Eugen Sailer

und Beda Gührer das Feuerwehr-Ehren-zeichen in Gold. 11. April: Gemeinderat beschließt das Biotopvernetzungskonzept. 19. – 24. April: Gemeinderat besucht die Partnerstadt Lohmen in Sachsen. Mai: Die Frauenmannschaft wird württembergischer Pokalmeister im Fußball. 11. Mai: Narrenzunft Hefigkofen feiert Richtfest am Neubau ihres Zunftheims. 1. Juli: Für die Feriengäste findet erstmals eine Gästebegrüßung statt. 9. Juli: 10jähriges Bestehen der Alten- und Nachbarschaftshilfe. 5. September: Mit der Einweihung des Raumes im Dachgeschoß der Grundschule erhält die Chorgemeinschaft ein Domizil. 13. September: Einweihung der Rad- und Fußgängerunterführung an der B33 bei Bitzenhofen. 16. November: Eröffnung des Wertstoffhofes in der Haydnstraße. 29. November: Ausstellungseröffnung mit Aquarellen und Zeichnungen von Claudia Baumgartner. 22. Dezember: Abschluß der dreijährigen Modernisierungsphase in der Kläranlage.

Owingen

1./2. Juni: Einweihung des Rathauserweiterungsbaues Owingen mit Tag der offenen Tür. Gleichzeitig wird die erste Ausstellung „Owinger Linden" in der neuen Rathausgalerie eröffnet, verbunden mit einem Kunstmarkt Owinger Künstler im Bürgersaal des neuen Rathauses. 27. Juni – 1. Juli: Jumelage in Coudoux/Frankreich. 19. Juli: Vernissage zur Ausstellung mit Bildern und Skulpturen des Owinger Künstlers Horst Müller in der Rathausgalerie. 30. August – 2. September: Feierlichkeiten der Jumelage mit Coudoux in Owingen. 15. September: Einweihung des neuen Spielplatzes am Kindergarten Billafingen. 28. September: 10 Jahre Tennisclub Owingen. 1. Oktober: Der Gemeinderat Owingen beschließt nach mehrfacher Beratung

die Erweiterung der Grund- und Hauptschule. 4. November: Eröffnung der Ausstellung „Rathausbilder" von Fotostudio Schmidtjansen, Gisela Munz-Schmidt, Claus Schnitzer und Norbert Zysk in der Rathausgalerie.

Salem

9. April: Erstellung eines städtebaulichen Konzeptes für den weiteren Zentralbereich und für die Abrundung des Ortskerns von Mimmenhausen nach Osten 7. – 9. Juni: Offizielle Übergabe der neuen Kläranlage bei Buggensegel. 15. – 16. Juni: Die Freiwillige Feuerwehr Salem feiert ihr 125jähriges Bestehen. 27. September: Eröffnung des Werkstattgebäudes Heilstätte „Sieben Zwerge" im Teilort Oberstenweiler. 2. Oktober: Besuch des Regierungspräsidenten Dr. Gögler. 23. Dezember: Schlüsselübergabe für den neuen Kindergartenpavillon im Teilort Neufrach.

Sipplingen

April: Die durch das Wasserwirtschaftsamt Ravensburg durchgeführte Renaturierung des Bodenseeufers zwischen dem Bahnübergang und dem Strandbad Sipplingen wird abgeschlossen, d. h. die bisherige steile Uferböschung aus Kalksteinen mit Betonausfugungen wurde entfernt und durch ein natürliches Gefälle ersetzt. 15. April: Baubeginn für den ersten Bauabschnitt der Ufergestaltung im Bereich zwischen dem Bahnübergang und dem Abwasserpumpwerk I. 18. April: Erster Spatenstich für das TSV Vereinsheim bei der neuen Sportanlage Eltenried. 19. April: Richtfest der neuen Friedhofskapelle Sipplingen. 12. Juli: Einweihung des Radweges von Sipplingen nach Ludwigshafen. Mit dem neuen Streckenabschnitt wird die letzte Lücke im Bodenseerundwanderweg innerhalb des Bodenseekreises geschlossen. Das Land Baden-Württemberg – Straßenbauamt Überlingen – erstellte in rund einjähriger Bauzeit den 1,5 km langen Radweg entlang der „geraden Strecke" von Sipplingen nach Ludwigshafen. Entlang der Baustrecke waren umfangreiche Bodenvernagelungen notwendig. 3000 qm Natursteinvormauerung wurden erstellt. 12. Juli: Richtfest für den ersten Bauabschnitt der Ufergestaltung zwischen dem Bahnübergang und dem Abwasserpumpwerk I. In diesem Bereich wird der Spazierweg entlang dem Bodenseeufer neu angelegt und ein Kinderspielplatz eingerichtet. Verschiedene Sitzgruppen, Pavillon und Pergolasitzplatz laden zum Verweilen ein. 24. – 25. August: Das 14. Dorffest auf dem Rathausplatz wird mit Unterstützung der örtlichen Vereine und der Bürgerschaft veranstaltet. Der Gemeinderat beschließt die Verwendung des Reinerlöses von 20.000 DM für die Überarbeitung und Verbesserung der Kinderspielplätze in der Gemeinde. August: Besucher- und Umsatzrekord im Strandbad. Die Jahreseinnahmen betragen 50.000 DM. 20. – 22. September: Mitglieder der Gemeindevertretung und der Freiwilligen Feuerwehr besuchen zusammen mit Bürgermeister Helmut Deckert aus Langenwolmsdorf/Sachsen das Weinfest der Sipplinger Feuerwehr. Besuche bei der Bodensee-Wasserversorgung und beim Feuerwehrmuseum in Salem runden das Programm ab. 30. September: Der neu gestaltete Spielplatz beim Pfarrhaus wird dem Kindergarten Sipplingen übergeben. 24. November: Die neu erstellte Friedhofskapelle wird in einer Feierstunde im Beisein der beiden Ortsgeistlichen Pfarrer Dehne und Pfarrer Plagge sowie der Musikkapelle Sipplingen und des katholischen Kirchenchors eingeweiht.

Stetten

März: Beginn der Erschließungsmaßnahmen zur Erweiterung des Wohngebiets „Roggele"; damit verbunden der Anschluß dieses Gebiets an die Wasserversorgung und des Neubaugebiets an die Entwässerung der Stadt Meersburg sowie Anschluß an die Gasversorgungsleitung der Technischen Werke Friedrichshafen in Meersburg-Toren. 7. März: Richtfest am Neubau des Bauhofgebäudes. 21. April: Weihe der neuen Orgel in der Kirche Peter und Paul mit einem kirchenmusikalischen Konzert. 11. – 13. Oktober: Besuch der Schalmeienkapelle aus Kamsdorf/Thüringen bei der Schalmeiengruppe der Narrengemeinschaft Hasle-Maale.

Tettnang

6. April: Verabschiedung des ärztlichen Direktors und Chefarztes der Inneren Abteilung des Bodenseekreis-Krankenhauses Dr. Otto Straub sowie der Chefärztin für Anästhesie Dr. Ingrid Rübenach. 9. April: Wahl und Ernennung von Herrn Klaus Dannecker zum neuen Feuerwehrkommandanten der Tettnanger Feuerwehr; Verabschiedung des bisherigen Feuerwehrkommandanten Herrn Albrecht Gässler und gleichzeitige Ernennung zum Ehrenmitglied zusammen mit Franz Spohn und Hubert Rief. -- 20. April: Diamantenes Priesterjubiläum von Prälat Ludwig Jung. 28. April: Bürgermeister-Wiederholungswahl – Amtsinhaber V. Grasselli erreichte 40% der Stimmen, sein Gegenkandidat H. Meichle 59%. 17. Mai: Offizielle Verabschiedung von Herrn Bürgermeister Viktor Grasselli im Sitzungssaal des Rathauses mit Verleihung der Goldenen Verdienstmedaille. 28. Mai: Einweihung der St.-Gallus-Stadtpfarrkirche durch Bischof Walter Kasper nach erfolgter Innenrenovierung. 3. Juni: Feierliche Amtseinset-

zung von Herrn Bürgermeister Harald Meichle im Rittersaal des Neuen Schlosses. 18. Juni: Besuch von Kulturministerin Dr. Marianne Schultz-Hector in Tettnang. 22. Juni: DRK-Rettungsdienstleiter Heinrich Nuber wird in den Ruhestand verabschiedet. 15. September: unterzeichnen die Bürgermeister von St. Aignan und Tettnang, die Herren Martineau und Meichle, die offizielle Partnerschaftsurkunde für die Städtepartnerschaft St. Aignan-sur-Cher, Frankreich, und Tettnang. 13. Oktober: Verleihung „Oberschwäbischer Kunstpreis 91" im Rittersaal des Neuen Schlosses mit anschließender Ausstellungseröffnung in der Galerie im Torschloß. 4. Dezember: Verleihung der Verdienstmedaille des Gemeindetages an Herrn Franz Forster, Herrn Franz Huchler, Herrn Walter Dannecker und Frau Rita Fricker für über 20jähriges Engagement als Stadtrat bzw. Ortschaftsrat.

Überlingen

11. April: Land Baden-Württemberg bewilligt 4 Mio. DM Zuschuß für die Kursaalsanierung. 15. Mai: Montessori-Kindergarten nimmt den Betrieb auf. 22. Mai: Gemeinderat stimmt Pendlerparkplatz bei Andelshofen zu. 30. Mai: Beginn der Internationalen Deutschen Starbootmeisterschaften vor Überlingen. 12. Juni: Gemeinderat beschließt die Schaffung einer Beigeordnetenstelle. 15. Juni: Kurzbesuch der Bundestagspräsidentin Rita Süssmuth in Überlingen. 26. Juni: Zustimmung des Gemeinderats zur Neubauplanung der B 31 auf der „schwarzen Trasse". 30. Juni: Bruno Epple, Maler und Schriftsteller, erhält den Bodensee-Literaturpreis der Stadt Überlingen. 6. Juni: Sanierung des Bereichs Geburtshilfe im Krankenhaus Überlingen wird abgeschlossen. 31. August: Volksbank Überlingen fusioniert mit Volks-

bank Stockach. 1. Oktober: Sanierung und Erweiterung des Kursaals wird begonnen. 4. Oktober: Richtfest am Erweiterungsbau des Stadtarchivs. 11. Oktober: Demonstration gegen Fremdenhaß. 23. Oktober: Gero Fornol aus Aalen/Württemberg zum 1. hauptamtlichen Beigeordneten der Stadt gewählt. 27. November: Gemeinderat beschließt Realschulerweiterung. 4. Dezember: Der Gemeinderat beschließt Schaffung einer eigenen Gesellschaft für den Betrieb der städtischen Parkhäuser. 20. Dezember: Stadtbaumeister Wolfgang Woerner tritt in den Ruhestand. 27. Dezember: Marie Michalski feiert ihren 101. Geburtstag.

Uhldingen-Mühlhofen

14. April: Im Rahmen der Jahreshauptversammlung des TSV Mühlhofen erhalten Karl Müller und Manfred Egger die Ehrennadel des deutschen Turnerbundes. 2. – 4. Mai: In der Lichtenbergschule finden Projekttage unter dem Motto „Umweltverhalten im Alltag" statt. 5. Mai: Herbert Krug wird mit der Bürgermedaille in Gold ausgezeichnet. Mai: Für die Jugendlichen wird eine Skateboard-Bahn beim Sportplatz in Oberuhldingen angelegt. 10. Juni: Umweltminister Vetter besucht die Gemeinde. 16. Juni: Mit einem geistlichen Konzert und einer musikalischen Feierstunde feiert die Birnauer Kantorei ihr 25jähriges Bestehen. 30. Juni: Anläßlich des 40jährigen Priesterjubiläums von Pfarrer Huber findet in der Pfarrkirche in Seefelden ein Festgottesdienst statt. Zu diesem Anlaß erhält Pfarrer Huber die Bürgermedaille in Gold. 3. Juli: Eröffnung eines neuen Rundwegs im Pfahlbaumuseum. 6. Juli: Besuch des Ministerpräsidenten Erwin Teufel. 16. – 18. August: V. Internationale Landes-Jugend- und Jüngsten-Meisterschaften der Jollensegler. 27. August: In der Bürgerversammlung wird das von

der Gemeinde in Auftrag gegebene Gutachten der Gesellschaft für Markt- und Absatzforschung Ludwigsburg bezüglich der Markt- und Standortuntersuchung in Uhldingen-Mühlhofen dargestellt. Die Einwohner haben die Möglichkeit, Fragen zu stellen und ihre Meinung zum Einkaufszentrum und dessen Standort zu äußern. 8. September: Einweihung der neuen Orgel in der Basilika Birnau. 10. September: Der Gemeinderat beschließt, die Entscheidung über die Ansiedlung eines Verbrauchermarktes auf dem Bahnhofsgelände auf fünf Jahre zu vertagen. 16. September: Helga Boonekamp wird im Rahmen der Jahreshauptversammlung der Trachtengruppe mit der Ehrennadel des Landes Baden-Württemberg ausgezeichnet. 17. September: Der Gemeinderat beschließt die Planungen für ein Haus des Gastes in Unteruhldingen. 26. September: Richtfest der Lichtenbergschule in Oberuhldingen. 1. Oktober: Der Gemeinderat beschließt die Einrichtung des Jugendtreffs in der alten Grundschule in Oberuhldingen. 5. November: Die Gemeinde Uhldingen-Mühlhofen erhält für ihre Verdienste um einen umweltfreundlichen Tourismus die Internationale Umweltauszeichnung 1991 des Deutschen-Reisebüroverbandes. Bürgermeister Weber und Verkehrsamtsleiter Schwarz nehmen im Kongreßhaus in Innsbruck den Preis entgegen. Die Gemeinde hat sich gegen 75 Projekte aus der ganzen Welt durchgesetzt. 8. – 9. November: Offizielle Einweihung der erweiterten Grundschule in Mühlhofen mit Tag der offenen Tür. 12. November: Der Gemeinderat beschließt einen Grundstückstausch mit dem Verein für Pfahlbau- und Heimatkunde sowie die Verlagerung des Reptilienhauses an den Ortsrandparkplatz. 22. November: Adam Leyhr erhält die Bürgermedaille in Gold. 26. November: Der Gemeinderat erklärt das beantragte Bürgerbegehren in der Sache Standort Jugendhaus für unzulässig. 30. November: Jahreskonzert des Musikvereins Mühlhofen und Verleihung der goldenen Verbandsehrennadel für 40jährige Mitgliedschaft an Helmut Kohllöffel und Heinz Hengstler. 10. Dezember: Der Gemeinderat beschließt ein neues Müllkonzept und die Erweiterung der Kindergarten-Öffnungszeiten. 12. Dezember: Erster Wochenmarkt auf dem neugestalteten Marktplatz in Oberuhldingen.

(zusammengestellt nach Angaben der Bürgermeisterämter vom Kreisarchiv Bodenseekreis)

ERGEBNISSE DER WAHLEN ZUM
BADEN-WÜRTTEMBERGISCHEN LANDTAG 1992

Wahlkreis 67   Bodensee

Gesamtergebnis 1988   Wahlbeteiligung = 71 %   damals dem heutigen Landkreis Bodensee entsprechend

CDU	43444	=	53,2 %	REP	979 =	1,2 %
SPD	20195	=	24,7 %	NPD	1211 =	1,5 %
Grüne	6751	=	8,3 %	ÖDP	2218 =	2,7 %
FDP	5888	=	7,2 %			

Gesamtergebnis 1992   Wahlbeteiligung = 67,7 %   jetzt ohne die Gemeinden Tettnang und Neukirch

CDU	34281	=	43,2 %	Grauen	969 =	1,1 %
SPD	15963	=	25,1 %	REP	8143 =	9,3 %
Grüne	6046	=	9,4 %	NPD	489 =	0,6 %
FDP	3562	=	6,7 %	ÖDP	4043 =	3,2 %
Dt. Liga	438	=	0,5 %	PBC	536 =	0,6 %

Als Abgeordneter gewählt: **Ulrich Müller (CDU)**   bisher: Ernst Arnegger (CDU)

Wahlkreis 69   Ravensburg

Gesamtergebnis 1988   Wahlbeteiligung = 70,4 %   damals ohne die Gemeinden Tettnang und Neukirch

CDU	39185	=	55,4 %	REP	975 =	1,4 %
SPD	16328	=	23,1 %	NPD	739 =	1,0 %
Grüne	4931	=	7,0 %	ÖDP	3048 =	4,3 %
FDP	3126	=	4,4 %			

Wahlkreis 69   Ravensburg / Tettnang

Gesamtergebnis 1992   Wahlbeteiligung = 70,2 %   jetzt mit den Gemeinden Tettnang und Neukirch

CDU	35459	=	46,0 %	Grauen	936 =	1,3 %
SPD	20620	=	21,4 %	REP	7638 =	10,9 %
Grüne	7910	=	8,1 %	NPD	522 =	0,7 %
FDP	5535	=	4,8 %	ÖDP	2647 =	5,4 %
Dt. Liga	406	=	0,6 %	PBC	448 =	0,7 %

Als Abgeordneter gewählt: **Rudolf Köberle (CDU)**   bisher: Rudolf Köberle (CDU)

WAHLEN ZUM
BADEN-WÜRTTEMBERGISCHEN LANDTAG 1992

Die Wahlergebnisse von 1992 erscheinen im Fettsatz, die Vergleichszahlen von 1988 daneben im Magersatz.

Wahlkreis 67   Bodensee

	Wahl-berechtigte 1992	1988	Zahl der Wähler 1992	1988	Gültige Stimmen 1992	1988	CDU 1992	%	1988	%	SPD 1992	%	1988	%	Die Grünen 1992	%	1988	%
Friedrichshafen	38828	38127	26357	24069	26023	28802	10778	41,4	12114	50,9	7221	27,8	7206	30,3	1894	7,3	1469	6,2
Bermatingen	2486	2303	1679	1583	1662	1567	623	37,5	806	51,4	435	26,2	421	9,4	243	14,6	147	9,4
Daisendorf	930	857	691	639	685	632	246	35,9	325	51,4	167	24,4	142	22,5	94	13,7	57	9,0
Deggenhausertal	2560	2431	1703	1636	1674	1610	787	47,0	996	61,9	406	24,3	310	19,3	143	8,5	134	8,3
Eriskirch	3323	2821	2135	2085	2105	2105	941	44,0	1151	55,8	512	24,0	492	23,8	158	7,0	155	7,5
Frickingen	1858	1828	1152	1171	1148	1161	575	50,1	701	60,4	228	19,9	192	16,5	114	9,9	103	8,9
Hagnau	1110	1043	836	839	825	835	483	58,6	516	61,8	124	15,0	129	15,4	74	9,0	79	9,5
Heiligenberg	1892	1811	1194	1276	1180	1255	568	48,1	727	57,9	238	20,2	214	17,1	149	12,6	177	14,1
Immenstaad	4289	3969	3034	2924	3015	2907	1286	42,7	1528	52,6	753	25,0	703	24,2	322	10,7	282	9,7
Kressbronn	5365	5029	3569	3601	3526	3545	1716	48,7	2018	56,9	790	22,4	794	22,4	348	9,9	281	7,9
Langenargen	5044	4714	3464	3476	3426	3426	1663	48,5	1993	58,2	801	23,4	746	21,8	310	9,1	248	7,2
Markdorf	8064	7712	5539	5545	5482	5482	2285	41,7	2950	53,8	1423	26,0	1398	25,5	580	10,6	485	8,8
Meckenbeuren	8576	7456	5463	5303	5391	5240	2608	48,4	3061	58,4	1247	23,1	1158	22,1	421	7,8	358	6,8
Meersburg	4025	3717	2716	2695	2682	2670	1121	41,8	1444	54,1	661	24,6	606	22,7	349	13,0	258	9,7
Oberteuringen	2706	2485	1905	1779	1875	1764	848	45,2	1032	58,5	422	22,5	366	20,7	168	9,0	133	7,5
Owingen	2564	2348	1722	1653	1708	1646	726	42,5	828	50,3	394	23,1	315	19,1	224	13,2	199	12,1
Salem	6696	6101	4550	4315	4497	4282	1718	38,2	2238	52,3	1067	23,7	851	19,9	573	12,7	424	9,9
Sipplingen	1702	1660	1146	1153	1132	1133	493	43,6	525	46,3	367	32,4	377	33,3	86	7,6	81	7,1
Stetten	777	746	546	589	539	584	271	50,3	328	56,2	102	18,9	117	20,0	61	11,3	57	9,8
Überlingen	15467	14958	10580	10620	10472	10536	4547	43,4	5352	50,8	2418	23,1	2244	21,3	1260	12,0	1103	10,5
Uhldingen-Mühlhofen	4679	4196	3106	2747	3084	2724	1178	38,2	1409	51,7	847	27,5	671	24,6	339	10,4	277	10,2

Wahlkreis 69   Ravensburg / Tettnang

	Wahl-berechtigte 1992	1988	Zahl der Wähler 1992	1988	Gültige Stimmen 1992	1988	CDU 1992	%	1988	%	SPD 1992	%	1988	%	Die Grünen 1992	%	1988	%
Tettnang	11866	11576	8060	7982	7970	7895	3843	48,2	4565	57,8	1617	20,3	1553	19,7	751	9,4	657	8,3
Neukirch	1548	1519	1124	1143	1108	1118	639	57,7	763	68,1	156	14,1	123	11,0	101	9,1	87	7,8

FDP				REP				NPD				ÖDP				Dt. Liga		Grauen		PBC	
1992	%	1988	%	1992	%	1988	%	1992	%	1988	%	1992	%	1988	%	1992	%	1992	%	1992	%
1179	4,5	1128	4,7	3084	11,9	396	1,7	175	0,7	367	1,5	931	3,6	735	3,2	170	0,7	385	1,5	206	0,8
110	6,6	106	6,8	177	10,7	11	0,7	10	0,6	26	1,7	41	2,5	33	2,1	8	0,5	12	0,7	3	0,2
72	10,5	74	11,7	86	12,6	10	1,6	—	—	7	1,1	10	1,5	13	2,1	1	0,2	5	0,7	4	0,6
106	6,3	85	5,3	153	9,1	21	1,3	5	0,3	14	0,9	61	3,6	34	2,1	3	0,2	5	0,3	5	0,3
97	4,0	99	4,8	257	12,1	37	1,8	15	0,7	19	0,9	82	3,9	85	4,1	4	0,2	25	1,2	14	0,7
84	7,3	90	7,8	97	8,5	8	0,7	10	0,9	28	2,4	28	2,4	23	2,0	3	0,3	6	0,5	3	0,3
71	8,6	81	9,7	44	5,3	4	0,5	4	0,5	8	1,0	18	2,2	12	1,4	2	0,2	1	0,1	4	0,5
96	8,1	95	7,6	69	5,9	4	0,3	2	0,2	8	0,6	37	3,1	25	2,0	6	0,5	7	0,6	8	0,7
245	8,1	245	8,4	206	6,8	29	1,0	23	0,8	29	1,0	120	4,0	74	2,5	13	0,4	34	1,1	13	0,4
188	5,3	239	6,7	289	8,2	27	0,8	15	0,4	31	0,9	129	3,7	97	2,7	12	0,3	27	0,8	12	0,3
193	5,6	198	5,8	247	7,2	31	0,9	41	1,2	40	1,2	102	3,0	151	4,4	10	0,3	47	1,4	12	0,4
377	6,9	382	7,0	567	10,3	60	1,1	20	0,4	68	1,2	152	2,8	113	2,1	15	0,3	48	0,9	15	0,3
216	4,0	191	3,6	521	9,7	66	1,3	31	0,6	59	1,1	221	4,1	214	4,1	38	0,7	51	1,0	37	0,7
260	9,7	239	9,0	177	6,6	21	0,8	11	0,4	37	1,4	58	2,2	42	1,6	7	0,3	24	0,9	14	0,5
89	4,8	86	4,9	208	11,1	23	1,3	8	0,4	28	1,6	86	4,6	77	4,4	15	0,8	21	1,1	10	0,5
140	8,2	170	10,3	109	6,4	10	0,6	15	0,9	65	3,9	66	3,9	42	2,6	7	0,4	11	0,6	16	0,9
623	13,9	548	12,8	280	6,2	22	0,5	25	0,6	54	1,3	123	2,7	92	2,1	27	0,6	40	0,9	21	0,5
68	6,0	104	9,2	63	5,6	3	0,3	9	0,8	19	1,7	23	2,0	12	1,1	9	0,8	11	1,0	3	0,3
43	8,0	47	8,0	29	5,4	5	0,9	3	0,6	11	1,9	14	2,6	14	2,4	6	1,1	5	0,9	5	0,9
991	9,5	1233	11,7	684	6,5	101	1,0	89	0,9	225	2,1	266	2,5	174	1,7	37	0,4	148	1,4	32	0,3
289	9,4	236	8,7	293	9,5	19	0,7	11	0,4	45	1,7	79	2,6	37	1,4	13	0,4	23	0,8	12	0,4

FDP				REP				NPD				ÖDP				Dt. Liga		Grauen		PBC	
1992	%	1988	%	1992	%	1988	%	1992	%	1988	%	1992	%	1988	%	1992	%	1992	%	1992	%
542	6,8	462	5,9	724	9,1	91	1,2	52	0,7	71	0,9	278	3,2	341	4,3	45	0,6	81	1,0	37	0,5
27	2,4	29	2,6	114	10,3	16	1,4	6	0,5	19	1,7	49	4,4	66	5,9	6	0,5	2	0,2	8	0,7

NEUE VERÖFFENTLICHUNGEN ÜBER DEN BODENSEEKREIS

1. ALLGEMEINES

1.1 Natur

Beran, Friedrich: Drumlinschwärme mit Alpenblick – zur Geologie der Landschaft um die Bucht von Bregenz. In: Blätter des Schwäbischen Albvereins, 98, 1992, 2/3, S. 42–45.

Tilzer, Max M.: Das Ökosystem Bodensee. In: 22. Bericht der AG Wasserwerke Bodensee–Rhein 1990, S. 191–254.

Landratsamt Bodenseekreis (Hrsg.): Umweltbericht 1992. Friedrichshafen, 1992.

Schuster, Siegfried: Naturschutz am Bodensee. In: Badische Heimat, 71, 1991, 2, S. 211–222.

Stricker, Hannes: Naturschutz rund um den Bodensee. In: Thurgauer Jahrbuch, 67, 1992, S. 33–64.

Landratsamt Bodenseekreis / Umweltschutzamt (Hrsg.): Verzeichnis der Naturschutzverordnungen im Bodenseekreis. Friedrichshafen, 1991.

Dittrich, Andreas / Westrich, Bernd: Bodenseeufererosion: Bestandsaufnahme und Bewertung. Stuttgart: Inst. f. Wasserbau, 1988.

Landratsamt Bodenseekreis u.a.: Schilfprogramm Bodenseekreis. o.O. 1990.

Eppinger, Reinhold / Krumscheid-Plankert, Priska: Uferrenaturierung am Bodensee–Obersee. In: Neue Landschaft, 36, 1991, April, S. 253–258.

1.2 Geschichte allg.

Rudolf, Berthold: Der Bodenseeraum – Peripherie, Brückenland oder Kernraum. In: Badische Heimat, 71, 1991, S. 223–233.

Hoffmann, Gisbert: Wappenbuch Bodenseekreis. Tettnang: Senn, 1991. (Heimatzeichen; 2).

Brommer, Hermann (Hrsg.): Wallfahrten im Erzbistum Freiburg. München (u.a.): Schnell u. Steiner, 1990 (betr. u. a. Birnau, Deggenhausertal-Deggenhausen und -Limpach, Heiligenberg-Betenbrunn, Meersburg-Baitenhausen, Salem, Überlingen-Lippertsreute S. 184–208.

Kanzler, Dietrich Rudolf: Zur Geschichte des Apothekenwesens im westlichen Bodenseeraum. Marburg/Lahn: Dt. Apotheker Verl., 1989.

Douglas, Holger: Menschen an Mooren und Ufern. In: Graichen, Gisela (Hrsg.) (u.a.): C14, Vorstoß in die Vergangenheit. Gütersloh, 1992, S. 35–52.

1.3 Mittelalter und frühe Neuzeit

Goetz, Hans-Werner: Beobachtungen zur Grundherrschaftsentwicklung der Abtei St.Gallen vom 8. zum 10. Jh. In: Ders. (Hrsg.): Strukturen der Grundherrschaft im frühen Mittelalter. Göttingen, 1989, S. 197–246.

Rösener, Werner: Grundherrschaft im Wandel. Untersuchungen zur Entwicklung geistlicher Grundherrschaften im südwestdeutschen Raum vom 9. bis 14. Jahrhundert. Göttingen: Vandenhoeck u. Ruprecht, 1991. (betr. u.a. Hochstift Konstanz, Abteien Reichenau, St. Gallen, Schaffhausen, St. Blasien).

Weiß, Roland: Die Grafen von Montfort-Tettnang im 16. Jahrhundert. Konstanz: Magisterarbeit, 1991.

Schulz, Karl: Montforter Münzen im österreichischen Geldumlauf. In: Jahrbuch Vorarlberger Landesmuseumsverein, 135, 1991, S. 253–260.

Herrmann, Klaus: Auf Spurensuche. Der Bauernkrieg in Südwestdeutschland. Stuttgart: DRW-Verl., 1991.

Göttmann, Frank: Getreidemarkt am Bodensee. Raum – Wirtschaft – Politik – Gesellschaft (1650–1810). St. Katharinen: Scripta Mercaturae, 1991.

Göttmann, Frank / Sachs-Gleich, Petra: Bäuerliche Wirtschaft und Kornhandel am Bodensee. Tettnang: Senn, 1991. (Leben am See: Revival; 2).

Schmid, Hermann: Die Statuten des Landkapitels Linzgau von 1699 als historisch-statistisch-topographische Quelle. In: Freiburger Diözesan-Archiv, 111, 1991, S. 187–211.

Schroeder, Klaus-Peter: Das Alte Reich und seine Städte. Untergang und Neubeginn: Die Mediatisierung der oberdeutschen Reichsstädte im Gefolge des Reichsdeputationshauptschlusses 1802/03. München: Beck, 1991 (Buchhorn S. 226–231, Überlingen S. 288–292).

1.4 19./20. Jahrhundert

Stender, Detlef (Hrsg.): Industriekultur am Bodensee. Ein Führer zu Bauten des 19. und 20. Jahrhunderts. Konstanz: Stadler, 1992.

Internationaler Arbeitskreis Bodensee-Ausstellungen (Hrsg.): Sommerfrische. Die touristische Entdeckung der Bodenseelandschaft. Rorschach: Rorschacher Neujahrsblätter, 1991.

Obstbauring Tettnang (Hrsg.): 100 Jahre Obstbauverbandsgeschichte in Tettnang 1891–1991. Tettnang: Senn, 1992.

Schmolze, Martin: Das Symbolische mit dem Praktischen verbinden. Die Errichtung von Lourdesandachtsstellen in Oberschwaben 1882–1990. Tübingen: Magisterarbeit, 1991.

Hecker, Wolfgang: Der Gewerkschaftsbund Süd-Württemberg–Hohenzollern. Zur Gewerkschaftsbewegung in der französischen Besatzungszone 1945–1949. Marburg: Verl. Arbeiterbewegung u. Gesellschaftswiss., 1988.

Rais, Karin: Vergleichende Untersuchung konventioneller und alternativer Apfelproduktion in der Region Bodensee. Stuttgart-Hohenheim: Diss., 1989.

Zumstein, Beat / Gavazzi, Mario: Die ‚Hohentwiel' fährt wieder auf dem Bodensee. In: Dampferzeitung, 19, 1990, S. 10–35.

Antifaschistisches Bündnis Friedrichshafen (Hrsg.): Faschistenterror im Raum Bodensee/Oberschwaben. Eine Dokumentation (April '89 – Juli '91). Friedrichshafen, 1991.

Eindrücke aus dem Bodenseekreis... 1991. *In: Schwäbische Zeitung,* Ausgabe Friedrichshafen, 31.12.1991, Nr. 301/5–6.

alx/p.h.: Für viele Bürger des Raumes wurde 1991 zu einem Jahr ernster Belastungsproben. In: Schwäbische Zeitung, Ausgabe Tettnang, 31.12.1991, Nr. 301, S. 3–7.

Franke, Wilfried: Leitfaden für die künftige Entwicklung im Bodenseekreis. In: Blätter des Schwäbischen Albvereins, 98, 1992, 2/3, S. 58–59.

Leineweber, Franz: „Bodensee-S-Bahn". Konzept für einen regionalisierten Schienen-Personennahverkehr (SPNV) in der Bodensee-Region. Überlingen: Naturschutzbund Deutschland, 1992.

Aurich, Kerstin: Berliner Dreh am See. (‚Felix und 2x Kuckuck') In: Bodensee-Hefte, 43, 1992, S. 56–59.

1.5 Literatur

Droste-Jahrbuch 2, 1988–1990. Hg. *Winfried Woester:* Paderborn: Schöningh, 1990.

Raub, Anneliese (Hrsg.): Annette von Droste-Hülshoff und ihr Kreis. Aus den Beständen der Universitätsbibliothek Münster. Münster: Aschendorff, 1991.

Anhang

355

Gödden, Walter: Die andere Annette. Annette von Droste-Hülshoff als Briefschreiberin. Paderborn (u.a.): Schöningh, 1991.

Oettinger, Klaus: Tod und Verklärung der Droste. Zur Droste-Biographik. In: Allmende, 32/33, 1992, S. 73–88.

Hoben, Josef: Heinrich Hansjakob: Der Rebell in der Soutane. In: Schriften des Vereins für Geschichte des Bodensees und seiner Umgebung, 109, 1991, S. 153–160.

Bosch, Manfred: Kunst und Literatur am Bodensee zwischen den Weltkriegen. In: Bertsch, Christoph u.a.: Die Künstlervereinigung „Der Kreis". Friedrichshafen 1992, S. 133–146.

Strauss, Konrad: Erinnerungen an meinen Vater Emil Strauss. Kirchheim/Teck: Schweier, 1990.

Curtius, Mechthild: Maria Beig. In: Autorengespräche, Frankfurt: Fischer TBV, 1991, S. 43–55.

Dillmann, Erika: Hintergründe. Notizen über die Verletzlichkeit des Glücks. Konstanz: Stadler, 1991.

Hoßfeld, Joachim: Murnauer Skizzen. Friedrichshafen: Gessler, 1991.

Walser, Johanna: Wetterleuchten. Erzählungen. Frankfurt a.M.: Fischer, 1991.

Walser, Johanna: Windhostie. Der See oder Im Land des Überflusses. In: Südkurier, 13.7.1991, Nr. 160, S.IV.

Walser, Johanna: Mein Mond. Frühling im Winter. Das Versprochene. In: Allmende, 32/33, 1992, S. 66–67.

Hoben, Josef: Johanna Walser – lyrische Prosaistin. In: Bodensee-Hefte, 43, 1992, S. 36–39.

Walser, Martin: Nero läßt grüßen oder Selbstporträt des Künstlers als Kaiser. Ein Monodram. Alexander und Annette. Ein innerer Monolog. 2. Aufl. Eggingen: Isele, 1989.

Walser, Martin: Die Verteidigung der Kindheit. Roman. Frankfurt: Suhrkamp, 1991.

Walser, Martin: Auskunft. 22 Gespräche aus 28 Jahren. Hrsg. von Klaus Siblewski. Frankfurt: Suhrkamp, 1991.

Walser, Martin: Das Sofa. Eine Farce. Frankfurt: Suhrkamp, 1992.

Kohler, Herbert: Seelenarbeit am Bodensee. Annäherung an Martin Walser. In: Theologische Kaprizen. Festschrift für Hans Friedrich Geisser zum 60.Geburtstag. Zürich 1988, S. 1–10.

1.6 Kunst und Architektur

Karrenbauer, Carlo: Maler sehen den Bodensee. 200 Jahre Landschaftsmalerei aus privatem Besitz. Konstanz: Stadler, 1991.

Moser, Eva: Befragt und kommentiert. Bilder zur regionalen Kunstgeschichte. Markdorf: Amt für Geschichte und Kultur des Bodenseekreises, 1991. (Geschichte am See; 40)

Gonschor, Brunhild (Bearb.): Der Bodensee in alten Ansichten (ohne Konstanz). Die Sammlung im Rosgartenmuseum. Konstanz: Rosgartenmuseum, 1991.

Finke, Heinz / Vogel, Wolfram: Dem See nah sein. Schlösser, Burgen, Landsitze rund um den Bodensee. Konstanz: Rosgarten-Verl., 1991.

Moser, Eva: ‚Mit prächtiger Aussicht auf See und Gebirge' – Aspekte der Hotelentwicklung am Bodensee. In: Internationaler Arbeitskreis Bodensee-Ausstellungen (Hrsg.): Sommerfrische. Rorschach, 1991. S. 31–42.

Innenministerium Baden-Württemberg (Hg.): Erhalten und Nutzen. Denkmalprogramme in Baden-Württemberg. Stuttgart 1991. (Mit Berichten über Eriskirch-Oberbaumgarten, Hagnau, Heiligenberg, Meersburg, Salem, Tettnang, Überlingen, Uhldingen-Mühlhofen).

Mütz, Michael / Vlasakidis, Dimitrios / Zimmer, Georg: Umnutzung landwirtschaftlicher Bausubstanz. Untersuchung in ausgewählten Dörfern in der Region Bodensee-Oberschwaben. Ravensburg: Regionalverband Bodensee-Oberschwaben, 1991. (Betr. u.a. Buggensegel, Holzhäusern, Schiggendorf).

Michler, Jürgen: Gotische Wandmalerei am Bodensee. Friedrichshafen: Gessler, 1992.

Leusch, Frank T.: Joseph Anton Feuchtmayer – Die Reliefs für das Geläut von Salem. In: Das Münster 44, 1991, S. 41–46, 131–134, 224–228.

Adelmann von Adelsmannsfelden, Josef Anselm u.a.: Hilde Broer. Bilder und Sinnbilder. Kressbronn: Kulturgemeinschaft Kressbronn, 1991.

Vögely, Ludwig: Gedenkblatt für den Bodenseemaler Hans Dieter zum 110. Geburtstag. In: Badische Heimat, 71, 1991, 4, S. 657–660.

Bertsch, Christoph u.a.: Die Künstlervereinigung „Der Kreis". Maler und Bildhauer am Bodensee 1925–1938. Friedrichshafen: Gessler, 1992 (Kunst am See 24).

Fürst, Edeltraud: Grenzüberschreitung zwischen zwei Kriegen. (Künstlerverbindung ‚Der Kreis'). In: Bodensee-Hefte, 43, 1992, 5, S. 38–41.

Häusler, Christa: Otto Dix: Die Friedrichshafener Sammlung. In: Bodensee-Hefte, 42, 1991, 8, S. 12–16.

Tittel, Lutz: Die Friedrichshafener Dix-Sammlung. In: Kultur 6, 1991, 7, S. 28–30.

Tittel, Lutz (Hrsg.): Otto Dix. Die Friedrichshafener Sammlung. Bestandskatalog. Friedrichshafen: Zeppelin-Museum, 1992.

Hentschel, Martin / Häufler, Brigitte: Thom Barth, Whitebox – Blackbox. Salzburg: Kunstverein, 1991.

Hofmann, Andrea / Barth, Thom: Thom Barth: Kubus 13–91 Frühbeet II. Singen: Städtisches Kunstmuseum, 1991.

Gönner, Paul: Katalog der 16. Hilzinger Kunstausstellung mit der Sonderausstellung Horst J. Beck... Hilzingen: Förderkreis Kunst und Kultur Hilzingen, 1991.

Larese, Dino: Andre Ficus. In: Larese, Dino: Auf dem Weg zum Menschen, I.Amriswil 1989, S.78–83.

Helmuth Voith: Lui Schaugg – Künstler und Kunsterzieher. In: Montfort-Gymnasium Tettnang, Jahresbericht 1990/91, S. 55-58.

Slatner, Alfred: Toni Schneider-Manzell. Innsbruck (u.a.): Tyrolia, 1991.

Voith, Helmuth: Dietlinde Stengelin – Malerin und Kunsterzieherin. In: Montfort-Gymnasium Tettnang, Jahresbericht 1990/91, S. 59–65.

2. BERMATINGEN

Bermatingen im Bild 1991. Bermatingen: Gemeindeverwaltung, 1992.

4. DEGGENHAUSERTAL

Vogel, Peter: Die Urnauer Dreikönigskirche. In: Der Bodensee-Senior 32, 1992, S . 2–3.

5. ERISKIRCH

Sachs-Gleich, Petra: ‚Von einer großen Menge Volkes besucht'. Bevor die Touristen kamen: Wallfahrt nach Eriskirch. In: Blätter des Schwäbischen Albvereins, 98, 1992, 2/3, S. 47–49.

7. FRIEDRICHSHAFEN

7.1 Bauten

Reiner, Wunibald: Katholische Pfarrkirche St. Nikolaus Friedrichshafen/Bodensee. München (u.a.): Schnell u. Steiner, 1990. (Kleine Kunstführer, 1833).

Feuerwache Friedrichshafen. Friedrichshafen: Stadtverwaltung, 1990.

Zeppelin-Museum (Friedrichshafen) (Hrsg.): ‚Otto Dix – Die Friedrichshafener Sammlung.‘ Umbau Hafenbahnhof. Friedrichshafen, 1991.

Jauss und Gaupp: Zeppelin-Museum Friedrichshafen. Friedrichshafen, 1991.

7.2 Geschichte

Kuhn, Elmar L.: Ein Luftschiff über dem König vor dem Alpenpanorama. Friedrichshafen als Kurort und Fremdenstadt vor dem Ersten Weltkrieg. In: Internationaler Arbeitskreis Bodensee-Ausstellungen (Hrsg.): Sommerfrische. Rorschach. 1991, S. 125–138.

75 Jahre Orchesterverein Friedrichshafen 1916–1991. Friedrichshafen: Orchesterverein, 1991.

Loewe, K.R.: Die Pathologie in Friedrichshafen. In: Verhandlungen der Dt. Gesellschaft für Pathologie 75, 1991, S. XXXI–XXXIII.

Ein Streifzug durch das Jahr 1991 im Rückblick auf Friedrichshafen. In: Schwäbische Zeitung, Ausgabe Friedrichshafen, 31.12.1991, Nr. 301/3–4.

7.3 Industrie

Les Zeppelins Pantin: Icare, 1990/91. (Icare, 135, 137).

Reinicke, Helmut: Luftfahrt tut not: Karl May, Graf Zeppelin und andere deutsche Ausfahrten. In: die tageszeitung, 10.8.1991, S. 15–17.

Heidtmann, Peter / bf: Zwischen Heldentum und Hintergründen. Sonderbeiträge aus Anlaß des 75. Todestages von Ferdinand Graf von Zeppelin. In: Schwäbische Zeitung, Ausgabe Tettnang, 7.3.1992, Nr.56, S. 6–9.

Schmidt, Trudl: Erinnerungen an meinen Vater Hans Keitel und mein Elternhaus. Höhen und Tiefen eines ideenreichen, rastlosen Erfinderlebens. o.O.: Eigenverl., 1991.

Wolff Metternich, Michael Graf: Distanz zur Masse. Ein Bilderbuch über die Vielgestaltigkeit der Maybach-Fahrzeuge. Lorch/Württemberg: Sieger, 1990.

Firma Martin Fränkel (Hrsg.): 100 Jahre Fränkel 1888–1988. Friedrichshafen, 1988.

7.4 Gegenwart

neomedia (Hg.): Friedrichshafen – Stadtinformation von A–Z. Reken: neomedia, 1990.

Einwohnerbuch Große Kreisstadt Friedrichshafen und Immenstaad a.B. 29. Ausgabe. Karlsruhe: Braun, 1991.

Abfallfibel der Stadt Friedrichshafen. Friedrichshafen: Stadt, 1990.

Spektrum... stellt sich vor. Friedrichshafen 1991.

Fiederer, G. u.a.: Pfarrei ‚Zum guten Hirten‘ Friedrichshafen. Friedrichshafen: Pfarrgemeinde Zum guten Hirten, 1989.

7.5 Teilorte

Ammann, Bernd u.a.: Die Ailinger Fasnet und die „Narrenzunft Ailingen e.V. Ailingen: Ges. für Geschichte u. Heimatpflege Ailingen-Berg, 1990.

Landjugend Ailingen-Schnetzenhausen: 40 Jahre Landjugend Ailingen-Schnetzenhausen 1952–1992. Friedrichshafen, 1992.

Kindergarten ‚Ave Maria‘ Ailingen: Festschrift zur Einweihung und Tag der offenen Tür am 21./22.September 1990. Friedrichshafen-Ailingen, 1990.

8. HAGNAU

Meichle: Führer durch Hagnau. 2. Aufl. Hagnau: Gemeinde, o. J.

10. IMMENSTAAD

Sandl, Ida / Lahoti, Krishna: Schiff schlummerte 600 Jahre im Schlick. In: Archäologie in Deutschland, 1991, 4, S. 40–41.

Oexle, Judith / Schlichtherle, Helmut: Bergung eines mittelalterlichen Lastschiffes aus dem Bodensee. In: Denkmalpflege in Baden-Württemberg 21, 1992, 2, S. 37–43.

Becher, Inge: Immenstaad am Ende des 18.Jahrhunderts. Untersuchungen zur Sozial- und Agrarstruktur. Immenstaad: Heimatverein, 1991.

Deutsches Rotes Kreuz / Ortsverein Immenstaad: 75 Jahre Deutsches Rotes Kreuz Ortsverein Immenstaad, 1914–1989. Immenstaad, 1989.

Jahresbericht der Gemeinde Immenstaad a.B. 1991. Beilage zu: Immenstaader Nachrichten 10.4.1992.

Gemeinde Immenstaad (Hrsg.): Umweltprogramm 1990 Immenstaad am Bodensee. Immenstaad, 1990.

11. KRESSBRONN

Kressbronner Jahrbuch 1991. Kressbronn: Kulturgemeinschaft, 1992. Darin u.a.:

Hornikel, Helmut u.a.: Wahlüberraschung in Kressbronn. Bürgermeister-Amtswechsel in Kressbronn. Abschiedsrede. Antrittsrede. S. 6–13.

Vöhringer, Karl u.a.: Aussiedler in Kressbronn. S.28–39.

Sachs-Gleich, Petra: Ein Schmuckstück in Kressbronn: das Haus Meßmer. S.57.

Möller, Doris: Das evangelische Gemeindehaus in Kressbronn. S.60–64.

Knöpfle, Monika: Von der Dorfschule zum Dorfgemeinschaftshaus. Die Betznauer Schule. S. 65–72.

Kramer, Margit: ,Betznau – des war scho immer a Nation für sich'! S.73–77.

Sachs-Gleich, Petra: ,Die wohlberatene Hausfrau'. S. 86–94.

Endemann, Fritz: Nationalsozialistische Strafjustiz in Stuttgart. In: Schwäbische Heimat, 42, 1991, 4, S. 303–313. (betr. u.a. Hermann Cuhorst).

Transbetongesellschaft Kressbronn (Hrsg.): Transbeton 25 Jahre. Kressbronn, 1991.

12. LANGENARGEN

Langenargener Geschichte(n) 6. 500 Jahre Stiftung Spital zum Heiligen Geist. Langenargen: Gemeinde, 1991, Darin u.a.:

Reiter, Ralf: Das Heilig-Geist-Hospital zu Langenargen von der Urkunde Graf Hugos bis zum Ende des 19.Jahrhunderts. S. 5–37.

Rau, Hans: Von der Armenanstalt zum modernen Altenheim. S. 39–61.

Moser, Eva: „Ein schön und gut gebautes Gebäude" – zur Bau- und Kunstgeschichte des Langenargener Spitals. S. 63–75.

Fuchs, Andreas: Chronik der Langenargener Sozialdemokratie. Teil II–III: 1920–1933. Langenargen: SPD, 1991.

(Fuchs, Andreas): Die Ortsgruppe Langenargen der KPD 1931/2 bis 1933. Langenargen: SPD, 1991.

Fasnachtsgesellschaft ,Die Schussenfüchse' (Langenargen): 30 Jahre Fasnachtsgesellschaft ,Die Schussenfüchse e.V.' Langenargen/Bodensee gegr. 1962. Langenargen, 1992.

Jahresbericht 1991. Langenargen: Gemeinde, 1992.

13. MARKDORF

Zitzlsperger, Hermann (u.a.): Hexenturm in Markdorf. 2. Aufl. Markdorf: Förderverein der Kulturdenkmäler, 1991.

Arbeitsgemeinschaft Geschichte Markdorf (Hrsg.): Markdorf 1939–1948. Kriegs- und Nachkriegszeit. Markdorf: Kreisarchiv Bodenseekreis, 1992. (Geschichte am See, 46).

Büttner, Rudolf: Historisches zur Braitenbacher Kapelle. In: Freiburger Diözesan-Archiv, 111, S. 213–227.

15. MEERSBURG

Neumann, Ronald: Die Tausendjahrfeier der Stadt Meersburg (1988): „Irrtum vom Amt" oder berechtigtes Jubeljahr? In: Archiv für Diplomatik, Schriftgeschichten, Siegel- und Wappenkunde. 37, 1991, S. 49–54.

Glaserhäusle 12. Meersburger Blätter für Politik und Kultur. Meersburg: Glaserhäusle, 1991. Darin u.a.:

Bosch, Manfred: „... und nicht fliehen vor erkannten Wahrheiten". Hedwig Mauthner alias Harriet Straub. S. 5–9.

Satzer-Spree, Susanne / Hack, Klauspeter: „Aber langsam, alles peu a peu." Ein Gespräch mit der Meersburger Kulturreferentin Susanne Satzer-Spree. S.13–16.

Brummer, Guntram: Warum die ‚Friedhofskapelle' keine Friedhofskapelle ist. Zur Geschichte und Kunst eines Meersburger Heiligtums. S.19–42.

Mahl, Alexandra: Die Hexenprozesse in Meersburg und ihr historischer Kontext. Konstanz: Staatsexamensarbeit, 1989.

Lupke, Nadja / Schulz, Eveline: Meersburg, Wanderstation und Wanderziel durch die Jahrhunderte. Untersuchungen zur Migrationsgeschichte in Südwestdeutschland. Konstanz: Hartung-Gorre, 1992.

Schmid, Hermann: Ignaz Mader (1739–1814). Überlinger Bürger – Meersburger Stadtpfarrer – Antiwessenbergianer – Geschichtsschreiber und Konservator. In: Schriften des Vereins für Geschichte des Bodensees, 109, 1991, S.93–151.

Ego, Anneliese: ‚Animalischer Magnetismus' oder ‚Aufklärung'. Eine mentalitätsgeschichtliche Studie zum Konflikt um ein Heilkonzept im 18.Jahrhundert. Würzburg: Königshausen u. Neumann, 1991.

Epple, Bruno: Mozart und Mesmer. In: Allmende, 32/33, 1992, S. 38–49.

Vollmer, Franz Xaver: Der Nachlaß des Johann Martin Bader. Ein Einblick in Mentalität und Interessenlage eines in den Sog der Revolution von 1848/49 geratenen Berufssoldaten (1883–92 Obergrenzkontrolleur in Meersburg). In: Zeitschrift für die Geschichte des Oberrheins, 139, 1991, S. 333–354.

Grande, Brigitte: ‚Meersburg hat wirklich etwas Zauberhaftes...' – zur Frühgeschichte des Fremdenverkehrs in Meersburg. In: Internationaler Arbeitskreis Bodensee-Ausstellungen (Hrsg.): Sommerfrische. Rorschach, 1991, S. 121–124.

Straub, Harriet: Zerrissene Briefe. Hrsg. von Ludger Lütkehaus. Freiburg i.Br.: Kore, 1990.

Lasanowski, Catherine u.a.: Jan und Jo besuchen Meersburg. Ein Meersburgbuch der Klasse 4a 1987/88. Meersburg: Grund- und Hauptschule, 1991.

Rothermel, Gisela: ‚Damit ein jeder sich ein Urteil bilden kann'. Das Deutsche Zeitungsmuseum in Meersburg. In: In Baden-Württemberg, 38, 1991, S. 28–31.

17. OBERTEURINGEN

Teuringer Provinztheater (Hrsg.): 10 Jahre Teuringer Provinztheater. Jubiläumsschrift des Amateurtheaters Oberteuringen. Oberteuringen, 1992.

Jahresrückblick. In: Teuringer Nachrichten, 31. 1. 1992

18. OWINGEN

Gemeinde Owingen (Hrsg.): Gemeinde-Kindergarten St. Nikolaus Owingen. Einweihung des Erweiterungsbaues am 29. September 1989. Owingen, 1989.

Gemeinde Owingen. Jahresbericht 1991. Beilage zum Mitteilungsblatt vom 28.3.1992.

Gnädinger, Josef: Billafingen. Land und Leute. Ereignisse, Geschichten und Anekdoten aus einem Linzgaudorf. Owingen: Gemeinde u.a., 1991.

Gurlitt, Dietrich: Taisersdorf. Ein Dorf der Dompropstei Konstanz zu Beginn der Neuzeit. Markdorf: Kreisarchiv Bodenseekreis, 1992. (Geschichte am See, 39).

19. SALEM

Salemer Hefte 58, 1990/91. Salem: Schule, 1991.

20. SIPPLINGEN

Sipplingen 1991 – Ein Rückblick auf das vergangene Jahr. In: Mitteilungsblatt Sipplingen, 8.1.1992, S.1–7.

21. TETTNANG

Fuchs, Andreas: Die Entwicklung der sozialdemokratischen Bewegung in der Oberamtsstadt Tettnang 1866 bis 1933. Tettnang, 1992. (Veröffentlichung des Staatsarchivs, 5).

Einwohnerbuch Stadt Tettnang, Meckenbeuren, Eriskirch, Kressbronn, Langenargen, Neukirch. 9. Ausgabe. Karlsruhe: Braun, 1991.

Weber, Theodor: Orts- und Pfarreigeschichte von Tannau. Die bürgerliche Gemeinde, die kirchlichen Verhältnisse, Annafest und Annabruderschaft in Tannau, Volkskundliches. Tettnang: Senn, 1991.

22. ÜBERLINGEN

Elsner, Gerhard: Die Darstellung der Legende von den drei Lebenden und Toten in Überlingen am Bodensee. In: das münster 43, 1990, 3.

Internationaler Bodensee-Club (Überlingen) (Hrsg.): Die Leopold-Sophien-Bibliothek. Ein Kapitel Überlinger Kulturgeschichte. Überlingen, 1989.

Brummer, Guntram: Ein neues Haus von Reichtum und Rang. Das Überlinger Museum vergegenwärtigt Geschichte und Kultur. In: Südkurier, 4.4.1992, Ausg. Überlingen, Nr.80, S. 29.

Kunz, Johanna / Scnneiders, Ulrike: Schöne alte Puppenstuben. 2.Aufl. Weingarten: Kunstverl. Weingarten, 1991.

Schmid, Hermann: Die Johanniter-Kommende zu Überlingen. In: Der Johanniterorden in Baden-Württemberg, 84, 1991, S. 5–10.

Enderle, Wilfried: Reichsstädtisches Kollegialstift und katholische Reform – Interpretation und Edition der Statuten des Kollegialstiftes St. Nikolaus zu Überlingen. In: Freiburger Diözesan-Archiv, 111, 1991, S. 101–170.

Medinger, Wolfgang: Spuren am See. ,Verhängnisvolle Nachbarschaft'. Ein Überlinger Hexenprozeß. In: Spektrum, 1991, 2, S. 20–21.

Vögele, Jörg: Umsätze und Preise als Indikatoren für die Entwicklung des Überlinger Getreidemarktes im 19.Jahrhundert. In: Zeitschrift für die Geschichte des Oberrheins, 139, 1991, S. 239–267.

Oelfken, Tami: Noch ist Zeit. Briefe nach Bremen 1945 bis 1955. Hrsg. von

Ursel Habermann. Frankfurt a.M. (u.a.): Tende, 1988.

Bosch, Manfred: ‚Das habe ich davon, daß ich Charakter habe‘. (Tami Oelfken). In: Bodensee-Hefte, 43, 1992, 1/2, S.54–57.

Adreßbuch Überlingen ... mit ... Owingen und Sipplingen. Konstanz: Stadler, 1990.

Stadt Überlingen (Hrsg.): Umweltbericht 1991. Überlingen, 1991.

Spahr, Kolumban: Kapelle St. Kosmas und Damian, Nussdorf. München (u.a.): Schnell u. Steiner, 1989. (Kleine Kunstführer, 1751).

23. UHLDINGEN-MÜHLHOFEN

Maurer, Helmut: Hans Reinerth. 13.Mai 1900–13.April 1990. In: Schriften des Vereins für Geschichte des Bodensees, 109, 1991, S. V–X.

Weber, Karl-Heinz: Uhldingen-Mühlhofen a.B. Jahresrückblick 1991. Uhldingen-Mühlhofen: Gemeindeverwaltung, o.J.

Brommer, Hermann: Birnau am Bodensee. 27. Aufl. München (u..a.): Schnell u. Steiner, 1989 (Kleine Kunstführer, 435).

Schmid, Hermann: Aus der älteren Geschichte der Pfarrei Seefelden. Ein Überblick unter besonderer Berücksichtigung des Pfarrurbars von 1629. In: Freiburger Diözesan-Archiv, 111, 1991, S. 187–211.

Nachbemerkungen
Eine vollständige Titelerfassung ist nicht möglich. Bei selbständigen Publikationen wird sie angestrebt. Bei unselbständigen Veröffentlichungen kann nur eine Auswahl geboten werden.

Texte dieses Jahrbuches werden in der Bibliographie nicht nochmals eigens aufgeführt.

Alle hier aufgeführten Schriften können im Kreisarchiv Bodenseekreis Markdorf eingesehen werden.

Autor/inn/en, Herausgeber/innen, Gemeinden, Verlage und Leser/innen werden um Mitteilung einschlägiger Veröffentlichungen an die Redaktion gebeten.

BILDNACHWEIS

von Stechow, Franzis, Konstanz: 8, 12, 16, 20, 24, 28,
30, 35, 38, 41, 45, 49, 55, 52, 72, 80, 84

von Stechow, Andreas, Tokio: 60

Puganigg, Esther, Höchst: 93

Puganigg, Ingrid, Frankfurt: 95

Riwkin, Anna, in: R. Dinesen: Nelly Sachs,
Suhrkamp, 1992: 97

Glaserhäusle Verlag, Meersburg: 106, 108

Rosgarten Museum, Konstanz: 112, 165,
167 unten, 296

Schweizerisches Landesmuseum, Zürich: 115

Fotohaus Hirsch, Nördlingen: 122, 123

Kreisarchiv Bodenseekreis, Markdorf: 119, 125, 257,
258, 323

Österreichische Nationalbibliothek, Wien: 127

Stadt Überlingen (Hg.) : Überlingen. Bild einer Stadt.
Weißenhorn, 1970: 132

Pfaff, Carl: Die Welt der Schweizer Bildchroniken.
Schwyz 1991: 135, 136

Strauch, Rudolf, Markdorf: 140 oben

Castell. Beiträge zur Kultur und Geschichte
von Haus und Herrschaft. Würzburg 1952:
140 unten

Landesdenkmalamt Tübingen: 143

Stiele-Werdermann, Franz-Josef, Konstanz: 145, 149,
151

Schneiders, Toni, Lindau: 156, 304

Zengerle, Max: Johann Baptist Pflug. Ein Maler
schwäbischer Idylle. Stuttgart 1957: 159

Stadt Biberach (Hg.): Joh. Baptist Pflug (1785-1866).
Gemälde und Zeichnungen. Biberach 1985: 160

Baumgärtel, Dr. Bettina, Berlin: 167 oben, 169

Meersburg, Städtische Galerie: 172, 174

Fotoarchiv Dornier, Immenstaad: 176, 185, 189

Näher, Ernst, Kressbronn: 179, 180/181

Fotoarchiv Bodenseewerke Perkin Elmer GmbH,
Überlingen: 193, 195

Krbek, Dr. Fritz, Stetten: 200, 202

Aero-Verlag, München: 204 oben

Josef Wagner GmbH, Markdorf: 204 unten

Archiv Messe Friedrichshafen: 208/209

Leser, Rupert, Bad Waldsee: 211, 268

Ruf Siegbert, Überlingen: 215

Foto Lauterwasser, Überlingen: 219, 324, 329 oben

Archiv VfB, Friedrichshafen: 221

Krause, Klemens, Friedrichshafen: 223

Lay, Franz Josef, Tettnang: 227

Jauch, Winfrid A., Konstanz: 229, 231

Gartner, Andi, Sterzing: 234

Offermann, Dr. Erich, Arlesheim: 235

Hoßfeld, Joachim, Neukirch: 238

Barth, Rainer, Ailingen: 241, 244/245

Hoffmann, Gisbert, Tettnang: 247, 248

Stadtarchiv Lindau: 251

Staatsgalerie Stuttgart: 262

Stadt Friedrichshafen, Pressereferat: 265

Förster, Achim, Friedrichshafen: 266, 295

Kulturhandbuch 1992,
    Deutschland-Liechtenstein-Österreich-Schweiz: 270

Sund, Prof. Dr. Horst, Konstanz: 271

Geyer, Hermann, Ulm: 277

Waggershausen, Stefan, Friedrichshafen, Berlin: 278

Aurich, Kerstin, Uhldingen: 282/283, 339

Trippel, Michael, Dortmund: 287, 288

Archiv Luftschiffbau Zeppelin GmbH, Friedrichshafen:
    291, 293

Landesbildstelle Baden, Karlsruhe: 301

Hieronymus, Frank, Oberrheinische Buchillustration 2,
    Basler Buchillustration 1500–1545,
    Universitätsbibliothek Basel: 299

Foto Sessner, München: 309

Edition Haas, Vaduz: 311

Vorlarlberger Landesmuseum, Bregenz: 312

Privatfotoarchiv Felixmüller: 315

Zysk, Norbert, Owingen: 317

Freilichtmuseum, Neuhausen ob Eck: 318, 319, 320

Feist, Joachim, Pliezhausen: 325, 329 unten

Zoch-Michel, Barbara, Überlingen: 333, 334/335

DICHTERINNEN

Anhang

369

BILDER UND BAUTEN

ANHANG